Compendio de Derecho Puertorriqueño para la Reválida I

Leonardo Núñez Quiñones

Este libro contiene una recopilación de materiales jurídicos disponibles públicamente, incluyendo leyes, reglamentos, disposiciones constitucionales y jurisprudencia emitida por los tribunales de Puerto Rico. Todos los textos aquí reproducidos provienen de fuentes oficiales y se encuentran, en su mayoría, en el dominio público.

La organización, selección temática y formato de esta obra son originales del autor y responden a criterios pedagógicos vinculados a la preparación para la reválida de Derecho en Puerto Rico, según la Tabla de Especificaciones publicada por la Junta Examinadora de Aspirantes al Ejercicio de la Abogacía y la Notaría.

Este libro no incluye anotaciones comerciales, resúmenes doctrinales privados ni contenido protegido por derechos de autor de terceros. Toda cita utilizada se presenta con fines educativos y de referencia, respetando el marco legal vigente.

El contenido de esta obra no constituye asesoría legal. Para orientación jurídica específica, se recomienda consultar con un abogado debidamente licenciado.

Para contactar al autor: leonunez.edu@gmail.com

ISBN: 9798280391772
Publicado independientemente

Repetitio est mater studiorum

DEDICACIÓN

Lo dedico a mi familia. Lo hago todo para ellos y para Dios.

Se lo dedico también a todos lo que van a tomar la Reválida, y se esfuerzan para alcanzar la excelencia.

«Y todo lo que hagan, háganlo de corazón, como para el Señor y no para los hombres.» Colosenses 3:23

PREFACIO

Este compendio nació de una necesidad clara: contar con una herramienta que centralice las fuentes primarias del Derecho puertorriqueño que se preguntan en la reválida. Durante años, aspirantes al ejercicio de la abogacía en Puerto Rico han tenido que estudiar cada materia por separado. Han recurrido a textos extensos y fragmentados que, aunque útiles, rara vez presentan la norma en su forma original, ni con un enfoque en los temas puntuales que la misma Junta Examinadora provee.

Con eso en mente, emprendí el proyecto de recopilar, organizar y presentar de forma accesible las fuentes primarias correspondientes a cada uno de los temas incluidos en la Tabla de Especificaciones provista por la Junta Examinadora de Aspirantes al Ejercicio de la Abogacía y la Notaría.

A diferencia de los volúmenes tradicionales que dedican entre 200 a 400 páginas por materia, esta obra concentra las trece áreas evaluadas en aproximadamente mil páginas, con el objetivo de reducir la carga sin sacrificar profundidad ni precisión. El enfoque es claro: permitir al lector estudiar directamente desde la ley, la jurisprudencia, los reglamentos y las disposiciones constitucionales, sin depender exclusivamente de resúmenes o manuales secundarios.

Este libro no pretende reemplazar el estudio doctrinal ni el análisis crítico, pero sí ofrecer una base sólida, fiel y confiable desde la cual estudiar y repasar. Está dirigido tanto a quienes se preparan por primera vez para la reválida, como a quienes desean reenfocar su estudio en lo que verdaderamente se exige. Mi esperanza es que el arduo trabajo que pasé en este compendio ayude a muchos a dedicar más tiempo a estudios más profundos del derecho, así como a desarrollar habilidades que los ayuden en la práctica.

Confío en que esta herramienta les será útil, no solo para pasar un examen, sino para reforzar el compromiso con la práctica seria, responsable y fundamentada del Derecho en Puerto Rico. Por último, espero que este libro facilite que sus lectores puedan dedicar más tiempo a la vida contemplativa.

"*If happiness is activity in accordance with virtue, it is reasonable that it should be in accordance with the highest virtue; and this will be that of the best thing in us. Whether it be reason or something else that is this element which is thought to be our natural ruler and guide and to take thought of things noble and divine, whether it be itself also divine or only the most divine element in us, the activity of this in accordance with its proper virtue will be perfect happiness*".

ARISTÓTELES, NICHOMACHEAN ETHICS, *en* THE BASIC WORKS OF ARISTOTLE, 928, 1104 (The Modern Library, 2001)

Tabla de contenido

DERECHO ADMINISTRATIVO

I. La agencia administrativa

Agencia es cualquier junta, cuerpo, tribunal examinador, corporación pública, comisión, oficina independiente, división, administración, negociado, departamento, autoridad, funcionario, persona, entidad o cualquier instrumentalidad del Gobierno de Puerto Rico u organismo administrativo autorizado por ley a llevar a cabo funciones de reglamentar, investigar, o que pueda emitir una decisión, o con facultades para expedir licencias, certificados, permisos, concesiones, acreditaciones, privilegios, franquicias, acusar o adjudicar.[1] Los siguientes no se consideran agencias administrativas bajo la Ley de Procedimiento Administrativo Uniforme (en adelante, "LPAU"):

> (1) El Senado y la Cámara de Representantes de la Asamblea Legislativa.
>
> (2) La Rama Judicial.
>
> (3) La Oficina del Gobernador y todas sus oficinas adscritas exceptuando aquéllas en donde se haya expresado literalmente la aplicación de las disposiciones de esta Ley.
>
> (4) La Guardia Nacional de Puerto Rico.
>
> (5) Los gobiernos municipales o sus entidades o corporaciones.
>
> (6) La Comisión Estatal de Elecciones.
>
> (7) El Negociado de Conciliación y Arbitraje del Departamento del Trabajo y Recursos Humanos.
>
> (8) La Junta Asesora del Departamento de Asuntos del Consumidor Sobre el Sistema de Clasificación de Programas de Televisión y juguetes Peligrosos.
>
> (9) La Comisión para Resolver Controversias sobre Pagos y Deudas entre Agencias Gubernamentales.[2]

---

[1] Art. 1.3(a) de la Ley de Procedimiento Administrativo Uniforme, Ley Núm. 38-2017, 3 LPRA § 9603 (2017 Rev. 21 de agosto de 2024), https://bvirtualogp.pr.gov/ogp/Bvirtual/leyesreferencia/PDF/Procedimiento%20Uniforme/38-2017.pdf.

[2] *Id.*

II. La delegación de poderes de la Asamblea Legislativa a las agencias administrativas del poder ejecutivo

La Asamblea Legislativa ha delegado a las agencias administrativas adscritas al Poder Ejecutivo una serie de facultades, ya sea a través de la ley orgánica o a través de leyes especiales.[3] De la definición provista por el legislador en la LPAU, se desprenden cuatro poderes que se le pueden delegar a una agencia: reglamentar, adjudicar, investigar y licenciar.[4]

El Tribunal Supremo ha dicho que "cuando se busca saber la naturaleza y definición de una entidad, la hermenéutica jurídica dicta acudir primeramente a la ley orgánica o habilitadora del ente u organismo en cuestión".[5] La Asamblea Legislativa, al crear una agencia administrativa, define mediante su ley orgánica o habilitadora el papel y los contornos de su actividad.[6] La ley orgánica o ley habilitadora es la disposición que le delega a la agencia los poderes necesarios para actuar de conformidad con el propósito legislativo.[7]

En otras palabras, "[l]a ley habilitadora es el mecanismo legal mediante el cual se autoriza y se delega a la agencia administrativa los poderes necesarios para que actúe conforme al propósito perseguido por el legislador al crearla".[8] La ley orgánica define y delimita la extensión y el alcance de la jurisdicción del organismo administrativo.[9] Una agencia administrativa no puede asumir jurisdicción sobre actividad, materia o conducta cuando no está claramente autorizada por ley para ello.[10] Una agencia solo puede ejercer las funciones que se le han encomendado legislativamente, aquellas que surgen de su actividad o encomienda principal y ejercer los poderes que sean indispensables para llevar a cabo sus deberes y responsabilidades.[11]

El Tribunal Supremo de Puerto Rico ha reconocido ciertas pautas sobre el poder que las agencias administrativas ostentan y sus límites: "En principio, es la ley 'el medio o fuente legal que establece los límites del poder y de las facultades de las agencias administrativas'".[12] Las agencias administrativas "operan bajo una delegación de poderes procedente de

---

[3] FCPR v. ELA et al., 211 DPR 521, 535 (2023).

[4] *Véase* 3 LPRA § 9603. *Véase también* Caribe Comms., Inc. v. P.R.T.Co., 157 DPR 203, 211 (2002) ("Dentro de ese marco de delegación, las agencias administrativas gozan de dos poderes esenciales: el poder de reglamentar al ejercer funciones cuasi-legislativas y el poder de adjudicar controversias al ejercer funciones cuasi-judiciales dentro de la pericia de la agencia".).

[5] Alonzo Reyes v. ASC, 185 DPR 861, 877 (2012).

[6] *Id.*

[7] *Véase* Ayala Hernández v. Consejo Titulares, 190 DPR 547, 559 (2014); DACo v. AFSCME, 185 DPR 1, 12 (2012); DACo. v. Fcia. San Martín, 175 DPR 198, 203 (2009).

[8] ASG v. Mun. San Juan, 168 DPR 337, 343 (2006); Caribe Comms., Inc. v. P.R.T.Co., 157 DPR 203, 211 (2002).

[9] Perfect Cleaning v. Cardiovascular, 162 DPR 745, 758 (2004).

[10] López Nieves v. Méndez Torres, 178 DPR 803, 810 (2010); ASG v. Mun. San Juan, 168 DPR en la pág. 343.

[11] OCS v. CODEPOLA, 202 DPR 842, 852 (2019).

[12] Buxó Santiago v. ELA et als., 2024 TSPR 130, 215 DPR ___, en la pág. 10.

principios inteligibles que no le conceden más autoridad que la necesaria para implementar las leyes que administra".[13]

La jurisdicción o el poder decisorio que puedan tener las agencias administrativas queda estrictamente delimitada por los poderes que específicamente la Asamblea Legislativa le haya conferido en su ley habilitadora. Es decir, "[u]n organismo administrativo no puede asumir jurisdicción sobre un asunto a menos que esté claramente autorizado en ley para ello".[14]

El Tribunal Supremo de Puerto Rico ha reiterado la doctrina de que "ni la necesidad, ni la utilidad, ni la conveniencia pueden sustituir la ley como fuente de jurisdicción de una agencia".[15] Cualquier duda en cuanto a la existencia de dicho poder debe resolverse en contra de su ejercicio.[16] Si una agencia administrativa excede los poderes que la Asamblea Legislativa le delegó, la agencia actúa de forma *ultra vires* y por ende todas sus ejecutorias serán nulas en derecho.[17] En los casos en los que una agencia actúa sin jurisdicción, se puede preterir del trámite administrativo.[18]

A. Delegación del poder de reglamentar

La delegación del poder de reglamentación se refiere a que la Asamblea Legislativa les confiere a las agencias administrativas la facultad de aprobar reglas y reglamentos.[19] Es una acción de carácter legislativo, un medio para formular política pública, y establecer normas que resuelvan multiplicidad de casos.[20]

Las agencias administrativas tienen facultad para revisar y enmendar sus reglamentos para atemperarlos a la política pública de la agencia o la legislación al amparo de la cual fueron aprobados. El Tribunal Supremo adoptó una norma desarrollada en el derecho anglosajón, conocida como *the pending ordinance doctrine* o *legally pending*. De acuerdo con dicho principio, un reglamento "en proceso de aprobación" es uno que haya comenzado a evaluarse, ya sea mediante la publicación de avisos o la celebración de vistas públicas, antes de la fecha de presentación de una solicitud que se presenta basada en un reglamento vigente al momento de la presentación de la solicitud. Lo primordial para determinar si un reglamento está "pendiente" es evaluar si, a la fecha de la presentación de la solicitud, el proceso de aprobación del nuevo reglamento ya había comenzado oficialmente y si se habían hecho gestiones tendentes a informar al público

---

[13] *Id.*; Sánchez v. Departamento de Vivienda, 184 DPR 95, 119 (2011).
[14] *Buxó Santiago*, 2024 TSPR 130 en la pág. 11; OCS, 202 DPR en la pág. 852.
[15] *Buxó Santiago*, 2024 TSPR 130 en la pág. 11.
[16] *Id.*
[17] Yiyi Motors, Inc. v. ELA, 177 DPR 230, 247 (2009).
[18] *Véase* la § 4.3 de la Ley de Procedimiento Administrativo Uniforme del Gobierno de Puerto Rico, 3 LPRA § 9673. *Véase también* Buxó Santiago, 2024 TSPR 130 en la pág. 11; AAA v. UIA, 200 DPR 903, 915 (2018). *Véase, además*, Moreno Ferrer v. JRCM, 209 DPR 430, 455 (2022) (sentencia) (J. Oronoz, disensión) ("una agencia administrativa no es el ente adecuado para auscultar y determinar su propio alcance jurídico").
[19] R&B Power, Inc. v. Junta de Subastas ASG, 213 DPR 685, 701 (2024).
[20] *Véase Id.* (*citando a* D. FERNÁNDEZ QUIÑONES, DERECHO ADMINISTRATIVO Y LEY DE PROCEDIMIENTO ADMINISTRATIVO UNIFORME 35-36 § 2.1 (3ra ed. Forum) (2013).

sobre el particular, mediante la publicación de los avisos correspondientes o la celebración de vistas públicas.

El Tribunal Supremo ha indicado que un solicitante de un permiso en una agencia administrativa no adquiere un derecho por el mero hecho de presentar su solicitud en un momento en el que el reglamento vigente permite autorizar la solicitud y conceder el permiso. Si a la fecha de la presentación de la solicitud existe un reglamento pendiente de aprobación, y este se aprueba antes de que la agencia tome una determinación final sobre la solicitud, la agencia puede utilizar el nuevo reglamento como fundamento de su determinación a la hora de conceder o denegar la solicitud interpuesta.

B. Delegación del poder de adjudicar

Adjudicación significa el pronunciamiento mediante el cual una agencia determina los derechos, obligaciones o privilegios que correspondan a una parte.[21] La validez constitucional de la delegación de poder adjudicativo a una agencia administrativa es un principio firmemente establecido en nuestro ordenamiento.[22] En su función adjudicativa, las agencias administrativas deciden controversias mediante la aplicación de las normas de derecho vigentes a los hechos específicos del caso.[23] El poder de adjudicar es análogo al que ejercen los tribunales.[24]

C. Delegación del poder de investigar

La investigación es parte del procedimiento administrativo que incluye cualquier proceso investigativo que inicie una agencia dentro del ámbito de su autoridad legal.[25] Las agencias podrán realizar inspecciones e investigaciones conjuntas con el objeto de ampliar y facilitar su capacidad de fiscalizar el cumplimiento de las leyes especiales por el cual deben velar.[26]

D. Delegación del poder de licenciamiento

Las agencias tienen la facultad de expedir y denegar licencias.[27] Por ejemplo, el Estado tiene un interés legítimo en delegar en las agencias la facultad de licenciar a las personas para ciertas profesiones de acuerdo con criterios y guías.[28]

---

[21] Art. 1.3(b) de la Ley de Procedimiento Administrativo Uniforme, Ley Núm. 38-2017, 3 LPRA § 9603 (2017 Rev. 21 de agosto de 2024).

[22] P.R.T.Co. v. J. Reg. Tel. de P.R., 151 DPR 269, 284 (2000) (*citando a* López Vives v. Policía de P.R., 118 DPR 219, 230 (1987)).

[23] *Id.*

[24] Quiñones v. San Rafael Estates, S.E., 143 DPR 756, 764 (1997).

[25] 3 LPRA § 9603(l) ("Procedimiento administrativo — Significa la formulación de reglas y reglamentos, la adjudicación formal de toda controversia o planteamiento ante la consideración de una agencia, el otorgamiento de licencias y cualquier proceso investigativo que inicie una agencia dentro del ámbito de su autoridad legal".).

[26] *Id.* § 9694.

[27] J. ECHEVARRÍA VARGAS, DERECHO ADMINISTRATIVO PUERTORRIQUEÑO 42 (ed. SITUM 2017).

[28] *Id.*

E. Delegación del poder de definir delitos

Definir delitos es una prerrogativa constitucional que corresponde solo a la Asamblea Legislativa.[29] No obstante, un reglamento puede complementar una ley penal.[30] Aunque se ha reconocido que las legislaturas pueden delegar a las agencias poder para aprobar reglamentos cuya violación sea considerada como un delito, para que ese poder sea válido se tienen que cumplir los siguientes requisitos: 1) tiene que existir autorización legislativa que faculte a la agencia a promulgar reglamentos al respecto, 2) que el estatuto que confiere la facultad contenga guías que dirijan a la agencia al formularlos, 3) que la ley establezca que la violación del reglamento constituye delito y, 4) por último, que la ley defina las penas aplicables.[31]

F. Delegación de autoridad para conceder remedios

Para hacer efectivo el proceso administrativo, la Asamblea Legislativa también ha delegado a las agencias administrativas facultades remediales propias de los tribunales: "En específico, y al amparo de las facultades cuasi-judiciales, se le ha reconocido a [las agencias] la potestad para 'resolver controversias y . . . dictar todos aquellos remedios que resulten cónsonos y proporcionales con las alegadas desviaciones legales y reglamentarias'".[32] La ley habilitadora delega a las agencias los poderes y las facultades necesarias para actuar en conformidad con el propósito legislativo.[33]

A las agencias se les puede delegar la facultad de conceder compensación por los daños y perjuicios sufridos por una persona: 1) cuando la ley habilitadora de la agencia le concede expresamente esa facultad, y 2) cuando, al no estar facultada para imponer daños, dicho poder se encuentra implícito en la amplia facultad de la agencia para conceder un remedio que adelante los intereses de su ley orgánica y la política pública que la inspiró.[34]

Cuando un foro administrativo no está facultado por ley para conceder compensación por los daños y perjuicios sufridos, la parte perjudicada puede acudir directamente al foro judicial con su acción civil extracontractual.[35]

Por lo tanto, si el reclamo que tiene una parte en determinado litigio es uno en daños y perjuicios, y la ley orgánica de la agencia no provee para el resarcimiento de estos, resultaría innecesario "agotar ciertos remedios que en realidad no coinciden con los que [la parte] realmente pretende obtener ante el foro judicial".[36]

---

[29] Pueblo v. Rodríguez Cabrera, 156 DPR 742, 747 (2002); Pueblo v. Reyes Morán, 123 DPR 786, 797 (1989).
[30] Pueblo. v. Villalba Suárez, 86 DPR 318, 326 (1962).
[31] Pueblo v. González Vega, 147 DPR 692, 705 (1999).
[32] Muñoz Barrientos v. ELA et al., 212 DPR 714, 724 (2023) (*citando a* J.A. ECHEVARRÍA VARGAS, DERECHO ADMINISTRATIVO PUERTORRIQUEÑO 44 (4ta ed. rev. SITUM, 2017).
[33] Caribe Comms., Inc. v. P.R.T.Co., 157 DPR 203, 211 (2002).
[34] *Id.*
[35] Igartúa de la Rosa v. A.D.T., 147 DPR 318, 332 (1998).
[36] Guzmán y otros v. E.L.A., 156 DPR 693, 715 (2002).

Sin embargo, la presentación de una reclamación en daños en los tribunales no puede ser utilizado como un subterfugio para burlar la obligación de agotar los remedios administrativos o para restarle finalidad a una determinación administrativa cuando en la reclamación judicial hay controversias que requieren ser adjudicadas inicialmente por el foro administrativo.[37]

En tales situaciones, "los tribunales deben abstenerse de adjudicar aquellas controversias incluidas en la reclamación judicial cuya adjudicación está reservada al foro administrativo, ya sea por tratarse de una materia de jurisdicción exclusiva de ese foro, o porque su resolución requiere una previa interpretación de la pericia administrativa, entre otras circunstancias".[38] Ahora bien, es norma firmemente establecida que "la procedencia de una acción en daños, que la agencia no puede adjudicar ni conceder, no requiere de la intervención o pericia por parte de la agencia concernida".[39] Por lo cual, en esas instancias la parte puede originar su causa de acción en daños ante los foros judiciales sin previo trámite administrativo, pues la agencia carece de jurisdicción para entender en el asunto.[40]

G. Delegación a grupos privados

Una agencia puede redelegar sus funciones asignadas si la ley habilitadora lo permite.[41] Por ejemplo, las agencias administrativas pueden delegar algunas de sus funciones a los municipios.[42] La autoridad transferida debe ejercerse conforme con las normas establecidas en la ley, reglamentación y política pública aplicable a la facultad transferida y por la LPAU.[43]

Las agencias también pueden contratar con grupos privados, pero al hacerlo, no pueden delegar funciones de orden público que le correspondan a ellas, ni ninguna función dirigida a pautar la vida colectiva o conceder a una parte privada la facultad de sancionar o imponer multas.[44] Esas facultades no pueden ser redelegadas o contratadas pues el gobierno no puede legislar mediante contratos.[45]

H. El poder de nombramiento del Ejecutivo

El Ejecutivo puede nombrar, "en la forma que se disponga por la Constitución o por ley, a todos los funcionarios para cuyo nombramiento esté facultado. El Gobernador podrá hacer nombramientos cuando la Asamblea Legislativa no esté en sesión. Todo nombramiento que requiera el consejo y consentimiento del Senado o de ambas cámaras quedará sin efecto al levantarse la siguiente sesión ordinaria".[46]

---

[37] *Id.* (*citando a* Acevedo v. Mun. de Aguadilla, 153 DPR 788, 805 (2001)).
[38] *Igartúa de la Rosa*, 147 DPR en la pág. 333.
[39] *Guzmán*, 156 DPR en la pág. 723. *Véase también* Gallardo v. Clavell, 131 DPR 275, 288 (1992).
[40] *Guzmán*, 156 DPR en la pág. 725.
[41] ECHEVARRÍA, *supra* nota 27, en la pág. 30.
[42] *Véase* Ponce Vista Mar Dev., Inc. v. Mun. de Ponce, 148 DPR 33, 38 (1999).
[43] *Véase* Unlimited v. Mun. de Guaynabo, 183 DPR 947, 964-65 (2011).
[44] ECHEVARRÍA, *supra* nota 27, en la pág. 31.
[45] *Id.* (*citando a* Hartnett v. Austin, 93 So. 2d 86, 89 (Fla.1956)).
[46] CONST. PR art. IV, § 4.

Un empleado gubernamental es de libre remoción por el Gobernador cuando realiza funciones ejecutivas.[47] Pero cuando un empleado realice funciones primordialmente cuasilegislativas o cuasijudiciales, al Gobernador se le podrá requerir que demuestre justa causa para su destitución.[48] De lo contrario, se violaría el principio político de separación de poderes. Así, cuando se trata de funciones cuasilegislativas o cuasijudiciales, la Asamblea Legislativa le podrá imponer restricciones al Gobernador para la destitución de estos empleados.[49] El Tribunal Supremo ha aclarado que: "este análisis por sí solo no es suficiente. Corresponde analizar la totalidad de las circunstancias para determinar, además, si independientemente de las funciones que realiza el funcionario, las restricciones impuestas por la Asamblea Legislativa inciden en la facultad del Gobernador de descargar sus funciones ejecutivas".[50]

III. El poder de reglamentación

A. Reglas legislativas y reglas no legislativas

Los entes administrativos pueden formular reglas no legislativas y legislativas.[51] Depende del tipo de regla el procedimiento que ha de seguirse para su aprobación, derogación o enmienda.[52] Una *regla* o *reglamento* es "cualquier norma o conjunto de normas de una agencia que sea de aplicación general que ejecute o interprete la política pública o la ley, o que regule los requisitos de los procedimientos o prácticas de una agencia que tenga fuerza de ley. El término incluye la enmienda, revocación o suspensión de una regla existente".[53] No son reglas o reglamentos las siguientes:

> 1. Reglas relacionadas con la administración interna de la agencia o comunicaciones internas o entre agencias que no afectan los derechos o los procedimientos o prácticas disponibles para el público en general.
>
> 2. Documentos guía según definidos en esta Ley.[54]

---

[47] Díaz Carrasquillo v. García Padilla, 191 DPR 97, 115 (2014).
[48] *Id.*
[49] *Id.*
[50] *Id.*
[51] R&B Power, Inc. v. Junta de Subastas ASG, 213 DPR 685, 701 (2024).
[52] Mun. de Toa Baja v. DRNA, 185 DPR 684, 696, (2012).
[53] Art. 1.3(m) de la Ley de Procedimiento Administrativo Uniforme, Ley Núm. 38-2017, 3 LPRA § 9603 (2017 Rev. 21 de agosto de 2024).
[54] Un documento guía es

> un documento físico o electrónico de aplicabilidad general desarrollado por una agencia, que carece de fuerza de ley pero expresa la interpretación de la agencia sobre alguna legislación, la política pública de la agencia o que describe cómo y cuándo la agencia ejercerá sus funciones discrecionales. Incluye interpretaciones oficiales, según definidas en esta Ley. Este término no incluye documentos que son reglamentos o reglas según definidas en esta Ley. Art. 1.3(m) de la Ley de Procedimiento Administrativo Uniforme, Ley Núm. 38-2017, 3 LPRA § 9603 (2017 Rev. 21 de agosto de 2024).

3. Órdenes de precios del Departamento de Asuntos del Consumidor y otros decretos u órdenes similares que se emitan o puedan emitir en el futuro por otras agencias, y que meramente realizan una determinación de uno o varios parámetros de reglamentación con base a un reglamento previamente aprobado y que contiene las normas para su expedición.

4. Formas y sus instrucciones, siempre que no constituyan documentos guía.[55]

Estas excepciones al concepto de *regla* o *reglamento* pueden clasificarse en tres grupos: (1) reglas procesales; (2) declaraciones interpretativas; y (3) declaraciones de política general.[56] Las reglas no legislativas son pronunciamientos administrativos que no alteran los derechos ni las obligaciones de los individuos.[57] La LPAU dispensa del procedimiento formal de la reglamentación cuando se trata de reglas no legislativas.[58]

Las reglas legislativas crean o afectan derechos, imponen obligaciones y establecen un patrón de conducta que tiene fuerza de ley.[59] Cualquier regla que tenga un efecto obligatorio significativo en los derechos sustantivos de un individuo constituye una regla legislativa.[60] Las reglas legislativas tienen que pasar por el proceso de adopción descrito en la siguiente sección.

B. Proceso de adopción, enmienda, suspensión y derogación de reglamentos

Las reglas legislativas proveen a las partes afectadas una notificación previa sobre qué conducta es permisible e impermisible. Debido a la importancia que estas revisten, y el efecto que pueden acarrear para el público en general, su promulgación requiere el cumplimiento del procedimiento de reglamentación establecido por la LPAU.[61]

El procedimiento de reglamentación, que incluye adoptar, enmendar o derogar una regla o reglamento, consiste en:

(1) **notificar** al público la reglamentación que ha de aprobarse. Debe publicar un aviso en inglés y en español en no menos de un periódico de circulación general y en el internet. Si la reglamentación afecta a una comunidad específica, debe publicar el mismo anuncio en un periódico regional que circule en el área donde ubique dicha comunidad, y además deberá pautar un anuncio en una emisora de radio de difusión local de mayor audiencia o mayor cercanía a la comunidad afectada por lo menos en dos (2) ocasiones en cualquier momento en el horario comprendido entre las 7:00 de la mañana y las 7:00 de la noche. El anuncio en la radio

---

[55] *Id.*
[56] R&B Power, Inc. v. Junta de Subastas ASG, 213 DPR 685, 702 (2024) (*citando a* H. Meléndez Juarbe, *Derecho Administrativo*, 73 REV. JUR. UPR 509, 510 (2004).
[57] Sierra Club v. Junta De Planificación, 203 DPR 596, 605 (2019).
[58] *R&B Power*, 213 DPR en la pág. 703.
[59] Asociación Maestros v. Comisión, 159 DPR 81, 93 (2003).
[60] Mun. De Toa Baja v. DRNA, 185 DPR 684, 697 (2012).
[61] *Id.* en las págs. 697-98.

deberá indicar la fecha en que se publicó el aviso en el periódico. Tanto el anuncio radial como el aviso contendrán un resumen o explicación breve de los propósitos de la propuesta acción, una cita de la adopción legal que autoriza dicha acción y la forma, el sitio, los días y las horas en que se podrán someter comentarios por escrito o por correo electrónico o solicitar por escrito una vista oral sobre la propuesta acción con los fundamentos que a juicio del solicitante hagan necesaria la concesión de dicha vista oral e indicará el lugar físico y la dirección electrónica donde estará disponible al público, el texto completo de la reglamentación a adoptarse. Al recibir comentarios por correo electrónico, la agencia acusará recibo de los mismos por correo electrónico dentro de dos (2) días laborables de su recibo. El aviso publicado en el periódico contendrá, además, la dirección electrónica de la página donde la agencia haya elegido publicar el aviso en la Red y el texto completo de la regla o reglamento.[62]

(2) **proveer oportunidad para la participación ciudadana**, incluyendo vistas públicas cuando sea necesario u obligatorio. La agencia proveerá oportunidad para someter comentarios por escrito durante un término no menor de treinta (30) días, contados a partir de la fecha de la publicación del aviso;[63]

(3) **presentar la reglamentación ante el Departamento de Estado para la aprobación correspondiente**. El Secretario de Estado examinará todo reglamento radicado en su oficina para determinar si cumple con la reglamentación aprobada por él en cuanto al formato del reglamento.[64] Un reglamento debe incluir:

(a) Una cita de la disposición legal que autoriza su adopción o enmienda;

(b) una explicación breve y concisa de sus propósitos o de las razones para su adopción o enmienda que incluya un resumen ejecutivo disponiendo de forma clara y precisa el propósito, la justificación y los costos y beneficios de la reglamentación propuesta;

(c) una referencia a todas las reglas o reglamentos que se enmienden, deroguen o suspendan mediante su adopción;

(d) la fecha de su aprobación; y

(e) la fecha de vigencia.[65]

[62] Art. 2.1 de la Ley de Procedimiento Administrativo Uniforme, Ley Núm. 38-2017, 3 LPRA § 9611 (2017 Rev. 21 de agosto de 2024).
[63] *Id.* § 9612.
[64] *Id.* § 9621.
[65] *Id.* § 9615.

La agencia mantendrá disponible para inspección pública un expediente oficial con toda la información relacionada a una propuesta adopción de regla o reglamento, así como el adoptado o enmendado incluyendo, pero sin limitarse a:

(a) Copias de toda publicación en relación a la regla o al procedimiento.

(b) Toda petición, requerimiento, memorial o comentario escrito radicado ante la agencia y cualquier material escrito considerado por la agencia en relación a la adopción de la regla y al procedimiento seguido.

(c) Cualquier informe preparado por el oficial que presida la vista resumiendo el contenido de las presentaciones.

(d) Una copia de cualquier análisis regulatorio preparado en el procedimiento para la adopción de la regla.

(e) Una copia de la regla y una explicación de la misma.

(f) Todas las peticiones de excepciones, enmiendas, derogación o suspensión de la regla.

Si el Secretario aprueba el Reglamento, hará constar su aprobación en cada copia del reglamento y, entonces, se considerará que el reglamento ha sido debidamente radicado según lo exige la ley.[66]

(4) **publicar** la reglamentación aprobada. El Secretario publicará en dos (2) periódicos de circulación general una síntesis del contenido de cada reglamento radicado, con expresión de su número, fecha de vigencia y agencia que lo aprobó.[67] Esta publicación se llevará a efecto dentro de los veinticinco (25) días siguientes a la fecha de su radicación.[68] Como regla general, los reglamentos comenzarán a regir a los treinta (30) días después de su radicación, a menos que: (1) De otro modo lo disponga el estatuto con arreglo al cual se adoptare el reglamento, en cuyo caso empezará a regir el día prescrito por dicho estatuto; (2) como parte del reglamento, la agencia prescriba una fecha de vigencia posterior, si así lo dispusiere el estatuto que autoriza a la agencia a promulgar dicho reglamento; o (3) el reglamento sea uno de emergencia.[69]

Todos los antes mencionados son requisitos imprescindibles y de ineludible cumplimiento.[70] Además, "es indispensable para poder reconocerle fuerza de ley a la regla promulgada, ya que ello forma parte de las garantías procesales que permean todo el estatuto".[71]

---

[66] *Id.*
[67] *Id.* § 9618.
[68] *Id.*
[69] *Id.*
[70] FCPR. v. ELA et al, 211 DPR 521, 533 (2023)
[71] Sierra Club v. Junta De Planificación, 203 DPR 596, 606 (2019).

C. Reglamentos de emergencia con vigencia inmediata

El proceso de reglamentación ordinario según la LPAU podrá obviarse en todos aquellos casos en que el Gobernador certifique que, debido a una emergencia o a cualquier otra circunstancia que lo exija, los intereses públicos requieren que el reglamento o enmienda al mismo empiece a regir sin la dilación que requiere la LPAU.[72] Emergencia es sinónimo a urgencia, necesidad, prisa y cualquier situación extraordinaria e imprevista que crea un peligro para la salud, seguridad o el bienestar.[73] En todos estos casos, el reglamento o la enmienda al mismo, junto con la copia de la certificación del Gobernador, serán radicados por el Secretario.[74] Una vez así radicado el reglamento, o la enmienda al mismo, la agencia dará cumplimiento a lo dispuesto en la LPAU sobre notificación y participación ciudadana, y de determinar modificaciones o enmiendas al reglamento radicado al amparo de esta Sección, radicará las mismas en la oficina del Secretario de Estado, y se le dará cumplimiento a lo dispuesto en la ley sobre radicación de reglamentos nuevos.[75]

D. Reglamentos conjuntos

La LPAU solo tiene una disposición sobre los Reglamentos Conjuntos:

> Dos o más agencias podrán aprobar reglamentos en conjunto, al amparo de las leyes que respectivamente administran, en aquellos casos en que el servicio a la ciudadanía lo amerite.
>
> Los jefes de agencia concernidos designarán en conjunto al funcionario examinador, o panel examinador, que estará a cargo del procedimiento de reglamentación, el que rendirá un solo informe dirigido a todos los jefes de agencia concernidos.[76]

Su propósito es que las agencias administrativas trabajen en conjunto para lograr los objetivos que la Asamblea Legislativa delegó a varias agencias.[77] Las agencias solo pueden trabajar en reglamentos conjuntos cuando cada agencia que trabaje en el reglamento conjunto tenga los poderes delegados necesarios para ello, pueden acumular sus poderes con los de otras agencias, pero reglamentar de manera conjunta no les otorga más poderes de los que por ley tienen.[78]

---

[72] 3 LPRA § 9623.
[73] Meléndez Ortiz v. Valdejully, 120 DPR 1, 14, 19-20 (1987).
[74] 3 LPRA § 9623.
[75] *Id.*
[76] *Id.* § 9628.
[77] FCPR v. ELA et al., 211 DPR 521, 540-41 (2023) (*citando a* M. IZQUIERDO ENCARNACIÓN, INTRODUCCIÓN AL DERECHO ADMINISTRATIVO 123 (3ra ed. Situm, 2017)).
[78] *Id.* (*citando a* J. ECHEVARRÍA VARGAS, DERECHO ADMINISTRATIVO PUERTORRIQUEÑO 127-28 (4ta ed. rev. Situm, 2017).

E. Obligatoriedad de los reglamentos

Las reglas legislativas 1) tienen fuerza de ley, 2) obligan a las agencias, 3) prescriben patrones de conducta a los cuales se tienen que conformar los afectados y cubiertos por ella; 4) el infractor de esa regulación puede estar sujeto a consecuencias penales: "En términos prácticos un ciudadano puede enfrentarse a tantas dificultades por violar una regla sustantiva o legislativa de una agencia como por violar un estatuto aprobado por la Asamblea Legislativa".[79]

F. Límites del poder de reglamentación

Cuando las agencias promulgan un reglamento se requiere que lo hagan en cumplimiento con los parámetros pautados por su ley orgánica.[80] Tampoco pueden reglamentar más limitaciones de lo que autorice su ley habilitadora.[81] El tribunal en su función revisora determinará si la actuación administrativa se ajusta o no al poder delegado y revisará si la actuación administrativa estaba autorizada por ley, si se delegó el poder de reglamentación, si la regla o reglamento impugnado está dentro de los amplios poderes delegados y si la reglamentación es arbitraria o caprichosa.[82]

G. Adopción del reglamento como requisito para ejercer la facultad delegada

Una agencia no puede guiar sus determinaciones cuasi adjudicativas a base de un reglamento que no esté en vigor.[83] Una agencia debe reglamentar formalmente cuando la ley así se lo requiere: "advertimos la importancia de que las agencias especifiquen, mediante reglamentación, los criterios esbozados de forma muy general en la legislación delegatoria, para así evitar una aplicación arbitraria e injusta, y proveer guías adecuadas para que las partes afectadas por las acciones administrativas estén debidamente informadas del estado de derecho vigente".[84] No obstante, esas expresiones del Tribunal Supremo no son de carácter jurisdiccional, por lo que no es necesario preterir el procedimiento administrativo cuando una agencia considere un caso sin haber reglamentado antes, pues una agencia puede interpretar su propia ley habilitadora.[85] Por ejemplo, mediante Sentencia, el Tribunal Supremo, por estar igualmente dividido, confirmó la decisión que la Compañía de Turismo no tenía que aprobar un reglamento para requerir la prueba de dopaje a aquellas personas que soliciten la concesión o renovación de la licencia de operador de taxi turístico toda

---

[79] *R&B Power*, 213 DPR en la pág. 703 (*citando a* D. FERNÁNDEZ QUIÑONES, DERECHO ADMINISTRATIVO Y LEY DE PROCEDIMIENTO ADMINISTRATIVO UNIFORME 124-25 (2da ed. Forum, 2001).

[80] Ayala Hernández v. Consejo Titulares, 190 DPR 547, 568 (2014); Buono Correa v. Srio. Rec. Naturales, 177 DPR 415, 449-50 (2009).

[81] *Ayala Hernández*, 190 DPR en la pág. 568; Gutiérrez v. A.A.A., 167 DPR 130, 143 (2006).

[82] Danosa Caribbean v. Neg. Asist. Contr., 185 DPR 1008, 1029-30 (2012).

[83] Unlimited v. Mun. de Guaynabo, 183 DPR 947, 990 (2011).

[84] Asoc. Fcias. Com. v. Depto. de Salud, 156 DPR 105, 117 (2002) (reconsiderado en Asoc. Fcias. Com. v. Depto. de Salud, 157 DPR 76, pero se mantuvo la doctrina sobre la obligación de reglamentar de manera específica intacta).

[85] Procuradora Paciente v. MCS, 163 DPR 21, 45-47 (2004).

vez que tal prueba es un requisito *sine qua non* que emanaba de la Ley Núm. 282 de 19 de diciembre de 2002, ahora derogada.[86]

H. Impugnación y revisión judicial de reglamentos

1) Impugnación de un reglamento de su faz:

El proceso de aprobar un reglamento es uno cuasilegislativo y no adjudicativo. En ese sentido, no existen partes en el proceso de reglamentación pues no es un procedimiento adjudicativo. Cualquier persona, haya participado o no durante el proceso de aprobación de un reglamento, puede impugnar la validez de la regla o reglamento aprobado por incumplir con el procedimiento establecido por ley para su adopción.

(a) Una regla o reglamento es nulo si no cumple sustancialmente con las disposiciones de la Ley.[87] Será nulo todo reglamento que se adopte en violación a las disposiciones de la LPAU.[88]

(b) Cualquier acción para impugnar la validez de su faz de una regla o reglamento por el incumplimiento de las disposiciones de esta Ley deberá iniciarse en el Tribunal de Apelaciones dentro de los treinta (30) días siguientes a la fecha de vigencia de dicha regla o reglamento.[89] La competencia sobre la acción corresponderá a la región judicial donde esté ubicado el domicilio del recurrente.[90]

(c) La acción que se inicie para impugnar el procedimiento seguido al adoptar las reglas o reglamentos de que se trate no paralizará la vigencia de los mismos, a menos que la ley al amparo de la cual se adopta disponga expresamente lo contrario.[91]

Cualquier persona interesada tiene legitimación para impugnar un reglamento de su faz dentro de los treinta (30) días siguientes a la fecha de vigencia de dicha regla o reglamento.[92] Para promover la acción en el Tribunal de Apelaciones, no se requiere que quien impugne tenga que probar cómo se afecta de manera individualizada por su aplicación.[93] Pero se debe notificar y acumular a la agencia que —con la delegación que le hizo la Asamblea Legislativa— tenía la facultad para adoptar el reglamento objeto de impugnación.[94] Trascurrido el término de treinta (30) días siguientes a la fecha de vigencia de dicha regla o reglamento no podrá

---

[86] Camacho Huertas v. Compañía Turismo, 174 DPR 833, 834 (2008) (Sentencia).
[87] Art. 2.7 de la Ley de Procedimiento Administrativo Uniforme, Ley Núm. 38-2017, 3 LPRA § 9617 (2017 Rev. 21 de agosto de 2024).
[88] R&B Power, Inc. v. Junta de Subastas ASG, 213 DPR 685, 704 (2024).
[89] 3 LPRA § 9617.
[90] *Id.*
[91] *Id.*
[92] *Véase* Fuentes Bonilla v. ELA et al., 200 DPR 364, 378 (2018); Asoc. Fcias. Com. v. Depto. de Salud, 156 DPR 105, 121 (2002).
[93] *Fuentes Bonilla*, 200 DPR en la pág. 378; Centro Unido Detallistas v. Com. Serv. Pub., 174 DPR 174, 186 (2008).
[94] FCPR v. ELA et al., 211 DPR 521, 534 (2023).

presentarse la acción de nulidad porque se trata de un término jurisdiccional.[95]

2) Impugnación por su aplicación

Cualquier persona afectada por la aplicación de un reglamento puede impugnar su validez ante el Tribunal de Primera Instancia en cualquier momento, por razones constitucionales o por cualquier otro motivo.[96] Para impugnar por su aplicación un reglamento, la persona tiene que haber sido agraviada por la acción de una agencia, bien tras un procedimiento de adjudicación o a raíz de la aplicación de un reglamento que, a su entender, carezca de validez.[97] En la práctica, el interdicto, la sentencia declaratoria y el propio procedimiento para hacer cumplir la resolución de la agencia son los mecanismos más utilizados al revisar la validez de las reglas administrativas.[98]

IV. El poder de adjudicación

A. Consideraciones constitucionales en los procesos adjudicativos ante las agencias administrativas: derechos, alcance y garantías del debido proceso de ley

El art. II, sec. 7 de la Constitución de Puerto Rico prohíbe que cualquier persona sea privada de su libertad o propiedad sin un debido proceso de ley.[99] Este derecho está protegido de igual forma por la Quinta y Decimocuarta Enmiendas de la Constitución de los Estados Unidos. Existen dos (2) acepciones en la doctrina del debido proceso de ley: la sustantiva y la procesal.[100] La vertiente sustantiva busca proteger y salvaguardar los derechos fundamentales de las personas.[101] La vertiente procesal obliga al Estado a garantizar que la interferencia en los intereses de libertad y propiedad del individuo se haga mediante un proceso justo e imparcial.[102] Estas garantías constitucionales se extienden no solo al ámbito judicial sino también al administrativo.[103]

Dado que las agencias administrativas ejercen una función adjudicativa, al interferir no solo con los intereses de libertad, sino también con la propiedad de los individuos, las garantías de un debido proceso de ley se extienden a dichas agencias.[104] No obstante, los procedimientos en el ámbito administrativo no tienen la misma rigidez que los procedimientos adjudicativos ante los tribunales.[105] Por tanto, el procedimiento

---

[95] *Fuentes Bonilla*, 200 DPR en la pág. 378.
[96] Centro Unido de Detallistas v. Com. Serv. Pub., 174 DPR 174, 184-85 (2008).
[97] *Id.* en la pág. 185.
[98] *Id.*
[99] Const. de P.R., Art. II, § 7, LPRA, Tomo I
[100] Fuentes Bonilla v. ELA, 200 DPR 364, 394 (2018); Domínguez Castro v. E.L.A., 178 DPR 1 (2010).
[101] PVH Motor v. ASG, 209 DPR 122, 131 (2022).
[102] *Fuentes Bonilla*, 200 DPR en la pág. 394; Co. v. Stowell Taylor, 133 DPR 881, 887-88 (1993)
[103] AP de P.R. v. Hermandad de Empleados de Oficina, 186 DPR 417, 428 (2012).
[104] Báez Díaz v. E.L.A., 179 DPR 605, 623 (2010).
[105] *PVH Motor*, 209 DPR en la pág. 131.

adjudicativo ante las agencias debe ceñirse a las garantías mínimas del debido proceso de ley.[106]

La dimensión procesal del debido proceso de ley en el contexto adjudicativo exige como mínimo: (1) la notificación adecuada del proceso; (2) el proceso ante un juez imparcial; (3) la oportunidad de ser oído; (4) el derecho a contrainterrogar a los testigos y examinar la evidencia presentada en su contra; (5) el tener asistencia de un abogado, y (6) que la decisión se base en el expediente.[107]

En todo procedimiento adjudicativo formal ante una agencia se salvaguardarán los siguientes derechos:

> (A) Derecho a notificación oportuna de los cargos o querellas o reclamos en contra de una parte.
> (B) Derecho a presentar evidencia.
> (C) Derecho a una adjudicación imparcial.
> (D) Derecho a que la decisión sea basada en el expediente.[108]

Toda agencia deberá adoptar un reglamento para regular sus procedimientos de adjudicación.[109]

Los procedimientos adjudicativos administrativos deben respetar las garantías mínimas del debido proceso de ley. Una de esas garantías es que la vista o audiencia se lleve a cabo ante un juzgador imparcial de los hechos. El oficial examinador o juez administrativo debe comportarse como un participante imparcial y no como un abogado que intenta establecer un lado u otro de la controversia. Ante una alegación de imparcialidad de un oficial examinador o juez administrativo, hay que examinar si, previo a presentarse la prueba o durante el transcurso de los procedimientos, ha prejuzgado cuestiones específicas que inciden sobre la solución de la controversia. Tiene que haber incurrido en un comportamiento de un grado tan alto de favoritismo o antagonismo que hace imposible la solución justa del caso. No se configura parcialidad si el juez administrativo u oficial examinador demuestra una clara convicción en cuanto a su interpretación de las disposiciones legales aplicables o de la política administrativa impuesta por la agencia. Tampoco se configura parcialidad si hay expresiones de irritación, impaciencia, insatisfacción, molestia e incluso enfado por parte del funcionario que preside la vista.

---

[106] *Id.*
[107] Vázquez González v. Santini, 178 DPR 636, 643 (2010); Garriga Villanueva v. Mun. San Juan, 176 DPR 182, 197 (2009)
[108] Art. 3.1 de la Ley de Procedimiento Administrativo Uniforme, Ley Núm. 38-2017, 3 LPRA § 9641.
[109] *Id.* § 9642.

B. Proceso de adjudicación formal

1. Querella

Excepto cuando por ley se establezca de otro modo el procedimiento adjudicativo ante una agencia podrá iniciarse por la propia agencia o con la presentación de una querella, solicitud o petición, ya sea personalmente o mediante comunicación por escrito, en el término que establezca la ley o el reglamento, con relación a un asunto que esté bajo la jurisdicción de la agencia.[110] Las agencias podrán usar medios de correspondencia electrónica, en sustitución o como complemento al correo ordinario, durante cualquier parte del procedimiento adjudicativo, salvaguardando en todo momento el derecho a notificación oportuna de los cargos o querellas, reclamos o alegaciones de las partes.[111]

La siguiente información es requerida al presentar una querella, solicitud o petición:

> (1) Querellas originadas por la agencia. — Toda agencia podrá radicar querellas ante su foro administrativo por infracciones a las leyes o reglamentos que administra. La querella deberá contener:
>
> > (a) El nombre y dirección postal del querellado y, de ser conocida, su dirección o direcciones de correo electrónico.
> >
> > (b) Los hechos constitutivos de la infracción.
> >
> > (c) Las disposiciones legales o reglamentarias por las cuales se le imputa la violación. Podrá contener, sin embargo, una propuesta de multa o sanción a la que el querellado puede allanarse e informar su cumplimiento o pago, según sea el caso.
>
> (2) Querellas radicadas por una persona ajena a la agencia. — El promovente de una acción ante la agencia deberá incluir la siguiente información al formular su querella, solicitud o petición:
>
> > (a) Nombre y direcciones postales de todas las partes y, de ser conocidas, sus respectivas direcciones de correo electrónico.
> >
> > (b) Hechos constitutivos del reclamo o infracción.
> >
> > (c) Referencia a las disposiciones legales aplicables si se conocen.

---

[110] *Id.*

[111] *Id.*

> (d) Remedio que se solicita.
>
> (e) Opcionalmente, a discreción del querellante o promovente, la edad de este, si es que reclamara los beneficios de la "Ley Especial de Procesos Administrativos Expeditos para Personas de la Tercera Edad".
>
> (f) Firma de la persona promovente del procedimiento.[112]

Los funcionarios de cualquier agencia administrativa podrán radicar una querella en otra agencia, cuando hayan podido observar la violación de cualquier disposición de ley o reglamento que administra la otra agencia.[113]

2. Oficiales Examinadores y Jueces Administrativos

La LPAU dice sobre los funcionarios de adjudicación:

> Toda agencia podrá designar oficiales examinadores para presidir los procedimientos de adjudicación que se celebren en ella, los cuales no tendrán que ser necesariamente abogados, particularmente cuando el procedimiento en cuestión es uno informal.
>
> El jefe de la agencia podrá delegar la autoridad de adjudicar a uno o más funcionarios o empleados de su agencia. A estos funcionarios o empleados se les designará con el título de jueces administrativos.
>
> En casos cuyos hechos planteen controversias adjudicables bajo la autoridad de más de una agencia, los jefes de las agencias concernidas podrán delegar en un solo juez administrativo la adjudicación del caso, el cual podrá ser funcionario o empleado de cualesquiera de dichas agencias.
>
> El personal encargado de procesar o adjudicar controversias a nivel administrativo, incluyendo oficiales examinadores o jueces administrativos, tendrá inmunidad por las recomendaciones hechas como parte de sus funciones. Disponiéndose, que la inmunidad estará condicionada a que dicho personal:
>
> > 1) actúe con imparcialidad, de buena fe y de manera razonable, sabiendo que su conducta no es ilegal;

---

[112] *Id.* § 9644.
[113] *Id.* § 9695.

> 2) al ejercer sus funciones, no incurra en violaciones de principios legales establecidos, ni a los cánones que rijan su profesión.

El juez administrativo posee autonomía, resuelve en su propio nombre y cuando estampa la firma, la agencia resuelve y una vez decide, empiezan a correr los términos; el oficial examinador lo que hace son recomendaciones y cuando recomienda, no comienzan a correr los términos.[114]

3. Partes en el proceso adjudicativo

Al considerar que el requisito de notificación es de carácter jurisdiccional para recurrir de una determinación administrativa, resulta indispensable identificar adecuadamente quiénes son las partes a notificar.[115] Una parte es toda persona o agencia autorizada por ley a quien se dirija específicamente la acción de una agencia o que sea parte en dicha acción, o que se le permita intervenir o participar en la misma, o que haya radicado una petición para la revisión o cumplimiento de una orden, o que sea designada como parte en dicho procedimiento.[116] Se debe prestar atención a la resolución administrativa para determinar si la persona natural o jurídica es parte en un procedimiento administrativo a los fines de notificar cualquier recurso de revisión.[117] El concepto parte incluye a

> (1) la persona a quien se dirige la acción;
>
> (2) la agencia a quien se dirige la acción;
>
> (3) el interventor;
>
> (4) quien ha presentado una petición para la revisión o el cumplimiento de la orden;
>
> (5) la persona designada como tal en el procedimiento, y
>
> (6) quien participó activamente durante el procedimiento administrativo, y cuyos derechos y obligaciones pueden verse afectados adversamente por la acción o inacción de la agencia.[118]

Una persona natural o jurídica que desea intervenir en un proceso adjudicativo y que no se consideró originalmente "parte", debe hacer una solicitud formal por escrito debidamente fundamentada.[119] En otras palabras, el interesado en intervenir en un proceso adjudicativo administrativo debe presentar una solicitud en la que claramente

---

[114] J. ECHEVARRÍA VARGAS, DERECHO ADMINISTRATIVO PUERTORRIQUEÑO 187-91 (2017).
[115] Junta Dir. Portofino v. P.D.C.M., 173 DPR 455, 462 (2008).
[116] 3 LPRA § 9603(k).
[117] Const. I. Meléndez, S.E. v. A.C., 146 DPR 743, 749 (1998).
[118] JP Plaza Santa Isabel v. Cordero Badillo, 177 DPR 177, 188 (2009).
[119] *Id.* en la pág. 193.

demuestre cómo se verá afectado su interés por la decisión administrativa.[120]

No todo el que participa en el procedimiento administrativo tiene legitimación activa para ser parte en la revisión judicial.[121] Para que se pueda presentar un recurso de revisión judicial es necesario que se cumpla con los requisitos de ser parte y ser adversamente afectado por la decisión administrativa.[122] No son "parte" y por tanto no hay que notificarles copia de los recursos de revisión: (1) el mero participante; (2) el *amicus curiae*; (3) aquel que comparece a la audiencia pública sin mayor intervención; (4) el que únicamente declara en una vista, sin mostrar ulterior interés, y (6) aquel que no demuestre tener un interés que pueda verse adversamente afectado por el dictamen administrativo.[123]

Tampoco se convierten automáticamente en "partes" las personas notificadas de un procedimiento administrativo por encontrarse en un radio determinado.[124] Aunque nada impide que una agencia envíe notificaciones de cortesía, la mera designación o notificación de una determinación final no convierte automáticamente a una persona o entidad en "parte" para fines de los procesos de reconsideración o revisión judicial, si estas no cumplen con los demás requisitos para serlo.[125] Consecuentemente, la persona natural o jurídica a quien la agencia administrativa notifique su resolución o remita copia de cortesía, no es "parte" sin más.[126]

Respecto a quienes se designó como parte, previa solicitud formal debidamente fundamentada, la LPAU requiere que la agencia especifique en sus resoluciones los nombres y direcciones de los notificados a los fines de que estos puedan ejercer su derecho a la revisión judicial.[127] Incluso, cuando no se trate del promovido, el promovente o un interventor formal, las agencias administrativas deben explicar la designación de "parte" que hagan al emitir sus determinaciones finales, aunque sea de forma sucinta y breve.[128]

El proceso de especificar los nombres y direcciones de las personas naturales o jurídicas a quienes, en calidad de partes, les fue notificado el dictamen requiere que la agencia explique aunque sea de forma breve su decisión de designar como "parte" en su determinación final a personas o entidades que no habían sido designadas formalmente como tal en los procedimientos.[129]

---

[120] Fund. Surfrider y otros v. A.R.Pe., 178 DPR 563, 576, (2010).
[121] *Id.* en las págs. 574-75.
[122] *Id.* en las págs. 575-76.
[123] Lugo Rodríguez v. J.P., 150 DPR 29, 44 (2000). *Véase también* Pepsi-Cola v. Mun. Cidra, 186 DPR 713 (2012).
[124] Junta Dir. Portofino v. P.D.C.M., 173 DPR 455, 458 (2008).
[125] Metro Senior v. AFV, 209 DPR 203, 212 (2022).
[126] *Id.* en la pág. 213 (*citando a* Ocean View v. Reina del Mar, 161 DPR 557 (2004)).
[127] Art. 3.15 de la Ley de Procedimiento Administrativo Uniforme, Ley Núm. 38-2017, 3 LPRA § 9654.
[128] *Junta Dir. Portofino*, 173 DPR en la pág. 468.
[129] *Id.* en la pág. 469.

Por eso, cuando la agencia no incluye una explicación sobre la naturaleza de cada una de las "partes" así designadas y notificadas, procede una nueva notificación con la debida explicación.[130]

La inclusión de un tercero en el proceso administrativo sin que el querellante o la agencia lo estime necesario o conveniente, complica y retarda innecesariamente el procedimiento. La inclusión de un tercero es discrecional de la agencia, a menos que su exclusión lo privara de su día en corte.

4. Interventores

Un interventor es aquella persona que no sea parte original en cualquier procedimiento adjudicativo que la agencia lleve a cabo y que haya demostrado su capacidad o interés en el procedimiento.[131] Para ser interventor se tiene que completar una solicitud de intervención en el procedimiento adjudicativo:

> Cualquier persona que tenga un interés legítimo en un procedimiento adjudicativo ante una agencia podrá someter una solicitud por escrito y debidamente fundamentada para que se le permita intervenir o participar en dicho procedimiento. La agencia podrá conceder o denegar la solicitud, a su discreción, tomando en consideración entre otros los siguientes factores:
>
> > (a) Que el interés del peticionario pueda ser afectado adversamente por el procedimiento adjudicativo.
> >
> > (b) Que no existan otros medios en derecho para que el peticionado pueda proteger adecuadamente su interés.
> >
> > (c) Que el interés del peticionario ya esté representado adecuadamente por las partes en el procedimiento.
> >
> > (d) Que la participación del peticionario pueda ayudar razonablemente a preparar un expediente más completo del procedimiento.
> >
> > (e) Que la participación del peticionario pueda extender o dilatar excesivamente el procedimiento.
> >
> > (f) Que el peticionario represente o sea portavoz de otros grupos o entidades de la comunidad.

---

[130] *Id.* en la pág. 470.
[131] 3 LPRA § 9603(f).

> (g) Que el peticionario pueda aportar información, pericia, conocimientos especializados o asesoramiento técnico que no estaría disponible de otro modo en el procedimiento.
>
> La agencia deberá aplicar los criterios que anteceden de manera liberal y podrá requerir que se le someta evidencia adicional para poder emitir la determinación correspondiente con respecto a la solicitud de intervención.[132]

Si la agencia decide denegar una solicitud de intervención en un procedimiento adjudicativo notificará su determinación por escrito al peticionario, los fundamentos para la misma y el recurso de revisión disponible.[133]

El interventor tiene que establecer la existencia de un potencial daño para justificar su intervención.[134]

5. Mecanismos procesales y descubrimiento de prueba

Las Reglas de Procedimiento Civil no aplican automáticamente en los procedimientos administrativos, por la necesidad de que éstos se desarrollen con mayor flexibilidad que los procesos en tribunales ordinarios. Nada impide que, en casos apropiados, se adopten normas de las Reglas de Procedimiento Civil, cuando éstas propicien una solución justa, rápida y económica de las controversias.

La LPAU dispone que, como regla general, los mecanismos de descubrimiento de prueba no aplicarán a los casos de adjudicación administrativa. A manera de excepción, se permite el descubrimiento de prueba si así lo autorizan: el reglamento de procedimientos adjudicativos de la agencia y el funcionario que preside el procedimiento adjudicativo.

Sin embargo, si el procedimiento adjudicativo es promovido por la misma agencia, esta tiene que garantizarle a todo querellado el derecho a usar el descubrimiento de prueba. Los reglamentos de las agencias no pueden menoscabar los derechos reconocidos por la LPAU.

La LPAU provee los siguientes mecanismos de descubrimiento de prueba:

> (a) Los procedimientos de descubrimiento de prueba no serán de aplicación a los casos de adjudicación administrativa, a menos que se autoricen en los reglamentos de procedimiento de adjudicación de la agencia y así lo autorice el funcionario que presida el procedimiento adjudicativo. No obstante lo anteriormente dispuesto, en los reglamentos de las

---

132 *Id.* § 9645.

133 *Id.* § 9646.

134 ECHEVARRÍA, *supra* nota 27, en la pág. 204.

agencias se garantizará a todo querellado el derecho a los mecanismos de descubrimiento de prueba para los casos en que el procedimiento de adjudicación sea promovido a iniciativa de la agencia.

(b) Podrá, además, emitir citaciones para la comparecencia de testigos; órdenes para la producción de documentos, materiales u otros objetos; y órdenes protectoras, conforme a las Reglas de Procedimiento Civil.

(c) En caso de incumplimiento de una orden o requerimiento emitido al amparo del inciso (b) de esta Sección, la agencia podrá presentar una solicitud en auxilio de su jurisdicción en la sala con competencia del Tribunal de Primera Instancia, y éste podrá emitir una orden judicial en la que ordene el cumplimiento de la persona en cuestión bajo apercibimiento de que incurrirá en desacato si no cumple con dicha orden.[135]

6. Vista adjudicativa

Si la agencia determina que es necesario celebrar una vista adjudicativa, podrá citar a todas las partes o sus representantes autorizados e interventores, ya sea por su propia iniciativa o a petición de una de las partes, a una conferencia con antelación a la vista, con el propósito de lograr un acuerdo definitivo o simplificar las cuestiones o la prueba a considerarse en la vista.[136] Se podrán aceptar estipulaciones, siempre que la agencia determine que ello sirve a los mejores intereses públicos.

La agencia notificará por escrito a todas las partes o a sus representantes autorizados e interventores la fecha, hora y lugar en que se celebrará la vista adjudicativa.[137] La notificación se deberá efectuar por correo, ordinario o electrónico, o personalmente con no menos de quince (15) días de anticipación a la fecha de la vista, excepto que, por causa debidamente justificada consignada en la notificación, sea necesario acortar dicho período, y deberá contener la siguiente información:

(a) Fecha, hora y lugar en que se celebrará la vista, así como su naturaleza y propósito.

(b) Advertencia de que las partes podrán comparecer por derecho propio, o asistidas de abogados incluyendo los casos de corporaciones y sociedades.

(c) Cita de la disposición legal o reglamentaria que autoriza la celebración de la vista.

---

[135] 3 LPRA § 9648.
[136] *Id.* § 9647.
[137] *Id.* § 9649.

> (d) Referencia a las disposiciones legales o reglamentarias presuntamente infringidas, si se imputa una infracción a las mismas, y a los hechos constitutivos de tal infracción.
>
> (e) Apercibimiento de las medidas que la agencia podrá tomar si una parte no comparece a la vista.
>
> (f) Advertencia de que la vista no podrá ser suspendida.[138]

La vista será pública a menos que una parte someta una solicitud por escrito y debidamente fundamentada para que la vista sea privada y así lo autorice el funcionario que presida dicha vista, si entiende que puede causar daño irreparable a la parte peticionaria.[139]

El funcionario que presida el procedimiento adjudicativo no podrá suspender una vista ya señalada, excepto que se solicite por escrito con expresión de las causas que justifican dicha suspensión.[140] Dicha solicitud será sometida con cinco (5) días de anticipación a la fecha de dicha vista.[141]

El procedimiento durante la vista:

> (a) La vista deberá grabarse o estenografiarse, y el funcionario que presida la misma preparará un informe para la consideración de la agencia, o emitirá la decisión por escrito si le ha sido delegada la autoridad para ello. Cuando una persona que padezca de sordera profunda, severa, moderada o leve, o que refleje cualquier otra situación de hipoacusia o condición que le impida comunicarse efectivamente, sea parte en un proceso adversativo incoado ante una agencia administrativa conforme a las disposiciones de esta Ley, o de alguna ley especial, la agencia, a solicitud de parte, podrá tomar aquellas medidas necesarias para que las vistas y demás procesos presenciales se conserven mediante algún método de grabación video-magnetofónico o digital que permita la reproducción de la grabación y garantice la preservación e integridad visual del proceso, particularmente de los interrogatorios, testimonios y argumentaciones prestadas o interpretadas mediante lenguaje de señas, labio lectura o a base de los acomodos razonables necesarios.
>
> (b) El funcionario que presida la vista dentro de un marco de relativa informalidad ofrecerá a todas las partes la extensión necesaria para una divulgación completa de todos los hechos y cuestiones en discusión,

---

[138] *Id.*

[139] *Id.* § 9651.

[140] *Id.* § 9652.

[141] *Id.*

> la oportunidad de responder, presentar evidencia y argumentar, conducir contrainterrogatorio y someter evidencia en refutación, excepto según haya sido restringida o limitada por las estipulaciones en la conferencia con antelación a la vista.
>
> (c) El funcionario que presida la vista podrá excluir aquella evidencia que sea impertinente, inmaterial, repetitiva o inadmisible por fundamentos constitucionales o legales basados en privilegios evidenciarios reconocidos por los tribunales de Puerto Rico.
>
> (d) El funcionario que presida la vista podrá tomar conocimiento oficial de todo aquello que pudiera ser objeto de conocimiento judicial en los tribunales de justicia.
>
> (e) Las Reglas de Evidencia no serán aplicables a las vistas administrativas, pero los principios fundamentales de evidencia se podrán utilizar para lograr una solución rápida, justa y económica del procedimiento.
>
> (f) El funcionario que presida la vista podrá conceder a las partes un término de quince (15) días después de concluir la misma para la presentación de propuestas sobre determinaciones de hechos y conclusiones de derecho. Las partes podrán voluntariamente renunciar a que se declaren las determinaciones de hechos.
>
> (g) Todo caso sometido a un procedimiento adjudicativo ante una agencia deberá ser resuelto dentro de un término de seis (6) meses, desde su radicación, salvo en circunstancias excepcionales.[142]

7. Aplicación de las reglas de procedimiento civil y de evidencia

a. Reglas de Procedimiento Civil

Como norma general, las Reglas de Procedimiento Civil no aplican automáticamente a los procedimientos administrativos.[143] La aplicación de las normas procesales dependerá primero de lo que disponga la LPAU y la ley habilitadora de la agencia.[144] En ausencia de disposiciones específicas las Reglas de Procedimiento Civil podrán ser aplicadas a procesos administrativos cuando su utilización propicie la solución justa, rápida y

---

[142] *Id.* § 9653.
[143] Otero Mercado v. Toyota, 163 DPR 716, 735 (2005).
[144] JAVIER A. ECHEVARRÍA VARGAS, DERECHO ADMINISTRATIVO PUERTORRIQUEÑO 250 (Ed. Situm, 2017).

económica de la controversia y no obstaculice la flexibilidad, agilidad y sencillez de los procedimientos administrativos.[145]

El Tribunal Supremo de Puerto Rico ha explicado que "nada impide que en casos apropiados se adopten normas de las Reglas de Procedimiento Civil para guiar el curso del proceso administrativo, cuando las mismas no sean incompatibles con dicho proceso y propicien una solución justa, rápida y económica".[146] No procede adoptar las Reglas de Procedimiento Civil cuando su posible incorporación pueda tener la consecuencia de acarrear trabas que tengan el resultado de obstaculizar la flexibilidad, la agilidad o la sencillez que debe imperar en el proceso administrativo.[147]

b. Reglas de Evidencia

Las Reglas de Evidencia no serán aplicables a las vistas administrativas, pero los principios fundamentales de evidencia se podrán utilizar para lograr una solución rápida, justa y económica del procedimiento.[148] La no aplicación de las Reglas de Evidencia a los procesos administrativos persigue "evitar las trabas procesales de los tribunales de justicia".[149]

Una agencia puede descansar su decisión solo en prueba de referencia, aun cuando esta sea contradicha por prueba, si la prueba de referencia es del tipo que un hombre prudente y razonable descansa en ella para llevar a cabo sus negocios.[150]

8. Doctrinas de cosa juzgada, error, actos propios o impedimento colateral por sentencia y cobro de lo indebido

Doctrina de cosa juzgada

La cosa juzgada aplica cuando entre el caso resuelto por la sentencia y aquel en que esta sea invocada, concurra la más perfecta identidad entre las cosas, las causas, las personas de los litigantes y la calidad con que lo fueron.[151] La doctrina está fundamentada en el interés del Estado en ponerle fin a los litigios y en proteger a los ciudadanos para que no se les someta en múltiples ocasiones a los rigores de un proceso judicial.[152] El efecto de la aplicación de esta doctrina es que la sentencia emitida en un pleito anterior impide que se litiguen posteriormente, entre las mismas partes y sobre las mismas causas de acción y cosas, las controversias ya litigadas y adjudicadas y aquellas que se pudieron haber litigado.[153]

En el campo del derecho administrativo, la doctrina de cosa juzgada es aplicable en las siguientes vertientes: dentro de la misma agencia; interagencialmente, es decir, de una agencia a otra; y entre las agencias y

---

[145] Oficina del Comisionado de Seguros v. Integrand Assurance Co., 173 DPR 900, 928 (2008).
[146] Industria Cortinera, Inc., v. Puerto Rico Telephone Co., 132 DPR 654, 660 (1993).
[147] Flores Concepción v. Taíno Motors, Inc., 168 DPR 504, 519 (2006).
[148] Art. 3.13 de la Ley de Procedimiento Administrativo Uniforme, Ley Núm. 38-2017, 3 LPRA § 9653.
[149] Martínez v. Tribunal Superior, 83 DPR 717, 720 (1961).
[150] Otero v. Toyota, 163 DPR 716, 734 (2005).
[151] Mun. de San Juan v. Bosque Real, S.E., 158 DPR 743, 769 (2003).
[152] *Id.* (*citando a* Pérez v. Bauzá, 83 DPR 220, 225 (1961)).
[153] *Id.* (citas omitidas).

los tribunales.[154] A pesar de lo anterior, la aplicabilidad de la doctrina a los procesos administrativos no es automática y absoluta: "Judicialmente existe el poder de modificar y hasta de rechazar las determinaciones administrativas cuando ese curso sea el más justo y conveniente en orden al interés público. Igualmente existe la facultad de evaluar si las partes han podido litigar oportuna y adecuadamente la controversia presentada en el foro administrativo".[155] Al considerar las excepciones para aplicar la doctrina de cosa juzgada en el contexto administrativo el Tribunal Supremo ha expresado que:

> [S]i la aplicación rigurosa de la [doctrina] derrotaría en la práctica un derecho permeado en alguna forma del interés público, los tribunales se inclinan hacia la solución que garantice cumplida justicia, en lugar de favorecer en forma rígida una ficción de ley que obedece fundamentalmente a un principio de conveniencia y orden procesal. En otras palabras, la regla no es absoluta y debe siempre considerarse conjuntamente con el saludable principio de que debe dispensarse justicia en cada caso.[156]

Doctrina de error

La doctrina del error de Derecho impide la devolución de pagos indebidos realizados por este motivo, incluso si involucran fondos públicos.[157] En contraste, el error de hecho, que ocurre por equivocaciones en los hechos o en trámites formales, sí genera la obligación de restitución.[158] La distinción entre ambos tipos de error en el cobro de lo indebido ya no existe.[159]

Doctrina de actos propios

La norma de actos propios permea todo nuestro comportamiento y se fundamenta en la máxima que exige proceder de buena fe en las relaciones jurídicas, el ejercicio de los derechos y el cumplimiento de las obligaciones.[160] La regla de que no puede actuarse contra actos propios, y negar todo efecto jurídico a la conducta contraria se basa en la buena fe y en la confianza que el acto o conducta de una persona suscita.[161] La conducta contradictoria contraviene el deber de buena fe y no tiene lugar en el Derecho, debe ser impedida.[162] El propósito de la doctrina de los actos propios es mantener la relación jurídica como fue creada, no permitir al obligado incumplirla voluntariamente.[163]

---

[154] *Id.* en la pág. 770 (*citando a* Pagán Hernández, 107 DPR en la pág. 733).
[155] *Id.* (*citando a* Acevedo v. Western Digital Caribe, Inc., 140 DPR 452, 454 (1996)).
[156] *Id.* (citas omitidas).
[157] *Véase* Pagán Santiago et al. v. ASR, 185 DPR 341, 368-69 (2012).
[158] *Id.*
[159] COD. CIV. PR art. 1520, 31 LPRA § 10751 (2020).
[160] *Véase* OCS v. Universal, 187 DPR 164, 172 (2012).
[161] *Id.* en la pág. 173.
[162] Véase *Id.*
[163] *Id.* (cita omitida).

La aplicación de la doctrina de actos propios está sujeta a que concurran los siguientes factores:

> (a) Una conducta determinada de un sujeto,
>
> (b) que haya engendrado una situación contraria a la realidad, esto es, aparente y, mediante tal apariencia, susceptible de influir en la conducta de los demás, y
>
> (c) que sea base de la confianza de otra parte que haya procedido de buena fe y que, por ello, haya obrado de una manera que le causaría un perjuicio si su confianza quedara defraudada.[164]

La doctrina de actos propios no es de aplicación general a las relaciones de partes privadas frente al gobierno.[165] Únicamente "bajo circunstancias apropiadas, un demandante pued[e] invocar contra el Estado la doctrina de los actos propios, impedimento en equidad y de buena fe . . .".[166] Si se violan las leyes, la política pública y el orden público, se puede aplicar la doctrina de actos propios.[167]

Impedimento colateral por sentencia

El impedimento colateral por sentencia constituye una modalidad de cosa juzgada.[168] Al igual que la doctrina de cosa juzgada, el impedimento colateral tiene como propósito promover la economía procesal y judicial, proteger a los litigantes contra lo que representa defenderse o probar sus reclamaciones en repetidas ocasiones tratándose de la misma controversia, y evitar litigios innecesarios y decisiones inconsistentes.[169] Ahora bien, esta se distingue de la doctrina de cosa juzgada en que para su aplicación no es necesario que se configure el requisito de identidad de causas.[170]

Los requisitos para la aplicación de la doctrina de impedimento colateral son los siguientes:

> (1) se adjudicó un asunto,
>
> (2) en una sentencia previa,
>
> (3) luego de haberse litigado,
>
> (4) entre las mismas partes y
>
> (5) el hecho adjudicado es esencial para un segundo pleito.[171]

---

164 *Id.*
165 *Id.*
166 Berríos v. UPR, 116 DPR 88, 98 (1985).
167 Quiles v. Del Valle, 167 DPR 458, 478 (2006).
168 Rodríguez Ocasio v. ACAA, 197 DPR 852, 862 (2017) (*citando a* Beníquez v. Vargas, 184 DPR 210, 225 (2012)).
169 *Id.*
170 *Id.*
171 *Id.* en las págs. 862-63.

Así, la doctrina de impedimento colateral surte efectos cuando un hecho esencial para el pronunciamiento de una sentencia se litiga, dilucida y se determina mediante sentencia válida y final, y tal determinación es concluyente en un segundo pleito entre las mismas partes, aunque estén involucradas causas de acción distintas.[172]

Consecuentemente, "el impedimento colateral por sentencia impide que se litigue en un pleito posterior un hecho esencial que fue [litigado y] adjudicado mediante sentencia final en un litigio anterior".[173] De esta forma, su aplicación se limita a aquellas cuestiones que, en efecto, fueron litigadas y adjudicadas en un primer caso.[174]

Doctrina de ley del caso

Tanto la doctrina de impedimento colateral por sentencia como la de "ley del caso" procuran dar certidumbre, estabilidad y finalidad a los procesos judiciales al evitar el reexamen de aquellos asuntos que fueron adjudicados.[175] La doctrina de impedimento colateral por sentencia solo se puede invocar cuando existe un segundo litigio, por consiguiente, no aplica cuando se trata de asuntos dentro de un mismo pleito.[176]

Sobre la revisión de asuntos dentro de un mismo pleito, los derechos y obligaciones adjudicados mediante un dictamen judicial que adviene final y firme pueden constituir la "ley del caso".[177] En específico, las determinaciones judiciales que constituyen la ley del caso incluyen todas aquellas cuestiones finales consideradas y decididas por el Tribunal.[178] El Tribunal Supremo explicó que la doctrina de ley del caso:

> [S]olo puede invocarse cuando exista una decisión final en los méritos de la controversia. Dichas determinaciones, como regla general, obligan tanto al tribunal de instancia como al que las dictó si el caso vuelve ante su consideración. Por tanto, de ordinario, las controversias que han sido consideradas y adjudicadas en los méritos por el foro primario o por un tribunal apelativo no pueden reexaminarse. Esto con el propósito de que las partes puedan, en lo posible, conducir su proceder en el pleito sobre unas directrices judiciales confiables y certeras.
>
> Ahora bien, más que un mandato invariable o inflexible, la doctrina de "ley del caso" recoge una costumbre deseable: las controversias sometidas, litigadas y decididas por un tribunal dentro de una causa deben

---

[172] *Id.* en la pág. 863.
[173] *Id.* (*citando a* P.R. Wire Prods. v. C. Crespo & Assocs., 175 DPR 139, 150-53 (2008)).
[174] *Id.*
[175] *Id.*
[176] *Id.*
[177] Cacho Pérez v. Hatton Gotay y otros, 195 DPR 1, 8 (2016); Félix v. Las Haciendas, 165 DPR 832, 843, (2005).
[178] *Rodríguez Ocasio*, 197 DPR en la pág. 863.

> usualmente respetarse como finales. Cabe señalar que esta doctrina dirige la discreción del tribunal, no limita su poder. Por ello, hemos resuelto que, en situaciones excepcionales, si el caso vuelve ante la consideración del tribunal y éste entiende que sus determinaciones previas son erróneas y pueden causar una grave injusticia, dicho foro puede aplicar una norma de derecho distinta a fin de resolver de forma justa. En vista de lo anterior, hemos colegido que sólo cuando se presenta un atentado contra los principios básicos de la Justicia es que los tribunales pueden descartar la aplicabilidad de la doctrina de "ley del caso".[179]

Doctrina de cobro de lo indebido

La obligación más fundamental que produce el cobro de lo indebido es la restitución de la cosa recibida indebidamente.[180] Dice el art. 1520 del Código Civil que "[q]uien, sin causa jurídica, ha hecho el pago de una cosa o cantidad que no debía, tiene derecho a exigir su restitución de quien lo recibió. La restitución del pago no está sujeta a que se haya efectuado con error".[181]

Para que el cobro de lo indebido genere la obligación de restitución deben concurrir tres (3) requisitos:

> (1) que se produzca un pago con intención de extinguir una obligación;
>
> (2) que el pago realizado no tenga una justa causa, es decir, que no exista obligación jurídica entre el que paga y el que cobra, o si la obligación existe, que sea por una cuantía menor a la pagada, y
>
> (3) que el pago haya sido hecho por error y no por mera liberalidad o por cualquier otro concepto.[182]

A tenor con lo anterior, la obligación de restitución por el cobro de lo indebido surge cuando se hizo un pago con intención de extinguir una obligación, pero entre las partes no había una obligación jurídica, o aun si existiera dicha obligación, el pago fue realizado por una cuantía mayor a la debida. Además, los tribunales deben auscultar si el pago se realizó por error, y no por mera liberalidad o algún otro concepto.

Se presume que hay error en el pago cuando se entrega una cosa que nunca se debió, se paga en exceso de lo que se debe o cuando se paga una deuda ya satisfecha; pero la persona a quien se pida la devolución puede

---

[179] *Id.* en las págs. 863-64 (citas omitidas).
[180] Pagán Santiago et al. v. ASR, 185 DPR 341, 367 (2012).
[181] COD. CIV. PR art. 1520, 31 LPRA § 10751 (2020).
[182] ELA v. Crespo Torres, 180 DPR 776, 793-94 (2011); Sepúlveda v. Dpto. de Salud, 145 DPR 560, 566 (1998).

probar que la entrega se hizo a título de liberalidad o por otra causa justa.[183]

9. Las determinaciones de hechos y las conclusiones de derecho

En asuntos informales, las agencias no tienen que fundamentar sus resoluciones con determinaciones de hecho ni de derecho.[184]

En procedimientos formales, en los que se celebra vista, "el funcionario que presida la vista podrá conceder a las partes un término de quince (15) días después de concluir la misma para la presentación de propuestas sobre determinaciones de hechos y conclusiones de derecho. Las partes podrán voluntariamente renunciar a que se declaren las determinaciones de hechos".[185]

Toda orden o resolución debe incluir y exponer separadamente determinaciones de hecho si estas no se han renunciado, conclusiones de derecho, que fundamentan la adjudicación, la disponibilidad del recurso de reconsideración o revisión según sea el caso.[186]

Incluso en procedimientos adjudicativos de acción inmediata, "[l]a agencia emitirá una orden o resolución que incluya una concisa declaración de las determinaciones de hecho, conclusiones de derecho y las razones de política pública que justifican la decisión de la agencia de tomar acción específica".[187]

10. Expediente administrativo

Expediente significa todos los documentos que no hayan sido declarados como materia exenta de divulgación por una ley y otros materiales relacionados con un asunto específico que esté o haya estado ante la consideración de una agencia.[188] Toda decisión debe estar basada en el expediente.[189]

El expediente incluirá, pero sin limitarse a:

> (a) Las notificaciones de todos los procedimientos.
>
> (b) Cualquier orden o resolución interlocutoria dictada antes de la vista.
>
> (c) Cualquier moción, alegación, petición o requerimiento.

---

[183] 31 LPRA § 10756.
[184] Art. 3.1 de la Ley de Procedimiento Administrativo Uniforme, Ley Núm. 38-2017, 3 LPRA § 9641.
[185] *Id.* § 9653.
[186] *Id.* § 9654.
[187] *Id.* § 9657.
[188] *Id.* § 9603(ch).
[189] *Id.* § 9641.

(d) Evidencia recibida o considerada.

(e) Una relación de todas las materias de las que se tomó conocimiento oficial.

(f) Ofrecimiento de prueba, objeciones y resoluciones sobre las mismas.

(g) Propuestas de determinaciones de hecho y conclusiones de derecho, órdenes solicitadas y excepciones.

(h) El memorando preparado por el funcionario que presidió la vista, junto con cualquier transcripción de todo o parte de la vista considerada antes de la disposición final del procedimiento, en aquellos casos en que el funcionario que presidió la vista no tenga facultades de adjudicar.

(i) Cualquier orden o resolución final, preliminar o en reconsideración.

El expediente de la agencia constituirá la base exclusiva para la acción de la agencia en un procedimiento adjudicativo bajo esta Ley y para la revisión judicial ulterior.[190]

11. Órdenes y resoluciones

Una orden o resolución es cualquier decisión o acción agencial de aplicación particular que adjudique derechos u obligaciones de una o más personas específicas, o que imponga penalidades o sanciones administrativas excluyendo órdenes ejecutivas emitidas por el Gobernador.[191]

Una orden o resolución parcial significa la acción agencial que adjudique algún derecho u obligación que no ponga fin a la controversia total sino a un aspecto específico de la misma.[192]

Una orden interlocutoria es aquella acción de la agencia en un procedimiento adjudicativo que disponga de algún asunto meramente procesal.[193]

---

[190] *Id.* § 9658.
[191] *Id.* § 9603(g).
[192] *Id.* § 9603(h).
[193] *Id.* § 9603(i).

Si la agencia determina a solicitud de alguna de las partes y luego de analizar los documentos que acompañan la solicitud de orden o resolución sumaria y los documentos incluidos con la moción en oposición, así como aquéllos que obren en el expediente de la agencia, que no es necesario celebrar una vista adjudicativa, podrá dictar órdenes o resoluciones sumarias, ya sean de carácter final, o parcial resolviendo cualquier controversia entre las partes, que sea separable de las controversias, excepto en aquellos casos donde la ley orgánica de la agencia disponga lo contrario.[194]

La agencia no podrá dictar órdenes o resoluciones sumarias en los casos en que (1) existen hechos materiales o esenciales controvertidos; (2) hay alegaciones afirmativas en la querella que no han sido refutadas; (3) surge de los propios documentos que se acompañan con la petición una controversia real sobre algún hecho material y esencial; o (4) como cuestión de derechos no procede.[195]

Una orden o resolución final deberá ser emitida por escrito dentro de noventa (90) días después de concluida la vista o después de la presentación de las propuestas determinaciones de hechos y conclusiones de derecho, a menos que este término sea renunciado o ampliado con el consentimiento escrito de todas las partes o por causa justificada.[196]

Las órdenes o resoluciones deben incluir determinaciones de hecho, conclusiones de derecho y la disponibilidad de reconsideración o revisión.[197] Deben ser firmadas por el jefe de la agencia o un funcionario autorizado.[198] Se debe advertir sobre el derecho de reconsideración o revisión ante el Tribunal de Apelaciones y notificar a las partes involucradas, especificando nombres y direcciones.[199] La notificación debe hacerse por correo ordinario o electrónico, y archivarse en autos.[200] No se exigirá el cumplimiento de una orden sin previa notificación.[201] Además, una resolución podría ser nula si afecta a una persona con discapacidad auditiva sin proveerle los acomodos razonables necesarios para garantizar su comunicación efectiva.[202]

12. Remedios y sanciones

La agencia podrá imponer sanciones, en su función cuasijudicial, en los siguientes casos:

> (a) Si el promovente de una acción, o el promovido por ella, dejare de cumplir con las reglas y reglamentos o con cualquier orden del jefe de la agencia, del juez

---

[194] *Id.* § 9647.
[195] *Id.*
[196] *Id.* § 9654.
[197] *Id.*
[198] *Id.*
[199] *Id.*
[200] *Id.*
[201] *Id.*
[202] *Id.*

administrativo o del oficial examinador, la agencia a iniciativa propia o a instancia de parte podrá ordenarle que muestre causa por la cual no deba imponérsele una sanción. La orden informará de las reglas, reglamentos u órdenes con las cuales no se haya cumplido, y se concederá un término de veinte (20) días, contados a partir de la fecha de notificación de la orden, para la mostración de causa. De no cumplirse con esa orden, o de determinarse que no hubo causa que justificare el incumplimiento, entonces se podrá imponer una sanción económica a favor de la agencia o de cualquier parte, que no excederá de doscientos (200) dólares por cada imposición separada, a la parte o a su abogado, si este último es el responsable del incumplimiento.

(b) Ordenar la desestimación de la acción en el caso del promovente, o eliminar las alegaciones en el caso del promovido, si después de haber impuesto sanciones económicas y de haberlas notificado a la parte correspondiente, dicha parte continúa en su incumplimiento de las órdenes de la agencia.

(c) Imponer costas y honorarios de abogados, en los mismos casos que dispone la Regla 44 de Procedimiento Civil.[203]

a. Rebeldía

Si una parte debidamente citada no comparece a la conferencia con antelación a la vista, o a cualquier otra etapa durante el procedimiento adjudicativo el funcionario que presida la misma podrá declararla en rebeldía y continuar el procedimiento sin su participación, pero notificará por escrito a dicha parte su determinación, los fundamentos para la misma y el recurso de revisión disponible.[204]

b. Multas administrativas.

Las agencias administrativas gozan de amplia discreción en cuanto a la imposición de sanciones económicas. Como norma general, la revisión judicial de este tipo de actuación administrativa se limita a evaluar si los administradores actuaron ilegal o arbitrariamente al imponer la sanción. La L.P.A.U. autoriza a las agencias administrativas a imponer multas de hasta $5,000 **por cada infracción** a la ley que la agencia administra. Ello es así, a menos que la ley habilitadora de la agencia autorice multas de mayor cuantía.

---

[203] *Id.* § 9661.
[204] *Id.* § 9650.

Toda violación a las leyes que administran las agencias o a los reglamentos emitidos al amparo de las mismas podrá ser penalizada con multas administrativas que no excederán de cinco mil ($5,000) dólares por cada violación.

En caso de que la ley especial de que se trate solo provea penalidades criminales, el jefe de la agencia, a su opción, podrá radicar una querella administrativa al amparo de esta Sección para procesar el caso por la vía administrativa.

Si la ley especial de que se trate dispone una penalidad administrativa mayor a la que se establece en esta Sección, la agencia podrá imponer la penalidad mayor.[205]

c. Desacato

En caso de incumplimiento de una orden o requerimiento, la agencia podrá presentar una solicitud en auxilio de su jurisdicción en la sala con competencia del Tribunal de Primera Instancia, y este podrá emitir una orden judicial en la que ordene el cumplimiento de la persona en cuestión bajo apercibimiento de que incurrirá en desacato si no cumple con dicha orden.[206]

d. Orden de cesar y desistir

En la delegación de poderes cuasijudiciales se incluye no solo resolver controversias sino también el dictar remedios, como la orden de paralización u orden de cesar y desistir, que se le pueden delegar a una agencia.[207]

e. Pago de intereses

En toda decisión de un organismo administrativo que ordene el pago de dinero se incluirán intereses sobre la cuantía impuesta en la misma desde la fecha en que se ordenó dicho pago y hasta que este sea satisfecho, al tipo que para sentencias judiciales de naturaleza civil fije por reglamento la Junta Financiera, según el mismo sea certificado por el Comisionado de Instituciones de Puerto Rico y que esté en vigor al momento de dictarse la decisión.[208]

13. Notificación

La garantía de notificación debe caracterizarse como "real y efectiva, ajustada a los preceptos de ley aplicables".[209] La notificación de adjudicación debe ser adecuada a todas las partes, advertir del derecho de las partes a procurar la revisión judicial; el término disponible para hacerlo y la fecha del archivo en autos de copia de la notificación.[210] El término

---

[205] *Id.* § 9701.
[206] *Id.* § 9648.
[207] Consejo Arqueológico v. Mun. Barceloneta, 168 DPR 215, 224 (2006).
[208] 3 LPRA § 9660.
[209] Río Constr. v. Mun. de Caguas, 155 DPR 394, 412 (2001).
[210] *PVH Motor*, 209 DPR en la pág. 132.

para acudir en revisión judicial comienza a recurrir solo cuando la notificación cumple con todos los requisitos.[211] Una notificación defectuosa priva de jurisdicción al foro revisor para entender el asunto.[212]

14. Reconsideración.

Cualquier parte adversamente afectada por una resolución u orden parcial o final puede solicitar reconsideración.[213]

Tabla 1. Reconsideración

Situación	Término	Acción requerida	Consecuencia
Presentación de moción de reconsideración	20 días desde la notificación de la resolución u orden	La parte afectada puede presentar la moción ante la agencia	Inicia el proceso de reconsideración
Consideración de la moción por la agencia	15 días desde su presentación	La agencia debe evaluarla	Si la rechaza o no actúa, el término para solicitar revisión judicial comienza nuevamente
Resolución definitiva de la moción	90 días desde la radicación de la moción	La agencia debe emitir y archivar en autos la resolución definitiva	Si se resuelve, el término para revisión judicial comienza desde la notificación de la resolución
Falta de acción tras acoger la moción	90 días desde la radicación de la moción	Si la agencia no actúa dentro de este plazo, pierde jurisdicción	El término para revisión judicial empieza al expirar los 90 días
Prórroga del término para resolver	Máximo de 30 días adicionales	La agencia debe justificar la prórroga dentro del periodo inicial de 90 días	Se extiende el tiempo para resolver la moción antes de perder jurisdicción

[211] IM Winner, Inc. v. Mun. de Guayanilla, 151 DPR 30, 38 (2000).
[212] PR Eco Park, Inc. et al. v. Mun. de Yauco, 202 DPR 525, 538 (2019).
[213] 3 LPRA § 9655.

Si la fecha de archivo en autos de copia de la notificación de la orden o resolución es distinta a la del depósito en el correo ordinario o del envío por medio electrónico de dicha notificación, el término se calculará a partir de la fecha del depósito en el correo ordinario o del envío por medio electrónico, según corresponda.[214] La reconsideración no es un requisito jurisdiccional, a menos que el legislador disponga lo contrario.[215] Se puede ir directamente a la revisión judicial o solicitar la reconsideración.

15. Términos en el proceso adjudicativo, sus consecuencias y remedios disponibles

- La notificación de la vista, de celebrarse, debe efectuarse por correo ordinario o electrónico o personalmente con no menos de quince (15) días de anticipación a la fecha de la vista, excepto que por justa causa consignada en la notificación deba acortarse el término.[216]
- Si ya se señaló una vista, no se podrá suspender, excepto que se solicite por escrito con expresión de las causas que justifican dicha suspensión.[217] Dicha solicitud será sometida con cinco (5) días de anticipación a la fecha de dicha vista.[218] La parte peticionaria deberá enviar copias de su solicitud a las demás partes e interventores en el procedimiento, dentro de los cinco (5) días señalados.[219]
- El funcionario que presida la vista podrá conceder a las partes un término de quince (15) días después de concluir la misma para la presentación de propuestas sobre determinaciones de hechos y conclusiones de derecho.[220] Las partes podrán voluntariamente renunciar a que se declaren las determinaciones de hechos.[221]
- Una orden o resolución final deberá ser emitida por escrito dentro de noventa (90) días después de concluida la vista o después de la presentación de las propuestas determinaciones de hechos y conclusiones de derecho, a menos que este término sea renunciado o ampliado con el consentimiento escrito de todas las partes o por causa justificada.[222]
- Todo caso sometido a un procedimiento adjudicativo ante una agencia deberá ser resuelto dentro de un término de seis (6) meses, desde su radicación, salvo en circunstancias excepcionales.[223]

---

[214] *Id.* § 9655.
[215] *Véase* Cordero Vargas v. Pérez Pérez, 198 DPR 848 (2017).
[216] 3 LPRA § 9649.
[217] *Id.* § 9652.
[218] *Id.*
[219] *Id.*
[220] *Id.* § 9653.
[221] *Id.*
[222] *Id.*
[223] *Id.*

Tabla 2. Términos en el proceso adjudicativo.

Concepto	Resumen
Notificación de la vista	Debe efectuarse por correo ordinario, electrónico o personalmente con al menos 15 días de anticipación, salvo justa causa.
Suspensión de la vista	No se podrá suspender salvo solicitud escrita con justificación, presentada 5 días antes. La parte solicitante debe enviar copias a las demás partes en ese plazo.
Plazo para propuestas después de la vista	Se pueden presentar propuestas sobre determinaciones de hechos y conclusiones de derecho dentro de 15 días tras la vista. Las partes pueden renunciar a que se declaren determinaciones de hechos.
Orden o resolución final	Debe emitirse por escrito en un máximo de 90 días tras la vista o la presentación de propuestas, salvo renuncia o ampliación con consentimiento de las partes o causa justificada.
Plazo para resolver el procedimiento adjudicativo	Todo caso ante una agencia debe resolverse en un máximo de seis (6) meses desde su radicación, salvo circunstancias excepcionales.

16. Procesos adjudicativos de acción inmediata y Procesos adjudicativos de emergencia:

(a) Una agencia podrá usar procedimientos adjudicativos de emergencia en una situación en que exista un peligro inminente para la salud, seguridad y bienestar público o que requiera acción inmediata de la agencia.

(b) La agencia podrá tomar solamente aquella acción que sea necesaria dentro de las circunstancias descritas en el inciso (a) precedente y que justifique el uso de una adjudicación inmediata.

(c) La agencia emitirá una orden o resolución que incluya una concisa declaración de las determinaciones de hecho, conclusiones de derecho y las razones de política pública que justifican la decisión de la agencia de tomar acción específica.

(d) La agencia deberá dar aquella notificación que considere más conveniente, a las personas que sean requeridas a cumplir con la orden o resolución. La orden o resolución será efectiva al emitirse.

(e) Después de emitida una orden o resolución de conformidad a esta Sección la agencia deberá proceder prontamente a completar cualquier procedimiento que hubiese sido requerido, si no existiera un peligro inminente.[224]

17. Ejecución de órdenes y resoluciones

Es norma reiterada que las agencias administrativas carecen del poder coercitivo que ostentan los tribunales para exigir el cumplimiento de órdenes y resoluciones.[225]

Una querella administrativa consiste en dos (2) etapas. En la primera, el trámite ante la agencia se rige por las secciones sobre procedimientos adjudicativos de la LPAU y por la ley orgánica de la agencia.[226] Durante esta etapa se investiga la querella, se determinan los hechos que la originaron y, de haber una controversia adjudicable, se concede el remedio que en derecho proceda.[227] La parte afectada por la decisión administrativa entonces puede acudir al Tribunal de Apelaciones en revisión judicial de acuerdo con los términos y requisitos dispuestos en la LPAU y en la ley habilitadora de la agencia.[228] Una vez concluido el proceso de revisión judicial, la decisión del ente administrativo adviene final y firme.[229]

Es entonces que comienza la segunda etapa del procedimiento: la ejecución de la determinación administrativa.[230] En este proceso, la agencia administrativa o la parte favorecida por la decisión administrativa solicita al tribunal que ponga en vigor la resolución u orden.[231] El foro primario tiene disponible todos los mecanismos de ejecución de sentencia que proveen las Reglas de Procedimiento Civil, el desacato y la acción en cobro de dinero para hacer cumplir las determinaciones.[232] Es decir, los tribunales están facultados para poner en vigor y ordenar la ejecución por la vía procesal ordinaria de una resolución u orden de una agencia administrativa, así como para conceder cualquier otro remedio que estime pertinente ante el incumplimiento de sus órdenes.[233] A pesar de esta facultad de los tribunales, el proceso de ejecución de una orden o resolución administrativa no debe convertirse en un ataque colateral a la decisión, ni en un método alterno de revisión judicial.[234]

---

[224] *Id.* § 9657.
[225] Ortiz Matías et al. v. Mora Development, 187 DPR 649, 655 (2013) (*citando a* Díaz Aponte v. Comunidad San José, Inc., 130 DPR 782, 795 (1992)).
[226] *Id.* en la pág. 656.
[227] *Id.* en la pág. 656-57.
[228] *Id.* en la pág. 657.
[229] *Id.*
[230] *Id.*
[231] *Id.*
[232] *Id.*
[233] *Id.*
[234] *Id.*

C. Procesos adjudicativos informales

Se deben agotar los procedimientos informales antes de agotar la etapa formal decisional.[235]

Se considerarán procedimientos informales no cuasijudiciales la adjudicación de subastas, la concesión de préstamos, becas, subsidios, subvenciones, emisiones de deuda, inversiones de capital, reconocimientos o premios, y todos los trámites o etapas del proceso de evaluación de documentos ambientales requeridos por la "Ley sobre Política Pública Ambiental" y el reglamento aprobado al amparo de esta.[236]

En ninguno de estos procedimientos informales o las etapas en que estos se dividan, se requerirá a la agencia que fundamente sus resoluciones con determinaciones de hecho y conclusiones de derecho.[237] El procedimiento administrativo para el trámite de documentos ambientales se regirá exclusivamente por la reglamentación adoptada por la Junta de Calidad Ambiental para estos fines.[238] La reconsideración de las decisiones emitidas en todos estos casos se regirán por lo dispuesto sobre la reconsideración excepto las relativas a subastas.[239]

Todo procedimiento informal debe ofrecer a todas las partes la extensión necesaria para una divulgación completa de todos los hechos y cuestiones en discusión, la oportunidad de responder, presentar evidencia y argumentar, conducir contrainterrogatorio y someter evidencia en refutación, excepto según haya sido restringida o limitada por las estipulaciones en la conferencia con antelación a la vista.[240]

Las agencias pueden designar oficiales examinadores para presidir los procedimientos de adjudicación que se celebren en ella, los cuales no tendrán que ser necesariamente abogados, particularmente cuando el procedimiento en cuestión es uno informal.[241]

---

[235] Art. 1.2 de la Ley de Procedimiento Administrativo Uniforme, Ley Núm. 38-2017, 3 LPRA § 9602.
[236] *Id.* § 9641.
[237] *Id.*
[238] *Id.*
[239] *Id.*
[240] *Id.* § 9653(b).
[241] *Id.* § 9643

1. El debido proceso de ley en el empleo público

Los empleados públicos de carrera en Puerto Rico tienen un interés propietario sobre sus plazas por lo que son acreedores de un debido proceso de ley.[242] Los requisitos para garantizar el debido proceso de ley en su modalidad procesal son: (1) notificación adecuada del proceso; (2) proceso ante un juez imparcial; (3) oportunidad de ser oído; (4) derecho a contrainterrogar a los testigos y examinar la evidencia presentada en su contra; (5) tener asistencia de abogado; y (6) que la decisión se base en el récord.[243] En el contexto del empleo público de carrera para intervenir con este derecho es necesario celebrar una vista informal previa en donde se le dé al empleado la oportunidad de ser escuchado.[244]

Por otro lado, los empleados de confianza como norma general, carecen de expectativa de continuidad en el empleo. Sin embargo, ningún empleado puede ser despedido por razones inconstitucionales. El derecho fundamental de libertad de asociación protege a un empleado público de despido por lo que ha hablado, aun cuando lo expresado incomode a la autoridad nominada.

A menos que el gobierno pueda demostrar un interés superior de importancia vital, las creencias del empleado no pueden constituir la razón única para despedirlo. La indagación última no es si la etiqueta de "formulador de normas" o empleado "de confianza" aplica a un puesto en particular.

Por el contrario, la cuestión es si la autoridad nominadora puede demostrar que los deberes y responsabilidades del funcionario de confianza corresponden a:

1. las de un diseñador de política pública, o

2. las de un copartícipe de información confidencial, o

3. las de cualesquier otro empleado cuyos deberes y obligaciones requieran afinidad política con la autoridad nominadora.

2. Subastas

a. Tipos de subastas

Los procesos de subastas públicas se llevan de acuerdo con la Ley 73-2019, Ley de la Administración de Servicios Generales para la Centralización de las Compras del Gobierno de Puerto Rico de 2019.

Las entidades exentas son entidades gubernamentales que no vienen obligadas a realizar sus compras a través de la Administración, ya sea por razón de operar bajo lo dispuesto en un plan fiscal vigente o por tratarse de entidades fiscalizadoras de la integridad del servicio público y la

---

[242] Vázquez González v. Mun. de San Juan, 178 DPR 636, 643 (2010).
[243] *Id.*
[244] *Id.* en las págs. 643-44.

eficiencia gubernamental.[245] Los procesos de licitación pública municipal se realizarán de acuerdo con el Código Municipal.

b. Garantías en los procesos de subastas

Los procesos de licitación tienen las siguientes garantías:[246]

Tabla 3. Garantías en los procesos de subastas

Concepto	Detalle
Órgano responsable	Administración Auxiliar de Adquisiciones o Junta de Subastas.
Notificación de adjudicación	Se realiza según el Reglamento Uniforme de Compras y Subastas de la Administración de Servicios Generales de Puerto Rico.
Método de notificación	Correo federal certificado con acuse de recibo o correo electrónico, de manera simultánea y usando el mismo método para todas las partes.
Fundamentación	Debe incluir los fundamentos que justifican la determinación, aunque sea de forma breve, para permitir su revisión.
Elementos mínimos de la notificación	1. Nombres de los licitadores y síntesis de sus propuestas; 2. Factores o criterios de adjudicación; 3. Defectos de las propuestas rechazadas (si los hubiera); 4. Disponibilidad y plazo para solicitar revisión administrativa y judicial.
Derecho a revisión	La parte afectada puede presentar un recurso de revisión judicial contra la decisión de la Junta Revisora de Subastas.

El derecho a cuestionar la adjudicación de una subasta a través del proceso de revisión judicial es parte del debido proceso de ley.[247]

[245] Ley de la Administración de Servicios Generales para la Centralización de las Compras del Gobierno de Puerto Rico de 2019, Ley Núm. 73-2019, 3 LPRA § 9831c(p).
[246] *Id.* § 9834h.
[247] PVH Motor v. ASG, 209 DPR 122, 132 (2022).

c. Reconsideración y revisión judicial de los procesos de subastas

Los procesos de subasta públicos se revisan según lo establece la LPAU:

Tabla 4. Reconsideración y revisión judicial de los procesos de subastas

Concepto	Detalle
Solicitud de revisión administrativa	La parte afectada puede solicitar revisión ante la Junta Revisora de Subastas de la Administración de Servicios Generales dentro de 10 días calendario desde la notificación de la adjudicación.
Decisión de la Junta Revisora	La Junta tiene 10 días calendario para decidir si acoge la solicitud.
Adjudicación de la revisión	Si la Junta acoge la solicitud, tiene 30 días calendario adicionales para adjudicarla, con posibilidad de una única extensión de 15 días calendario.
Revisión judicial	Si hay una decisión en la revisión administrativa, el recurso de revisión judicial ante el Tribunal de Apelaciones debe presentarse en 20 días calendario desde la notificación.
Rechazo por inacción	Si la Junta no actúa en el plazo estipulado, se considera rechazado de plano, iniciando el conteo del plazo para la revisión judicial.
Requisito jurisdiccional	La presentación de la revisión administrativa es obligatoria antes de recurrir al Tribunal de Apelaciones.
Notificación de la adjudicación	Debe incluir las garantías procesales de la Ley 73-2019 sobre fundamentos, derecho y plazos para la revisión administrativa y judicial (resumidos en la tabla anterior, Tabla 3).
Método de notificación	Todas las agencias y entidades deben notificar de manera simultánea y con el mismo método. Si hay más de un método, el término inicia desde la primera notificación.

V. Licencias

El procedimiento para la concesión de licencias, franquicias, permisos y acciones similares es el siguiente:

> Las agencias deberán establecer un procedimiento rápido y eficiente para la expedición de licencias, franquicias, permisos, endosos y cualesquiera gestiones similares. Establecerán por reglamento las normas de tramitación de los referidos documentos y los términos dentro de los cuales se completará el proceso de consideración de la licencia, franquicia, permiso, endoso y similares. Se establece un término directivo de treinta (30) días para la expedición de las aprobaciones a que se refiere la presente Sección, pudiendo las agencias establecer otros más breves o más largos, en este último caso.[248]

Toda persona a la que una agencia deniegue la concesión de una licencia, franquicia, permiso, endoso, autorización o gestión similar tendrá derecho a impugnar la determinación de la agencia por medio de un procedimiento adjudicativo, según se establezca en la ley especial de que se trate y en el procedimiento adjudicativo según la LPAU.[249]

Una agencia puede denegar una licencia cuando la persona no reúne los requisitos en ley para ello.[250] Si una agencia concede una licencia sin observar la ley, realiza un acto nulo.[251] Un acto nulo es inexistente, por lo que no genera consecuencias jurídicas.[252]

Además, si una agencia comete un error al expedir una licencia, los errores administrativos no crean intereses libertarios ni propietarios que activen la protección del debido proceso de ley.[253] Un error administrativo no crea un estado de derecho que obligue a la agencia ni impida su corrección. Una parte no puede ampararse en una actuación administrativa incorrecta o ilegal. Una agencia puede corregir sus propios errores y procurar su resolución última en el estricto cumplimiento de la ley en cualquier momento.[254]

---

[248] Art. 5.1 de la Ley de Procedimiento Administrativo Uniforme, Ley Núm. 38-2017, 3 LPRA § 9681.
[249] *Id.* § 9684.
[250] Junta de Licenciamiento v. Cabral Jiménez, 201 DPR 157 (2018)
[251] *Id.*
[252] *Id.*
[253] *Véase Id.*
[254] *Id.*

VI. Registros administrativos, fiscalización, inspecciones e investigaciones administrativas

La LPAU establece sobre las facultades de fiscalización y de inspección de las agencias:

Sección 6.1. — Inspecciones. (3 L.P.R.A. § 9691)

Las agencias podrán realizar inspecciones para asegurarse del cumplimiento de las leyes y reglamentos que administran y de las resoluciones, órdenes y autorizaciones que expidan, sin previa orden de registro o allanamiento, en los siguientes casos:

(a) En casos de emergencias, o que afecten la seguridad o salud pública;

(b) al amparo de las facultades de licenciamiento, concesión de franquicias, permisos u otras similares;

(c) en casos en que la información es obtenible a simple vista o en sitios públicos por mera observación.

Sección 6.2. — Solicitud de Información. (3 L.P.R.A. § 9692)

Las agencias podrán requerir información de las personas sujetas a su jurisdicción, al amparo de las leyes que administran y dentro de la zona de intereses contemplados en las mismas.

Toda persona a la que se le solicite información, conforme se autoriza en esta Sección, podrá impugnar la solicitud de la agencia por medio del procedimiento adjudicativo según se establezca en la ley especial de que se trate y en el Capítulo III de esta Ley. La impugnación sólo podrá fundamentarse en que el requerimiento de información sea irrazonable o exceda la autoridad de la agencia por no tener relación alguna con la zona de intereses contemplados en la ley o leyes de que se trate.

Sección 6.3. — Autoincriminación. (3 L.P.R.A. § 9693)

Toda persona que invoque su privilegio constitucional de no auto incriminarse podrá ser compelida a producir la información requerida por la agencia mediante orden judicial expedida por el Tribunal de Primera Instancia; en cuyo caso el tribunal ordenará que no podrá usarse dicha información en ningún proceso criminal contra la persona que suministró la información.

Sección 6.4. — Inspecciones Conjuntas. (3 L.P.R.A. § 9694)

Las agencias podrán realizar inspecciones e investigaciones conjuntas con el objeto de ampliar y facilitar su capacidad de fiscalizar el cumplimiento de las leyes especiales por el cual deben velar.

Sección 6.5. — Querellas Radicadas por Agencias. (3 L.P.R.A. § 9695)

Los funcionarios de cualquier agencia administrativa podrán radicar una querella en otra agencia, cuando hayan podido observar la violación de cualquier disposición de ley o reglamento que administra la otra agencia.

A. El poder de la agencia de requerir información y documentos a personas y entidades privadas

El poder de requerir información de manera coercitiva incluye el poder de citar testigos y el de requerir la producción de documentos.[255] En particular, muchas agencias tienen facultad para utilizar dos instrumentos investigativos fundamentales.[256] El primero es el *subpoena ad testificandum*, mediante el cual se requiere el testimonio de alguna persona; el segundo es el *subpoena duces tecum,* que ordena a la persona a comparecer ante la agencia para producir documentos.[257] Sin estas herramientas, el poder de investigación administrativo quedaría restringido a la información obtenida con el consentimiento del investigado.[258]

B. Las inspecciones administrativas en propiedad privada, el derecho a la intimidad y el derecho a la no autoincriminación

El poder investigativo para requerir información no es ilimitado y podría constituir un registro sujeto a los controles de la sección 10 del art. II de la Constitución que protege contra los ataques abusivos y los registros, incautaciones y allanamientos irrazonables y la garantía constitucional a la intimidad individual.[259] La protección constitucional se activa solo cuando la persona afectada tiene una expectativa razonable de intimidad sobre el lugar o los artículos registrados y si tal expectativa es razonable a la luz de los criterios prevalecientes en la sociedad.[260] El análisis para determinar si existe expectativa razonable de intimidad es 1) un análisis subjetivo que permite concluir si el reclamante alberga una expectativa real de que se respete su intimidad; la segunda, un análisis objetivo para determinar si la sociedad considera razonable tal expectativa.[261]

---

[255] Weber Carrillo v. ELA et al., 190 DPR 688, 699 (2014).
[256] *Id.*
[257] *Id.*
[258] *Id.* en las págs. 699-700.
[259] *Id.*
[260] *Id.* en la pág. 701.
[261] *Id.* en la pág. 702.

Esta segunda etapa es la decisiva.[262] Una vez se determina que existe una expectativa razonable de intimidad, se deben tomar en cuenta los siguientes requisitos:

Notificación y requerimiento de documentos

- Si existe una **expectativa razonable de intimidad**, la agencia debe **notificar a la persona afectada** u **obtener una orden judicial** para requerir documentos mediante *subpoena duces tecum*.
- La notificación debe hacerse **con anticipación razonable** e incluir:
  - Razón, propósito y pertinencia de la solicitud.
  - Disposición legal que faculta a la agencia para hacer el requerimiento.
- El propósito de la notificación es permitir que la persona afectada pueda impugnar la solicitud ante un tribunal.

Evaluación judicial del requerimiento

- El tribunal analizará la razonabilidad del requerimiento según tres criterios:
  1. Si la investigación está dentro de la autoridad legal de la agencia.
  2. Si el requerimiento es suficientemente específico y definido.
  3. Si la información solicitada es pertinente a la investigación en curso.
- En caso de controversia, será el tribunal quien determine la pertinencia final.

Diferencias entre investigaciones administrativas y penales

- Si el objetivo principal de la agencia es obtener prueba para un proceso penal, deberá cumplir con las garantías constitucionales aplicables a procedimientos criminales.
- Si la inspección es administrativa *bona fide*, no se invalidará solo porque la prueba obtenida pueda usarse en un proceso penal.
- Se distingue entre:
  - Requerimientos para producción de documentos.
  - Registros físicos de personas o lugares.

---

[262] *Id.*

- La evaluación judicial tomará en cuenta la naturaleza, alcance y onerosidad de la intervención gubernamental.

Protección cuando la información está en manos de terceros

- Si la persona afectada posee la información, el requerimiento en sí constituye notificación suficiente.
- Si la información está en manos de un tercero y la persona afectada tiene una expectativa razonable de intimidad sobre ella, la agencia debe notificarle antes de requerir la información.
- Dado que muchas órdenes *subpoenas* buscan información en poder de terceros, se exigen protecciones adicionales.
- La condición de tercero no solo aplica si la información solicitada pertenece a la persona investigada, sino también si la persona afectada mantiene una expectativa razonable de intimidad sobre ella.

Sobre la no autoincriminación, vea la sección 6.3 de la LPAU: "Toda persona que invoque su privilegio constitucional de no auto incriminarse podrá ser compelida a producir la información requerida por la agencia mediante orden judicial expedida por el Tribunal de Primera Instancia; en cuyo caso el tribunal ordenará que no podrá usarse dicha información en ningún proceso criminal contra la persona que suministró la información".

El privilegio contra la autoincriminación puede ser invocado en cualquier procedimiento gubernamental, incluyendo el administrativo. Para que se active el privilegio contra la autoincriminación es necesario que:

a. un ciudadano sea interrogado por el Estado,

b. al contestar las preguntas,

c. se exponga al peligro real,

d. de responsabilidad criminal.

C. Derechos constitucionales de los ciudadanos frente al poder de investigación de la agencia

Las agencias administrativas deben siempre respetar el debido proceso de ley, que incluye la oportunidad de ser oído, de defenderse y presentar su caso con las garantías adecuadas, un proceso justo y equitativo que respete la dignidad de los individuos afectados. También se incluye el derecho a la no autoincriminación y el derecho a la intimidad.

VII. Doctrinas de autolimitación judicial en el ámbito administrativo

Es un principio de derecho administrativo que se presume la revisión judicial.

Por vía de excepción, la Asamblea Legislativa puede prohibir la revisión judicial de la acción administrativa mediante disposición "clara y expresa" en la ley habilitadora.

Sin embargo, aunque el estatuto prohíba "clara y expresamente" la revisión judicial, ésta procede:

a. si se afectan derechos constitucionales o estatutarios de las partes, o

b. si la agencia ha actuado de manera *ultra vires*.

La LPAU establece que:

> Una parte adversamente afectada por una orden o resolución final de una agencia y que haya agotado todos los remedios provistos por la agencia o por el organismo administrativo apelativo correspondiente podrá presentar una solicitud de revisión ante el Tribunal de Apelaciones, dentro de un término de treinta (30) días contados a partir de la fecha del archivo en autos de la copia de la notificación de la orden o resolución final de la agencia.[263]

Solo la parte afectada por una orden o resolución final de una agencia posee el derecho de incoar un recurso de revisión judicial ante el Tribunal de Apelaciones.[264] Además, la citada disposición legal recoge la llamada doctrina de agotamiento de remedios administrativos la cual es, junto a la doctrina de jurisdicción primaria, una norma de autolimitación judicial.[265]

---

[263] Art. 4.2 de la Ley de Procedimiento Administrativo Uniforme, Ley Núm. 38-2017, 3 LPRA § 9672.
[264] ACT v. Prosol et als., 210 DPR 897, 909 (2022).
[265] Moreno Ferrer v. JRCM, 209 DPR 430, 435 (2022).

A. Procedimiento

Tabla 5. Procedimiento de revisión judicial

Aspecto	Detalle
Parte afectada	Persona afectada por una orden o resolución final de una agencia que haya agotado los remedios administrativos.
Tribunal competente	Tribunal de Apelaciones.
Plazo general para solicitud de revisión	30 días desde la notificación de la orden o resolución final.
Interrupción del término	Si se presenta una moción de reconsideración, se aplican los términos de la Sección 3.15 de la Ley (resumidos en la Tabla 4).
Método de notificación	La solicitud de revisión debe notificarse a la agencia y a las partes dentro del término para solicitar la revisión. Se permite la notificación por correo.
Cómputo del término	Se calcula desde la fecha de archivo en autos de la notificación o desde la fecha de depósito en el correo, si son distintas.
Plazo en impugnación de licitaciones públicas	20 días calendario desde la notificación de la resolución de la Junta Revisora de Subastas de la Administración de Servicios Generales o desde la expiración del término en la Sección 3.19 de la Ley.
Efecto de la solicitud en licitaciones	No paraliza la adjudicación del proceso impugnado.
Revisión de órdenes interlocutorias	No son revisables directamente, pero pueden señalarse como error en el recurso de revisión de la resolución final. Sí son revisables si versan sobre ausencia de jurisdicción o acciones *ultra vires*.
Naturaleza de la revisión judicial	Es el recurso exclusivo para impugnar decisiones administrativas, ya sean adjudicativas o informales.

Cualquier parte adversamente afectada por la resolución del Tribunal de Apelaciones podrá solicitar la revisión de la misma mediante la presentación de recurso de *certiorari* ante el Tribunal Supremo en el término jurisdiccional de treinta (30) días desde el archivo en autos de la notificación de la sentencia del Tribunal de Apelaciones o de la resolución de este resolviendo una moción de reconsideración debidamente presentada.[266] Si la fecha de archivo en autos de copia de la notificación de la sentencia o resolución es distinta a la del depósito en el correo de dicha notificación, el término se calculará a partir de la fecha del depósito en el correo.[267]

B. Estándar de revisión

Las decisiones de las agencias administrativas tienen a su favor una presunción de legalidad y corrección, la cual debe ser respetada por los tribunales mientras la parte que las impugna no produzca suficiente evidencia para derrotarlas.[268] La parte afectada debe demostrar que, con base en la prueba presentada, claramente la decisión del ente administrativo no está justificada por una evaluación justa del peso de la prueba que tuvo ante su consideración.[269]

Las determinaciones de derecho, distinto de las determinaciones de hechos, pueden ser revisadas en todos sus aspectos por el tribunal, sin sujeción a norma o criterio alguno.[270] Esto no significa, sin embargo, que, al ejercer su función revisora, el tribunal pueda descartar libremente las conclusiones e interpretaciones de la agencia, sustituyendo el criterio de esta por el propio. Al contrario, los tribunales deben deferencia a las interpretaciones y conclusiones de los organismos administrativos.[271]

El criterio rector para los tribunales, será la razonabilidad en la actuación de la agencia recurrida.[272] Así pues, al realizar su función revisora el tribunal está compelido a considerar la especialización y experiencia de la agencia sobre las cuestiones que tuviera ante sí.[273] Por tanto, en el descargo de su función deberá caracterizar entre asuntos de discernimiento estatutario o cuestiones de especialización administrativa.[274] La deferencia reconocida no equivale a la renuncia de la función revisora del tribunal en instancias apropiadas y meritorias, como resulta ser cuando el organismo administrativo ha errado en la aplicación de la ley.[275]

---

[266] 3 LPRA § 9677.
[267] *Id.*
[268] Rebollo v. Yiyi Motors, 161 DPR 69, 77 (2004).
[269] *Id.*
[270] *Id.*
[271] *Id.*
[272] *Id.* en las págs. 77-78.
[273] *Id.* en la pág. 78.
[274] *Id.*
[275] *Id.*

El foro judicial podrá sustituir el criterio del organismo administrativo por el propio, solo en aquellas ocasiones que no encuentre una base racional que fundamente la actuación administrativa.[276] No obstante, es axioma judicial que, ante la prueba pericial y documental, el tribunal revisor se encuentra en igual posición que el foro recurrido y por tanto, está facultado para apreciar la prueba apoyándose en su propio criterio.[277]

Siempre y cuando estén sustentadas por evidencia sustancial que obre en el récord administrativo, las determinaciones de hechos formuladas por la agencia serán sostenidas.[278] Esto es así, porque las decisiones de las agencias administrativas tienen a su favor una presunción de legalidad y corrección, la cual debe ser respetada por los tribunales mientras la parte que la impugna no produzca suficiente evidencia como para derrotarla.[279]

De ordinario, los tribunales no intervendrán en las determinaciones de hechos de las agencias, si existe evidencia sustancial en apoyo de las determinaciones de hecho.[280] La norma de evidencia sustancial, aplicable a las determinaciones de hecho, persigue evitar la sustitución del criterio del tribunal revisor. [281]

Para que un tribunal pueda decidir que la evidencia sustancial en el expediente administrativo no es sustancial, es necesario que la parte afectada demuestre que existe otra prueba en el récord que razonablemente reduzca o menoscabe el peso de tal evidencia.[282]

C. Remedios:

> El Tribunal de Apelaciones revisará como cuestión de derecho las decisiones, órdenes y resoluciones finales de organismos o agencias administrativas. . . .
>
> . . . .
>
> El procedimiento a seguir para los recursos de revisión será de acuerdo con lo establecido en el Reglamento del Tribunal de Apelaciones aprobado por el Tribunal Supremo.
>
> No será obligatoria la comparecencia del Gobierno de Puerto Rico ante el Tribunal de Apelaciones a menos que así lo ordene el Tribunal.

---

[276] *Id.*
[277] *Id.*
[278] García Reyes v. Cruz Auto Corp., 173 DPR 870, 893 (2008).
[279] *Id.*
[280] *Id.*
[281] *Id.*
[282] *Id.* en las págs. 893-94.

> El tribunal podrá conceder el remedio solicitado o cualquier otro remedio que considere apropiado, incluyendo recursos extraordinarios aunque no haya sido solicitado, y podrá conceder honorarios razonables de abogados, costos y gastos a cualquier parte que haya prevalecido en la revisión judicial.[283]

D. Paralización de la acción administrativa ("*stay*")

La mera presentación del recurso no paralizará el trámite en el organismo o agencia administrativa, a menos que el Tribunal así lo determine.[284]

VIII. Revisión judicial de los procesos adjudicativos

El proceso de revisión judicial comprende tres (3) áreas: (1) la concesión del remedio, (2) la revisión de las determinaciones de hecho conforme al criterio de evidencia sustancial; y (3) la revisión de las conclusiones de derecho.[285] El récord administrativo constituirá la base exclusiva para la acción de la agencia en un procedimiento adjudicativo y para la revisión judicial ulterior.[286]

A. Agotamiento de remedios administrativos

Una parte debe agotar todos los remedios que provea una agencia antes de solicitar revisión judicial.[287] El tribunal podrá relevar a un peticionario de tener que agotar alguno o todos los remedios administrativos provistos en el caso de que dicho remedio sea inadecuado, o cuando el requerir su agotamiento resultare en un daño irreparable al promovente y en el balance de intereses no se justifica agotar dichos remedios, o cuando se alegue la violación sustancial de derechos constitucionales, o cuando sea inútil agotar los remedios administrativos por la dilación excesiva en los procedimientos, o cuando sea un caso claro de falta de jurisdicción de la agencia, o cuando sea un asunto estrictamente de derecho y es innecesaria la pericia administrativa.[288] Sin embargo, la reconsideración no es necesaria para cumplir con esta doctrina de agotar remedios administrativos, pues no es requisito de ley.

B. Jurisdicción primaria exclusiva, concurrente y apelativa

La jurisdicción primaria consiste en dos vertientes, a saber: la jurisdicción primaria concurrente y la jurisdicción primaria exclusiva.[289] La primera vertiente tiene lugar cuando la ley permite que la reclamación se inicie ya sea en la agencia o en el tribunal; la segunda, está presente cuando la propia ley establece que el foro administrativo tendrá jurisdicción inicial exclusiva para entender en la reclamación.[290]

---

[283] Art. 4.6 de la Ley de Procedimiento Administrativo Uniforme, Ley Núm. 38-2017, 3 LPRA § 9676.
[284] *Id.*
[285] García Reyes v. Cruz Auto Corp., 173 DPR 870, 894 (2008).
[286] *Id.*
[287] *Véase* 3 LPRA § 9672.
[288] *Id.* § 9673.
[289] Beltrán Cintrón et al. v. ELA et al., 204 DPR 89, 102 (2020).
[290] Rodríguez Rivera v. De León Otaño, 191 DPR 700, 709 (2014).

La jurisdicción primaria aplica verdaderamente cuando hay jurisdicción concurrente entre el foro administrativo y el judicial.[291] La jurisdicción primaria concurrente presupone que tanto el foro judicial como el administrativo tienen jurisdicción para entender en la controversia planteada, pero se cede la primacía a la agencia por su especialización y conocimiento sobre el asunto objeto de la reclamación.[292] Por consiguiente, "los jueces deben aplicar esta norma de abstención, como regla general, en casos en los cuales el peritaje de la agencia sea indispensable para resolver la controversia, ya que los tribunales [son] de justicia y no centros académicos para dirimir sutilezas técnicas".[293] Dicha norma aplica a aquellos casos en los que las cuestiones de hechos a ser consideradas requieren del ejercicio de discreción adjudicativa o de la aplicación del conocimiento especializado que las agencias poseen.[294]

La doctrina de jurisdicción primaria exclusiva, también conocida como jurisdicción estatutaria, es de aplicación cuando la propia ley establece que la agencia administrativa será el foro con jurisdicción para examinar la reclamación.[295] Esta doctrina atiende situaciones en las que no aplica la doctrina de jurisdicción primaria concurrente, debido a que la ley misma aclara que esta última no existe.[296] Se trata de un mandato legislativo y no de una norma de índole jurisprudencial a través del cual se establece que el ente administrativo tendrá jurisdicción sobre determinado tipo de asuntos, por lo que en esos casos los tribunales no cuentan con autoridad para atender las reclamaciones en primera instancia.[297]

De otro lado, a pesar de que la designación de la jurisdicción exclusiva debe ser clara y precisa, el legislador no siempre hace uso del término "exclusiva".[298] Por tanto, al determinar si un estatuto provee o no jurisdicción exclusiva a un foro administrativo, es necesario evaluar si ello ha sido dispuesto expresamente en la ley o si surge de esta por implicación necesaria.[299] Por otra parte, debe tenerse en cuenta que la jurisdicción exclusiva no soslaya la revisión judicial, sino que la pospone hasta tanto el organismo administrativo emita su determinación final.[300]

La jurisdicción primaria del foro administrativo puede ceder ante un planteamiento de violación a derechos constitucionales.[301] En ese sentido, "la reivindicación de los derechos constitucionales corresponde y puede reclamarse en primera instancia en los tribunales de justicia, sin que tenga jurisdicción original sobre ello el foro administrativo".[302]

---

[291] Dalma Semidey Ortiz v. ASIFAL, 177 DPR 657, 676 (2009).
[292] *Beltrán Cintrón*, 204 DPR en la pág. 102.
[293] Migdalia Báez Rodríguez v. Luis Fortuño, 179 DPR 231, 240 (2010).
[294] *Beltrán Cintrón*, 204 DPR en la pág. 103.
[295] *Id.*
[296] *Id.*
[297] *Id.* en las págs. 103-04.
[298] *Id.* en la pág. 104.
[299] *Id.*
[300] *Id.*
[301] *Id.* (*citando a* Véanse Santiago v. Superintendente de la Policía, 112 DPR 205, 207 (1982) (Sentencia); Pierson Muller I v. Feijoó, 106 DPR 838, 853-54 (1978) (en reconsideración)).
[302] *Id.*

No obstante, "ello no implica que una simple alegación [de que se han violado derechos constitucionales] excluya el foro administrativo".[303] Más allá de una simple alegación, "[e]s preciso que se demuestre que la acción administrativa constituye una gestión inútil, inefectiva y que no ofrece un remedio adecuado o que ha de causar un daño irreparable e inminente".[304]

La jurisdicción apelativa exclusiva se puede conceder por ley.[305]

C. Legitimación Activa

En el ámbito del derecho administrativo, cuando un litigante solicita la revisión judicial sobre la constitucionalidad de una acción o decisión administrativa a través de un pleito civil, este tiene que demostrar que: (1) ha sufrido un daño claro y palpable; (2) el daño es real, inmediato y preciso, no abstracto o hipotético; (3) existe una relación causal razonable entre la acción que se ejercita y el daño alegado; y (4) la causa de acción debe surgir al amparo de la Constitución o de alguna ley.[306]

Una asociación tiene legitimación para solicitar la intervención judicial por los daños sufridos por la agrupación y para vindicar los derechos de la entidad si sufre un daño claro, palpable, real, inmediato, preciso, no abstracto o hipotético a su colectividad.[307] La agrupación también puede acudir al foro judicial a nombre de sus miembros aunque esta no haya sufrido daños propios.[308] A tales efectos, cuando la asociación litiga a nombre de sus miembros tiene que demostrar que el miembro (1) tiene legitimación activa para demandar a nombre propio; (2) que los intereses que se pretenden proteger están relacionados con los objetivos de la organización; y (3) que la reclamación y el remedio solicitado no requieren la participación individual.[309]

D. Cosa juzgada e impedimento colateral

Cosa juzgada

La doctrina de **cosa juzgada** impide relitigar controversias ya adjudicadas cuando hay identidad de partes, causa y objeto en ambos casos, protegiendo a los ciudadanos y asegurando la estabilidad jurídica. En el **derecho administrativo**, aplica dentro de una misma agencia, entre agencias y entre agencias y tribunales. Sin embargo, su aplicación no es automática ni absoluta, ya que los tribunales pueden modificar o rechazar determinaciones administrativas cuando sea más justo y beneficioso para el interés público. Además, si su aplicación rigurosa afectara un derecho con interés público, se priorizaría la justicia sobre la conveniencia procesal.

---

[303] *Id.* (*citando a* First Fed. Savs. v. Asoc. de Condómines, 114 DPR 426, 438 (1983)).
[304] *Id.* (*citando a* First Fed. Savs. v. Asoc. de Condómines, 114 DPR 426, 438-39 (1983)).
[305] *Véase* Feliciano Sambolín v. Adm. Corrección, 175 DPR 1039 (2009).
[306] Hernández Torres v. Hernández Colón, et. al., 131 DPR 593, 599 (1992).
[307] Fund. Surfrider y otros v. A.R.Pe., 178 DPR 563, 572-73 (2010).
[308] *Id.* en la pág. 573.
[309] *Id.*

Impedimento colateral

El **impedimento colateral por sentencia** es una variante de la cosa juzgada que busca evitar litigios repetitivos, proteger a los litigantes y prevenir decisiones inconsistentes, pero **sin requerir identidad de causas** entre los pleitos. Se aplica cuando:

1. Un asunto fue adjudicado.
2. En una sentencia previa.
3. Luego de haber sido litigado.
4. Entre las mismas partes.
5. El hecho adjudicado es esencial para un segundo pleito.

Este impedimento evita que en un nuevo litigio se reexamine un hecho esencial ya decidido en un caso anterior con sentencia final. Sin embargo, su aplicación se limita solo a lo que fue realmente litigado y adjudicado.

Por otro lado, la **doctrina de "ley del caso"** también busca estabilidad y certeza en los procesos, pero **solo aplica dentro del mismo pleito**, mientras que el impedimento colateral requiere un segundo litigio para invocarse.

DERECHO CONSTITUCIONAL

I. Estructura del Gobierno Federal y la distribución de poderes entre el Gobierno Federal y los estados

A. Las fuentes, naturaleza y limitaciones de los poderes federales

1. Cláusula de supremacía

El art. VI de la Constitución de Estados Unidos establece que:

> Esta Constitución y las leyes de los Estados Unidos que en virtud de ella sean creadas; y todos los tratados previamente celebrados o que se celebren bajo la autoridad de los Estados Unidos serán la ley suprema de la Nación; y los jueces de cada estado estarán obligados a acatarla, aun cuando hubiere alguna disposición en contrario en la Constitución o en las leyes de cualquier Estado.[310]

El gobierno federal, aunque está limitado en sus poderes a aquellos que le son delegados por la Constitución, es supremo en su jurisdicción y sus leyes, si son constitucionales, son superiores a las leyes de los estados.[311]

2. Doctrina del desplazamiento o campo ocupado ("pre-emption")

La doctrina del desplazamiento u ocupación del campo, la resolución de conflictos entre leyes federales y estatales, proviene de la Cláusula de Supremacía de la Constitución de los Estados Unidos en el art. VI, cl. 2 de la Constitución de Estados Unidos.[312] Dispone que la ley federal tendrá supremacía sobre las leyes estatales cuando la primera no pueda coexistir con un estatuto estatal.[313]

La doctrina de campo ocupado se ha desarrollado con el propósito de evitar conflictos entre dos gobiernos para fomentar así una política uniforme.[314] Por ello, se entiende que existe jurisdicción exclusiva del Gobierno federal sobre los asuntos de derecho federal en aquellas instancias en las que (1) el Congreso así lo ha dispuesto expresamente, o (2) cuando la clara intención de la ley es privar de jurisdicción a los tribunales estatales sobre un asunto federal.[315] Lo fundamental será determinar cuál ha sido la intención del Congreso al legislar.

---

[310] CONST. EE. UU. Art. VI, § 2.
[311] *Véase* McCulloch v. Maryland, 17 U.S. 316 (1819).
[312] S.L.G. v. S.L.G., 150 DPR 171, 181-82 (2000).
[313] *Id.* en la pág. 182.
[314] Mun. de Peñuelas v. Ecosystems, Inc., 197 DPR 5, 14 (2016).
[315] *Id.* en las págs. 14-15 (citas omitidas).

De igual forma, se entiende que hay campo ocupado o desplazado en aquellas circunstancias en las que "cierto interés o propósito federal es tan dominante que no debe existir reglamentación estatal, o cuando la normativa estatal podría producir un resultado incompatible con los objetivos federales en determinada área".[316] Conforme a esta doctrina, cualquier ley estatal que contravenga una ley federal es nula.[317]

3. Poderes enumerados en la Constitución

Los siguientes son los poderes enumerados del Congreso en la sección 8 del art. I de la Constitución de Estados Unidos:

1. Tomar dinero en préstamo con cargo al crédito de los Estados Unidos;
2. Reglamentar el Comercio con naciones extranjeras, así como entre los diversos estados y con las tribus indígenas;
3. Establecer una regla uniforme de naturalización y leyes uniformes de quiebras para toda la Nación;
4. Acuñar moneda, reglamentar el valor de esta y de la moneda extranjera, y fijar la norma de pesas y medidas;
5. Disponer las sanciones por la falsificación de los valores y la moneda circulante de los Estados Unidos;
6. Establecer oficinas de correos y caminos postales;
7. Fomentar el progreso de la ciencia y de las artes útiles, garantizando a los autores e inventores el derecho exclusivo a sus respectivos escritos y descubrimientos por tiempo limitado;
8. Constituir tribunales inferiores a la Corte Suprema;
9. Definir y castigar la piratería y los delitos graves cometidos en alta mar, así como las infracciones al Derecho Internacional;
10. Declarar la guerra, otorgar patentes de corso y represalia y establecer reglas en materia de capturas en mar y en tierra;
11. Reclutar y patrocinar ejércitos; pero ninguna asignación de fondos para este fin podrá abarcar un periodo mayor de dos años;
12. Disponer y mantener una Marina de Guerra;
13. Establecer reglas para el gobierno y la reglamentación de las fuerzas de tierra y mar;

---

[316] *Id.* en la pág. 15.

[317] *Id.*

14. Convocar a la Milicia con el fin de dar cumplimiento a las leyes de la Unión, sofocar insurrecciones y repeler invasiones;
15. Proceder a organizar, armar y disciplinar a la Milicia y para gobernar la parte de esta que pueda ser puesta al servicio de los Estados Unidos, reservando a los estados respectivos el nombramiento de los oficiales y la autoridad para entrenar a la Milicia de acuerdo con la disciplina que el Congreso prescriba;
16. Ejercer el derecho exclusivo de legislar en todos los casos que se presenten en el Distrito (cuya superficie no será mayor de un cuadrado de diez millas) que, por cesión de algunos estados y con la aceptación del Congreso, se convierta en la sede del Gobierno de los Estados Unidos; y para ejercer la misma autoridad en todos los lugares adquiridos con el consentimiento de la Asamblea Legislativa del Estado en el cual se encuentren, con el fin de construir fuertes, polvorines, arsenales, astilleros y otras edificaciones necesarias; — Y
17. Elaborar todas las leyes que sea necesario y propio tener a fin de poner en práctica las precedentes facultades, así como todas aquellas que en virtud de esta Constitución le puedan haber sido conferidas al Gobierno de los Estados Unidos o a cualquiera de los departamentos o los funcionarios del mismo.[318]

[318] CONST. EE. UU. Art. I, § 8.

El Tribunal Supremo de Puerto ha explicado:

> A diferencia de la Constitución de Estados Unidos de Norteamérica, nuestra Constitución delega todo el poder legislativo en la Asamblea Legislativa, sujeto éste a las limitaciones contenidas en la Carta de Derechos. La Asamblea Legislativa de Puerto Rico, a diferencia de lo que sucede con el Congreso de Estados Unidos, no es una legislatura de poderes enumerados. Este diseño constitucional en Estados Unidos es el resultado de la realidad histórica que dio base a la creación de una nación donde el poder político se distribuye en forma federada. El pueblo norteamericano le confiere parte de dicho poder al Congreso y a las otras Ramas del Gobierno, y parte a los estados. Esta estructura de poder compartido explica la enumeración de poderes. Es obvio que en Puerto Rico no existe, ni ha existido un diseño federado de gobierno. Se entiende que la Asamblea Legislativa, distinto al Congreso, puede legislar sobre cualquier asunto que afecte el bienestar de los puertorriqueños.[319]

Cláusula de comercio

La Cláusula de Comercio faculta al Congreso de los Estados Unidos a regular el comercio entre los estados, así como con naciones extranjeras. Esta cláusula prohíbe que los estados promuevan sus intereses comerciales a base de restricciones en el movimiento de artículos de comercio, ya sea hacia el estado o fuera de él. Dicha cláusula también tiene un efecto restrictivo sobre los poderes de los estados y demás jurisdicciones de los EE. UU. de adoptar legislación económica que afecte el comercio interestatal. Esta doctrina es conocida como la Cláusula de Comercio en su estado durmiente. Las limitaciones inherentes a la Cláusula de Comercio en su estado durmiente aplican a Puerto Rico ex proprio vigore.

Cuando un estatuto claramente discrimina de su faz contra el comercio interestatal, o cuando tiene el propósito o efecto práctico de favorecer los intereses locales sobre los de fuera del estado, como regla general se considerará inválido. Al analizar la validez del aspecto durmiente de la Cláusula de Comercio el primer paso es preguntarse si la reglamentación en controversia discrimina contra el comercio interestatal. En caso de que el estatuto en controversia tenga un propósito o efecto discriminatorio, se debe determinar si es justificado.

El estatuto deberá cumplir con dos requisitos para que se sostenga su validez:

(a) tiene que servir un interés local legítimo y;

[319] Nicolás Nogueras v. Hernández Colón, 127 DPR 405, 414 (1990).

(b) que ese interés local no pueda lograrse por otros medios que no sean discriminatorios.

El Congreso tiene amplia autoridad en virtud de la Cláusula de Comercio. La Cláusula de Comercio dispone que el Congreso tendrá la facultad "[p]ara reglamentar el comercio con naciones extranjeras, así como entre los estados y con las tribus indias".[320] El "poder del Congreso sobre el comercio interestatal no se limita a la regulación del comercio entre los estados", sino que se extiende a las actividades que "tienen un efecto sustancial en el comercio interestatal".[321] Además, el poder del Congreso no se limita a la regulación de una actividad que por sí misma afecta sustancialmente al comercio interestatal, sino que también se extiende a las actividades que lo hacen solo cuando se agregan con actividades similares de otros.[322]

Dado su alcance expansivo, no es de extrañar que el Congreso haya empleado el poder comercial en una amplia variedad de formas para abordar las necesidades apremiantes de la época,[323] como las leyes que adelantan derechos civiles.[324] Pero el Congreso nunca ha intentado confiar en ese poder para obligar a las personas que no se dedican al comercio a comprar un producto no deseado.[325]

La Constitución otorga al Congreso la facultad de "regular el comercio".[326] La potestad de regular el comercio presupone la existencia de una actividad comercial a regular.[327]

Cláusula de comercio durmiente

Ningún estado puede utilizar sus leyes para discriminar deliberadamente contra los intereses económicos de otros estados o fuera de su estado.[328] La Cláusula de Comercio prohíbe la aplicación de las leyes estatales "impulsadas por . . . 'proteccionismo económico, es decir, medidas regulatorias diseñadas para beneficiar los intereses económicos del estado al imponer una carga a los competidores de fuera del estado'".[329] Al llevar a cabo la tarea de determinar dónde termina la autoridad de un estado y comienza la de otro, el precedente judicial reconoce el poder legislativo habitual de un estado para actuar sobre las personas y la propiedad dentro de los límites de su propio territorio, una característica del orden constitucional federal que permite que diferentes comunidades vivan con diferentes estándares locales.[330]

---

[320] CONST. EE. UU. art. I, § 8
[321] US v. Darby, 312 U.S. 100, 118-19 (1941).
[322] Wickard v. Filburn, 317 U.S. 111, 127-28 (1942).
[323] Nat'l Fed'n de Indep. Bus. v. Sebelius, 567 U.S. 519, 549 (2012).
[324] *Véase* Heart of Atlanta Motel v. United States, 379 U.S. 241 (1969).
[325] *Sebelius*, 567 U.S. en la pág. 549.
[326] *Id.* en la pág. 550 (*citando a* CONST. EE. UU. Art. I, § 8, cl. 3).
[327] *Id.*
[328] *Véase* Nat'l Pork Producers Council v. Ross, 598 U.S. 356, 364 (2023).
[329] Dep't of Revenue v. Davis, 553 U. S. 328, 337-38 (2008) (citas omitidas) (traducción suplida).
[330] *Nat'l Pork Producers Council*, 598 U.S. en la pág. 375.

Los precedentes modernos se basan en dos principios básicos que marcan los límites de la autoridad de un estado para regular el comercio interestatal: primero, las regulaciones estatales no pueden discriminar contra el comercio interestatal; y segundo, los estados no pueden imponer cargas indebidas al comercio interestatal. Las leyes estatales que discriminan contra el comercio interestatal se enfrentan a una regla de invalidez *per se*, es decir, se presume su invalidez.[331] Las leyes estatales que regulan de manera imparcial para lograr un interés público local legítimo se mantendrán a menos que la carga impuesta a dicho comercio sea claramente excesiva en relación con los supuestos beneficios locales.[332] Aunque están sujetos a excepciones y variaciones, estos dos principios guían a los tribunales en la adjudicación de casos que desafían las leyes estatales en virtud de la Cláusula de Comercio.[333]

Pero se justifica una "extrema precaución" antes de que un tribunal despliegue esta autoridad implícita.[334] Impedir que los funcionarios estatales hagan cumplir una ley estatal adoptada democráticamente en nombre de la Cláusula de Comercio durmiente es una cuestión de "extrema delicadeza", algo que los tribunales deberían hacer solo donde la infracción sea clara.[335]

El poder de imponer impuestos

Para determinar si se está ante un impuesto o una multa, no importa el nombre que el legislador le dé en la ley, si impuesto o multa, lo importante es su sustancia y aplicación.[336] Para determinar si la ley cae bajo los poderes legítimos de imponer impuestos se analiza cuán onerosa es la carga que impone el impuesto, si el impuesto contiene unos requisitos que requieren un estado mental bajo los cuales se tipifican delitos y tres, quién hace cumplir el impuesto, si una agencia encargada de fiscalizar leyes, o si una agencia que se encarga de recaudar ingresos.[337] Los requisitos de estado mental son típicos de los estatutos punitivos, porque el Congreso a menudo desea castigar solo a aquellos que intencionalmente violan la ley.[338] El poder impositivo se aplica a menudo, para fines distintos de la recaudación.[339]

Todo impuesto es, en cierta medida, regulatorio pues impone un impedimento económico a la actividad gravada en comparación con otras no gravadas.[340] Al distinguir entre una sanción y un impuesto, "si el

---

[331] Dakota del Sur v. Wayfair, Inc., 585 U.S. 162, 173 (2018).
[332] Pike v. Bruce Church, Inc., 397 U. S. 137, 142 (1970).
[333] South Dakota v. Wayfair, Inc., 585 U.S. en la pág. 173-74.
[334] *Nat'l Pork Producers Council*, 598 U.S. en la pág. 390 (citas omitidas).
[335] *Id.* (*citando a* Conway v. Taylor's Executor, 66 U.S. 603 (1862)).
[336] United States v. Constantine, 296 U.S. 287, 294 (1935); *cf.* Quill Corp. v. North Dakota, 504 U.S. 298, 310 (1992).
[337] Nat'l Fed'n of Indep. Bus. v. Sebelius, 567 U.S. 519, 565-66 (2012).
[338] *Id.* en la pág. 566.
[339] *Id.* en la pág. 567.
[340] Sonzinsky v. United States, 300 U.S. 506, 513 (1937).

concepto de sanción significa algo, significa castigo por una acción u omisión ilícita".[341]

Aunque la amplitud del poder del Congreso para imponer impuestos es mayor que su poder para regular el comercio, el poder de imponer impuestos no le da al Congreso el mismo grado de control sobre el comportamiento individual.[342] Una vez el Congreso puede regular un asunto bajo la Cláusula de Comercio, el Gobierno Federal puede hacer valer todo su poder.[343]

El poder bajo la Cláusula de Gastos o *Spending Clause*

El *spending clause* le permite al Congreso el poder de "pagar las deudas y proveer para el bienestar general de los Estados Unidos".[344] El Congreso puede usar este poder para otorgar fondos federales a los estados, y puede condicionar tales fondos a que los estados tomen ciertas medidas que el Congreso no podría exigirles que tomen de otra manera.[345] Las condiciones que impone el gobierno federal alientan a los estados a regular para el bienestar general según el Congreso pretenda hacerlo.[346]

El poder del Congreso bajo la Cláusula de Gastos para asegurar el cumplimiento estatal de los objetivos federales tiene sus límites. La legislación bajo la Cláusula de Gastos se asemeja a la naturaleza de un contrato.[347] La legitimidad del ejercicio del poder de gasto por parte del Congreso depende, por lo tanto, de si el estado acepta voluntaria y conscientemente los términos del acuerdo entre él como estado y el gobierno federal.[348] Respetar esta limitación es fundamental para garantizar que la legislación bajo la Cláusula de Gasto no socave el estatus de los estados como soberanos independientes en el sistema federal.[349] La Constitución no le confiere al Congreso el poder de dictarles a los estados instrucciones sobre cómo gobernar.[350]

El Congreso no puede llevar a cabo *comandeering*, obligar a los estados a llevar a cabo sus propósitos a través de la legislatura o las agencias de un estado. Tampoco puede utilizar sus poderes bajo el *spending clause* para ejercer influencia indebida a través de incentivos económicos.[351]

El Congreso puede usar su poder de gastos para crear incentivos para que los estados actúen de acuerdo con las políticas federales.[352] Pero cuando "la presión se convierte en compulsión, la legislación va en contra del

---

[341] United States v. Reorganized CF&I Fabricators of Utah, Inc., 518 U.S. 213, 224 (1996) (traducción suplida).
[342] *Sebelius*, 567 U.S. en la pág. 573.
[343] *Id.*
[344] CONST. EE. UU. art. I, § 8.
[345] College Savings Bank, 527 U.S. 666, 686 (1999) (traducción suplida).
[346] *Sebelius*, 567 U.S. en la pág. 576.
[347] Barnes v. Gorman, 536 U.S. 181, 186 (2002)
[348] *Sebelius*, 567 U.S. en la pág. 577.
[349] *Id.*
[350] *Id.*
[351] Steward Machine Co. v. Davis, 301 U.S. 548, 590 (1937).
[352] Sebelius, 567 U.S. en la pág. 577.

sistema federalista constitucional".[353] La Constitución no le da al Congreso la autoridad para exigir a los estados que regulen.[354] Eso es cierto ya sea que el Congreso ordene directamente a un estado que regule o coaccione indirectamente a un estado para que adopte un sistema regulatorio federal como propio.

4. Poderes inherentes

Un poder inherente es un poder que se deriva o que proviene necesariamente de un oficio, de una posición.[355] Un poder inherente no se encontraría ni en el texto ni implícito indirectamente en la Constitución.[356]

- Por ejemplo, las cortes tienen ciertos poderes inherentes, por ejemplo, si identifican un error en el veredicto de un jurado, para imponer sanciones.[357]
- Las tribus nativoamericanas tienen ciertos poderes inherentes, como para procesar miembros que no sean de sus tribus y que poseen sus poderes inherentes sujeto solo a las restricciones de la Constitución de Estados Unidos, leyes y regulaciones federales y las suyas propias.[358]
- El gobierno federal, aunque de poderes limitados y enumerados, tiene poderes inherentes:
- El poder de compra de tierras o de conquista, y el poder de soberanía, según las circunstancias de los constituyentes así lo permitan.[359]
- El poder inherente de ejercer y cumplir con todos los derechos y deberes que se le imponen en la Constitución.[360]
- El poder de expropiación forzosa que aunque no está expresamente delegado en la Constitución, se reconoce como un poder que pertenece a todo gobierno soberano, como incidental a la soberanía, por lo que no requiere de reconocimiento expreso constitucional.[361]
- El Congreso federal tiene el poder de emitir obligaciones en la forma y con las cualidades de moneda necesarias para la compra de bienes y el pago de deudas, conforme a las prácticas de los gobiernos soberanos.[362] Además, otorgar a los billetes la calidad de curso legal para deudas privadas es un poder inherente a la

---

[353] *Véase Id.* en la pág. 578.
[354] *Id.*
[355] *Inherent Power*, BLACK'S LAW DICTIONARY (11th ed., 2019).
[356] Cheng-Yi Huang, *Unenumerated Power and the Rise of Executive Primacy*, 28 WASH. INT'L L.J. 395, 426 (2019).
[357] *Véase* Dietz v. Bouldin, 136 S. Ct. 1885, 1890 (2016), Chambers v. NASCO, Inc., 501 U.S. 32, 35 (1991).
[358] *Véase* US v. Lara, 541 U.S. 193, 196 (2004); Merrion v. Jicarilla Apache Tribe, 455 U.S. 130, 141 (1982).
[359] Johnson v. McCintosh, 21 U.S. 543, 587 (1823).
[360] *Véase* Prigg v. Pennsylvania, 41 U.S. 539, 616 (1842).
[361] United States v. Jones, 109 U.S. 513, 518-19 (1883).
[362] *Véase* Juilliard v. Greenman, 110 U.S. 421, 449-50 (1884).

soberanía.[363] La Corte también vinculó este poder con la autoridad exclusiva del Congreso para acuñar moneda.[364]

- El Congreso tiene autoridad para organizar gobiernos territoriales y legislar para sus habitantes debido a la soberanía exclusiva del gobierno nacional sobre esos territorios.[365]
- El gobierno federal tiene el poder inherente para excluir a cualquier tipo de extranjero, como una facultad de cada nación independiente.[366]
- Por último, el gobierno federal tiene completa autoridad sobre relaciones exteriores, de lo contrario, Estados Unidos no tendría una soberanía completa a la par con el resto de la familia de naciones.[367] No todos los poderes del gobierno federal están articulados en la Constitución, ni tienen por qué estarlo: "los poderes para declarar y hacer la guerra, para concluir la paz, para celebrar tratados, para mantener relaciones diplomáticas con otras soberanías, si nunca se hubieran mencionado en la Constitución, se habrían conferido al gobierno federal como concomitantes necesarios de la nacionalidad".[368]

Los estados tienen poderes inherentes para ejercer su *police power* o su poder de razón de estado, que son poderes que los estados no delegaron al gobierno federal; son todos aquellos poderes no delegados al gobierno federal para proteger la salud, la seguridad y el bienestar.[369] Por ello, los estados podrían regular, dentro de límites constitucionales sobre la salud, la seguridad e incluso la libertad de expresión, especialmente en situaciones de emergencia.[370]

5. Cláusula de los poderes necesarios y apropiados (poderes implícitos)

El Congreso tiene la facultad de elaborar todas las leyes que sea necesario y propio tener a fin de poner en práctica facultades que en virtud de la Constitución le puedan haber sido conferidas al Gobierno de los Estados Unidos o a cualquiera de los departamentos o los funcionarios del mismo.[371] El alcance de dicha cláusula es amplio.[372] Si el fin del Congreso federal es legítimo y dentro de las facultades constitucionales, cualquier medio apropiado y conducente al fin legítimo es constitucional.[373]

---

[363] *Véase Id.*
[364] *Véase Id.*
[365] United States v. Kagama, 118 U.S. 375, 380 (1886).
[366] Ping v. United States, 130 U.S. 581, 603 (1889); Fong v. United States, 149 U.S. 698, 711 (1893)
[367] United States v. Curtis-Wright Export Corp., 299 U.S. 304, 318 (1936).
[368] *Id.* (traducción suplida).
[369] *Véase* Jacobson v. Massachusetts, 197 U.S. 11, 25 (1905).
[370] *Id.* en las págs. 26-27 (1905) (salud pública); Gilbert v. Minnesota, 254 U.S. 325, 332 (1920) (libertad de expresión); Frohwerk v. United States, 249 U.S. 204, 206 (1919) (libertad de expresión).
[371] CONST. EE. UU. Art. I, § 8.
[372] United States v. Kebodeaux, 570 U.S. 387, 394 (2013).
[373] McCulloch v. Maryland, 17 U.S. 316, 4 Wheat. 316, 421, 4 L. Ed. 579 (1819).

El Congreso tiene una amplia discreción en la elección de los medios para ejercer sus poderes, siempre que sean adecuados y coherentes con la Constitución.[374] La Cláusula de poderes necesarios y apropiados autoriza al Congreso a legislar sobre delitos federales, encarcelar delincuentes, contratar personal penitenciario y establecer medidas de seguridad pública, incluida la supervisión posterior a la liberación de presos federales.

El poder de dictar todas las leyes que sean necesarias y convenientes para llevar a la ejecución las facultades enumeradas en la Constitución confiere al Congreso la autoridad para promulgar disposiciones "incidentales al poder [enumerado] y conducentes a su ejercicio beneficioso" o dirigido al bien común.[375] Aunque la Cláusula otorga al Congreso la autoridad para "legislar sobre esa vasta masa de poderes incidentales que deben estar involucrados en la Constitución", no autoriza el ejercicio de ningún "gran poder sustantivo e independiente" más allá de los específicamente enumerados en la Constitución federal.[376] La Cláusula es "simplemente una declaración, para la eliminación de toda incertidumbre, de que los medios para llevar a la ejecución esos [poderes] otorgados de otro modo están incluidos en la concesión".[377]

La determinación del Congreso de que una regulación es "necesaria" merece deferencia.[378] Leyes que atentan contra la estructura de gobierno establecida por la Constitución son declaradas inconstitucionales.[379]

II. Relaciones constitucionales entre Puerto Rico y Estados Unidos

A. Aplicación de la Constitución, leyes y reglamentos federales en Puerto Rico

El Estado Libre Asociado de Puerto Rico está sujeto a las disposiciones aplicables de la Constitución de Estados Unidos.[380] Las leyes federales se aplican a Puerto Rico de forma igual que a los estados, excepto en cuanto sean localmente inaplicables o cuando el Congreso desee no extenderlas a la isla.[381] El Congreso no puede legislar municipalmente para Puerto Rico, esto es, en forma que exceda sus poderes constitucionales respecto a los estados.[382]

---

374 *Véase* United States v. Kebodeaux, 570 U.S. 387, 395-96 (2013).

375 McCulloch v. Maryland, 17 U.S. 316, 418 (1819).

376 *Id.* en las págs. 411, 421.

377 Kinsella v. United States, 361 U.S. 234, 247 (1960).

378 Nat'l Fed'n de Indep. Bus. v. Sebelius, 567 U.S. 519, 559 (2012).

379 *Id.*

380 Flores de Otero v. Examining Board, 426 U.S. 572 (1976); Calero Toledo v. Pearson Yacht Leasing Co., 416 U.S. 663 (1974).

381 José Trías Monge, *El Estado Libre Asociado ante los* tribunales, 1952-1994, 64 REV. JUR. UPR 1, 41 (1995).

382 *Véase* Cordova & Simonpietri Ins. v. Chase Manhattan Bank, 649 F.2d 36 (1st Cir. 1981); Moreno Rios v. United States, 256 F.2d 68 (1st Cir. 1958).

B. Interrelación entre la Constitución federal y la de Puerto Rico

Puerto Rico es soberano sobre asuntos no gobernados por la Constitución de Estados Unidos.[383]

"La Constitución del Estado Libre Asociado no es meramente una ley más del Congreso. No hay razón para imputarle al Congreso la perpetración de fraude tan monumental".[384] El Congreso no puede enmendar la Constitución de Puerto Rico unilateralmente, pero ella está sujeta a la cláusula de supremacía de la Constitución de Estados Unidos.[385]

El Congreso "puede tratar a Puerto Rico en forma diferente a los estados siempre que exista una base racional para sus acciones".[386]

Las leyes federales tienen rango superior a la Constitución de Puerto Rico.[387] "La autoridad ejercida por el gobierno federal emana desde entonces [desde la fundación del ELA] del propio pacto", pero el Congreso mantiene sobre Puerto Rico poder similar al que posee respecto a los estados.[388]

III. Estructura constitucional del Estado Libre Asociado de Puerto Rico y distribución de poderes entre las ramas de gobierno

Puerto Rico adoptó un sistema republicano de gobierno compuesto de tres poderes separados: la Rama Ejecutiva, la Rama Legislativa y la Rama Judicial.[389] Así lo establece el art. I, sección 2 de nuestra Constitución: "El gobierno del Estado Libre Asociado de Puerto Rico tendrá forma republicana y sus Poderes Legislativo, Ejecutivo y Judicial, según se establece por esta Constitución, estarán igualmente subordinados a la soberanía del pueblo de Puerto Rico".

La coexistencia de estas ramas de gobierno provee un sistema de pesos y contrapesos que tiene como fin generar un equilibrio dinámico entre poderes coordinados y de igual rango y, así, evitar la concentración de poder en uno de ellos.[390] Asimismo, protege la libertad de los ciudadanos y evita que una de las ramas amplíe su autoridad a expensas de las otras.[391]

---

[383] *Véase* Posadas de Puerto Rico Assoc. v. Tourism Co., 478 U.S. 328 (1986); Alfred L. Snapp & Son, Inc. v. Puerto Rico, 458 U.S. 592 (1982); Rodriguez v. Popular Democratic Party, 457 U.S. 1 (1982); Calero Toledo v. Pearson Yacht Leasing Co., 416 U.S. 663 (1974); Mora v. Mejias, 206 F.2d 377 (1st Cir. 1953).

[384] Figueroa v. People of Puerto Rico, 232 F.2d 615, 620 (1st Cir. 1956).

[385] Trías Monge, *supra* nota 376, en la pág. 40.

[386] Califano v. Torres, 435 U.S. 1 (1978); Harris v. Rosario, 446 U.S. 651 (1980).

[387] *Véase* United States v. Quinones, 758 F.2d 40 (1st Cir. 1985).

[388] Trías Monge, *supra* nota 373, en la pág. 41 (*citando a* United States v. Quinones, 758 F.2d 40, 42 (1st Cir. 1985)).

[389] Cámara y otros v. Cámara de Representantes, 171 DPR 789, 799 (2007).

[390] *Id.*

[391] *Id.*

Nuestra Constitución tiene un proceso de enmienda que: (1) requiere la aprobación de por lo menos dos terceras partes de los miembros de cada cámara legislativa; (2) exige que la enmienda sea sometida al electorado en referéndum especial, o en una elección general si lo aprueba por lo menos tres cuartas partes del número total de los miembros de cada cámara; (3) dispone que cada proposición de enmienda deberá votarse separadamente; (4) limita el número de proposiciones de enmienda a tres en un mismo referéndum; (5) establece que toda enmienda contendrá sus términos de vigencia; (6) requiere el voto afirmativo de la mayoría de los electores que voten sobre el particular; y (7) exige que la proposición de enmienda sea publicada por lo menos noventa días antes del referéndum.[392]

> La Asamblea Legislativa podrá proponer enmiendas a esta Constitución mediante resolución concurrente que se apruebe por no menos de dos terceras partes del número total de los miembros de que se compone cada cámara. Toda proposición de enmienda se someterá a los electores capacitados en referéndum especial, pero la Asamblea Legislativa podrá, siempre que la resolución concurrente se apruebe por no menos de tres cuartas partes del número total de los miembros de que se compone cada cámara, disponer que el referéndum se celebre al mismo tiempo que la elección general siguiente. Cada proposición de enmienda deberá votarse separadamente y en ningún caso se podrá someter más de tres proposiciones de enmienda en un mismo referéndum. Toda enmienda contendrá sus propios términos de vigencia y formará parte de esta Constitución si es ratificada por el voto de la mayoría de los electores que voten sobre el particular. Aprobada una proposición de enmienda, deberá publicarse con tres meses de antelación, por lo menos, a la fecha del referéndum.[393]

Los requisitos de publicidad y separación, y el límite al número de propuestas son los mecanismos adecuados para obtener un voto informado del electorado.[394]

---

[392] Berrios Martínez et al. v. Rosselló González et al., 137 DPR 195, 212-13 (1994).
[393] CONST. PR art. VII, § 1.
[394] *Berrios Martínez*, 137 DPR en la pág. 213

IV. Separación de poderes

A. Interrelación y conflictos entre las ramas constitucionales

La doctrina de separación de poderes salvaguarda la independencia de cada rama de gobierno.[395] Ello resulta fundamental para nuestro esquema democrático de gobierno, por lo que no constituye una mera conveniencia o mecanismo de organización gubernamental.[396]

La doctrina de separación de poderes no supone una separación absoluta de funciones, sino una relación dinámica y armoniosa en la que cada rama acepta y respeta la autoridad de las otras así como la interrelación de sus funciones.[397] Busca asegurar que ninguna de las tres ramas domine o interfiera indebidamente con la otra.[398] El éxito de nuestra sistema de poderes depende de que cada una de las ramas acepte y respete la autoridad de las otras y entienda la interrelación de sus funciones.[399] Es un sistema de pesos y contrapesos que evita que las actuaciones de una rama causen detrimento a otra.[400]

Al resolver una controversia que requiere un pronunciamiento sobre la aplicabilidad de la doctrina de separación de poderes, se debe analizar si el poder delegado lleva a una concentración de poder indebida en una de las ramas o en una disminución indeseable de la independencia que sea incompatible con el ordenamiento político de la Constitución.[401]

B. Doctrinas del privilegio ejecutivo

La doctrina del privilegio ejecutivo se adoptó como corolario del principio de la separación de poderes y derivado de la forma republicana de gobierno y las funciones constitucionales del gobernador.[402] El privilegio ejecutivo es de menor jerarquía que el de secretos del estado.[403] Es un privilegio cualificado por lo que no le concede a la Rama Ejecutiva una facultad absoluta de retener información sobre la base de su alegada confidencialidad.[404] Una alegación de privilegio público sin apoyo en legislación adecuada se escudriña con recelo.[405] Le corresponde a la Rama Judicial precisar las fronteras de ese privilegio mediante el método de sopesar los intereses en conflicto.[406] Por ejemplo, al sopesar los intereses de un presidente al reclamo de privilegio ejecutivo y los intereses de la administración de la justicia, el interés en la búsqueda de la verdad es mayor que un reclamo generalizado.[407]

---

[395] *Id.* en la pág. 799-800.
[396] *Id.* en la pág. 800.
[397] *Id.*
[398] Senado v. Tribunal Supremo y otros, 208 DPR 115, 135 (2021).
[399] *Id.* (*citando a* Silva v. Hernández Agosto, 118 DPR 45, 57 (1986)).
[400] *Id.*
[401] *Id.* en las págs. 135-36.
[402] *Véase* Bhatia Gautier v. Gobernador, 199 DPR 59, 89 (2017).
[403] *Id.*
[404] *Id.* en la pág. 90 (*citando a* Peña Clos v. Cartagena Ortiz, 114 DPR 576, 598 (1983)).
[405] *Id.*
[406] *Id.*
[407] *Véase* United States v. Nixon, 418 U.S. 683, 707-13 (1974).

Levantar el privilegio ejecutivo para guardar la seguridad nacional o las comunicaciones del ejecutivo en el desempeño de sus labores son presuntivamente privilegiadas.[408]

C. La inmunidad legislativa

Todo miembro de la Asamblea Legislativa gozará de inmunidad parlamentaria por sus votos y expresiones en una u otra cámara o en cualquiera de sus comisiones.[409] La inmunidad legislativa se extiende a actividades legislativas legítimas: los procesos de deliberación, comunicación, investigación, e información y actos necesarios para el desarrollo del proceso legislativo.[410] Lo determinante para otorgar esta protección es la "naturaleza del acto y su relación con el proceso deliberativo y de votación inherente a las funciones parlamentarias".[411] La doctrina cobija a los ayudantes de los legisladores pues lo importante no es quién lleva a cabo la actividad, sino el acto en sí mismo.[412]

La inmunidad legislativa o parlamentaria tiene dos (2) funciones: una sustantiva y otra evidenciaria.[413] No tan solo protege a los miembros de la Asamblea Legislativa de responsabilidad civil y criminal por actuaciones legítimas dentro de los procesos legislativos, sino que tampoco permite que estos sean parte de una acción civil relacionada con estas actuaciones, ni que testifiquen al respecto.[414] De lo contrario, "[l]imitarle a un miembro de la Asamblea Legislativa su función o prerrogativa de informar, fiscalizar o debatir asuntos de interés público necesariamente lacera las prerrogativas constitucionales de ese legislador causándole un daño real".[415] Por tal razón, "los motivos que subyacen la actuación legislativa están completamente fuera del ámbito de revisión judicial".[416] De lo contrario, además de validarse una interferencia indebida de la Rama Judicial en los quehaceres de la Asamblea Legislativa, la inmunidad perdería todo su valor.[417] Es fundamental destacar que el propósito de esta doctrina es precisamente preservar la independencia de la Rama Legislativa y así salvaguardar la separación de poderes.[418]

---

[408] Véase *Id.*
[409] CONST. PR art. III, § 14.
[410] Díaz Carrasquillo v. García Padilla, 191 DPR 97, 116 (2014) (*citando a* Vélez Ramírez v. Colberg Ramírez, 117 DPR 873, 876 (1986)).
[411] *Id.* (*citando a* Silva v. Hernández Agosto, 118 DPR 45, 60 (1986)).
[412] *Id.*
[413] *Id.*
[414] *Id.* en las págs. 116-17.
[415] *Id.* en la pág. 117 (*citando a* Asoc. Fotoperiodistas v. Rivera Schatz, 180 DPR 920, 963 (2011)).
[416] *Id.* (*citando a* Romero Barceló v. Hernández Agosto, 115 DPR 368, 379-80 (1984)).
[417] *Id.*
[418] *Id.*

Sin embargo, la inmunidad legislativa no es absoluta, corresponde a los tribunales y no al poder legislativo definir sus contornos.[419] Para ello, hay que distinguir entre actos legislativos y no legislativos.[420] La inmunidad absoluta solo aplica cuando el acto está enmarcado dentro de la capacidad legislativa, por ejemplo, se ha concluido que el Presidente de Estados Unidos está cobijado por esta inmunidad cuando firma o veta una ley aprobada por el Congreso porque este acto está cobijado por absoluta inmunidad debido a que es considerado parte del proceso legislativo.[421] Por otro lado, las acciones que se toman para implantar la legislación no están cobijadas por la inmunidad legislativa, sino que deben ser evaluadas a la luz de la inmunidad cualificada.[422]

En conclusión, para aplicar la inmunidad legislativa hay que considerar la naturaleza del acto en controversia, pues solamente está protegido aquel dirigido a establecer política pública y que es cónsono con los procesos legislativos.[423] No se le puede otorgar la misma protección a aquellos actos cuya naturaleza es administrativa y van dirigidos a afectar a un individuo en particular.[424]

D. Poder de investigación legislativo

El poder de investigación legislativo

1) es extraordinariamente amplio, especialmente cuando el blanco de investigación no es un ciudadano particular sino una agencia o funcionario público;

2) es secuela y parte indispensable del propio poder de legislar;

3) aunque es muy amplio, no es un poder absoluto;

4) no le corresponde a la Rama Ejecutiva definir sus límites,

5) sino a la Rama Judicial, en su calidad de intérprete supremo de la Constitución, precisar las restricciones aplicables a este poder de investigación:

   a) el poder de investigación no se puede ejercer arbitrariamente, sino que debe seguir un propósito legislativo.

   b) no es utilizable para privar a la ciudadanía de prerrogativas consagradas en la carta de derechos.

---

419 *Id.* (citas omitidas).
420 *Id.* en las págs. 117-18.
421 *Id.* en la pág. 118 (citas omitidas).
422 *Id.* (citas omitidas).
423 *Id.* en la pág. 121.
424 *Id.*

> 6) cuando la investigación se dirige a una agencia o funcionario público los tribunales deben ejercer cautela y mesura al resolver intervenir con el poder de investigación.
>
> 7) Los tribunales no constituyen generalmente el foro para ventilar impugnaciones respecto a los motivos de una investigación. La determinación judicial de que se han excedido los límites del poder legislativo de investigación requiere la existencia de una usurpación obvia de funciones pertenecientes a otras ramas.[425]

La facultad de investigar es parte inseparable de la de legislar.[426] Nada en la Constitución modifica tampoco el entendido contemporáneo de las dimensiones del derecho de investigación de las agencias y funcionarios públicos.[427] Los siguientes son los criterios para precisar si el cuerpo legislativo se ha extralimitado en su poder investigativo: ¿Es arbitrario el uso de ese poder en el caso en cuestión? ¿Se persigue un propósito legislativo? ¿Conlleva la utilización de ese poder la invasión de alguna prerrogativa ciudadana consagrada en la Carta de Derechos?[428]

E. Poder de nombramiento

El poder de nombramientos del Primer Ejecutivo surge de la sec. 4 del art. IV de la Constitución de Puerto Rico que dispone que:

> [E]l Gobernador de Puerto Rico tendrá la facultad de nombrar, en la forma que se disponga por esta Constitución o por ley, a todos los funcionarios para cuyo nombramiento esté facultado. El Gobernador podrá hacer nombramientos cuando la Asamblea Legislativa no esté en sesión. Todo nombramiento que requiera el consejo y consentimiento del Senado o de ambas cámaras quedará sin efecto al levantarse la siguiente sesión ordinaria.[429]

Asimismo, la Constitución establece que: "[p]ara el ejercicio del Poder Ejecutivo el Gobernador estará asistido por Secretarios de Gobierno que nombrará con el consejo y consentimiento del Senado".[430] Además, reconoce "la facultad de la Asamblea Legislativa para crear, reorganizar y consolidar departamentos ejecutivos de gobierno".[431]

---

[425] Peña Clos v. Cartagena Ortíz, 114 DPR 576, 586-87 (1983).
[426] *Id.* en la pág. 590.
[427] *Id.*
[428] *Id.* en las págs. 591-92.
[429] CONST. PR art. IV, § 4
[430] *Id.* § 5.
[431] *Id.* § 6.

El texto de estas secciones plasma la facultad de nombramientos de los funcionarios de gobierno dividida entre las ramas políticas: las Ramas Ejecutiva y Legislativa.[432] La Cláusula de Nombramientos de nuestra Constitución no contempla de forma alguna la participación de la Rama Judicial en el proceso de nombramientos.[433] Ni la rama ejecutiva ni la rama legislativa pueden abdicar su deber constitucional e insertar al Tribunal Supremo en un proceso político.[434] Si bien el juez presidente del Tribunal Supremo tiene un rol en la Junta Constitucional de Revisión de los distritos electorales, esto es así porque está explícitamente dispuesto en la Constitución.[435] En cambio, la Constitución de Puerto Rico no otorga rol alguno a los tribunales en el nombramiento de funcionarios de la Rama Ejecutiva.[436]

La cláusula de continuidad indefinida, también conocida como cláusula de *holding over*, asegura que un funcionario designado por un término fijo de años continúe en el cargo al finalizar el periodo para el cual fue designado.[437] Estas cláusulas se encuentran en múltiples leyes e incluso en la Constitución de Puerto Rico, por ejemplo, el Contralor será nombrado por el Gobernador con el consejo y consentimiento de la mayoría del número total de los miembros que componen cada Cámara, desempeñará su cargo por diez años y hasta que su sucesor sea nombrado y tome posesión.[438]

La cláusula *holding over* tiene dos propósitos: (1) retener en todo momento en el cargo a una persona que ha sido nombrada con el consejo y consentimiento del Senado, incluyendo el período después de que su término ha expirado, hasta que el Senado pueda reunirse y concurrir con el Gobernador en volverlo a nombrar o elegir su sucesor; (2) evitar vacantes que la ley aborrece, toda vez que entorpecen la continuación de la administración de los asuntos públicos.[439]

La cláusula de continuidad no es un ejercicio del poder de nombramiento, sino un mecanismo diseñado para que sea un funcionario debidamente nombrado el que permanezca en el cargo hasta tanto las Ramas Ejecutiva y Legislativa lleguen a un consenso.[440] Es decir, la cláusula de continuidad responde a una elección de política pública alcanzada por las ramas políticas de gobierno.

---

[432] Senado v. Tribunal Supremo y otros, 208 DPR 115, 137 (2021).
[433] *Id.*
[434] *Id.* en las págs. 152-53.
[435] *Id.* en la pág. 157 (*citando a* CONST. PR Art V).
[436] *Id.*
[437] Rosario Rodríguez v. Rosado Colomer et al., 208 DPR 419, 431 (2021).
[438] CONST. PR art. III, § 22.
[439] González v. Corte, 62 P.R.R. 152, 62 DPR 160, 165 (1943)
[440] *Rosario Rodríguez*, 208 DPR en la pág. 434.

Sustitución del gobernador y nombramiento del secretario de estado

La Constitución de Puerto Rico atiende tres situaciones posibles para seleccionar el sustituto de un Gobernador:

> 1) ante una vacante transitoria: Cuando por cualquier causa que produzca ausencia de carácter transitorio el Gobernador esté temporalmente impedido de ejercer sus funciones, lo sustituirá, mientras dure el impedimento, el Secretario de Estado. Si por cualquier razón el Secretario de Estado no pudiere ocupar el cargo, lo ocupará el Secretario de Gobierno que se determine por ley.[441]
>
> 2) El segundo escenario contempla una vacante porque el Gobernador electo nunca llegó a ocupar el cargo: Cuando el Gobernador electo no tomase posesión de su cargo, o habiéndolo hecho ocurra una vacante absoluta en el mismo sin que dicho Gobernador haya nombrado un Secretario de Estado o cuando habiéndolo nombrado este no haya tomado posesión, la Asamblea Legislativa electa, al reunirse en su primera sesión ordinaria, elegirá por mayoría del número total de los miembros que componen cada cámara, un Gobernador y este desempeñará el cargo hasta que su sucesor sea electo en la siguiente elección general y tome posesión.[442]
>
> 3) La vacante absoluta en el cargo de Gobernador: Cuando ocurra una vacante en el cargo de Gobernador producida por muerte, renuncia, destitución, incapacidad total y permanente, o por cualquier otra falta absoluta, dicho cargo pasará al Secretario de Estado, quien lo desempeñará por el resto del término y hasta que un nuevo Gobernador sea electo y tome posesión. La ley dispondrá cuál de los Secretarios de Gobierno ocupará el cargo de Gobernador en caso de que simultáneamente quedaren vacantes los cargos de Gobernador y de Secretario de Estado.[443]

En Puerto Rico, por ende, el sucesor del gobernador es el secretario de estado.[444] Este es un funcionario de confianza del gobernador, miembro de su Consejo de Secretarios.[445] Como el secretario de estado puede advenir a ser gobernador si ocurriere una vacante en el cargo el secretario tiene que cumplir con los mismos requisitos que dispone la Constitución para ser gobernador: (1) que a la fecha de la elección tuviera treinta y cinco años de edad cumplidos y (2) que por los cinco años anteriores a la elección fuere ciudadano americano así como ciudadano *bona fide* y residente de Puerto Rico.[446]

---

[441] CONST. PR art. IV, § 8.
[442] *Id.* § 9.
[443] *Id.* § 7.
[444] Senado de PR v. ELA, 203 DPR 62, 73 (2019).
[445] *Id.*
[446] *Id.* en las págs. 73-74 (*citando a* CONST. PR art. IV, § 3).

Además, la Constitución requiere que el Secretario de Estado sea confirmado, no solo por el Senado, sino también por la Cámara de Representantes.[447]

El Gobernador de Puerto Rico está facultado a hacer nombramientos mientras la Asamblea Legislativa no esté en sesión.[448] Como excepción a la regla general, el funcionario así designado puede tomar posesión de su cargo inmediatamente y ejercer todas las funciones de su cargo antes de que la legislatura sesione.[449] Estos nombramientos satisfacen una muy legítima necesidad operacional del Estado y velan porque no medie interrupción en el servicio público entre tanto se alcanza ese consenso que la Constitución requiere entre los poderes políticos con respecto a ciertos nombramientos.[450]

Un secretario de estado no puede juramentar sin el aval de ambas cámaras legislativas a la posición de secretario de estado, pues ese requisito es predicado indispensable para ocupar el cargo de gobernador.[451] La Constitución ordena que sean los legisladores de ambas cámaras, electos por el Pueblo de Puerto Rico, quienes confirmen o rechacen al secretario de estado nominado.[452]

V. Derechos individuales

A. Principios generales

1. Doctrina de ámbito mínimo federal

La aplicabilidad de un derecho constitucional federal constituye solo el ámbito mínimo federal de ese derecho.[453] La doctrina del ámbito mínimo federal plantea que tanto los estados, como Puerto Rico, gozan de la potestad de ofrecer una mayor protección o garantía constitucional bajo el texto de la Constitución local, que el reconocido bajo la Constitución federal.[454] Por eso, es un principio cardinal de nuestro derecho puertorriqueño que nuestra Constitución, y especialmente nuestra Carta de Derechos es de factura más ancha que la norteamericana, por lo que "reconoce y concede unos derechos fundamentales con una visión más abarcadora y protectora que la Constitución de Estados Unidos".[455]

---

[447] *Id.* en la pág. 74.
[448] *Id.* en la pág. 84 (*citando a* Art. IV, § 1, CONST. PR, 1 LPRA).
[449] *Id.*
[450] *Id.* (citas omitidas).
[451] *Id.* en la pág. 87.
[452] *Id.*
[453] Pueblo v. Díaz Bonano, 176 DPR 601, 621 (2009).
[454] *Id.* en la pág. 621.
[455] López Vives v. Policía de P.R., 118 DPR 219, 227 (1987).

Esta doctrina se ha aplicado, por ejemplo, al analizar los contornos de la protección contra registros y allanamientos por parte del estado: el texto de nuestra cláusula es, de por sí, expresamente más garantista que el de la cláusula análoga comprendida en la Cuarta Enmienda federal. Nuestra protección contiene expresamente la prohibición de intercepción de comunicaciones telefónicas por parte del Estado y la regla de exclusión de evidencia obtenida en contravención de lo ahí dispuesto, nuestra protección constitucional es, sin duda, de factura más ancha.[456] Si bien el texto de nuestra Constitución es análogo al comprendido en la Enmienda Cuarta de la Constitución federal, el contenido de nuestra cláusula constitucional es distinto.[457] Esta factura más ancha se debe primero a que los constituyentes quisieron otorgar un mayor alcance a la protección contra los registros y allanamientos irrazonables por nuestra experiencia histórica nacional de mayores privaciones a las libertades individuales y, segundo, nuestra protección constitucional está afectada por otras disposiciones constitucionales que reconocen la inviolabilidad de la dignidad del ser humano y el derecho de toda persona a la protección contra ataques abusivos a su honra, a su reputación y a su vida privada o familiar.[458]

2. La acción del estado ("state action") y la aplicación de las instituciones de Estados Unidos y Puerto Rico a la conducta privada

Esfera federal

La Decimocuarta Enmienda de la Constitución de Estados Unidos establece que "ningún estado privará a persona alguna de su vida, su libertad o su propiedad sin el debido proceso de ley". Es un principio firmemente establecido en el derecho constitucional que la acción prohibida por la Decimocuarta Enmienda es solo aquella acción de los estados.[459] Dicha Enmienda no protege contra conducta de partes privadas, aunque sea discriminatoria o dañina. El fiel cumplimiento del requisito de "acción estatal" de la Decimocuarta Enmienda requiere una cuidadosa atención a las alegaciones de la demanda.[460] La jurisprudencia federal ha desarrollado varios escrutinios.

- Para determinar si un actor nominalmente privado es de hecho un actor gubernamental, las cortes son las que determinan si hay acción estatal o no.[461] Cuando el estado crea una corporación por una ley especial, para adelantar intereses gubernamentales, y retiene la autoridad permanente de elegir a los directores de esa corporación, la corporación es parte del estado para propósitos de la Primera Enmienda.[462]

---

[456] Pueblo v. Rolón Rodríguez, 193 DPR 166, 176 (2015).
[457] Pueblo v. Yip Berríos, 142 DPR 386, 397 (1997)
[458] *Véase Id.*
[459] Shelley v. Kraemer, 334 U.S. 1, 13 (1948); *véase también* Civil Rights Cases, 109 U.S 3 (1883).
[460] Blum v. Yaretsky, 457 U.S. 991, 1003 (1982).
[461] Lebron v. National Railroad, 513 U.S. 374, 392 (1995).
[462] *Id.* en la pág. 400.

La Corte Suprema federal también ha resuelto que una entidad ostensiblemente privada realiza una acción estatal cuando cumple con una obligación constitucional que el gobierno le ha delegado, haciéndose eco de los principios de la ley de agencia y la rendición de cuentas.

- Para determinar si la conducta de actores privados es acción estatal, se ha limitado a circunstancias muy limitadas: 1) cuando la entidad privada lleva a cabo una función que es tradicionalmente pública de manera exclusiva; 2) cuando el estado compele a una entidad privada a llevar a cabo una acción particular; 3) cuando el gobierno actúa en conjunto con una entidad privada.[463]
- Aparte de la función pública, la conducta privada puede considerarse una acción del estado cuando existe un "estrecho nexo entre el estado y la acción impugnada" que justifica tratar la acción como si fuera del propio estado.[464]
- Las protecciones de la Constitución no se aplican contra una entidad privada por las acciones que decida tomar, incluso en el ejercicio de la autoridad conferida por el estado y facultada o efectuada a través de fondos públicos.[465] Normalmente, un estado solo puede ser considerado responsable de una decisión privada cuando ha ejercido un poder coercitivo o ha proporcionado un estímulo tan significativo, ya sea abierto o encubierto, que la elección debe considerarse jurídicamente del estado.[466] La cuestión clave para un análisis de la acción estatal basado en la premisa de un estrecho nexo entre el estado y el actor privado es la cuestión clave de la capacidad de toma de decisiones.[467]
- Un actor privado podría considerarse como un actor estatal cuando el "carácter nominalmente privado" del actor se ve "sobrevalorado por el entrelazamiento generalizado de instituciones públicas y funcionarios públicos en su composición y funcionamiento, y no hay ninguna razón sustancial para alegar injusticia en la aplicación de las normas constitucionales a él".[468]

---

[463] Manhattan Community Access Corp. v. Halleck, 139 S. Ct. 1921, 1928 (2019).
[464] Jackson v. Metro. Edison Co., 419 U.S. 345, 351 (1974).
[465] Rendell-Baker v. Kohn, 457 U.S. 830, 843 (1982); Blum v. Yaretsky, 457 U.S. 991, 1011-12 (1982).
[466] *Blum*, 457 U.S. en la pág. 1004.
[467] Michael O'Donnell, *Nota: Do Students Leave Their Constitutional Rights at the (Charter) Schoolhouse Gates? Charter Schools' Collision Course with a Restrictive State Action Doctrine Contents*, 74 CASE W. RES. 1141,1156 (2024) (traducción suplida).
[468] Brentwood Academy v. Tennessee Secondary School Athletic Ass'n, 531 U.S. 288, 298 (2001).

Esfera estatal (Puerto Rico)

Para que proceda plantear judicialmente una alegada violación a un derecho constitucional, de ordinario es necesario que haya mediado una actuación del estado, o como se le conoce más corrientemente, una acción del estado o acción estatal.[469]

Los derechos constitucionales, en su mayoría son invocados frente al estado. Sobre ese principio se erige la doctrina de acción de estado. Según esta, para poder reclamar la violación de un derecho constitucional, el interesado tiene que demostrar que fue el Estado quien le privó de él. Para que se pueda atribuir la acción al Estado se requiere cumplir con dos requisitos. El primer requisito es que la privación tiene que ser causada por el ejercicio de algún derecho o privilegio creado por el Estado o por una regla de conducta impuesta por el Estado o por alguien de quien el Estado es responsable. El segundo requisito es que la parte a quien se le imputa la privación tiene que ser una persona que pueda ser considerada actor del Estado. Es actor del Estado el oficial estatal o el que actúa como oficial del Estado. Así también cuando una persona, aún privada, actúa en conjunto con el Estado, como agente o instrumento del Estado o con asistencia significativa de éste, o porque su conducta es de otra forma atribuible al Estado, puede ser considerado *state actor*.

No obstante, pueden invocarse ante entidades privadas cuando se configura una acción de estado. Los actos de una entidad privada no pueden considerarse como que constituyen acción de estado por el mero hecho de que los estudiantes allí matriculados reciban ayuda económica gubernamental para pagar la matrícula. Dicha ayuda gubernamental no elimina el carácter privado y religioso de Universidad. La ayuda gubernamental es para los estudiantes, y aun cuando la utilicen en una institución de educación superior con vínculos religiosos, no convierten a éstas en brazos del Estado.

En Puerto Rico, sin embargo, el derecho a la intimidad es más amplio que el plasmado en la jurisdicción federal y opera *ex proprio vigore*, por lo que puede hacerse valer entre personas privadas y se exime del requisito de acción estatal.[470]

B. Doctrinas constitucionales federales y de Puerto Rico sobre derechos individuales

Renuncia a derechos constitucionales

La renuncia a derechos fundamentales tiene que ser expresa, no presunta, así como voluntaria y efectuada con pleno conocimiento de causa.[471]

---

[469] González Aristud v. Hosp. Pavía, 168 DPR 127, 135 (2006).
[470] Colón v. Romero Barceló, 112 DPR 573, 576 (1982).
[471] Pueblo v. Custodio Colón, 192 DPR 567, 582 (2015); Pueblo v. Guzmán, 161 DPR 137, 153 (2004).

Cláusula de la doble exposición

La Cláusula contra la doble exposición dispone que "[no] podrá persona alguna ser sometida dos veces, por el mismo delito, a un juicio que pueda ocasionar la pérdida de su vida o de su integridad corporal".[472] La regla ordinaria bajo esa Cláusula es que una persona no puede ser procesada dos veces por el mismo delito.

Para que se active la protección constitucional contra la doble exposición tienen que cumplirse los siguientes requisitos: 1) los procedimientos celebrados contra el acusado tienen que ser de naturaleza penal; 2) es necesario que se haya iniciado o celebrado un primer juicio bajo un pliego acusatorio válido y en un tribunal con jurisdicción; 3) el segundo proceso al cual se somete al individuo tiene que ser por el mismo delito por el cual ya fue convicto, absuelto o expuesto o un delito menor incluido.

Pero dos procesamientos por el mismo delito no violan la cláusula contra la doble exposición si son iniciados por diferentes soberanos, incluso cuando esas acciones se dirigen a la conducta criminal idéntica a través de leyes penales equivalentes.[473] Cuando un mismo acto transgrede las leyes de dos soberanos, no se puede afirmar verdaderamente que el ofensor haya sido castigado dos veces por la misma ofensa; sino que con un solo acto ha cometido dos delitos.[474] Por lo tanto, la Cláusula de Doble Incriminación desaparece cuando las "entidades que buscan sucesivamente enjuiciar a un acusado por el mismo curso de conducta [son] soberanos separados".[475]

La soberanía en este contexto no tiene su significado ordinario.[476] El grado en que una entidad ejerce el autogobierno —ya sea gestionando de manera autónoma sus propios asuntos o sometiéndose continuamente a instrucciones externas— no desempeña ningún papel en el análisis.[477] No importa la capacidad más particular de un gobierno para promulgar y hacer cumplir sus propias leyes penales.[478] En resumen, la investigación no indaga si un gobierno posee los atributos habituales, o actúa de la manera común, de una entidad soberana.[479]

El análisis gira en torno a un único criterio: la "fuente última" del poder que subyace a los respectivos enjuiciamientos.[480] El hecho de que dos entidades acusadoras sean soberanas duales en el contexto de la doble incriminación depende de "si [ellas] extraen su autoridad para castigar al

---

[472] CONST. EE. UU. enm V.
[473] *Véase, e.g.,* United States v. Lanza, 260 U. S. 377, 382 (1922).
[474] Heath v. Alabama, 474 U. S. 82, 88 (1985).
[475] *Id.* (traducción suplida).
[476] Puerto Rico v. Sánchez Valle, 579 U.S. 59, 67 (2016).
[477] *Id.*
[478] *Id.*
[479] *Id.*
[480] *Id.*

delincuente de distintas fuentes de poder".[481] Por lo tanto, la investigación es histórica, no funcional.[482]

Según ese enfoque, los estados son soberanos separados del Gobierno Federal (y entre sí).[483] Antes de formar la Unión, los estados poseían "fuentes separadas e independientes de poder y autoridad", a las que siguen recurriendo para promulgar y hacer cumplir las leyes penales.[484] Por lo tanto, los enjuiciamientos estatales tienen sus raíces más antiguas en una "soberanía inherente" que no tiene relación con el Congreso de los Estados Unidos, y que de hecho es preexistente.[485]

Los territorios de los Estados Unidos, incluso Puerto Rico antes del Estado Libre Asociado, no son soberanos distintos de los Estados Unidos.[486] Debido a que la última fuente de poder entre Estados Unidos y Puerto Rico es la misma, no aplica la doctrina de la soberanía dual y Puerto Rico y el gobierno federal no pueden procesar a una persona por los mismos delitos bajo leyes distintas.[487]

Privilegios e inmunidades

El art. IV, sección 2 de la Constitución de los Estados Unidos indica que los ciudadanos de cada estado disfrutarán de todos los privilegios e inmunidades de los ciudadanos de otros estados. La cláusula no se extiende a toda actividad comercial. Algunos de los privilegios e inmunidades reconocidos bajo esta cláusula son el derecho a ser propietarios de la propiedad, el derecho a posiciones en el gobierno, el derecho a la asamblea o asociación, el derecho de habeas corpus, el uso de aguas navegables, el derecho a viajar o moverse entre estados, el derecho a entrar a propiedades públicas, y el derecho a pedir la reparación de agravios y el derecho a comunicarse con el gobierno federal.

La prueba para determinar si una acción estatal viola la cláusula de privilegios e inmunidades es:

- Si se afecta un privilegio o inmunidad protegido por la cláusula, y
- Si se justifica el trato diferenciado.

En el esquema constitucional de Estados Unidos, los ciudadanos y los extranjeros no comparten una misma posición sociopolítica, pues la Constitución de Estados Unidos contiene once referencias a la distinción entre ciudadanos y extranjeros. Si bien el término ciudadano incluye el término residente, no incluye corporaciones ni extranjeros. En otras palabras, los extranjeros no están cobijados por la protección constitucional de privilegios e inmunidades.

---

[481] Heath v. Alabama, 474 U. S. 82, 88 (1985).
[482] Puerto Rico v. Sánchez Valle, 579 U.S. en la pág. 69.
[483] *Véase* Abbate v. United States, 359 U. S. 187, 195 (1959); Bartkus v. Illinois, 359 U. S. 121, 132-37 (1959).
[484] *Heath*, 474 U. S. en la pág. 89.
[485] *Id.*
[486] Puerto Rico v. Sánchez Valle, 579 U.S. en la pág. 71.
[487] *Id.* en la pág. 78.

Incorporación de los derechos de la Constitución federal a los estados

La Decimocuarta Enmienda niega a los estados de Estados Unidos y sus territorios el poder de "privar a cualquier persona de la vida, la libertad o la propiedad, sin el debido proceso legal".[488] Para determinar si un derecho está protegido contra la acción estatal por la Decimocuarta Enmienda, el derecho tiene que 1) ser parte de los principios fundamentales de libertad y justicia que se encuentran en la base de todas las instituciones civiles y políticas estadounidenses;[489] 2) ser "básico en [el] sistema de jurisprudencia [estadounidense]",[490] y ser 3) "un derecho fundamental, esencial para un juicio justo".[491]

La Decimocuarta Enmienda protege y ha incorporado:

- el derecho a la indemnización por los bienes tomados por el Estado;[492]
- los derechos de expresión, prensa y religión cubiertos por la Primera Enmienda;[493]
- los derechos de la Cuarta Enmienda a estar libre de registros e incautaciones irrazonables y de excluir de los juicios penales cualquier evidencia incautada ilegalmente;[494]
- el derecho garantizado por la Quinta Enmienda a la no autoincriminación;[495]
- y los derechos de la Sexta Enmienda a un abogado,[496] a un juicio rápido y público,[497] a la confrontación de testigos contrarios,[498] y a un proceso obligatorio para obtener testigos; [499]
- el derecho a portar armas;[500]
- y el derecho a un veredicto por jurado de culpabilidad y no culpabilidad unánime también se han incorporado.[501]

---

[488] CONST. EE. UU. enm IV.
[489] Powell v. Alabama, 287 U.S. 45, 67 (1932).
[490] *In re* Oliver, 333 U.S. 257, 273 (1948).
[491] Gideon v. Wainwright, 372 U.S. 335, 343-44 (1963); Malloy v. Hogan, 378 U.S. 1, 6 (1964); Pointer v. Texas, 380 U.S. 400, 403 (1965).
[492] *Véase* Chicago, B. & Q. R. Co. v. Chicago, 166 U.S. 226 (1897).
[493] *Véase* Fiske v. Kansas, 274 U.S. 380 (1927).
[494] *Véase* Mapp v. Ohio, 367 U.S. 643 (1961).
[495] *Véase* Malloy v. Hogan, 378 U.S. 1 (1964).
[496] *Véase* Gideon v. Wainwright, 372 U.S. 335 (1963)
[497] *Véase* Klopfer v. North Carolina, 386 U.S. 213 (1967). *Véase también* In re Oliver, 333 U.S. 257 (1948).
[498] *Véase* Pointer v. Texas, 380 U.S. 400 (1965).
[499] *Véase* Washington v. Texas, 388 U.S. 14 (1967).
[500] *Véase* McDonald v. City of Chicago, 561 U.S. 742 (2010).
[501] *Véase* Ramos v. Louisiana, 590 U.S. 83 (2020).

1. El debido proceso de ley sustantivo y la igual protección de las leyes

La sec. 7 del art. II de la Constitución del Estado Libre Asociado establece que "[n]inguna persona será privada de su libertad o propiedad sin debido proceso de ley, ni se negará a persona alguna en Puerto Rico la igual protección de las leyes".[502]

El debido proceso de ley sustantivo impide que una persona sea privada arbitrariamente de un interés de libertad o propiedad.[503] No obstante, "[u]na ley no será declarada inconstitucional por violar esta disposición siempre que la misma tenga una relación real y sustancial con el interés estatal que persigue" y cumpla con los requisitos de razonabilidad y no arbitrariedad o capricho legislativo.[504]

La igual protección de las leyes se funda en el principio cardinal de "trato similar para personas similarmente situadas".[505] Esto significa que el gobierno puede hacer clasificaciones entre las personas para cualesquiera propósitos legítimos.[506] El principio constitucional de la igual protección de las leyes no exige que se dé un trato igual a todos los ciudadanos siempre.[507]

El estado puede hacer clasificaciones entre las personas sin infringir dicho principio siempre y cuando la clasificación sea razonable y con miras a la consecución o protección de un interés público legítimo.[508] No toda discriminación viola el precepto de igualdad ante la ley, ya que las normas que nutren este principio no exigen un trato igual para todos los ciudadanos, aunque sí prohíben un tratamiento desigual injustificado.[509]

Bajo **la igual protección de las leyes** cuando un tribunal en Puerto Rico se enfrenta a un análisis constitucional sobre la razonabilidad de una clasificación legislativa, dicho foro deberá usar uno de los dos criterios o escrutinios establecidos jurisprudencialmente para ese fin: 1) el escrutinio estricto o 2) el escrutinio tradicional mínimo o de nexo racional.[510] La igual protección de las leyes no depende de la ciudadanía, por lo que puede ser invocada por personas extranjeras: los extranjeros son personas para propósitos de dicha enmienda y, por lo tanto, acreedores a la igual protección de las leyes. Por ello, bajo la igual protección de las leyes, requerir la ciudadanía estadounidense para poder cursar estudios universitarios es una clasificación sospechosa que requeriría que se utilice un escrutinio estricto para evaluar la constitucionalidad de la ley.

---

[502] CONST. PR art. II, § 7.
[503] Defendini Collazo et al, v. E.L.A., Cotto, 134 DPR 28, 74 (1993).
[504] *Id.*
[505] López v. E.L.A., 165 DPR 280, 297 (2005).
[506] *Id.*
[507] Pueblo v. Matías Castro, 90 DPR 528, 531 (1964); Alicea v. Córdova, 117 DPR 676, 696 (1986).
[508] Zachry International v. Tribunal Superior,104 DPR 267, 277 (1975).
[509] *Id.*
[510] *Véase* Vélez v. Srio. de Justicia, 115 DPR 533 (1983); León Rosario v. Torres, 109 DPR 804 (1980).

a. Escrutinios aplicables
Escrutinio de razonabilidad o tradicional mínimo

Leyes de naturaleza económica y social[511]-No deben ser irrazonables, arbitrarias, caprichosas y el medio elegido debe tener una relación racional con el interés legítimo que persigue.[512] Para determinar la constitucionalidad de una ley de carácter económico**, bajo el crisol del debido proceso de ley sustantivo**, es de aplicación un escrutinio de razonabilidad.[513]

El análisis es el mismo cuando se trata de **la igual protección de las leyes** mediante el escrutinio de nexo racional para leyes económicas: las clasificaciones establecidas por el legislador no se declararán inválidas a menos que sean claramente arbitrarias y no exista un interés legítimo del estado en la clasificación cuestionada o que no pueda establecerse un nexo racional entre la clasificación impugnada y el interés.[514]

El nexo racional obliga al tribunal a adoptar una actitud de gran deferencia hacia la actuación legislativa, por el fundamento del principio constitucional de separación de poderes.[515] Por tal razón, el estatuto o reglamento, según sea el caso, se presume constitucional y el peso de la prueba recae sobre quien cuestiona su validez.[516]

Escrutinio estricto

El escrutinio estricto se utiliza para analizar las clasificaciones que son sospechosas o cuando la clasificación afecta un derecho fundamental.[517] Las clasificaciones sospechosas son aquellas que se establecen por razón de raza, color, sexo, nacimiento, origen o condición social, ideas políticas o religiosas o nacionalidad.[518] Los derechos fundamentales son el derecho al voto, libertad de culto, libertad de expresión, a la vida, protección de ley contra ataques abusivos a la honra y el derecho a la intimidad.[519]

Bajo el palio de este escrutinio se presume la inconstitucionalidad de la disposición impugnada.[520] El estado tiene el peso de la prueba para demostrar que la clasificación responde a un interés estatal apremiante y que la misma es necesaria para promover ese interés, es decir, que no existe un medio menos oneroso para adelantar o alcanzar tal interés.[521]

---

511 *Véase* Domínguez Castro et al. v. E.L.A. I, 178 DPR 1, 72 (2010).
512 Salas v. Municipio de Moca, 119 DPR 625, 633 (1987); Morales v. Lizarribar, 100 DPR 717, 731 (1972).
513 Defendini Collazo et al, v. E.L.A., Cotto, 134 DPR 28, 74 (1993).
514 Zachry International v. Tribunal Superior, 104 DPR 267 (1975); Hermina González v. Srio del Trabajo, 107 DPR 667, 673 (1978).
515 San Miguel Lorenzana v. E.L.A., 134 DPR 405, 408 (1993).
516 Marina Ind. v. Brown Boveri Corp., 114 DPR 64, 80 (1983).
517 Domínguez Castro et al. v. E.L.A. I, 178 DPR 1, 73 (2010).
518 *Id. Véase también* CONST. PR art. II, § 1.
519 *Id.*
520 *Id.*
521 *Id.* en las págs. 73-74.

Tabla 6. Resumen de las protecciones constitucionales y los escrutinios aplicables

Concepto	Descripción
Debido Proceso de Ley Sustantivo	Impide la privación arbitraria de la libertad o propiedad. Una ley será constitucional si tiene una relación real y sustancial con un interés estatal legítimo y cumple con los requisitos de razonabilidad.
Igual Protección de las Leyes	Se basa en el principio de "trato similar para personas similarmente situadas". El estado puede hacer clasificaciones siempre que sean razonables y persigan un interés público legítimo. No toda discriminación viola este principio.
Escrutinio de Razonabilidad o Nexo Racional	Se aplica a leyes económicas y sociales. Las clasificaciones legislativas deben tener un nexo racional con un interés legítimo del estado. Se presume la constitucionalidad de la ley y el peso de la prueba recae en quien la impugna.
Escrutinio Estricto	Se aplica cuando una clasificación es sospechosa (raza, color, sexo, origen, ideas políticas, etc.) o afecta un derecho fundamental (voto, libertad de expresión, intimidad, etc.). Se presume la inconstitucionalidad y el estado debe probar que la clasificación responde a un interés apremiante y que no hay un medio menos oneroso para alcanzarlo.

Escrutinio intermedio (No utilizado en Puerto Rico)

Se utiliza cuando la clasificación legislativa afecta intereses individuales importantes, aunque no sean necesariamente fundamentales y el uso de criterios sensitivos de clasificación, aunque no sean necesariamente sospechosos.[522] Bajo este escrutinio se requiere que la clasificación adelante un interés gubernamental legítimo y que esté sustancialmente relacionada con el mismo.[523] El escrutinio intermedio ha sido utilizado por el Tribunal Supremo de Estados Unidos en casos relativos a clasificaciones fundamentadas en sexo, nacimiento y extranjeros.[524]

Nosotros nunca lo hemos utilizado.[525] Es decir, en la jurisprudencia de Puerto Rico, solo se usa el escrutinio estricto y el racional.

---

[522] Defendini Collazo et al. v. ELA, Cotto, 134 DPR 28, 61 (1993).
[523] *Id.*
[524] *Id.*
[525] *Id.*

2. La Constitución y la religión

a. Libertad de culto

La Constitución de Puerto Rico dispone que "[n]o se aprobará ley alguna relativa al establecimiento de cualquier religión ni se prohibirá el libre ejercicio del culto religioso. Habrá completa separación de la iglesia y el estado".[526] Esta sección responde a la cláusula de libertad de culto y a la cláusula de establecimiento que consagra la Primera Enmienda de la Constitución de los Estados Unidos.[527] El texto de la Primera Enmienda establece que "[e]l Congreso no aprobará ninguna ley con respecto al establecimiento de religión alguna, o que prohíba el libre ejercicio de la misma o que coarte la libertad de palabra o de prensa; o el derecho del pueblo a reunirse pacíficamente y a solicitar del Gobierno la reparación de agravios".[528]

Mediante la cláusula de libre ejercicio o de libertad de culto se garantiza la práctica de creencias religiosas, y se impide todo tipo de intervención gubernamental que dificulte esas prácticas.[529] Esa garantía constitucional se circunscribe a prácticas religiosas que protejan la paz, la moral y el orden público.[530] No se trata de una garantía absoluta que sirva de velo para no cumplir con las leyes que promulgue el estado.[531]

Cuando una parte presente un reclamo bajo la cláusula de libre ejercicio, deberá demostrar que la actuación estatal tiene un efecto adverso sobre su práctica religiosa.[532] "La parte que cuestiona una actuación gubernamental bajo la cláusula de libertad de culto tiene inicialmente la obligación de demostrar que el Estado le ha impuesto un gravamen sustancial al ejercicio de la religión".[533]

Al interpretar el art. II, sec. 3 de la Constitución de Puerto Rico se sigue el análisis que se hace tradicionalmente al amparo de la Primera Enmienda de la Constitución federal.[534] Si se demuestra que la acción estatal tiene un efecto adverso sobre la práctica religiosa, se hace necesario aplicar el siguiente análisis:

Primero, deberá determinarse si la actuación estatal es neutral y de aplicabilidad general.[535] El análisis de neutralidad descansa en establecer si el objetivo de la actuación estatal es suprimir la práctica religiosa.[536]

---

526 CONST. PR art. II, § 3.
527 Mercado, Quilichini v. UCPR, 143 DPR 610, 633-34 (1997); Asoc. Academias y Col. Cristianos v. E.L.A., 135 DPR 150 (1994).
528 CONST. EE. UU. enm I
529 *Quilichini*, 143 DPR en la pág. 636.
530 *Id.*
531 Diócesis de Arecibo v. Srio. Justicia, 191 DPR 292, 308 (2014).
532 *Id.* en las págs. 308-09.
533 Díaz v. Colegio Nuestra Sra. del Pilar, 123 DPR 765, 779 (1989). *Véase* Tony & Susan Alamo Foundation v. Sec'y of Labor, 471 U.S. 290, 303 (1985).
534 *Diócesis de Arecibo*, 191 DPR en la pág. 309.
535 Church of the Lukumi Babalu Aye, Inc. v. City of Hialeah, 508 U.S. 520, 547 (1993).
536 *Id.* en la pág. 542 ("if the object of a law is to infringe upon or restrict practices because of their religious motivation, the law is not neutral").

Además de analizar si es neutral, el tribunal deberá determinar si la actuación estatal es de aplicabilidad general. Una actuación no es general cuando va dirigida únicamente a la iglesia o entidad religiosa y a sus asuntos internos.[537] Es decir, cuando la intervención recaiga sobre un asunto interno de la iglesia que solamente afecte a esta última, no se considerará un asunto de aplicabilidad general.[538]

Segundo, si la actuación gubernamental no es neutral o no es de aplicabilidad general, entonces el tribunal aplicará un escrutinio estricto. En ese supuesto, para prevalecer ante un reclamo bajo la cláusula de libertad de culto el estado deberá demostrar: (1) que tiene un interés apremiante que justifica sus acciones aun cuando estas tengan el efecto incidental de imponer una carga sobre una práctica religiosa en particular; (2) que su acción persigue ese interés; y (3) que no existen alternativas que impongan una carga menos onerosa a la religión.[539] No obstante, cuando las actuaciones del estado sean neutrales y generalizadas no habrá un conflicto de índole constitucional.[540]

b. La separación entre Iglesia y estado

El lenguaje sobre la separación entre iglesia y estado que se incluyó en el art. II, sec. 3 de la Constitución de Puerto Rico no está contemplado en el texto de la Primera Enmienda de la Constitución de Estados Unidos.[541] La cláusula sobre separación requiere que se reconozca una especie de jurisdicción a la iglesia, distinta y separada a la del estado, para que las actuaciones de ambas no interfieran entre sí.[542]

No puede existir una ausencia absoluta de contacto entre la iglesia y el estado, pues la complejidad de los asuntos del diario vivir inevitablemente provocan una especie de interrelación.[543] La cláusula del establecimiento debe interpretarse bajo la referencia de prácticas históricas y el entendimiento que tenían los fundadores.[544]

En cuanto a la cláusula del establecimiento, "puede ser compatible el otorgamiento de ayuda gubernamental a estudiantes quienes la utilicen en instituciones de educación superior con vínculos religiosos sin que por ello se conviertan estas últimas en brazos del estado ni se elimine el vínculo religioso de dichas instituciones".[545] Al respecto, el Tribunal Supremo de Puerto Rico resolvió que la cláusula del sostenimiento en la Constitución de Puerto Rico tiene un significado independiente de la cláusula de establecimiento de la Primera Enmienda de Estados Unidos.[546]

---

[537] Mercado, Quilichini v. UCPR, 143 DPR 610, 646 (1997).
[538] *Id.*
[539] *Id.* en la pág. 637.
[540] Diócesis de Arecibo v. Srio. Justicia, 191 DPR 292, 310 (2014).
[541] *Mercado Quilichini*, 143 DPR en la pág. 634.
[542] *Id.*
[543] *Véase* Town of Greece v. Galoway, 572 U.S. 565 (2014); Walz v. Tax Commission of City of New York, 397 U.S. 664 (1970).
[544] Kennedy v. Bremerton Sch. Dist., 536 US 507, 535-36 (2022).
[545] Mercado Quillichini v. PUCPR, 143 DPR 610, 645 (1997).
[546] *Véase* Asoc. de Maestros v. Srio. Educación, 137 DPR 528 (1994).

La cláusula de sostenimiento de Puerto Rico impide que el estado brinde beneficios o apoyo directo a escuelas privadas, aunque pueden beneficiarse incidentalmente de servicios generales como policía y bomberos.[547] El Estado no puede financiar su construcción ni otorgar privilegios especiales a estas instituciones sobre el sistema público.[548] No obstante, sí puede ofrecer servicios no educativos de manera neutral y universal a todos los niños sin favorecer a estudiantes de escuelas privadas.[549]

3. El derecho de intimidad y la autonomía personal

La Constitución de Puerto Rico dispone que:

> La dignidad del ser humano es inviolable. Todos los hombres son iguales ante la Ley. No podrá establecerse discrimen alguno por motivo de raza, color, sexo, nacimiento, origen o condición social, ni ideas políticas o religiosas. Tanto las leyes como el sistema de instrucción pública encarnarán estos principios de esencial igualdad humana.
>
> Toda persona tiene derecho a protección de ley contra ataques abusivos a su honra, a su reputación y a su vida privada o familiar.[550]

El derecho a la intimidad y a la dignidad del ser humano ocupan el sitial de mayor jerarquía entre los valores más trascendentales reconocidos por la Constitución del Estado Libre Asociado de Puerto Rico.[551] A diferencia de la Constitución federal, nuestra Constitución lo reconoce expresamente.[552] El derecho a la intimidad del ser humano opera *ex proprio vigore*, por lo que no se requiere legislación ni acción del estado para exigir su cumplimiento.[553]

El derecho a la intimidad es un derecho fundamental, que "goza de la más alta protección bajo nuestra Constitución y constituye un ámbito exento capaz de impedir o limitar la intervención de terceros —sean particulares o poderes públicos— contra la voluntad del titular".[554] Sin embargo, a pesar de considerarse un derecho de alta jerarquía, no es de carácter absoluto, ni vence a todo valor en conflicto bajo todo supuesto posible.[555]

---

[547] *Id.*
[548] *Id.*
[549] *Id.*
[550] CONST. PR art. II, §§ 1, 8.
[551] Indulac v. Cent. Gen. de Trabajadores, 207 DPR 279, 303 (2021).
[552] El Vocero de P.R. v. E.L.A., 131 DPR 356, 428 (1992); Arroyo v. Rattan Specialties, Inc., 117 DPR 35, 75 (1986); Figueroa Ferrer v. E.L.A., 107 DPR 250, 258 (1978).
[553] *Véase* Siaca v. Bahía Beach Resort, 194 DPR 559, 582-83 (2016). *Véase también* P.R. Tel. Co. v. Martínez, 114 DPR 328 (1983).
[554] López Tristani v. Maldonado, 168 DPR 838, 849 (2006).
[555] Vega et al. v. Telefónica, 156 DPR 584, 602 (2002); E.L.A. v. P.R. Tel. Co., 114 DPR 394, 401 (1983).

Ante una alegación de violación a la intimidad, "[l]a cuestión central [a resolver] es si la persona tiene derecho a abrigar, donde sea, dentro de las circunstancias del caso específico, la expectativa de que su intimidad se respete".[556] Para hacer tal determinación, es necesario que concurran dos elementos: (1) el subjetivo, mediante el cual el reclamante, según las circunstancias del caso, alberga una expectativa real de que su intimidad se respete y, (2) el criterio objetivo, es decir, si la sociedad considera razonable tener tal expectativa.[557]

En Puerto Rico, bajo el derecho a la intimidad, se ha resuelto que un empleado no está obligado a tomar una prueba de polígrafo,[558] no se pueden interceptar llamadas telefónicas, que la protección se extiende a información suministrada por los individuos a los bancos,[559] entre otros.

El derecho a la intimidad también incluye una causa de acción contra todo aquel que se apropia indebidamente del nombre, imagen, o parecido de una persona para propósitos comerciales.[560]

El derecho constitucional a la intimidad puede ser reivindicado mediante el recurso de *injunction* o mediante la correspondiente acción por daños.[561]

4. Libertad de expresión

La Constitución de Puerto Rico consagra el derecho fundamental a la libertad de expresión al disponer que "[n]o se aprobará ley alguna que restrinja la libertad de palabra o de prensa o el derecho del pueblo a reunirse en asamblea pacífica y a pedir al gobierno la reparación de agravios".[562] Es una garantía dirigida a proteger el derecho de cada ciudadano a exteriorizar libremente el contenido de su conciencia y que se forme la opinión pública, sobre cuyo régimen se funda un gobierno democrático.[563] En ese sentido, "la libertad de expresión es una 'raíz indiscutible del sistema democrático de gobierno'".[564] El derecho a la libertad de expresión, al igual que otros derechos constitucionales, no es absoluto.[565] El derecho a la libertad de palabra no está inmune a la imposición de limitaciones, siempre y cuando estas sean interpretadas de forma restrictiva, de manera que no abarquen más de lo imprescindible.[566] Es un derecho que puede subordinarse a otros cuando la necesidad y la conveniencia pública así lo requieran.[567]

---

[556] E.L.A. v. P.R.T.C., 114 DPR 394, 402 (1983).
[557] Pueblo v. Santiago Feliciano, 139 DPR 360, 384 (1995).
[558] *Véase* Arroyo v. Rattan Specialties, 117 DPR 35 (1986).
[559] *Véase* Pueblo v. Loubriel Serrano, 158 DPR 371 (2003).
[560] *Véase* Vigoreaux Lorenzana v. Quizno's, 173 DPR 254, 273 (2008).
[561] Colón Vda. de Rivera v. Romero Barceló, 112 DPR 573, 576 (1982); P.R.T.C. v. Martínez Cardona, 114 DPR 328, 335 (1983)
[562] CONST. PR art. II, § 4.
[563] Asoc. de Maestros v. Srio. de Educación, 156 DPR 754, 768 (2002).
[564] *Vigoreaux Lorenzana*, 173 DPR en la pág. 268.
[565] Soto v. Srio. de Justicia, 112 DPR 477, 493 (1982).
[566] U.P.R. v. Laborde Torres y otros I, 180 DPR 253, 287 (2010). *Véase también* Muñiz v. Admor. Deporte Hípico, 156 DPR 18, 24 (2002); Asoc. de Maestros v. Srio. de Educación, 156 DPR en las págs. 68-69; Velázquez Pagán v. A.M.A., 131 DPR 568, 576 (1992).
[567] U.P.R. v. Laborde Torres I, 180 DPR en la pág. 287.

La libertad de expresión es una defensa oponible a los casos de derecho a la propia imagen y a los casos de libelo, pues su ejercicio legítimo consiste en una causa de exclusión de antijuridicidad que elimina la culpa.[568]

a. **Doctrinas aplicables a ciertas categorías de expresión: difamación, obscenidad, palabras de riña, lenguaje ofensivo, expresión comercial, expresión subversiva**

Difamación

La difamación no está protegida por la Constitución,[569] sino que tiene que ser medida por estándares que satisfagan la Primera Enmienda.[570]

Obscenidad

La obscenidad no está protegida por la libertad de expresión.[571] El material obsceno demuestra conductas sexuales de una manera que, considerada en su totalidad por la persona promedio y, según los patrones comunitarios contemporáneos, 1) apela al interés lascivo o al interés morboso en la desnudez, sexualidad o funciones fisiológicas; 2) represente o describa en una forma patentemente ofensiva conducta sexual; y 3) carezca de un serio valor literario, artístico, religioso, científico o educativo.[572]

Palabras de riña

La intervención gubernamental sobre expresiones que constituyan palabras de riña se permite.[573] Las palabras de riña son aquellas que, por el mero hecho de ser proferidas, infligen un daño o tienden a causar la inmediata alteración a la paz.[574] Al evaluar las expresiones de una persona para determinar si constituyen palabras de riña, el tribunal deberá analizarlas desde la perspectiva de un hombre de inteligencia común y colegir si dichas manifestaciones son susceptibles de causar una reacción violenta inmediata en el receptor de la manifestación.[575]

---

[568] Vigoreaux Lorenzana, 173 DPR en la pág. 273.
[569] Beauharnais v. Illinois, 343 U.S. 250, 266 (1957).
[570] New York Times Co. v. Sullivan, 376 U.S. 254, 269 (1964).
[571] *Véase* Roth v. United States, 354 U.S. 476, 485 (1957).
[572] Cod. Pen. Art. 143, 33 LPRA § 5204.
[573] *Véase* Porto y Siurano v. Bentley P.R., Inc., 132 DPR 331 (1992); Pueblo v. Caro González, 110 DPR 518 (1980).
[574] Pueblo v. García Colón I, 182 DPR 129, 152(2011).
[575] *Id.*

Lenguaje ofensivo

El lenguaje ofensivo debe ser tan hiriente e irritante que pueda causar que una persona de sensibilidad ordinaria reaccione violentamente en respuesta a este; es decir, que el acto sea tan ofensivo que pueda provocar a una persona común a reaccionar con violencia.[576] Aplica el mismo estándar cuando se profieren palabras a un policía que por su propia naturaleza, más que de carácter de molestia, resultan ofensivas, hirientes e irritantes, capaces de provocar una respuesta violenta (de riña) y, por consiguiente, una alteración de la paz.[577]

Expresión comercial

La expresión para fines lucrativos y comerciales se encuentra bajo el ámbito de protección de las constituciones de Puerto Rico y de los Estados Unidos, y esta puede ser regulada sustancialmente por el estado con mayor facilidad.[578] El propósito fundamental de la expresión comercial es promover una transacción comercial, no necesariamente el libre intercambio de ideas.[579] Por tanto, la expresión comercial está sujeta a una protección constitucional menos rigurosa que otras formas de expresión, como lo es la expresión política.[580] La sátira, la parodia y la hipérbole retórica solo han sido reconocidas en casos de libelo, y no en casos de violación al derecho a la propia imagen ni en casos de expresión comercial.[581]

Expresión subversiva

La expresión subversiva no está protegida por la libertad de expresión, pero, para determinar si es punible una expresión subversiva, se debe tomar en cuenta la gravedad del peligro.[582] Es decir, a mayor el potencial dañino de la expresión, menor la exigencia de un peligro claro y presente. La expresión es subversiva si (1) la expresión va dirigida a incitar o producir un acto ilegal inminente, y (2) es probable que ocurra dicha incitación o acción.[583]

---

[576] Pueblo v. Rodríguez Lugo, 156 DPR 42, 52 (2002).
[577] *Caro González*, 110 DPR en la pág. 530.
[578] Vigoreaux Lorenzana v. Quizno's, 173 DPR 254, 269 (2008).
[579] *Id.* en las págs. 269-70.
[580] *Id.* en la pág. 270.
[581] *Id.* en la pág. 275.
[582] Cabrero v. Zayas, 167 DPR 766, 776 n.8 (2006).
[583] Branderburg v. Ohio, 395 U.S. 444, 447 (1969).

b. Restricciones a la libertad de expresión en foros públicos: reglamentación del tiempo, lugar y forma de la expresión

Con el fin de alcanzar un balance entre el interés gubernamental y el derecho constitucional de los ciudadanos a expresarse, se ha instaurado un análisis tripartito en donde el grado de expresión permitido depende del tipo de foro donde se realice.[584] Se han reconocido tres foros de expresión: (1) el foro público tradicional; (2) el foro público por designación; y (3) el foro público no tradicional.[585]

Los foros públicos tradicionales son aquellos lugares que, por uso y costumbre, han sido dedicados a la reunión pacífica y el debate público tales como las calles, aceras y parques.[586] En este foro, el gobierno no puede prohibir de manera absoluta el ejercicio de la libertad de palabra y es de libre acceso al público en general, ya que por tiempo inmemorable se ha reservado para el uso del pueblo y para la reunión entre ciudadanos con el fin de cultivar comunicación y discutir asuntos de interés social.[587]

El foro público ocupa una posición especial en términos de la protección de la Primera Enmienda y no perderá su carácter históricamente reconocido por la razón de que colinda con la propiedad del gobierno que se ha dedicado a un uso distinto al del foro para la expresión pública.[588] Así, en las calles, parques y aceras se ha permitido la expresión y, en cuanto a ellos, se ha aplicado el principio de que "[a]quel que está legítimamente en una calle que el Estado ha dejado abierta para el público lleva consigo allí así como en cualquier otro lugar el derecho constitucional a expresar sus puntos de vista de una manera ordenada".[589] No se ha adoptado un estándar para determinar si cierto lugar en cuestión es un foro público.[590]

---

[584] OCS v. Point Guard Ins., 205 DPR 1005, 1020 (2020).
[585] U.N.T.S. v. Srio. de Salud, 133 DPR 153, 162-63 (1993); Pacheco Fraticelli v. Cintrón Antonsanti, 122 DPR 229, 240-42 (1988). *Véase* Perry Ed. Assn. V. Perry Local Educators' Assn., 460 US 37 (1983).
[586] Coss v. U.P.R., 137 DPR 877, 887 (1995); Caquías v. Asoc. Res. Mansiones de Río Piedras, 134 DPR 181, 187 (1993).
[587] OCS v. Point Guard Ins., 205 DPR 1005, 1020-21 (2020).
[588] United States v. Grace, 461 US 171, 177 (1983). *Véase también* Boos v. Barry, 485 US 312 (1988).
[589] Flower v. US, 407 US 197, 198-99 (1972) (traducción suplida); Prince v. Massachusetts, 321 US 158, 174 (1944); Jamison v. Texas, 318 US 413, 416 (1943). ("But one who is rightfully on a street which the state has left open to the public carries with him there as elsewhere the constitutional right to express his views in an orderly fashion").
[590] *OCS*, 205 DPR en la pág. 1021.

U.P.R. v. Laborde Torres y otros I, 180 DPR 253, 293-94 (2010) (citas omitidas):

El foro público por designación consiste en aquella propiedad pública que el estado ha abierto a la actividad expresiva. El foro público por designación no es uno originalmente destinado a gestiones comunicativas, pero el Gobierno, por elección propia, opta por abrirlo para tales propósitos. Aunque el estado no está obligado a proveer para fines expresivos la propiedad pública que no es catalogada tradicionalmente como un foro público, mientras lo haga deberá cumplir con el escrutinio empleado para evaluar la constitucionalidad de la regulación de la expresión protegida en los foros públicos tradicionales.

[E]l foro público no tradicional alberga aquélla propiedad pública que no ha sido destinada tradicionalmente a la reunión pacífica o al debate público y el Gobierno tampoco ha elegido abrirla para actividades expresivas. La categoría de foro público no tradicional se examina a la luz de un escrutinio judicial distinto al establecido para el foro público tradicional y el foro público por designación. En el foro público no tradicional, la protección que ofrece la Primera Enmienda de la Constitución federal es menor. El Gobierno puede limitar la actividad expresiva a aquélla que sea compatible con el objetivo para el cual fue creada esta propiedad pública. La reglamentación de la expresión será válida siempre que sea razonable, aunque no tiene que ser la única ni la más razonable, neutral en cuanto a puntos de vista y siempre que no sea parte de un esfuerzo por suprimir la expresión.

c. Libertad de expresión de los empleados públicos

Las expresiones de empleados públicos resguardadas por la Constitución son las concernientes a asuntos de preocupación pública: no las que solo responden a intereses personales particulares.[591]

Primero, se debe determinar si la expresión es sobre un asunto de interés público.[592] De ser en la negativa, no se analizan las razones para la acción disciplinaria, ya que "cuando un empleado público se expresa, no como un ciudadano sobre asuntos de interés público, sino como un empleado sobre asuntos que son únicamente de interés personal" por lo general no está envuelta la libertad de expresión.[593]

Segundo, de estar envuelto un asunto de interés público, el empleado debe demostrar, como cuestión de hecho, que su expresión fue factor sustancial en la decisión del patrono.[594]

---

[591] Hernández v. J. Apel. Sist. Educ. Púb., 147 DPR 840, 848 (1999).

[592] *Id.*

[593] *Id.* (*citando a* Connick v. Myers, 461 U.S. 138, 147 (1983). Renfroe v. Kirkpatrick, 722 F. 2d. 714 (1984); Ballard v. Blount, 581 F. Supp. 160 (1983) (1984)).

[594] Rodríguez Cruz v. Padilla, 125 DPR 486 (1990); McCrillis v. Autoridad de Navieras, 123 DPR 113 (1989); Givhan v. Western Line Consolidated School District, 439 U.S. 410 (1979); Mt. Healthy City School District v. Doyle, 429 U.S. 274, (1977).

Tercero, de haber sido factor sustancial, es preciso analizar entonces si la acción disciplinaria estuvo justificada y debe prevalecer.[595] Para ello, se deben sopesar los intereses del empleado como ciudadano particular en expresarse libremente sobre dichos asuntos y el del estado en promover la mejor eficiencia y productividad en el servicio público.[596] Finalmente, al hacer el balance ha de considerarse la autoridad o grado de responsabilidad del empleado en su lugar de trabajo.[597]

d. La expresión simbólica

En materia de expresión simbólica está resuelto que el Estado puede reglamentarla si: a) existe un interés gubernamental sustancial; b) no se suprime la libertad de expresión; y c) la restricción se limita a lo esencial.[598] La libertad de expresión ha sido reconocida en la quema de la bandera de los Estados Unidos.[599]

e. Doctrinas de vaguedad y de amplitud excesiva

En aquellos casos en donde exista duda alguna sobre el poder del Estado para regular determinada expresión por su contenido, la constitucionalidad del estatuto en cuestión puede ser impugnada al amparo de las doctrinas de vaguedad y de amplitud excesiva.[600] El análisis efectuado bajo ambas doctrinas va dirigido a examinar la constitucionalidad de la disposición legal concernida de su faz, mas no así en su aplicación.[601] No hay que analizar si la aprobación de la ley o del reglamento responde a un interés apremiante del Estado, así como su aplicación a los hechos particulares del caso.[602] La vaguedad o amplitud excesiva de una ley o un reglamento acarrea el mismo efecto, esto es, la nulidad del estatuto de su faz, y ambas doctrinas se distinguen entre sí.[603]

La norma de vaguedad opera cuando: (1) la disposición legal falla en proveerle a un ciudadano de inteligencia promedio un aviso suficiente de las conductas que proscribe y penaliza; y (2) el estatuto no le provee a los funcionarios encargados de ponerla en vigor unas guías razonables, de forma tal que se preste para una aplicación arbitraria y discriminatoria interfiriendo así con los derechos fundamentales garantizados por la Constitución.[604]

---

[595] *Hernández*, 147 DPR en la pág. 848.
[596] *Id.* (*citando a* Stroman v. Colleton County School District, 981 F. 2d. 152 (1992); Pickering v. Board of Education, 391 U.S. 563 (1968); Maples v. Martin, 858 F. 2d. 1546 (1988); Ferrara v. Mills, 781 F. 2d. 1508 (1986)).
[597] *Id.* en la pág. 849.
[598] *Véase* Stromberg v. California, 283 U.S. 359 (1931); Cohén v. California, 403 U.S. 15 (1971) y Tinker v. Des Maines, 393 U.S. 503 (1969).
[599] *Véase* Texas v. Johnson, 491 U.S. 397 (1989).
[600] U.N.T.S. v. Srio. de Salud, 133 DPR 153, 160 (1993)
[601] Pueblo v. García Colón I, 182 DPR 129, 148-49 (2011).
[602] *Id.* en la pág. 149.
[603] *Id.* en la pág. 149.
[604] *Id.*

La doctrina de amplitud excesiva entra en función ante una reglamentación cuyo propósito sea castigar o prohibir determinadas expresiones que no estén cobijadas bajo el palio de la Constitución, pero su redacción o interpretación tiene como efecto proscribir expresiones constitucionalmente protegidas por la cláusula de libertad de expresión o asociación.[605] Su aplicación, tanto en la jurisdicción federal como en la local, se ha limitado a aquellas instancias en las cuales se reclama algún derecho protegido por la cláusula de libertad de expresión o asociación.[606] El problema que esta doctrina busca atacar es el efecto neutralizador o *chilling effect* que suponen leyes que castigan tanto expresión protegida constitucionalmente como aquella no protegida.[607] También ayuda a evitar la aplicación selectiva del estatuto, la cual de otra forma quedaría a la discreción de los agentes del orden público.[608] Para poder invalidar un estatuto de su faz por sobrextensión, la amplitud excesiva tiene que ser real y sustancial en comparación con el alcance legítimo que la medida pueda tener sobre una conducta que no está protegida.[609] Al realizar este examen el decreto de nulidad de su faz de un estatuto por adolecer de amplitud excesiva debe ser utilizado a manera de excepción y como un último recurso en aquellos casos en donde una interpretación limitada o una invalidación parcial del estatuto no excluyan la amenaza sobre las expresiones constitucionalmente protegidas.[610]

f. Acceso a información en poder del Estado

El acceso a información pública en poder del estado es un derecho liberal.[611] Tal derecho no es absoluto y cede en casos de imperativo interés público.[612] Todo ciudadano tiene derecho a inspeccionar y sacar copia de cualquier documento público de Puerto Rico, salvo lo expresamente contrario dispuesto en ley.[613]

El derecho de acceso a información pública también surge como corolario del derecho a la libertad de expresión, ya que sin conocimiento de los hechos no hay posibilidad de expresión.[614] El acceso a información constituye un componente importante de una sociedad democrática en donde el ciudadano puede emitir un juicio informado sobre las actuaciones del gobierno.[615]

---

[605] *Id.* en las págs. 149-50.
[606] *Id.* en la pág. 150.
[607] *Id.*
[608] *Id.*
[609] *Id.*
[610] *Id.* en las págs. 150-51.
[611] Colón Cabrera v. Caribbean Petroleum, 170 DPR 582, 586 (2007).
[612] *Id.*
[613] COD. ENJ. CIV. PR art. 409, 32 LPRA § 1781.
[614] Colón Cabrera v. Caribbean Petroleum, 170 DPR 582, 590 (2007).
[615] *Id.* (*citando a* Pedró Juan Soto v. Miguel Giménez Muñoz, 112 DPR 477 (1982);David Noriega Rodríguez v. Hon. Rafael Hernández Colón, 130 DPR 919 (1992)).

En vista de la importancia que tiene el derecho a obtener información pública, el estado no puede negarse caprichosamente y de forma arbitraria a permitir su acceso.[616] Por tanto, dicha negativa debe estar fundamentada y justificada.[617] De darse estas circunstancias, el estado estaría legitimado para restringir el acceso de los ciudadanos a documentos de carácter público.[618]

Si bien hemos reconocido que, como norma general, se debe hacer un análisis liberal al atender una solicitud de acceso a información custodiada por el estado, debemos aclarar que tal derecho no puede ser absoluto.[619] El estado válidamente puede reclamar la confidencialidad (1) cuando una ley así lo declara; (2) cuando la comunicación está protegida por alguno de los privilegios evidenciarios que pueden invocar los ciudadanos; (3) cuando revelar la información puede lesionar derechos fundamentales de terceros; (4) cuando se trate de la identidad de un confidente y (5) cuando sea información oficial conforme las Reglas de Evidencia.[620] Para mantener la confidencialidad, el Estado tiene la carga de probar que satisface cualquiera de las excepciones antes enumeradas.[621]

Toda etiqueta legislativa de confidencialidad debe evaluarse frente al derecho de acceso a información invocado por el ciudadano.[622] En síntesis, toda ley que pretenda ocultar información a un ciudadano bajo el palio de la confidencialidad tiene que justificarse a plenitud.[623] Ello se satisface si la legislación (1) cae dentro del poder constitucional del gobierno; (2) propulsa un interés gubernamental importante o sustancial; (3) el interés gubernamental no está relacionado con la supresión de la libre expresión; y (4) la restricción concomitante del derecho a la libre expresión no es mayor que la esencial para propulsar dicho interés.[624]Así pues, el Estado puede invocar el manto de secretividad en casos de imperativo interés público.[625]

---

[616] *Id.* (citas omitidas).
[617] *Id.*
[618] *Id.*
[619] *Id.* en la pág. 591.
[620] *Id.*
[621] *Id.*
[622] *Id.* en la pág. 592.
[623] *Id.*
[624] *Id.* en la pág. 592-93.
[625] *Id.* en la pág. 593.

g. Consentimiento informado o libertad de palabra

Consentimiento informado

Sabido es que, para llevar a cabo un procedimiento médico-quirúrgico, tratamiento u otro procedimiento médico, que resulte invasivo al cuerpo humano, es un elemento indispensable requerir el consentimiento informado y expreso del paciente previo a ejecutar tal acción,[626] salvo las situaciones excepcionales de emergencia y perjuicio al estado psicológico de aprehensión del paciente.[627] Tal precepto surge del derecho a la intimidad consagrado expresamente en nuestra Constitución.[628] Como corolario de este derecho, los doctores tienen la obligación de obtener el consentimiento informado de sus pacientes previo a emplear cualquier tratamiento o intervención quirúrgica.[629] El concepto del consentimiento informado les impone a los médicos la obligación de ofrecer a sus pacientes toda la información que sea indispensable para comprender la naturaleza de ciertos procedimientos, lo que debe incluir datos de sus beneficios, riesgos y posibles complicaciones.[630]

Libertad de palabra

La libertad de palabra no está inmune a la imposición de limitaciones, siempre y cuando estas sean interpretadas de forma restrictiva, de manera que no abarquen más de lo imprescindible.[631] Este derecho constitucional puede subordinarse a otros intereses cuando la necesidad y la conveniencia pública lo requieran.[632]

La libertad de expresión y de prensa encuentra su origen en los postulados de la Primera Enmienda de la Constitución de los Estados Unidos.[633] Como sabemos nuestra sección corresponde a las restantes disposiciones de la Primera Enmienda en la Constitución federal e incorpora a nuestra constitución todo el derecho históricamente establecido con relación a la libertad de palabra, de prensa, de reunión y de petición.[634]

La Primera Enmienda de la Constitución federal establece que "[e]l Congreso no aprobará ninguna ley . . . que coarte la libertad de palabra o prensa . . . ".[635] Al tratarse de un derecho fundamental, esta garantía de libertad de palabra y de prensa aplica en Puerto Rico.[636]

---

626 Cruz Flores et al. v. Hosp. Ryder et al., 210 DPR 465, 492 (2022).
627 Rojas v. Maldonado, 68 DPR 818, 827 (1948).
628 CONST. PR. art. II, § 8.
629 Martínez Marrero v. González Droz,180 DPR 579, 593 (2011).
630 *Id.*
631 Izquierdo v. Cruz, 213 DPR 607, 619 (2024).
632 *Id.*
633 CONST. EE. UU. enm. I.
634 *Cruz*, 213 DPR en la pág. 620.
635 CONST. EE. UU. enm. I.
636 Balzac v. People of Porto Rico, 258 US 298, 314 (1922). *Véanse también* Pueblo v. García Colón I, 182 DPR 129, 147 (2011).

5. Derecho de asociación

La Constitución de Puerto Rico consagra de manera expresa el derecho de las personas a asociarse libremente para fines lícitos, salvo en organizaciones militares o cuasi militares.[637] Este derecho es fundamental y está directamente relacionado con la libertad humana y la democracia.[638] El derecho de las personas a asociarse libremente presupone su derecho a no asociarse.[639] La intención de los constituyentes al incluir de forma expresa el derecho a la libre asociación en nuestra Carta de Derechos fue reconocer una especie de protección distinta y de mayor amplitud a la que se reconoce al amparo de la Constitución de Estados Unidos.[640] Al disponer de controversias sobre el derecho de asociación se resuelve por fundamentos locales adecuados e independientes al derecho constitucional federal de libertad de asociación.[641]

En el ejercicio de su poder de razón de Estado, la Asamblea Legislativa puede regular la práctica de las profesiones —excepto la jurídica— para proteger la salud y el bienestar público.[642] Con este fin, el "Estado puede establecer unos requisitos de conocimientos mínimos, capacidad, destreza, entereza moral o cualquier otro que esté racionalmente relacionado con el objetivo de garantizar que los examinados posean la competencia para practicar la profesión en forma adecuada".[643]

La colegiación compulsoria de un grupo profesional está en conflicto con el derecho fundamental a la libertad de asociación de sus integrantes.[644] Al evaluar la constitucionalidad de los requerimientos de colegiación como condición para practicar una profesión debemos aplicar el escrutinio estricto.[645] Al hacerlo, se presume que la medida impugnada es inconstitucional.[646] Una "limitación significativa de la libertad a no asociarse es constitucional solamente si el Estado demuestra un interés gubernamental apremiante que la hace necesaria".[647] En consecuencia, el Estado no puede coartar el derecho de las personas a asociarse o no asociarse, a menos que no exista una medida menos intrusiva.[648]

---

[637] CONST. PR art. II, § 6.
[638] Rodríguez Casillas et al. v. Colegio, 202 DPR 428, 433 (2019).
[639] Rivera Schatz v. ELA y C. Abo. PR II, 191 DPR 791, 811-12(2014).
[640] *Id.* en la pág. 811.
[641] Vélez et al. v. Col. Optómetras et al., 212 DPR 293, 303 (2023).
[642] Accurate Sols. v. Heritage Environmental, 193 DPR 423, 434 (2015); Matos v. Junta Examinadora, 165 DPR 741, 755 (2005).
[643] Marcano v. Departamento Estado, 163 DPR 778, 786 (2005).
[644] *Vélez*, 212 DPR en la pág. 304 (citas omitidas).
[645] *Id.* (citas omitidas).
[646] San Miguel Lorenzana v. ELA, 134 DPR 405, 425 (1993).
[647] Col. de Abogados v. E.L.A., 181 DPR 135, 137 (2011).
[648] *Vélez*, 212 DPR en la pág. 304 (citas omitidas).

Cuando con su proceder el Estado menoscaba un derecho fundamental este tiene que articular la existencia de un interés apremiante que justifique la necesidad de su actuación.[649] Como con otros derechos fundamentales, el Estado debe demostrar que no tenía a su alcance medidas menos onerosas que la legislada para lograr el interés articulado.[650]

6. Libertad de prensa

La libertad de expresión brinda a la ciudadanía en general la misma protección que la ofrecida por la libertad de prensa a los medios de comunicación.[651] Los elementos que deben concurrir para concluir que una persona demandada ha adquirido la condición de figura pública: (1) especial prominencia en los asuntos de sociedad; (2) capacidad para ejercer influencia y persuasión en la discusión de asuntos de interés público; (3) participación activa en la discusión de controversias públicas específicas con el propósito de inclinar la balanza en la resolución de las cuestiones envueltas.[652]

La Constitución prohíbe que el Estado restrinja arbitrariamente el contenido de las publicaciones así como que coarte la capacidad del ser humano para expresarse con libertad.

La libertad de prensa constituye un derecho fundamental.

La censura previa se permite solamente en circunstancias específicas, a saber:

(1) seguridad militar nacional en tiempos de guerra,

(2) en publicaciones obscenas, y

(3) en exhortaciones a cometer actos de violencia y al derrocamiento por la fuerza del gobierno ordenado.

a. Acceso a la información en manos del gobierno

El acceso a la información pública está estrechamente vinculado con los derechos a la libertad de palabra, prensa y asociación, y es un derecho fundamental.[653] Este derecho garantiza que toda persona pueda examinar el contenido de los expedientes, informes y documentos que hayan sido recopilados por el Estado durante sus gestiones gubernamentales.[654] Este mandato constitucional también ha sido avalado en nuestro ordenamiento por la vía estatutaria, la cual reconoce que "[t]odo ciudadano tiene derecho

---

[649] Rivera Schatz v. ELA y C. Abo. PR II, 191 DPR 791, 813 (2014).

[650] *Id.*

[651] Colón, Ramírez v. Televicentro de P.R., 175 DPR 690, 708 (2009).

[652] Oliveras v. Paniagua Diez, 115 DPR 257, 263 (1984)

[653] CONST. PR, Art. II, § 4. *Véase también* Trans Ad de P.R. v. Junta de Subastas, 174 DPR 56, 67 (2008); Ortiz v. Dir. Adm. de los Tribunales, 152 DPR 161 (2000); Soto v. Srio. de Justicia, 112 DPR 477, 485-86 (1982).

[654] Kilómetro 0 v. Pesquera López et al, 207 DPR 200, 207 (2021).

a inspeccionar y sacar copia de cualquier documento público de Puerto Rico, salvo lo expresamente dispuesto en contrario por la ley".[655]

En una sociedad democrática "resulta imperativo reconocer al ciudadano común el derecho legal de examinar e investigar cómo se conducen sus asuntos".[656] Su importancia está enraizada en la noción de que el conocimiento de las gestiones públicas facilita la libre discusión de los asuntos gubernamentales y, por ende, el ejercicio pleno de la libre expresión.[657]

Tal conocimiento permite evaluar y fiscalizar la función pública de forma más adecuada, como también cataliza una participación ciudadana más efectiva e inteligente en los procesos gubernamentales.[658]

El derecho al acceso a la información requiere, como precursor, que la información que se solicita sea, en efecto, de naturaleza pública.[659] Un documento público es el que un organismo estatal recibe en el curso de sus procedimientos y que está obligado a preservar.[660] Una vez el documento es catalogado como público, todo ciudadano y ciudadana tiene legitimación activa para solicitar y acceder a tal información pues "[e]n la medida en que todo ciudadano tiene el derecho a inspeccionar cualquier documento público, el acto de denegar el acceso, por sí mismo, causa al solicitante un daño claro, palpable y real".[661]

El Estado puede reclamar que se preserve la confidencialidad de cierta información pública si prueba de forma precisa e inequívoca la aplicabilidad de alguna de las siguientes excepciones: (1) que una ley así lo declara; (2) que la comunicación está protegida por algún privilegio evidenciario; (3) que la divulgación de la información puede lesionar derechos fundamentales de terceros; (4) que se trate de un confidente, según la Regla 515 de Evidencia de 2009,[662] o (5) que sea información oficial conforme a la Regla 514 de Evidencia de 2009.[663] Sin embargo,

---

[655] CÓD. ENJ. CIV. PR art. 409, 32 LPRA § 1781.

[656] *Kilómetro 0*, 207 DPR en la pág. 208.

[657] Colón Cabrera v. Caribbean Petroleum, 170 DPR 582, 590 (2007).

[658] *Kilómetro 0*, 207 DPR en la pág. 208.

[659] *Id.* (citas omitidas).

[660] *Id.* en la pág. 209 (citas omitidas).

[661] Ortiz v. Dir. Adm. de los Tribunales, 152 DPR 161, 177 (2000

[662] **Regla 515. Privilegio en cuanto a la identidad de la persona informante**
Una entidad pública tiene el privilegio de no revelar la identidad de una persona que ha suministrado información tendente a descubrir la violación de una ley del Estado Libre Asociado de Puerto Rico o de los Estados Unidos de América, si la información es dada en confidencia por la persona informante a una que es funcionaria del orden público, a representante de la agencia encargada de la administración o ejecución de la ley que se alega fue violada o a cualquier persona con el propósito de que la transmitiera a tal persona funcionaria o representante. Evidencia sobre dicha identidad no será admisible a menos que el Tribunal determine que la identidad de la persona que dio la información ya ha sido divulgada en alguna otra forma, o que la información sobre su identidad es esencial para una justa decisión de la controversia, particularmente cuando es esencial a la defensa de la persona acusada.

[663] **Regla 514. Privilegio sobre información oficial**

aquellas restricciones que el estado impone en el acceso a la información deben satisfacer los criterios de un escrutinio estricto.[664]

b. Censura previa

La libertad de prensa es un derecho fundamental y su esencia estriba en impedir la restricción arbitraria del contenido de publicaciones, así como el medio, lugar y manera en que se realicen, no importa su veracidad, popularidad o simpatía.[665] Toda tentativa de censura previa a la libertad de prensa se presume fuertemente inconstitucional.[666] Ni siquiera el derecho a la intimidad, aunque abarcador y relevante, por ejemplo, a la hora de conceder compensación por daños producidos por una publicación, justifica la imposición de censura previa, máxima manifestación de la violación a la libertad de prensa.[667]

c. Acceso a los medios de comunicación

El derecho a un juicio público es un derecho compartido entre el acusado y el público, cuya preocupación común es la garantía de la justicia.[668] El derecho de acceso no es absoluto.[669] Si bien los procedimientos penales abiertos dan garantías de equidad tanto para el público como para el acusado, existen algunas circunstancias limitadas en las que el derecho del acusado a un juicio justo podría verse socavado por la publicidad.[670] En tales casos, el tribunal de primera instancia debe determinar si la situación es tal que los derechos del acusado anulan el derecho de acceso cualificado bajo la Primera Enmienda.[671] Si el interés alegado es el derecho del acusado a un juicio justo, la vista preliminar solo se hará de manera privada si se formulan conclusiones concretas que demuestren que, en primer lugar, existe una probabilidad sustancial de que el derecho del acusado a un juicio justo se vea perjudicado por la publicidad y, en segundo lugar, las alternativas razonables al cierre no pueden proteger adecuadamente los derechos del acusado a un juicio justo.[672]

7. El derecho de propiedad

(A) Según usada en esta Regla, "información oficial" significa aquélla adquirida en confidencia por una persona que es funcionaria o empleada pública en el desempeño de su deber y que no ha sido oficialmente revelada ni está accesible al público hasta el momento en que se invoca el privilegio.
(B) Una persona que es funcionaria o empleada pública tiene el privilegio de no divulgar una materia por razón de que constituye información oficial. No se admitirá evidencia sobre la misma si el Tribunal concluye que la materia es información oficial y su divulgación está prohibida por ley, o que divulgar la información en la acción sería perjudicial a los intereses del gobierno.

[664] *Kilómetro 0*, 207 DPR en la pág. 208 (citas omitidas).
[665] Pérez Vda. Muñiz v. Criado, 151 DPR 355, 366-67 (2000).
[666] Véase *Id.*
[667] *Id.* en la pág. 372.
[668] Press-Enterprise Co v. Superior Court, 478 U.S. 1, 7 (1986).
[669] *Id.* en la pág. 9.
[670] *Id.*
[671] *Id.*
[672] *Id.* en la pág. 14.

La Constitución reconoce el disfrute de la propiedad como un derecho fundamental y exige que el estado garantice un mínimo de propiedad y pertenencias no sujetas a embargo.[673] Los bienes inembargables son los siguientes, excepto que se disponga lo contrario:

(a) el derecho a hogar seguro;

(b) el ajuar de la casa y los electrodomésticos cuyo valor conjunto no exceda de diez mil dólares ($10,000). Esto incluye la nevera, la cocina, la plancha y la lavadora de ropa expresamente diseñadas para el uso en el hogar, los radiorreceptores y los receptores de televisión para el uso en el hogar, así como los cuadros, pinturas, dibujos realizados por algún miembro de la familia y los retratos de familia con sus marcos;

(c) la vestimenta personal del deudor y su familia;

(d) las provisiones realmente destinadas al uso individual o de la familia, en cantidad suficiente para un mes;

(e) los utensilios de cultivo o instrumentos de labranza de un agricultor, cuyo valor no exceda de cuatro mil dólares ($4,000); una toma de agua que no exceda de la cantidad necesaria para riego de los terrenos en cultivo; todas las semillas, granos o vegetales realmente destinados y reservados para plantaciones o siembras en cualquier tiempo dentro de los siguientes seis (6) meses, cuyo valor no exceda de cuatro mil dólares ($4,000);

(f) las herramientas, instrumentos, animales domésticos y domesticados, muebles, bibliotecas, armas, uniformes requeridos por ley y equipo necesarios para la profesión u oficio del deudor, cuyo valor no exceda de diez mil dólares ($10,000);

(g) el vehículo de motor considerado como instrumento de trabajo de su dueño; pero esta exención no será aplicable al cobro de deudas relacionadas con el precio de compra, arrendamiento financiero, o la adquisición del vehículo, o que provengan de su mejoramiento, reparaciones, combustible, piezas o accesorios para este;

(h) las tres cuartas partes de los salarios u honorarios profesionales recibidos dentro de los treinta (30) días anteriores a la ejecución de la orden de embargo cuando resulte por declaración escrita y jurada del deudor o, de otro modo, que dichos salarios u honorarios son necesarios para el sostenimiento de la persona del

---

673 CONST. PR art. II, § 7

deudor o su familia, mantenida, en todo o en parte, con su trabajo;

(i) todo el dinero, los beneficios, los privilegios o las inmunidades que provengan de cualquier seguro de vida del deudor, cuando el beneficiario es un heredero legitimario del deudor;

(j) el balance de fondos en las cuentas de retiro individual mantenidas a nombre del deudor; y

(k) el balance de los beneficios acumulados a nombre del deudor en los planes privados de beneficios de jubilación cubiertos por leyes federales.[674]

Expropiación forzosa

El derecho a la propiedad no es absoluto: cede ante el poder de dominio eminente del estado en beneficio del bienestar general. El Estado está obligado a compensar a un propietario en los escenarios siguientes: (1) cuando se ejerce el poder de dominio eminente al presentar un recurso de expropiación; (2) cuando ocurre una incautación de hecho mediante ocupación física, o (3) cuando se reglamenta el uso de una propiedad.[675]

El poder de dominio eminente o expropiación forzosa, a su vez, está sujeto al pago de una justa compensación y a que se realice de acuerdo con las leyes que regulan la expropiación forzosa.[676]

Cuando surge una expropiación forzosa por medio de la reglamentación surge una causa de acción para compensar el daño causado durante el período que duró la reglamentación que afectó a la propiedad.[677] Esta causa de acción en daños está disponible para casos de propiedades afectadas por una zonificación temporera realizada por el estado.[678] El término prescriptivo de un año para reclamar los daños temporeros que la restricción o reserva del estado ocasionan al titular de la propiedad comienza desde la fecha en que el estado por medio libera la propiedad o después del octavo año desde la actuación del estado, lo que ocurra primero.[679] Sin embargo, en la medida en que esa restricción sea de tal magnitud que prive al propietario de todo uso productivo, aunque sea temporeramente, podría constituir una incautación compensable y la aplicabilidad del período de ocho años dependerá de la validez constitucional de la afectación o reserva en cuestión.[680] Una incautación física exige una justa compensación por mandato constitucional.[681]

---

674 COD. CIV. PR art. 1157, 31 LPRA § 9302.
675 SLG Ortiz-Mateo v. ELA, 211 DPR 772, 787 (2023).
676 CONST. PR art. II, § 9. *Véase* SLG Ortiz-Mateo v. ELA, 211 DPR 772 (2023); ELA v. El Ojo de Agua Development, 205 DPR 502 (2020).
677 Plaza de Descuento v. E.L.A., 178 DPR 777, 781 (2010).
678 *Id.* en la pág. 781.
679 *Id.* en la pág. 782.
680 *Véase* Torres Marrero v. Alcadesa Ponce, 199 DPR 493 (2017).
681 *Id.*

Cuando la intrusión física alcanza la forma extrema de una ocupación física permanente, ocurre una incautación.[682]

Para llevar a cabo dicho poder, se requiere que una entidad gubernamental inicie formalmente el procedimiento judicial de expropiación forzosa y consigne el pago de la justa compensación estimada.[683] De cumplir con los requisitos, el título de dominio le queda investido.[684] Transcurrido el procedimiento, el tribunal adjudica la compensación final.[685] En casos excepcionales el estado puede ocupar una propiedad previo al inicio del procedimiento judicial y la consignación correspondiente. Para estas situaciones existe a beneficio de la parte afectada la acción de expropiación a la inversa. A estos casos les aplican "las mismas normas y principios que rigen la acción de expropiación instada por el Estado".[686]

La justa compensación a la que tiene derecho la parte con interés en el bien expropiado es aquella que lo coloca en una situación económica equivalente a la que estaría de no haberse expropiado la propiedad, es decir, aquella cantidad que representa el valor en el mercado de la propiedad al tiempo de la incautación.[687] El estado tiene que pagar intereses, los cuales son parte integral de la justa compensación, y se computan desde la fecha en que ocurrió la expropiación hasta la fecha en que se pague totalmente la compensación.[688]

a. Cláusula de menoscabo de las obligaciones contractuales

La Constitución del Estado Libre Asociado de Puerto Rico prohíbe la promulgación de leyes que menoscaben las obligaciones contractuales.[689] La Constitución federal contiene una cláusula análoga que prohíbe a los estados promulgar leyes que menoscaben las obligaciones contractuales que surjan de contratos públicos o contratos privados.[690]

La garantía contra el menoscabo de obligaciones contractuales limita el poder del gobierno para interferir con las obligaciones contractuales entre partes privadas, así como las obligaciones contractuales contraídas por el estado.[691] Al considerar la validez de estatutos bajo la referida cláusula, el escrutinio aplicable depende del tipo de contrato en cuestión, ya sea un contrato privado o uno público.[692] Esta diferencia responde a que cuando la modificación se da en el contexto de la contratación pública el escrutinio

---

[682] *Id.*
[683] AAA v. Cortés Flores, 2024 TSPR 96 en la pág. 8 (2024).
[684] *Id.*
[685] *Id.*
[686] *Id.* (*citando a* Amador Roberts et als. v. ELA, 191 DPR 268 (2014); Culebra Enterprises Corp. v. ELA, 143 DPR 935, 946-947 esc. 14 (1997)).
[687] *Id.* en la pág. 9.
[688] *Id.* en la pág. 10. 14
[689] CONST. PR art. II, § 7.
[690] CONST. EE. UU. art. I, § 10.
[691] Energy Reserves Group v. Kansas Power and Light, 459 U.S. 400 (1983).
[692] Domínguez Castro et al. v. E.L.A. I, 178 DPR 1, 80 (2010).

judicial tiene que ser más cuidadoso "para asegurar que la actuación del Estado no sólo sea en beneficio propio".[693]

Al evaluar la interferencia del gobierno en el contexto de la contratación privada lo primero que procede auscultar es si existe una relación contractual y si la modificación de la obligación constituye un menoscabo sustancial o severo.[694] Luego de determinar que existe un menoscabo sustancial o severo de una obligación contractual, hay que evaluar si la interferencia gubernamental responde a un propósito o interés legítimo del Estado y si está racionalmente relacionada con la consecución de dicho objetivo.[695] Al auscultar la validez de una ley bajo la cláusula de menoscabo de obligaciones contractuales el criterio aplicable es el de razonabilidad.[696] La razonabilidad de la legislación se determinará tomando en consideración la sustancialidad del interés público promovido y la dimensión del menoscabo ocasionado.[697]

Ahora bien, cuando el Estado modifica sus propias obligaciones el escrutinio judicial es más cuidadoso.[698] Aun cuando el escrutinio en el contexto de la contratación pública es más severo, eso no significa que hay una prohibición absoluta que impida el poder de reglamentación del Estado en beneficio del interés público.[699] Por tanto, la función del foro judicial al evaluar la validez de una legislación bajo la cláusula del menoscabo de obligaciones contractuales consiste en establecer un balance entre el poder del Estado (*police power*) para salvaguardar el bienestar y la seguridad de la ciudadanía y el interés de proteger las relaciones contractuales.[700]

En los casos de contratación pública procede evaluar, como cuestión de umbral, si existe una obligación contractual y si la modificación de la obligación constituye un menoscabo sustancial o severo.[701]

La garantía constitucional contra el menoscabo de obligaciones contractuales se activa cuando la modificación afecta adversamente los términos o condiciones esenciales del contrato que principalmente dieron motivo a la celebración del contrato de modo que se frustren las expectativas razonables de las partes.[702] Una vez se determina que el menoscabo es sustancial, procede auscultar si la modificación persigue adelantar un interés importante en beneficio del bienestar general.[703] Por último, habrá que dirimir si la modificación, además de razonable, es necesaria para adelantar ese propósito gubernamental importante.[704] Si la

---

[693] *Id.* (*citando a* Bayrón Toro, 119 DPR en la pág. 620).
[694] *Véase* Warner Lambert Co. v. Tribunal Superior, 101 DPR 378 (1973).
[695] Domínguez Castro, 178 DPR en las págs. 80-81
[696] *Id.* en la pág. 81.
[697] *Id.; Véase* Home Building & Loan Association v. Blaisdell, 290 U.S. 398 (1934).
[698] *Id.*
[699] *Id.; Véase también* Allied Structural Steel Co. v. Spannaus, 438 U.S. 234, 241 (1978).
[700] *Id.*
[701] *Id.* en las págs. 82-83.
[702] City of El Paso v. Simmons, 379 U.S. 497 (1965).
[703] Domínguez Castro, 178 DPR en la pág. 84.
[704] *Id.*

modificación es razonable y necesaria para adelantar el interés público, se sostendrá la validez de la ley impugnada.[705]

Respecto al criterio de razonabilidad y necesidad, no se sostendrá el menoscabo a la obligación contractual del estado si existen medidas alternas que sean menos drásticas o severas que la ejercida por el estado para lograr su objetivo.[706] A la hora de evaluar la razonabilidad y necesidad de la medida en el contexto de la contratación pública, no es apropiado dar completa deferencia a la determinación legislativa sobre la necesidad o razonabilidad de la legislación.[707] Sin embargo, esto no significa que el foro judicial no deba dar alguna deferencia a la determinación de necesidad y razonabilidad que hizo el legislador en el ejercicio de su poder constitucional, especialmente cuando se trata de regulaciones socioeconómicas.[708]

En síntesis, cuando se impugna legislación bajo la cláusula del menoscabo de obligaciones contractuales del Estado, se le da alguna deferencia a la determinación del legislador respecto a la necesidad y razonabilidad de la medida.[709] Al llevar a cabo dicha tarea, es relevante, y aporta a la determinación final de razonabilidad de la medida, el hecho de que la legislación sea en respuesta a una situación de emergencia y que su aplicación sea temporal o transitoria.[710]

Tratamiento médico

Cuando un paciente rechaza cierto tratamiento médico, los tribunales deben balancear los intereses en conflicto entre dicho rechazo versus la política pública. Entre los intereses del estado a considerar se encuentran la preservación de la vida, la prevención del suicidio, la protección de terceros inocentes y mantener la integridad de la profesión médica. El interés del estado en la preservación de la vida disminuye cuando quien toma la decisión informada de rechazar el tratamiento médico es el propio paciente. El interés del estado en prevenir el suicidio no prevalecerá sobre el derecho de rechazar tratamiento médico cuando el paciente rechaza cierto tratamiento pero está dispuesto a considerar y aceptar otras opciones. La integridad ética de la profesión médica no se afecta por respetar la decisión informada del paciente de rechazar cierto tipo de tratamiento médico. El Tribunal Supremo ha reconocido el derecho de todo paciente a tomar decisiones respecto a la intervención médica a la que habrá de someterse.

Asimismo, la libertad de culto garantiza la práctica de creencias religiosas, libre de prohibiciones impuestas por el estado. Una ley que sea neutral y de aplicabilidad general no tiene que estar justificada por un interés gubernamental apremiante aun cuando tenga el efecto incidental de imponer una carga sobre una práctica religiosa particular. Es

---

[705] *Id.*
[706] *Id.* (citas omitidas).
[707] *Id.* (citas omitidas).
[708] *Id.*
[709] *Id.* en la pág. 85.
[710] *Id.*

inconstitucional, en el balance de intereses, una ley que limite la voluntad de rechazar tratamiento por razones religiosas si no existe un interés gubernamental de mayor peso.

Además, la constitución consagra el principio cardinal de la inviolabilidad de la dignidad del ser humano. A base de ello, reconoce como derecho fundamental la intimidad. Del derecho a la intimidad emanan la autonomía de la voluntad así como los derechos de la personalidad. Se lesiona el derecho de intimidad, entre otras instancias, al limitar la facultad de un individuo de tomar decisiones personales, familiares o íntimas. Ello incluye su derecho a consentir o rechazar tratamiento médico, luego de que su médico le haya provisto la información necesaria para tomar una decisión de esa naturaleza.

VI. Deberes afirmativos del Estado bajo la Constitución del Estado Libre Asociado de Puerto Rico

La Carta de Derechos de Puerto Rico establece las siguientes garantías e impone los siguientes deberes afirmativos del estado:

> Sección 1. — La dignidad del ser humano es inviolable. Todos los hombres son iguales ante la ley. No podrá establecerse discrimen alguno por motivo de raza, color, sexo, nacimiento, origen o condición social, ni ideas políticas o religiosas. Tanto las leyes como el sistema de instrucción pública encarnarán estos principios de esencial igualdad humana.
>
> Sección 2. — Las leyes garantizarán la expresión de la voluntad del pueblo mediante el sufragio universal, igual, directo y secreto, y protegerán al ciudadano contra toda coacción en el ejercicio de la prerrogativa electoral.
>
> Sección 3. — No se aprobará ley alguna relativa al establecimiento de cualquier religión ni se prohibirá el libre ejercicio del culto religioso. Habrá completa separación de la iglesia y el estado.

Sección 4. — No se aprobará ley alguna que restrinja la libertad de palabra o de prensa o el derecho del pueblo a reunirse en asamblea pacífica y a pedir al gobierno la reparación de agravios.

Sección 5. — Toda persona tiene derecho a una educación que propenda al pleno desarrollo de su personalidad y al fortalecimiento del respeto de los derechos del hombre y de las libertades fundamentales. Habrá un sistema de instrucción pública el cual será libre y enteramente no sectario. La enseñanza será gratuita en la escuela primaria y secundaria y, hasta donde las facilidades del Estado lo permitan, se hará obligatorio para la escuela primaria. No se utilizará propiedad ni fondos públicos para el sostenimiento de escuelas o instituciones educativas que no sean las del Estado. Nada de lo contenido en esta disposición impedirá que el Estado pueda prestar a cualquier niño servicios no educativos establecidos por la ley para protección o bienestar de la niñez. La asistencia obligatoria a las escuelas públicas primarias, hasta donde las facilidades del Estado lo permitan, según se dispone en la presente, no se interpretará como aplicable a aquéllos que reciban instrucción primaria en escuelas establecidas bajo auspicios no gubernamentales.

Sección 6. — Las personas podrán asociarse y organizarse libremente para cualquier fin lícito, salvo en organizaciones militares o cuasi militares.

Sección 7. — Se reconoce como derecho fundamental del ser humano el derecho a la vida, a la libertad y al disfrute de la propiedad. No existirá la pena de muerte. Ninguna persona será privada de su libertad o propiedad sin debido proceso de ley, ni se negará a persona alguna en Puerto Rico la igual protección de las leyes. No se aprobarán leyes que menoscaben las obligaciones contractuales. Las leyes determinarán un mínimo de propiedad y pertenencias no sujetas a embargo.

Sección 8. — Toda persona tiene derecho a protección de ley contra ataques abusivos a su honra, a su reputación y a su vida privada o familiar.

Sección 9. — No se tomará o perjudicará la propiedad privada para uso público a no ser mediante el pago de una justa compensación y de acuerdo con la forma provista por ley. No se aprobará ley alguna autorizando a expropiar imprentas, maquinarias o material dedicados a publicaciones de cualquier índole. Los edificios donde se encuentren instaladas sólo podrán expropiarse previa declaración judicial de necesidad y utilidad pública mediante procedimientos que fijará la Ley, y sólo podrán tomarse antes de la declaración judicial, cuando se provea para la publicación un local adecuado en el cual pueda instalarse y continuar operando por un tiempo razonable.

Sección 10. — No se violará el derecho del pueblo a la protección de sus personas, casas, papeles y efectos contra registros, incautaciones y allanamientos irrazonables.

No se interceptará la comunicación telefónica.

Sólo se expedirán mandamientos autorizando registros, allanamientos o arrestos por autoridad judicial, y ello únicamente cuando exista causa probable apoyada en juramento o afirmación, describiendo particularmente el lugar [a] registrarse, y las personas a detenerse o las cosas a ocuparse.

Evidencia obtenida en violación de esta sección será inadmisible en los tribunales.

Sección 11. — En todos los procesos criminales, el acusado disfrutará del derecho a un juicio rápido y público, a ser notificado de la naturaleza y causa de la acusación recibiendo copia de la misma, a carearse con los testigos de cargo, a obtener la comparecencia compulsoria de testigos a su favor, a tener asistencia de abogado, y a gozar de la presunción de inocencia.

En los procesos por delito grave el acusado tendrá derecho a que su juicio se ventile ante un jurado imparcial compuesto por doce vecinos del distrito, quienes podrán rendir veredicto por mayoría de votos en el cual deberán concurrir no menos de nueve.

Nadie será obligado a incriminarse mediante su propio testimonio y el silencio del acusado no podrá tenerse en cuenta ni comentarse en su contra.

Nadie será puesto en riesgo de ser castigado dos veces por el mismo delito.

Todo acusado tendrá derecho a quedar en libertad bajo fianza antes de mediar un fallo condenatorio.

La detención preventiva antes del juicio no excederá de seis meses. Las fianzas y las multas no serán excesivas. Nadie será encarcelado por deuda.

Sección 12. — No existirá la esclavitud, ni forma alguna de servidumbre involuntaria salvo la que pueda imponerse por causa de delito, previa sentencia condenatoria. No se impondrán castigos crueles e inusitados. La suspensión de los derechos civiles incluyendo el derecho al sufragio cesará al cumplirse la pena impuesta. No se aprobarán leyes *ex post facto* ni proyectos para condenar sin celebración de juicio.

Sección 13. — El auto de *hábeas corpus* será concedido con rapidez y libre de costas. No se suspenderá el privilegio del auto de *hábeas corpus* a no ser que, en casos de rebelión, insurrección o invasión, así lo requiera la seguridad pública. Sólo la Asamblea Legislativa tendrá el poder de suspender el privilegio del auto de *hábeas corpus* y las leyes que regulan su concesión. La autoridad militar estará siempre subordinada a la autoridad civil.

Sección 14. — No se conferirán títulos de nobleza ni otras dignidades hereditarias. Ningún funcionario o empleado del Estado Libre Asociado aceptará regalos, donativos, condecoraciones o cargos de ningún país o funcionario extranjero sin previa autorización de la Asamblea Legislativa.

Sección 15. — No se permitirá el empleo de menores de catorce años en cualquier ocupación perjudicial a la salud o a la moral, o que de alguna manera amenace la vida o integridad física. No se permitirá el ingreso de un menor de dieciséis años en una cárcel o presidio.

Sección 16. — Se reconoce el derecho de todo trabajador a escoger libremente su ocupación y a renunciar a ella, a recibir igual paga por igual trabajo, a un salario mínimo razonable, a protección contra riesgos para su salud o integridad personal en su trabajo o empleo, y a una jornada ordinaria que no exceda de ocho horas de trabajo. Sólo podrá trabajarse en exceso de este límite diario, mediante compensación extraordinaria que nunca será menor de una vez y media el tipo de salario ordinario según se disponga por ley.

> Sección 17. — Los trabajadores de empresas, negocios y patronos privados y de agencias o instrumentalidades del gobierno que funcionen como empresa o negocios privados tendrán el derecho a organizarse y a negociar colectivamente con sus patronos por mediación de representantes de su propia y libre selección para promover su bienestar.
>
> Sección 18. — A fin de asegurar el derecho a organizarse y a negociar colectivamente, los trabajadores de empresas, negocios y patronos privados y de agencias o instrumentalidades del gobierno que funcionen como empresas o negocios privados tendrán, en sus relaciones directas con sus propios patronos, el derecho a la huelga, a establecer piquetes y a llevar a cabo otras actividades concertadas legales. Nada de lo contenido en esta sección menoscabará la facultad de la Asamblea Legislativa a aprobar leyes para casos de grave emergencia cuando estén claramente en peligro la salud o la seguridad pública, o los servicios públicos esenciales.
>
> Sección 19. — La enumeración de derechos que antecede no se entenderá en forma restrictiva ni supone la exclusión de otros derechos pertenecientes al pueblo en una democracia, y no mencionados específicamente. Tampoco se entenderá como restrictiva de la facultad de la Asamblea Legislativa para aprobar leyes en protección de la vida, la salud y el bienestar del pueblo.[711]

El estado tiene un deber afirmativo de garantizar el ejercicio real de los derechos fundamentales mediante prohibiciones y limitaciones específicas; de lo contrario, se reduciría la Constitución a una formalidad, en vez de otorgarle fuerza vinculante y el valor social que amerita.[712]

Por ejemplo, la jurisprudencia ha mencionado específicamente que el estado tiene el deber afirmativo de:

- Proteger el voto de distintas maneras y con distinto rigor en multiplicidad de situaciones.[713]
- Revelar la prueba a la defensa, especialmente si es favorable, exculpatoria o potencialmente exculpatoria.[714]

---

[711] CONST. PR art. II.
[712] Com. PNP v. CEE et al., 197 DPR 914, 956 (2017).
[713] P.I.P. v. C.E.E., 120 DPR 580, 615 (1988).
[714] Brady v. Maryland, 373 U.S. 83 (1963)

- Mantener neutralidad y propiciar la más amplia divulgación de información y orientación sobre las razones a favor y en contra de los cambios propuestos en la votación sobre enmiendas constitucionales.[715]
- Abstenerse de interferir con el ejercicio libre del voto por los ciudadanos.[716]
- Proteger al ciudadano contra cualquier coacción que pretenda interferir con el ejercicio de su prerrogativa electoral.[717]

VII. Revisión judicial

La revisión judicial es la característica distintiva de nuestro orden político.[718] Significa que, si una ley es inconstitucional, un tribunal así debe declararlo. En Puerto Rico, tal poder se encuentra expresamente en la Constitución: "Ninguna ley se declarará inconstitucional a no ser por una mayoría del número total de los jueces de que esté compuesto el tribunal de acuerdo con esta Constitución o con la ley".[719] Para que el Tribunal Supremo pueda declarar inconstitucional una ley es necesario el concurso de una mayoría de los miembros del Tribunal, incluyendo las vacantes.[720]

A. Teoría, naturaleza y legitimidad

Los tribunales han adoptado normas de autolimitación judicial antes de ejercer su poder de revisión judicial que constituyen un mínimo de condiciones para el ejercicio discreto y tolerable de un poder que de otro modo constituiría una clara amenaza para la calidad democrática del sistema y convertiría a los jueces en guardianes de la comunidad.[721] El Tribunal Supremo de Puerto Rico ha dicho:

> Factores determinantes de estas normas son la falibilidad del juicio humano, la condición negativa del poder judicial que no posee la autoridad directa que adviene a las otras dos ramas por ser electas por el pueblo, y la convicción de que la Corte perdería su influencia y prestigio y finalmente su autoridad, si, a diario, y fuera de los estrictos límites de un genuino procedimiento judicial, estuviese pasando juicio sobre la validez constitucional de las actuaciones legislativas y ejecutivas.[722]

---

[715] Berrios Martínez et al. v. Rosselló González et al., 137 DPR 195, 229 (1994).
[716] Com. PNP v. CEE et al., 197 DPR 914, 947 (2017).
[717] *Id.*
[718] ELA v. Aguayo, 80 DPR 552, 595 (1958).
[719] CONST. PR art. V, § 4.
[720] P.I.P. v. E.L.A. et al., 186 DPR 1, 26 (2012).
[721] ELA v. Aguayo, 80 DPR en la pág. 597.
[722] *Id.*

La doctrina de autolimitación judicial rige cuando un tribunal es llamado a evaluar la validez constitucional de una pieza legislativa.[723] Es una doctrina de prudencia que establece que cuando se cuestione la constitucionalidad de un estatuto, el tribunal evaluará primero si hay una interpretación razonable que permita soslayar la cuestión constitucional.[724] Así, persigue "evitar un trastoque en nuestro esquema constitucional de separación de poderes y, a su vez, permite que se mantenga el equilibrio necesario entre las Ramas de Gobierno".[725]

Los principios que rigen la aplicación de la revisión judicial en los tribunales son los siguientes:

> (1) no juzgar la validez constitucional de una ley en un procedimiento amigable, no adversativo;
>
> (2) no anticiparse a decidir una cuestión de derecho constitucional antes de que sea necesario hacerlo;
>
> (3) no formular una regla de derechos constitucional más amplia que la que requieran los hechos precisos a los cuales ha de aplicarse;
>
> (4) no juzgar una cuestión constitucional aunque haya sido sometida propiamente en los autos, si también se somete un fundamento de otra índole que permita disponer del caso;
>
> (5) no juzgar la validez de una ley a petición de uno que no puede probar que su aplicación le causa daños;
>
> (6) no juzgar la constitucionalidad de una ley a instancia de uno que se ha valido de sus beneficios;
>
> (7) asegurarse de si existe una interpretación razonable de la ley que le permita soslayar la cuestión constitucional,
>
> (8) no entender en una cuestión constitucional si los autos no son adecuados para hacer una determinación de esa índole;
>
> 9) las leyes, como regla general, se presumen constitucionales hasta que un tribunal competente declare lo contrario. [726]

---

[723] Brau, Linares v. ELA, 190 DPR 315, 337 (2014)
[724] *Id.*
[725] ELA v. Aguayo, 80 DPR en la pág. 597-98.
[726] *Id.* en la pág. 596; Caquías Mendoza v. Asociación de Residentes, 134 DPR 181, 189 (1993).

La revisión judicial también involucra el interpretar leyes, cuyo ejercicio se rige por reglas de hermenéutica:

- Los tribunales deben esforzarse por lograr interpretaciones congruentes y compatibles que adelanten la constitucionalidad de las leyes.[727]
- Los tribunales no considerarán el aspecto constitucional de una medida legislativa cuando se pueda atender el asunto mediante un análisis estatutario.[728]
- Si interpretar de forma literal un estatuto levanta cuestiones constitucionales, los tribunales, en lo posible, deberán atemperarlo para evitar decretar su inconstitucionalidad.[729]
- Se debe determinar si el lenguaje de la ley es simple y preciso en relación con la controversia.[730] De ser así, los tribunales deben sujetar su análisis a la acepción simple y clara del lenguaje, por entenderse que el texto de la ley representa la intención del legislador.[731]
- Ante un lenguaje confuso los tribunales tienen el deber de aclarar las lagunas o áreas oscuras en la ley y proveer un sentido lógico a sus diversas disposiciones y suplir posibles deficiencias cuando sea necesario.[732]
- De surgir alguna ambigüedad en el texto del estatuto, los tribunales deben asegurarse que la interpretación cumple con los propósitos legislativos.[733] Para esto, deben considerar cuáles fueron los propósitos perseguidos por la Asamblea Legislativa al aprobarla y la interpretación debe atribuirle un sentido que asegure el resultado que originalmente se quiso obtener.[734] Para ello, se ausculta la exposición de motivos, la cual generalmente recoge el propósito que inspiró su creación.[735] En los casos en que la ley carece de una exposición de motivos o, cuando aun teniéndola, no contiene la intención legislativa, es útil consultar otros documentos tales como los informes de las comisiones que estudiaron el proyecto de ley y los debates celebrados cuando la medida fue discutida en el hemiciclo según aparecen en el Diario de Sesiones.[736] También son pertinentes los anteproyectos y los informes que son preparados fuera de la Asamblea Legislativa, cuando esta los tiene ante sí y adopta sustancialmente esos anteproyectos.[737]

---

[727] Nadal v. Depto. Rec. Nat., 150 DPR 715, 720-21 (2000).
[728] *Id.*; *Véase también* P.P.D. v. Admor. General de Elecciones, 111 DPR 199, 243 n. 32 (1981).
[729] Nadal, 150 DPR en la pág. 721.
[730] S.L.G. v. Solá-Moreno v. Bengoa Becerra, 182 DPR 675, 691 (2011).
[731] *Id.*
[732] Alonso García v. S.L.G., 155 DPR 91, 99-100 (2001); Pueblo v. Ferreira Morales, 147 DPR 238, 267 (1998).
[733] Morales v. Marengo, 181 DPR 852, 859 (2011).
[734] Brau Linares v. ELA, 190 DPR 315, 339 (2014).
[735] Pueblo v. Zayas, 147 DPR 530, 539 (1999).
[736] *Id.*
[737] *Id.*

- Las leyes no han de ser interpretadas tomando aisladamente algunas de sus secciones, párrafos u oraciones, sino que se deben interpretar considerando todo su contexto.[738]
- El análisis que realice el tribunal debe evitar la aplicación literal de la ley si esto resulta en consecuencias absurdas; la interpretación debe ser razonable y consistente con el propósito legislativo.[739] Por ello, si entre dos interpretaciones una es cónsona con la validez de la ley, a ella se debe ceñir la función judicial.
- Ante una situación de posibles conflictos de disposiciones legales, los tribunales deben, en lo posible, conciliar las mismas para lograr un resultado lógico y razonable que represente la intención legislativa.[740]
- En fin, "[l]os tribunales estamos autorizados a interpretar las leyes cuando, entre otras, éstas no son claras o concluyentes sobre un punto en particular; cuando el objetivo, al realizarlo, es el de suplir una laguna en la misma; o cuando, con el propósito de mitigar los efectos adversos de la aplicación de una ley a una situación en particular, la justicia así lo requiere".[741]

B. Procedimientos de revisión por el Tribunal Supremo de Puerto Rico y de los Estados Unidos

La sentencia declaratoria es un "mecanismo remedial y profiláctico que permite anticipar la dilucidación de los méritos de cualquier reclamación ante los tribunales, siempre y cuando exista un peligro potencial contra quien la solicita".[742] Está disponible independientemente de que existan otros remedios.[743]

La sentencia declaratoria tiene la eficacia y el vigor de una sentencia o resolución definitiva.[744] Se dicta en procesos en los que los hechos demuestren que existe una controversia sustancial entre partes que tienen intereses legales adversos.[745] Tiene el propósito de disipar una incertidumbre jurídica y contribuir a la paz social.[746] **Es adecuada como solución a planteamientos constitucionales.**[747]

Siempre que la constitucionalidad de una ley, una orden ejecutiva, una franquicia o un reglamento administrativo del Estado Libre Asociado de Puerto Rico se impugne en algún pleito en que este o algún funcionario, funcionaria o agencia suyos no sea parte, el tribunal notificará dicha impugnación al Secretario de Justicia y permitirá la intervención del Estado

---

[738] González Hernández v. González Hernández, 181 DPR 746, 765 (2011).
[739] Pueblo v. Mantilla, 71 DPR 36, 43-44 (1950).
[740] Fernández v. Srio. de Hacienda, 122 DPR 636, 647 (1988).
[741] Pueblo v. Ortega Santiago, 125 DPR 203, 214 (1990).
[742] Alcalde Guayama v. ELA, 192 DPR 329, 333 (2015).
[743] R.P. CIV. 59.1., 32 LPRA Ap. V R. 59.1.
[744] *Id.*
[745] Senado de PR v. ELA, 203 DPR 62, 71 (2019).
[746] Véase Suárez v. C.E.E. I, 2004 TSPR 179, 163 DPR 347, 354 (2004).
[747] Asociación de Periodistas v. Martin González., 127 DPR 704, 724 (1991).

Libre Asociado de Puerto Rico.[748] El tribunal, de así estimarlo necesario, ordenará a comparecer al Estado Libre Asociado de Puerto Rico.[749]

Mediante *auto de certificación*, a ser expedido discrecionalmente, *motu proprio* o a solicitud de parte, el Tribunal Supremo podrá traer inmediatamente ante sí para considerar y resolver cualquier asunto pendiente ante el Tribunal de Primera Instancia o el Tribunal de Apelaciones, cuando se plantee la existencia de un conflicto entre decisiones previas del Tribunal de Apelaciones, se planteen cuestiones noveles de derecho o se planteen cuestiones de alto interés público que incluyan cualquier cuestión constitucional sustancial al amparo de la Constitución del Estado Libre Asociado de Puerto Rico o de la Constitución de Estados Unidos de América.[750]

El Tribunal Supremo puede expedir un *injunction* para que no se haga cumplir una ley declarada inconstitucional.

C. Revisión judicial del Tribunal Supremo de los Estados Unidos sobre los tribunales estatales y Puerto Rico

La ley federal establece lo siguiente:

> (a) Las sentencias o decretos definitivos dictados por el tribunal supremo de un Estado en el que se pueda tener una decisión, pueden ser revisados por la Corte Suprema mediante un auto de *certiorari* cuando se cuestione la validez de un tratado o ley de los Estados Unidos o cuando se cuestione la validez de una ley de cualquier Estado por ser contraria a la Constitución; tratados o leyes de los Estados Unidos, o cuando cualquier título, derecho, privilegio o inmunidad esté especialmente establecido o reclamado en virtud de la Constitución o los tratados o estatutos de los Estados Unidos, o de cualquier comisión o autoridad ejercida en virtud de ellos.[751]

---

[748] R.P. CIV. 21.3, 32 LPRA Ap. V R. 21.3.
[749] *Id.*
[750] *Id.* R. 52.2.
[751] Judiciary and Judicial Procedure, 28 USCS § 1257 (traducción suplida).

> Las sentencias o decretos definitivos dictados por el Tribunal Supremo del Estado Libre Asociado de Puerto Rico podrán ser revisados por el Tribunal Supremo mediante auto de *certiorari* cuando se cuestione la validez de un tratado o ley de los Estados Unidos o cuando se cuestione la validez de una ley del Estado Libre Asociado de Puerto Rico por ser contraria a la Constitución, tratados o leyes de los Estados Unidos, o cuando cualquier título, derecho, privilegio o inmunidad esté especialmente establecido o reclamado en virtud de la Constitución o los tratados o estatutos de los Estados Unidos, o de cualquier comisión o autoridad ejercida en virtud de ellos.[752]

IX. Jurisdicción de los tribunales en la litigación constitucional; criterios de justiciabilidad

El principio de justiciabilidad requiere la existencia de un caso o controversia real para que los tribunales puedan ejercer válidamente el Poder Judicial.[753] En ese sentido, los tribunales solo pueden evaluar los méritos de aquellos casos que sean justiciables.[754]

A. Condiciones para la litigación constitucional

1. Caso o controversia

Los tribunales existen únicamente para resolver controversias genuinas, surgidas entre partes opuestas que tienen un interés real en obtener un remedio judicial que pueda afectar sus relaciones jurídicas.[755] Para que un tribunal intervenga en un pleito, este tiene que ser justiciable.[756] La doctrina constitucional de justiciabilidad establece como requisito la existencia de un "caso o controversia" real para el ejercicio válido del poder judicial.[757] Es por ello que el requisito de caso o controversia, en sus diversas modalidades, es de índole jurisdiccional.[758] Si el caso no es justiciable, la determinación del tribunal sería una opinión consultiva.[759]

---

[752] *Id.* § 1258.
[753] Ramos, Méndez v. García García, 203 DPR 379, 393-94 (2019); Suárez Cáceres v. Com. Estatal Elecciones, 176 DPR 31, 60 (2009); Com. de la Mujer v. Srio. de Justicia, 109 DPR 715, 720 (1980).
[754] Bhatia Gautier v. Gobernador, 199 DPR 59, 68 (2017); Asoc. Fotoperiodistas v. Rivera Schatz, 180 DPR 920, 931 (2011); E.L.A. v. Aguayo, 80 DPR 552 (1958).
[755] Asoc. Alcaldes v. Contralor, 176 DPR 150, 157 (2009).
[756] *Id.* en la pág. 158.
[757] *Id.*
[758] *Id.*
[759] *Véase* E.L.A. v. Aguayo, 80 DPR 552 (1958).

Una opinión consultiva ha sido definida como la ponencia legal emitida por un tribunal cuando no tiene ante su consideración un caso o una controversia justiciable, y cuyo resultado, por lo tanto, no es obligatorio.[760] La doctrina de opinión consultiva intenta evitar que se produzcan decisiones en el vacío, en el abstracto, o bajo hipótesis de índole especulativa, ya que no es función de los tribunales actuar como asesores o consejeros.[761] En fin, a los tribunales les está vedado emitir opiniones consultivas sujetas a revisión e interpretación por las otras ramas de gobierno.[762]

2. Legitimación

Como elemento necesario para la debida adjudicación de los méritos de una controversia, el principio de justiciabilidad requiere que los demandantes posean legitimación activa.[763] La legitimación activa es "la capacidad que se le requiere a la parte promovente de una acción para comparecer como litigante ante el tribunal, realizar con eficiencia actos procesales y, de esta forma, obtener una sentencia vinculante".[764]

El examen de la legitimación activa es un mecanismo usado por los tribunales para delimitar su propia jurisdicción y no adentrarse en los dominios de otras ramas de gobierno, y no lanzarse a resolver cuestiones hipotéticas o planteadas dentro de un contexto inadecuado.[765] Al amparo de esta doctrina, la parte que solicita un remedio judicial debe demostrar que: (1) ha sufrido un daño claro y palpable; (2) el daño es real, inmediato y preciso, no abstracto o hipotético; (3) existe una conexión entre el daño sufrido y la causa de acción ejercitada, y (4) la causa de acción surge al palio de la Constitución o de una ley.[766]

Respecto al requisito del daño que tiene que sufrir la persona natural o jurídica que acude ante el foro judicial, la lesión se puede basar en consideraciones ambientales, recreativas, espirituales o estéticas.[767]

Cuando se trata de una acción en contra de las agencias y los funcionarios gubernamentales, estos criterios deben interpretarse de manera flexible y liberal para la parte promovente del pleito.[768]

---

[760] *Véase* Ortiz Rivera v. Panel sobre el FEI, 155 DPR 219 (2001).
[761] Asoc. Alcaldes v. Contralor, 176 DPR 150, 158 (2009).
[762] Ortiz Rivera, 155 DPR en las págs. 251-52; Com. de la Mujer v. Srio. de Justicia, 109 DPR 715, 721 (1980).
[763] Hernández Torres v. Gobernador, 129 DPR 824, 835 (1992).
[764] Ramos, Méndez v. García García, 203 DPR 379, 394 (2019).
[765] Hernández Torres v. Hernández Colón et al., 131 DPR 593, 598 (1992).
[766] Fund. Surfrider y otros v. A.R.Pe., 178 DPR 563, 572 (2010); Sánchez et al. v. Srio. de Justicia et al., 157 DPR 360, 371 (2002).
[767] Salas Soler v. Srio. de Agricultura, 102 DPR 716, 723 (1974). *Véase además* García Oyola v. Junta de Calidad Ambiental, 142 DPR 532 (1997).
[768] Ramos, Méndez, 203 DPR en la pág. 395.

La legitimación activa de los legisladores

En el caso de los legisladores, estos deben cumplir con los mismos requisitos que se les exigen a los ciudadanos para demostrar que poseen legitimación activa.[769] Deben establecer que han sufrido un daño claro e inmediato a sus prerrogativas legislativas.[770] Al cumplir con este requisito, los legisladores tienen que asegurarse de que no invocan una prerrogativa abstracta y desligada del ejercicio de sus funciones legislativas.[771] Asimismo, los legisladores tienen que demostrar que existe una conexión entre el daño que alegan haber sufrido y la acción que ejercitan.[772]

Los legisladores no tienen legitimación para representar a sus votantes o el interés público.[773]

Las prerrogativas legislativas son la garantía que posee todo legislador a ejercitar plenamente su derecho constitucional a legislar según la Constitución de Puerto Rico.[774] Los tribunales deben quedar convencidos de que se trata de una verdadera lesión a sus prerrogativas legislativas.[775]

Cuando un miembro de la Asamblea Legislativa alega que sus prerrogativas como legislador se han afectado porque no ha podido fiscalizar adecuadamente la obra legislativa, ello solo implica los mecanismos razonables y necesarios que posibiliten su participación plena en todas las etapas críticas del proceso legislativo.[776] Además, los legisladores deben agotar todos los remedios que tengan a su disposición antes de acudir a los tribunales para que se les permita y reconozca dicho derecho.[777]

Al igual que las leyes, toda actuación gubernamental está sujeta a ser interpretada y ser declarada inconstitucional en nuestro sistema constitucional.[778] El sujeto activo en la impugnación no puede valerse de una mera alegación de inconstitucionalidad.[779] Por ende, "[s]u legitimación activa debe estar sustentada a través de todas las etapas procesales del pleito a los efectos de que ha sufrido un daño claro, palpable y no especulativo y cumple con todos los otros requisitos necesarios para el reconocimiento de su legitimación activa".[780]

---

[769] Bhatia Gautier v. Gobernador, 199 DPR 59, 70 (2017).
[770] *Id.*
[771] *Id.*
[772] *Id.* en la pág. 71.
[773] Hernández Torres v. Hernández Colón, 129 DPR 824, 839 (1992).
[774] Hernández Torres v. Hernández Colón et al., 131 DPR 593, 601 (1992).
[775] *Id.*
[776] Bhatia Gautier v. Gobernador, 199 DPR 59, 70-71 (2017).
[777] *Id.* en la pág. 71.
[778] Hernández Torres, 131 DPR en la pág. 602.
[779] *Id.*
[780] *Id.*

Un legislador tiene legitimación activa si:

> (1) defiende un interés individual tradicional vinculado con el proceso legislativo e invocado frente a funcionarios del Cuerpo tanto en su carácter particular como en representación de un grupo de ese Cuerpo,
>
> (2) impugna una actuación ilegal del Ejecutivo,
>
> (3) las reglas senatoriales coartan su derecho constitucional de participar en las etapas esenciales y significativas en las comisiones del Cuerpo,
>
> (4) cuestiona las reglas senatoriales que impugna el intento del Senado de excluir a un senador de su escaño mientras se determina la validez de su elección,
>
> (5) para solicitar un *injunction* y sentencia declaratoria con el objetivo de cuestionar que una persona está ocupando un cargo en detrimento de su poder de confirmación, y
>
> (6) vindica su prerrogativa y función constitucional como lo es la participación en el proceso de confirmación de consejo y consentimiento de un nombramiento de un funcionario público.[781]

Legitimación de los contribuyentes

Como regla general, se niega legitimación activa al demandante que solamente tiene interés en el resultado del pleito por su condición de contribuyente, sin que su interés se distinga de modo alguno del que pudiera tener cualquier otro ciudadano.[782] Sin embargo, un contribuyente tiene legitimación activa para impugnar un gasto gubernamental cuando lo hace bajo la cláusula de establecimiento.[783]

---

[781] Ramos, Méndez v. García García, 203 DPR 379, 395-96 (2019).

[782] *Véase* Frothingham v. Mellon, 262 U.S. 447 (1923).

[783] *Véase* Flast v. Cohén, 392 U.S. 83 (1968); Valley Forge Christian College v. Americans United for Separation of Church and State, 454 U.S. 464 (1982).

Una persona tiene legitimación para cuestionar la validez o aplicación de una ley contributiva para determinar su obligación contributiva.[784] La acción del contribuyente tiene dos vertientes.[785] Primero, aquella en la cual el ciudadano cuestiona su obligación de pagar o el monto de su aportación contributiva en un pleito para obtener reembolso fundado en alegadas infracciones de ley o de constitución.[786] Segundo, aquella en la cual la persona impugna un acto del gobierno como inconstitucional y alega, como razón para probar su interés de litigante, que él contribuye, mediante el pago de impuestos, al sostenimiento económico del acto alegadamente inconstitucional.[787] En ese caso, el ciudadano litiga como uno de miles de contribuyentes que aportan una suma al Tesoro Público, del cual sale el dinero que se utiliza para ese gasto calificado como inconstitucional.[788] En esa acción el litigante no sufre daño directo personal, ya que gane o pierda no se le reducirá ni se le devolverá su contribución.[789] En fin, un contribuyente tiene legitimación para impugnar una ley contributiva que determina su responsabilidad en tal carácter.[790]

Legitimación de las asociaciones

Si la parte litigante es una asociación, esta tiene legitimación para solicitar la intervención judicial por los daños sufridos por la agrupación y para vindicar los derechos de la entidad.[791] Cuando la asociación comparece en defensa de sus intereses, le corresponde demostrar un daño claro, palpable, real, inmediato, preciso, no abstracto o hipotético a su colectividad.[792] La agrupación también puede acudir al foro judicial a nombre de sus miembros aunque esta no haya sufrido daños propios.[793]

Cuando la asociación litiga a nombre de sus miembros tiene que demostrar que el miembro (1) tiene legitimación activa para demandar a nombre propio; (2) que los intereses que se pretenden proteger están relacionados con los objetivos de la organización; y (3) que la reclamación y el remedio solicitado no requieren la participación individual.[794]

---

[784] Romero Barceló v. E.L.A., 169 DPR 460, 472 (2006).
[785] *Id.* en la pág. 473.
[786] *Id.*
[787] *Id.*
[788] *Id.*
[789] *Id.*
[790] *Id.* en la pág. 474.
[791] *Véase* Col. de Ópticos de P.R. v. Vani Visual Center, 124 DPR 559 (1989).
[792] *Id.*
[793] Fund. Surfrider y otros v. A.R.Pe., 178 DPR 563, 573 (2010).
[794] *Id.*

3. Academicidad

La academicidad requiere que, en todo pleito presentado ante un tribunal, exista una controversia real entre las partes.[795] Un caso se torna académico cuando la cuestión en controversia sucumbe ante el paso del tiempo, ya sea porque ocurrieron cambios en los hechos o el derecho, y la misma se vuelve inexistente.[796] Ello tendrá como consecuencia que el dictamen que en su día emita el tribunal no surtirá efecto práctico entre las partes.[797] Los tribunales pierden su jurisdicción sobre un caso por academicidad cuando ocurren cambios durante el trámite judicial de una controversia particular que hacen que esta pierda su actualidad, de modo que el remedio que pueda dictar el tribunal no ha de llegar a tener efecto real alguno en cuanto a esa controversia.[798]

Por imperativo constitucional por haber ausencia de caso o controversia o por motivo de autolimitación judicial, los tribunales no consideran los méritos de un caso cuando es académico.[799] No obstante, hay excepciones en las cuales los tribunales atenderán el caso, aunque sea académico: (1) se plantea ante el foro judicial una cuestión recurrente o susceptible de volver a ocurrir y que tienda a evadir la revisión judicial; (2) cuando la situación de hechos ha sido modificada por el demandado, pero el cambio no aparenta ser permanente, y (3) cuando se tornan académicos aspectos de la controversia, pero subsisten consecuencias colaterales vigentes.[800]

4. Madurez

La presentación prematura de una acción también incide sobre la jurisdicción de los tribunales.[801] La madurez se enfoca en la proximidad temporal o inminencia del daño alegado y debe examinarse mediante un análisis dual: si la controversia sustantiva es una apropiada para resolución judicial y si el daño es suficiente para requerir adjudicación.[802] El factor determinante es que la controversia esté definida concretamente de manera que el tribunal pueda evaluarla en sus méritos.[803] Todo lo que se necesita para asegurar que un caso está maduro es que el evento contemplado con toda probabilidad va a ocurrir.[804]

---

[795] Amador Roberts et als. v. ELA, 191 DPR 268 (2014).
[796] IG Builders et al. v. 577 Headquarters Corp., 185 DPR 307 (2012); U.P.R. v. Laborde Torres y otros I, 180 DPR 253 (2010); Emp. Pur. Des., Inc. v. H.I.E.Tel., 150 DPR 924, (2000).
[797] IG Builders et al. v. 577 Headquarters Corp., 185 DPR 307 (2012).
[798] C.E.E. v. Depto. de Estado, 134 DPR 927, 935 (1993).
[799] Presidente de la Cámara v. Gobernador, 167 DPR 149 (2006); Asoc. de Periodistas v. González, 127 DPR 704 (1991).
[800] Véase Rullán v. Fas Alzamora, 166 DPR 742 (2006).
[801] Romero Barceló v. E.L.A., 169 DPR 460, 475 (2006).
[802] *Id.*
[803] *Id.* (citas omitidas).
[804] *Id.*

5. Cuestión Política

La doctrina de cuestión política plantea que ciertos asuntos no son susceptibles de determinación judicial porque su resolución corresponde a las otras ramas del gobierno, la ejecutiva o legislativa, y no al poder judicial.[805] Existen tres vertientes de la doctrina de cuestión política, a saber: 1) la que requiere que los tribunales no asuman jurisdicción sobre un asunto porque este ha sido asignado textualmente por la Constitución a otra rama del gobierno; 2) aquella según la cual las cortes deben de abstenerse de intervenir, bien porque no existan criterios de decisión susceptibles de descubrirse y administrarse por los tribunales, bien por la presencia de otros factores análogos y 3) la que aconseja la abstención judicial por consideraciones derivadas de la prudencia.[806]

Existe una cuestión política, no susceptible de adjudicación judicial cuando hay: 1) una delegación expresa del asunto en controversia a otra rama del gobierno; 2) ausencia de criterios o normas judiciales apropiadas para resolver la controversia; 3) imposibilidad de decidir sin hacer una determinación inicial de política pública que no le corresponde a los tribunales; 4) imposibilidad de tomar una decisión sin expresar una falta de respeto hacia otra rama de gobierno; 5) una necesidad poco usual de adherirse, sin cuestionar, a una decisión política tomada previamente; y 6) potencial de confusión proveniente de pronunciamientos múltiples de varios departamentos del Gobierno sobre un punto.[807] El mero hecho de que un pleito buscara la protección de un derecho político, no quiere decir que con él se presente una cuestión política.[808]

Ante un reclamo de inconstitucionalidad de una ley, es la Rama Judicial la llamada a determinar la validez de la misma.[809] Ni los cuerpos u organismos legislativos ni los funcionarios ejecutivos pueden convertirse en jueces de sus propios actos.[810] Son los tribunales los llamados a ser los intérpretes finales de la Constitución y de las leyes.[811]

---

805 Noriega Rodríguez v. Hernández Colón, 135 DPR 406, 422 (1994).
806 *Id.*
807 *Id.* en la pág. 423.
808 *Id.*
809 *Id.* en la pág. 426.
810 *Id.*
811 *Id.*

DERECHO DE FAMILIA

I. Persona Natural

A. Personalidad y capacidad jurídica

Todo ser humano es persona natural.[812] El nacimiento determina la personalidad y la capacidad jurídica; pero el concebido se tiene por nacido para todos los efectos que le son favorables, siempre que nazca con vida independiente de su madre.[813] La representación del ser humano en gestación corresponde a quien la ejercerá cuando nazca y en caso de imposibilidad o incapacidad, a un representante legal o defensor judicial.[814]

Es nacido el ser humano que tiene vida independiente de la madre, demostrada por el reconocimiento médico o la declaración de testigos de que luego del parto exhibió signos vitales y reacciones fisiológicas y biológicas propias.[815]

Los derechos que se reconocen al *nasciturus* están supeditados a que este nazca con vida y no menoscaban en forma alguna los derechos constitucionales de la mujer gestante a tomar decisiones sobre su embarazo.[816]

Si el concebido nace muerto se reputa no haber existido jamás.[817]

Se presume que todo ser humano nace con vida.[818]

Se presume que el embarazo tiene un plazo de doscientos ochenta (280) días y que la concepción ocurre en o luego del primer día de ese período, contado retroactivamente a partir de la fecha del nacimiento.[819]

El juicio médico competente es la única prueba admisible para rebatir esta presunción y la presunción de que todo ser humano nace con vida.[820]

La mujer gestante puede solicitar el reconocimiento de su embarazo o de la ocurrencia del parto, para cualquier efecto legal, con el testimonio del facultativo que haya constatado el hecho de la gestación o del nacimiento.[821]

Toda persona natural tiene el goce de los derechos esenciales que emanan de su personalidad y puede reclamar su respeto y protección ante el Estado y ante las demás personas naturales y jurídicas.[822]

---

[812] 31 LPRA § 5501.
[813] *Id.* § 5511.
[814] *Id.* § 5511.
[815] *Id.* § 5512.
[816] *Id.*
[817] *Id.*
[818] *Id.* § 5513.
[819] *Id.* § 5514.
[820] *Id.*
[821] *Id.* § 5515.
[822] *Id.*

Son derechos esenciales de la personalidad, la dignidad y el honor, la libertad de pensamiento, conciencia o religión, de acción, la intimidad, la inviolabilidad de la morada, la integridad física y moral, la creación intelectual.[823]

Los derechos esenciales aquí reconocidos solo admiten las limitaciones que impongan la Constitución, el Código Civil y las leyes.[824]

CAPÍTULO IV. — ATRIBUTOS INHERENTES DE LA PERSONA NATURAL

SECCIÓN PRIMERA — NOMBRE DE LA PERSONA NATURAL

Artículo 82. — Derecho al nombre. (31 L.P.R.A. § 5541)

Toda persona natural tiene el derecho a tener y a proteger su nombre, que debe inscribirse en el Registro Demográfico de conformidad con la ley.

No se inscribirán nombres ofensivos a la dignidad de la persona.

Artículo 83. — Contenido e inscripción. (31 L.P.R.A. § 5542)

El nombre de una persona comprende el nombre propio o individual unido al primer apellido de sus progenitores.

Artículo 84. — Reconocimiento e inscripción por un solo progenitor. (31 L.P.R.A. § 5542)

Si uno solo de los progenitores reconoce e inscribe a la persona nacida, lo hace con sus dos apellidos en el mismo orden del progenitor que lo reconoce. El reconocimiento posterior del otro progenitor justifica la sustitución de uno de los apellidos en el nombre de la persona por el del progenitor que le reconoce con posterioridad.

Artículo 85. — Modificación del nombre. (31 L.P.R.A. § 5544)

El cambio o la rectificación del nombre solo se admite en los casos y con las formalidades que la ley establece.

SECCIÓN SEGUNDA — EL DOMICILIO.

Artículo 86. — Unicidad del domicilio. (31 L.P.R.A. § 5551)

Tanto la persona natural como la jurídica tienen un único domicilio, que es la entidad política y geográfica en la que tienen establecida, legal o voluntariamente, su sede jurídica para todos los efectos legales, independientemente de su origen nacional.

Para efectos de la jurisdicción y la competencia de los tribunales, no se pierde un domicilio mientras no se adquiere otro.

---

[823] *Id.*
[824] *Id.*

Artículo 87. — Determinación del domicilio. (31 L.P.R.A. § 5552)

El domicilio de la persona natural se adquiere por la presencia física unida a la intención de permanecer en un lugar indefinidamente.

Artículo 88. — Cambio de domicilio. (31 L.P.R.A. § 5553)

El domicilio puede cambiarse solo mediante la presencia física habitual y la intención de residir indefinidamente en un estado distinto.

Artículo 89. — Domicilio del hijo menor. (31 L.P.R.A. § 5554)

El domicilio de los hijos menores de edad no emancipados es el de sus progenitores con patria potestad o el del progenitor que tiene sobre ellos la custodia exclusiva.

Si ambos progenitores comparten la custodia de sus hijos, el domicilio de estos es el del lugar donde se concentran sus intereses personales, sociales, educativos y económicos.

Solo en caso de controversia entre los progenitores, el tribunal determinará cuál es el domicilio del menor, según convenga a su interés.

Artículo 90. — Domicilio de la persona sometida a tutela. (31 L.P.R.A. § 5555)

El domicilio de la persona sujeta a tutela es el de su tutor, mientras la autoridad judicial no disponga otra cosa. Para efectos de conceder jurisdicción a los organismos que deben tomar decisiones administrativas o judiciales apremiantes sobre su bienestar personal físico o económico, el domicilio del incapaz por razones mentales o físicas es el del lugar donde ubica la institución que lo tiene a su cargo.

Artículo 91. — Domicilio conyugal. (31 L.P.R.A. § 5556)

Se presume que ambos cónyuges tienen el mismo domicilio y que continúa siendo el que establecieron al momento del casamiento.

Durante el procedimiento de divorcio o mientras residen habitualmente en lugares distintos, los cónyuges pueden tener domicilios diferentes, hecho que deben probar afirmativamente ante cualquier parte con interés en conocer su certeza.

Artículo 92. — Cambio de domicilio conyugal. (31 L.P.R.A. § 5557)

Si los cónyuges cambian de domicilio mientras están casados, el domicilio conyugal será el del lugar donde establecen el centro de sus intereses personales y económicos, salvo convenio expreso en el que seleccionen, al momento del casamiento, un domicilio particular para toda la vigencia del matrimonio.

Esta selección, si está unida al acto y la intención de mantener ese lugar como el domicilio de ambos, constituye el domicilio conyugal mientras no se altere por voluntad expresa de los cónyuges o por actos constitutivos del cambio.

Artículo 93. — Residencia. (31 L.P.R.A. § 5558)

Residencia es el lugar en que vive una persona, tenga o no la intención de establecer allí su domicilio.

Artículo 94. — Residencia habitual para ciertos actos. (31 L.P.R.A. § 5559)

La ley puede imponer un período mínimo de residencia habitual para la realización de determinado acto de naturaleza civil o política, cuando la persona no es ciudadana o no está domiciliada en Puerto Rico.

Artículo 95. — Pluralidad de residencias. (31 L.P.R.A. § 5560)

Cuando se desconoce el domicilio de una persona o no es posible establecerlo con certeza, se presume que es el lugar donde tuvo su última residencia habitual conocida.

Si la persona reside en varios lugares con igual habitualidad y contacto, el domicilio es aquel donde tiene la mayor concentración de bienes inmuebles. Si no tiene bienes inmuebles o hay dificultad para identificarlos, el domicilio es el lugar en donde ha participado de actividades o asumido responsabilidades sociales, cívicas o políticas significativas.

CAPÍTULO V. — LA MUERTE

Artículo 96. — Efectos de la muerte. (31 L.P.R.A. § 5581)

La personalidad y la capacidad jurídica de la persona natural se extinguen por la muerte.

CAPÍTULO VI. — LA MAYORÍA DE EDAD

Artículo 97. — Mayoría de edad. (31 L.P.R.A. § 5591)

Toda persona adviene a la mayoría de edad cuando cumple veintiún (21) años. Desde entonces tiene plena capacidad para realizar por sí misma todos los actos civiles, mientras no se halle dentro de las restricciones y prohibiciones que impone este Código.

Artículo 98. — Prueba. (31 L.P.R.A. § 5592)

La certificación sobre la fecha de nacimiento que expide el Registro Demográfico o la autoridad pública competente del lugar en que nació la persona, basta para probar su mayoridad. En ausencia de la inscripción oportuna del nacimiento de una persona, se admite cualquier prueba que demuestre indubitadamente que alcanzó la edad de veintiún (21) años.

Artículo 99. — Obligaciones de subsistencia. (31 L.P.R.A. § 5593)

La mayoría de edad no extingue inmediatamente las obligaciones de subsistencia ni las atenciones de previsión de los progenitores o de otros obligados a prestarlas en favor de quien adviene a la mayoridad:

(a) si la ley dispone expresamente su extensión;

(b) si el beneficiado está sujeto a la patria potestad prorrogada de sus progenitores; o

(c) si el beneficiado no tiene recursos ni medios propios para su manutención, mientras subsisten las circunstancias por las que es acreedor de ellas.

Las atenciones de previsión incluyen, sin limitarlas a, los seguros de salud, de vida y de incapacidad, los planes de estudio y las garantías prestadas sobre obligaciones que subsisten luego de advenir el beneficiado a la mayoridad.

La persona que alegue la extinción de las obligaciones de subsistencia o las atenciones de previsión sobre quien adviene a la mayoridad, debe probarla.

B. Capacidad de obrar y sus restricciones

SECCIÓN PRIMERA — PRESUNCIÓN DE CAPACIDAD DEL MAYOR DE EDAD

Artículo 100. — Presunción de capacidad. (31 L.P.R.A. § 5601)

Se presume la capacidad de la persona natural mayor de edad, de obrar por sí misma. Contra esta presunción solo se admite la sentencia de incapacitación absoluta o de restricción parcial de la capacidad por las causas y la extensión que determina la ley.

SECCIÓN SEGUNDA — CLASES DE INCAPACITACIÓN

Artículo 101. — Clases de incapacitación y sus efectos. (31 L.P.R.A. § 5611)

La capacidad de obrar de la persona natural puede limitarse absoluta o parcialmente. En ambos casos procede el nombramiento de un tutor para que la asista en los actos ordinarios de la vida civil y la represente legalmente en las relaciones jurídicas en las que sea parte.

Artículo 102. — Causas de incapacitación absoluta. (31 L.P.R.A. § 5612)

Es absolutamente incapaz para obrar por sí misma en todos los asuntos que afecten su persona y sus bienes:

(a) la persona que tiene disminuidas o afectadas permanente y significativamente sus destrezas cognoscitivas o emocionales y tal estado le impide percatarse del contenido y alcance de los actos ordinarios y jurídicos que realiza; y

(b) la persona que padece una condición física o mental que le imposibilita cuidar de sus propios asuntos o intereses, mientras se encuentra en este estado.

Artículo 103. — Actos realizados por el incapaz absoluto. (31 L.P.R.A. § 5613)

Los actos jurídicos que realizan las personas señaladas en el artículo anterior, antes de la declaración de incapacidad y aún durante su estado de incapacitación, si actúan en estado lúcido, se presumen válidos respecto de los terceros que desconocen la condición y actúan de buena fe.

En caso de ausencia total de discernimiento, es de aplicación lo dispuesto en este Código para los actos jurídicos en que falta la voluntad.

Artículo 104. — Causas de incapacitación parcial. (31 L.P.R.A. § 5614)

Tiene restringida su capacidad de obrar por sí misma en los asuntos que afectan sus bienes o sus intereses personales, con las limitaciones que expresamente le impone la ley o la sentencia de incapacitación:

(a) el menor no emancipado;

(b) la persona que padece de discapacidad mental moderada y que tiene una vida útil e independiente;

(c) la persona con discapacidad física que no puede comunicarse efectivamente por ningún medio, y que requiere asistencia para hacerse entender, para participar consciente o activamente en algún acto jurídico o para consentir expresamente y por escrito a una obligación;

(d) la persona que dilapida su patrimonio de modo ligero y desenfrenado, con probado menosprecio de las atenciones de previsión familiar que le son propias y de sus obligaciones pecuniarias; y

(e) la persona que habitualmente consume bebidas embriagantes, drogas o sustancias controladas por ley, que haya desarrollado tal grado de dependencia fisiológica o psicológica de ellas que le produzca un estado físico, mental y anímico que le impide tomar decisiones acertadas sobre su estabilidad y su seguridad personal; sobre sus bienes y su solvencia económica; sobre la atención de sus obligaciones jurídicas; y sobre su inserción en procesos conducentes a su rehabilitación.

Artículo 105. — Impugnación de los actos del parcialmente incapaz. (31 L.P.R.A. § 5615)

Los actos jurídicos realizados por las personas descritas en los incisos (b), (c), (d) y (e) del artículo anterior[, es decir, todos los incapaces excepto el menor de edad,] antes de la sentencia que restringe su capacidad de obrar, no pueden ser impugnados por razón de su incapacitación, a menos que se pruebe vicio en la voluntad.

Los actos posteriores a la citación y el emplazamiento para el proceso de incapacitación son impugnables, si de ellos resulta lesión grave para los intereses que la sentencia coloca bajo tutela.

Artículo 106. — Efectos de la sentencia de incapacitación. (31 L.P.R.A. § 5616)

Cuando la sentencia de incapacitación no inhabilita a la persona para atender todos sus asuntos personales y económicos, indicará expresamente los actos específicos que quedan prohibidos al incapaz y las facultades que ejercerá el tutor en su nombre. La sentencia ha de interpretarse restrictivamente, a menos que el interés óptimo del tutelado imponga una interpretación distinta.

Artículo 107. — Validez de los actos del menor de edad. (31 L.P.R.A. § 5617)

Los actos jurídicos que realiza el menor de edad que ya ha cumplido dieciocho (18) años, aunque esté sujeto a la patria potestad o a la tutela, son válidos si, al momento de consentir a ellos, su grado de madurez, discernimiento, instrucción académica e independencia de sus mayores le permiten comprender la naturaleza y las consecuencias jurídicas de aquellos, excepto cuando la ley le impide expresamente realizarlos.

Los progenitores con patria potestad, los tutores o los representantes legales pueden impugnar la validez de la actuación si, al momento de consentir al acto jurídico impugnado, el menor carece de los atributos que se describen en el párrafo anterior o si en el tráfico jurídico ese acto no es el tipo de gestión que de ordinario realiza una persona de su edad sin la asistencia paterna o tutelar.

Artículo 108. — Prueba de la incapacidad del menor de edad. (31 L.P.R.A. § 5618)

La incapacidad del menor de edad no tiene que declararse por un tribunal de derecho. Para acreditarla, basta con la presentación de la certificación oficial de la fecha de nacimiento.

Artículo 109. — Patria potestad prorrogada. (31 L.P.R.A. § 5619)

Si al alcanzar la mayoridad, el hijo que continúa bajo el cuidado de uno de los progenitores o de ambos padece alguna de las causas de incapacitación que describe este Código, el que lo tenga a su cuidado procurará, en un término no mayor de un (1) año, la declaración correspondiente.

Si uno de los progenitores o ambos, ejercen la patria potestad sobre el menor incapaz, pueden solicitar que se prorrogue la patria potestad más allá de la mayoridad. La sentencia proveerá de conformidad con esa petición.

SECCIÓN TERCERA — PROCEDIMIENTO DE INCAPACITACIÓN

Artículo 110. — Quiénes pueden solicitarla. (31 L.P.R.A. § 5631)

Puede solicitar la declaración de incapacitación absoluta o parcial de una persona mayor de edad o de un menor emancipado, el cónyuge, siempre que convivan a la fecha de la solicitud; los progenitores; y, en todos los casos, cualquier pariente con plena capacidad de obrar que tenga derecho a sucederle o el defensor judicial que el tribunal designe.

Artículo 111. — Incapacitación solicitada por el ministerio público. (31 L.P.R.A. § 5632)

El ministerio público debe solicitar la declaración de incapacitación:

(a) cuando le sea requerido por alguna persona con interés en el bienestar y la seguridad personal del menor o del alegado incapaz, si las personas llamadas a hacerlo no inician oportunamente el procedimiento;

(b) cuando se trata de una persona que representa un peligro para su propia seguridad física o para la de otras personas;

(c) cuando no se conoce o no existe ninguna de las personas mencionadas en el artículo precedente; y

(d) cuando el heredero del alegado incapaz es menor de edad o carece de la capacidad de obrar necesaria para comparecer en juicio.

Artículo 112. — Nombramiento de defensor judicial. (31 L.P.R.A. § 5633)

Cuando el procedimiento es iniciado por el ministerio público, el tribunal nombra un abogado y un defensor judicial para el alegado incapaz que no puede defender la integridad de su capacidad de obrar por sí mismo.

No puede nombrarse defensor judicial del alegado incapaz al llamado por la ley a ejercer el cargo de tutor sobre su persona o sus bienes, pero tiene derecho a presenciar el procedimiento y a ser oído.

En los demás casos, el ministerio público actúa como defensor judicial del alegado incapaz y gestiona las medidas cautelares necesarias para proteger su persona y sus bienes, incluyendo el examen de los informes de rendición de cuentas, anuales y final. En estos casos, el tribunal puede, a solicitud del ministerio público, relevarle del cargo de defensor judicial del alegado incapaz y nombrar a otra persona al cargo.

Artículo 113. — Procedimiento ordinario y expedito. (31 L.P.R.A. § 5634)

La declaración de incapacitación se hace en juicio ordinario, luego de cumplir con las exigencias del debido proceso de ley. Una vez iniciado el proceso, se le da prioridad en el calendario del tribunal para su atención expedita.

Artículo 114. — Prueba requerida. (31 L.P.R.A. § 5635)

Antes de declarar la incapacitación de una persona, el tribunal recibe el dictamen de uno o de varios facultativos médicos, que traten las condiciones físicas, cognoscitivas o emocionales que limitan la capacidad de obrar del alegado incapaz. El juicio profesional versa sobre las condiciones del alegado incapaz que lo incapacitan para la toma de decisiones informadas sobre su persona y sus bienes o únicamente sobre sus bienes.

El tribunal puede pedir y recibir otras pruebas que considere necesarias para hacer su determinación.

Artículo 115. — Efectos de la declaración de incapacidad. (31 L.P.R.A. § 5636)

La incapacitación declarada en virtud de las disposiciones de este capítulo no constituye causa de inimputabilidad para propósitos penales.

La prueba acumulada en el expediente de incapacitación no puede utilizarse para imponer responsabilidad civil o penal al incapaz, por lo que en estos casos debe probarse la condición que da lugar a la incapacidad por prueba independiente.

SECCIÓN CUARTA — MEDIDAS CAUTELARES PARA LA PROTECCIÓN DEL ALEGADO INCAPAZ

Artículo 116. — Medidas cautelares provisionales. (31 L.P.R.A. § 5641)

El tribunal adoptará provisionalmente las medidas cautelares necesarias para la seguridad de la persona y de los bienes del alegado incapaz, hasta que se dicte sentencia.

Artículo 117. — Informe socioeconómico del incapaz. (31 L.P.R.A. § 5642)

El tribunal requerirá un informe sobre las condiciones socioeconómicas del alegado incapaz antes de dictar sentencia, de imponer las limitaciones especiales que procedan o de nombrar el tutor.

La preparación del informe estará a cargo de una persona cualificada para ello, aunque no sea funcionaria del tribunal.

El tribunal recibirá las objeciones oportunas que sobre el contenido del informe presenten las personas interesadas en el proceso de incapacitación, antes de unirlo al expediente del caso.

Artículo 118. — Informes periódicos. (31 L.P.R.A. § 5643)

Luego de dictada la sentencia, el tribunal puede exigir del tutor que informe periódicamente sobre la situación del menor o del incapaz y del estado de la administración de los bienes tutelados.

SECCIÓN QUINTA — PROCEDIMIENTO PARA TERMINAR LA INCAPACITACIÓN

Artículo 119. — Revisión de la sentencia de incapacitación. (31 L.P.R.A. § 5651)

El incapaz, por sí mismo, por mediación del tutor o, ante la negativa de este, por cualquiera de las personas legitimadas para iniciar el procedimiento de incapacitación, puede solicitar que se deje sin efecto o que se modifique la sentencia. La petición se ventila en juicio ordinario.

Artículo 120. — Efectos de la revisión. (31 L.P.R.A. § 5652)

El tribunal puede dejar sin efecto la sentencia, si desaparece la causa de la incapacitación, o puede cambiar el alcance de la declaración original si las nuevas circunstancias del incapaz justifican su modificación.

Artículo 121. — Registro de la terminación de la incapacidad. (31 L.P.R.A. § 5653)

La terminación del estado de incapacidad o la modificación del régimen de tutela de la persona incapaz debe anotarse en el Registro de Tutelas.

C. Tutela

Artículo 147. — Efectos de la negativa a ejercer el cargo. (31 L.P.R.A. § 5705)

El tutor deferido en testamento que se excusa de la tutela al tiempo de su nombramiento pierde lo que, en consideración a tal nombramiento, le ha dejado el testador.

El deferido por la ley o por el tribunal incurre en responsabilidad si el abandono de su cargo ocasiona daño o pérdida económica al tutelado.

Artículo 148. — Requisitos para entrar en posesión del cargo. (31 L.P.R.A. § 5706)

El tutor entrará en el desempeño de su cargo y realizará válidamente las funciones que le son propias, luego de la inscripción del nombramiento en el Registro de Tutelas.

Artículo 149. — Tutela interina. (31 L.P.R.A. § 5707)

Si el tutor no entra en el ejercicio de su cargo por causa de incapacidad, por no haber cumplido los requisitos del cargo o por alguna otra razón, o si queda vacante la tutela en vigor, el tribunal establece la tutela interina del menor o incapaz mientras se resuelve definitivamente el impedimento o se nombra un nuevo tutor.

Artículo 150. — Prestación de fianza o garantía. (31 L.P.R.A. § 5708)

El tribunal puede exigir al tutor la prestación de una fianza o la constitución de otras garantías que aseguren el cumplimiento de sus obligaciones, antes de iniciar su ejercicio.

Artículo 151. — Tipos de fianza. (31 L.P.R.A. § 5709)

La fianza puede ser hipotecaria, pignoraticia o personal y puede prestarla una compañía autorizada para hacer negocios en Puerto Rico. La prestación de fianza no impide la adopción de otras medidas cautelares que el tribunal considere necesarias para la protección de la persona y los bienes del menor o del incapaz.

Artículo 152. — Importe de la fianza o garantía. (31 L.P.R.A. § 5710)

El tribunal fija el importe de la fianza o de la garantía, previa determinación del valor total de los bienes del menor o del incapaz o de los rendimientos que produzcan, de acuerdo con el juicio de peritos, solo si el caudal así lo amerita. La fianza o la garantía pueden aumentarse o disminuirse durante el ejercicio de la tutela, según las vicisitudes que experimente el caudal bajo tutela y los valores en que aquella se constituya.

El tutor presentará una declaración jurada que de fe del conocimiento y la certeza razonable de los datos suministrados al tribunal sobre la solvencia o la condición económica del menor o del incapaz y sobre la suficiencia y la validez de la fianza.

Artículo 153. — Inscripción y depósito de la fianza o garantía. (31 L.P.R.A. § 5711)

Las garantías hipotecarias se inscribirán en el Registro de la Propiedad. El tribunal ha de tomar las medidas necesarias para conservar, en depósito seguro y disponible, el instrumento o los valores que constituyen otros tipos de garantías, según su naturaleza.

Artículo 154. — Cancelación de la fianza. (31 L.P.R.A. § 5712)

No puede cancelarse la fianza u otra garantía prestada hasta que, aprobadas las cuentas de la tutela, el tutor haya extinguido todas las responsabilidades de su gestión.

Artículo 155. — Tutores exentos de prestar fianza. (31 L.P.R.A. § 5713)

Están exentos de la obligación de afianzar el ejercicio de la tutela:

(a) los progenitores y los abuelos, en los casos en que son llamados a ejercer la tutela de sus descendientes;

(b) el tutor testamentario relevado de esta obligación por el o los progenitores. Esta excepción cesa cuando sobrevienen, con posterioridad a su nombramiento, causas ignoradas por el testador que hagan indispensable la prestación de garantía;

(c) el tutor nombrado y relevado de esta obligación por personas que han instituido heredero al menor o al incapaz o que le han dejado legado de importancia. En este caso, la exención se limita a los bienes o rentas en que consiste la herencia o el legado y está sujeta a la salvedad del inciso anterior;

(d) el cónyuge, a menos que el tribunal lo crea necesario, de oficio o a petición de los legitimarios del tutelado;

(e) el tutor especial y el interino, a menos que el tribunal lo considere conveniente para la protección de los intereses del tutelado; y

(f) el tutor que asume los gastos del tutelado.

SECCIÓN QUINTA — EJERCICIO DE LA TUTELA

Artículo 156. — Representación del tutelado. (31 L.P.R.A. § 5721)

El tutor representa al tutelado en todos los actos jurídicos que requieran su consentimiento, salvo aquellos que por disposición expresa de la ley pueda ejecutar solo o con las únicas limitaciones que le imponga la sentencia de incapacitación. La sentencia expresará el grado de participación del tutelado en las decisiones sobre sus bienes, de acuerdo con su condición física, emocional e intelectual y en atención de su interés óptimo.

Artículo 157. — Deberes del tutelado para con el tutor. (31 L.P.R.A. § 5722)

El tutelado debe respeto y deferencia al tutor quien lo disciplinará y guiará de acuerdo con la edad, la condición y el grado de discernimiento de aquel.

Artículo 158. — Obligaciones del tutor. (31 L.P.R.A. § 5723)

El tutor, y todas las personas naturales que actúen a nombre de la persona jurídica designada como tutor, están obligadas a:

(a) ejercer la tutela con la diligencia propia de una persona prudente y razonable que exijan las circunstancias particulares de su cargo;

(b) rendir cuentas periódicas sobre el desarrollo de su gestión en el plazo y condiciones que ordena la sentencia;

(c) alimentar y educar al tutelado, con arreglo a su condición y con estricta sujeción a las disposiciones de los progenitores o a las que, a falta de ellas, ha adoptado el tribunal;

(d) en el caso de menores de edad, corregirlos y disciplinarlos moderadamente;

(e) procurar, por cuantos medios proporciona la fortuna del incapaz, que este adquiera su plena capacidad de obrar o la recobre, se rehabilite de la dependencia o trastorno emocional o físico que lo sujeta a la tutela y logre su mejor inserción en la sociedad;

(f) dirigir y asistir a la persona que hará el inventario y el avalúo de los bienes a que se extiende la tutela, dentro del plazo que señale el tribunal; y

(g) rendir las cuentas periódicas y las finales, al terminar el cargo.

Artículo 159. — Responsabilidad del tutor por incumplimiento. (31 L.P.R.A. § 5724)

El tutor es responsable del perjuicio resultante de la falta de cumplimiento de sus deberes.

Tanto la persona jurídica designada como tutor como las personas naturales que actúen a nombre de la persona jurídica designada como tutor, son responsables en su capacidad personal del perjuicio resultante de la falta de cumplimiento de los deberes del tutor.

Al estimar el monto de la responsabilidad, el tribunal atenderá lo previsto en las disposiciones generales de este Código.

Artículo 160. — Inventario y avalúo de los bienes del tutelado. (31 L.P.R.A. § 5725)

El tribunal ordenará que una persona desinteresada y competente realice el inventario y el avalúo de los bienes del tutelado. No obstante, por justa causa, el tribunal puede dispensar de la valoración de los bienes.

Verificada la corrección y la certeza del inventario y el avalúo de los bienes, previa declaración jurada del responsable de su realización, el tribunal ordenará que se hagan las anotaciones correspondientes en el Registro de Tutelas.

El tribunal fijará la remuneración de la persona que realice el inventario y el avalúo.

Artículo 161. — Créditos del tutor contra el patrimonio del tutelado. (31 L.P.R.A. § 5726)

El tutor informará al tribunal cualquier crédito que tenga contra el patrimonio del tutelado al momento de realizarse el inventario. Si se le requiere y no lo hace oportunamente, se entiende que lo renuncia, salvo que al tiempo del inventario no tenga conocimiento de su existencia.

Artículo 162. — Pensión alimentaria del tutelado. (31 L.P.R.A. § 5727)

Si los progenitores no lo han hecho en testamento o en escritura pública, el tribunal fija la pensión alimentaria del menor o del incapaz, de acuerdo con sus necesidades particulares y con los recursos disponibles para ello.

En la vista para recibir el inventario, el tribunal determina la parte de los bienes que el tutor destinará a dicha pensión. La cuantía puede modificarse según aumente o disminuya el patrimonio o cambien las circunstancias y las necesidades personales y económicas del tutelado.

Artículo 163. — Protección de bienes muebles. (31 L.P.R.A. § 5728)

Las alhajas, los objetos valiosos y los valores mobiliarios o documentos que, a juicio del tribunal, no deban quedar en poder del tutor, por su fragilidad, fácil manejo y sustracción, o porque su posesión o administración no producirían frutos inmediatos, se depositan en un establecimiento destinado a ese fin, hasta que termine la tutela. Estos bienes pueden liquidarse únicamente para destinarlos a la manutención o a los cuidados especiales del tutelado, si disminuye significativamente su caudal.

Los gastos que ocasionan estas medidas cautelares se hacen con cargo a los bienes del tutelado.

Artículo 164. — Deberes del tutor. (31 L.P.R.A. § 5729)

El tutor del menor o del incapaz tiene la obligación de:

(a) someterlo al tratamiento que requiere su condición;

(b) darle una carrera u oficio determinado, si ello no ha sido ordenado por los progenitores;

(c) procurar los rendimientos propios del patrimonio y colocarlos en inversiones seguras, después de cubrir las obligaciones de la tutela;

(d) proceder a la división de la herencia o de otros bienes que el tutelado posea en común con otros titulares;

(e) iniciar en nombre y en representación del tutelado toda acción legal en la que el tutor no tenga intereses encontrados; y

(f) realizar cualquier gestión que convenga al interés óptimo del tutelado y que agilice la atención de sus asuntos personales y económicos.

Estas actuaciones están sujetas a las limitaciones que la ley dispone y a las medidas de control que establezca el tribunal. En caso de duda sobre el alcance de la gestión, la actuación del tutor se entiende limitada a los actos propios de un administrador.

Artículo 165. — Actuaciones que requieren autorización judicial previa y expresa. (31 L.P.R.A. § 5730)

El tutor necesita autorización judicial previa y expresa para:

(a) enajenar o gravar bienes inmuebles del tutelado, otorgar contratos sujetos a inscripción o de arrendamiento de bienes inmuebles por un término mayor de seis (6) años;

(b) enajenar los bienes muebles del tutelado cuyo valor exceda los dos mil (2,000) dólares; hacer gastos extraordinarios en las fincas cuya administración comprende la tutela; o retirar de su colocación cualquier capital que produzca intereses o rendimiento periódico;

(c) alterar sustancialmente el desarrollo normal del comercio o de la industria al que hayan estado dedicados el incapaz, sus ascendientes o los del menor, o modificar sustancialmente los cursos de acción dispuestos por ellos al deferir la tutela;

(d) cobrar los créditos que le correspondan o utilizar, para su beneficio o de terceras personas, bienes y valores pertenecientes al tutelado;

(e) trasladar al tutelado fuera de Puerto Rico por cualquier período de tiempo;

(f) internar al tutelado en una institución para recibir tratamiento debido a trastornos psíquicos, si la condición no se había manifestado ni previsto al iniciarse la tutela;

(g) dar y tomar dinero a préstamo a nombre del tutelado, salvo que sea un proceso normal en los negocios bajo tutela;

(h) transigir y someter a arbitraje las cuestiones en las que el tutelado sea parte interesada;

(i) para proceder a la división de la herencia o de otra cosa que el menor o incapacitado posea en común; o

(j) para entablar demandas en nombre de los sujetos a tutela y para sostener los recursos de apelación o cualquiera otro que sea legal contra la sentencia en que hayan sido condenados.

El tutor presentará prueba de la necesidad, la utilidad y la conveniencia del acto para la persona o el patrimonio del tutelado.

Artículo 166. — Limitaciones adicionales a las facultades del tutor. (31 L.P.R.A. § 5731)

La prohibición de enajenar bienes muebles, cuyo valor exceda los dos mil (2,000) dólares, sin autorización judicial no comprende la enajenación de los frutos de una finca rústica en su última cosecha o de productos o artículos para la venta si tal fuera la naturaleza del negocio bajo tutela.

En ningún caso puede efectuarse el arrendamiento de un bien inmueble, ni concederse la autorización judicial para ello, por un período que exceda el que le falte al menor para alcanzar su mayoridad.

Artículo 167. — Limitaciones sobre atribuciones lucrativas. (31 L.P.R.A. § 5732)

El tutor no puede repudiar la herencia o rechazar las donaciones graciosas o remuneratorias que el tutelado reciba, a menos que puedan llegar a constituir una carga significativa sobre su patrimonio. El tribunal recibirá las pruebas justificativas del rechazo antes de autorizarlo.

Artículo 168. — Actuaciones prohibidas al tutor. (31 L.P.R.A. § 5733)

Se prohíbe al tutor:

(a) donar cosas o renunciar derechos del tutelado, sujeto a lo dispuesto en el artículo anterior; y

(b) adquirir, para sí o por medio de otra persona, los bienes del menor o del incapaz a menos que el tribunal, previa celebración de vista con la comparecencia del ministerio público, lo autorice.

Si hay duda sobre la validez de la actuación del tutor, se resolverá en atención al interés óptimo del tutelado.

Artículo 169. — Venta de los bienes del tutelado. (31 L.P.R.A. § 5734)

Los bienes inmuebles del tutelado, y los bienes muebles cuyo valor exceda los dos mil (2,000) dólares, se venden en pública subasta con las salvaguardas procesales que requiere este tipo de procedimiento.

Se permite la venta privada de los bienes del tutelado si el precio que se ofrece es superior al que surge de la tasación profesional de los bienes a ser enajenados o si se prueba en juicio ordinario que puede ser más conveniente y beneficiosa para él que la venta en pública subasta.

Artículo 170. — Remuneración del cargo. (31 L.P.R.A. § 5735)

El tutor tiene derecho a recibir remuneración por el ejercicio de su cargo. Cuando la persona que ha nombrado al tutor en testamento o escritura pública no ha fijado remuneración, o cuando se trata de tutor nombrado por el tribunal, este la fijará de acuerdo con la importancia del caudal del tutelado y con la complejidad de su administración.

La remuneración se cobrará del patrimonio del tutelado, pero en ningún caso excederá del veinte por ciento (20%) de las rentas o los productos líquidos de los bienes bajo gestión del tutor. El tribunal evaluará, a petición de parte, los informes periódicos sobre el rendimiento de estos bienes para corregir la cuantía de la remuneración, si no se ajusta a los criterios utilizados para la fijación original.

SECCIÓN SEXTA — REMOCIÓN DEL TUTOR

Artículo 171. — Causas de remoción. (31 L.P.R.A. § 5741)

Se removerá de la tutela al tutor que, después de iniciar su ejercicio:

(a) incurre en conducta que lo inhabilita para continuar en su desempeño;

(b) queda limitado en su capacidad de obrar;

(c) incumple los deberes propios del cargo;

(d) falta a las exigencias que haya impuesto el tribunal;

(e) muestra notoria ineptitud en su ejercicio; o

(f) tiene problemas de convivencia graves y continuados con el tutelado.

Artículo 172. — Quién puede pedir la remoción; citación del tutor. (31 L.P.R.A. § 5742)

La petición para la remoción del tutor se presenta dentro del expediente del caso de tutela por cualquier pariente del tutelado, por una persona que conozca la causa de la remoción, o por el ministerio público, de oficio o a solicitud de parte.

Si al atender los incidentes relativos al ejercicio de la tutela el tribunal se percata de la actuación que justifica la remoción puede, de oficio, iniciar el proceso.

El tribunal no puede declarar la inhabilidad del tutor sin citarlo, y sin oírlo, si se presenta.

Artículo 173. — Recurso contra la remoción. (31 L.P.R.A. § 5743)

La resolución judicial en que se remueve al tutor conlleva, en el mismo acto, la declaración o nombramiento de un nuevo tutor, que puede ser provisional o permanente, con arreglo a lo requerido en este Código. Si se designa un tutor provisional, el tribunal continuará el proceso para cubrir la vacante de tutor permanente conforme a la ley. La declaración de remoción del tutor es final e inapelable.

Solo el tutor deferido por el o los progenitores o terceras personas puede recurrir la sentencia que lo inhabilita para continuar en el ejercicio del cargo. En este caso el nuevo tutor que asume el cargo lo hace con carácter interino hasta que recaiga la sentencia final.

SECCIÓN SÉPTIMA — TERMINACIÓN DE LA TUTELA Y RENDICIÓN DE CUENTAS FINALES

Artículo 174. — Causas de terminación. (31 L.P.R.A. § 5751)

Concluye la tutela:

(a) por llegar el menor a la mayoridad, por la adopción y por la emancipación, con las limitaciones que impone la ley;

(b) por haber cesado la causa que la motivó; o

(c) por muerte del tutelado.

Artículo 175. — Deberes del tutor al concluir la tutela. (31 L.P.R.A. § 5752)

El tutor está obligado a rendir cuentas de su administración al terminar la tutela. Igual obligación tiene el tutor que sea removido de su cargo y los legitimarios del tutor que haya fallecido, sobre los bienes que tenía el causante a su cargo.

Las cuentas tienen que ir acompañadas de sus documentos justificativos. Solo pueden excusarse de tal justificación los gastos insignificantes para los cuales no hay costumbre de exigir recibos.

Artículo 176. — Examen de las cuentas. (31 L.P.R.A. § 5753)

El tribunal examinará las cuentas de la tutela dentro del plazo de seis (6) meses de su presentación. Antes de aprobarlas hará los reparos que corresponda, según su propia evaluación o movido por las intervenciones oportunas de cualquier parte interesada. Además, dispondrá la entrega de reintegros y restituciones cuando procedan o citará al tutor o a sus legitimarios, si este hubiera fallecido, para que expliquen los pormenores que necesiten aclaración.

Si el tribunal descubre alguna actuación impropia por parte del tutor sobre el patrimonio que tuvo a su cargo, notificará a todos los afectados, al ministerio público y al tutelado, por sí mismo o mediante defensor judicial o tutor interino, y procederá de conformidad.

Artículo 177. — Aprobación de las cuentas. (31 L.P.R.A. § 5754)

Las cuentas, después de aprobadas, se unen al expediente del tribunal. Una copia certificada de la orden de aprobación se envía al Registro de Tutelas para su inscripción, lo que da por terminado el ejercicio del cargo. Hasta entonces el tutor y el tutelado no pueden celebrar, entre ellos o con sus respectivos causahabientes, ningún acuerdo relacionado con las cuentas o con la gestión del cargo.

Artículo 178. — Gastos de rendición. (31 L.P.R.A. § 5755)

Los gastos necesarios de la rendición de cuentas serán a cargo del tutelado. Los reintegros o las restituciones que se deban recíprocamente el tutor y el tutelado generan el interés legal, mientras no se satisfagan, a partir de la fecha en que advenga firme la resolución del tribunal que fije las cuantías.

Artículo 179. — Extinción de las acciones. (31 L.P.R.A. § 5756)

Las acciones que tienen recíprocamente el tutor y el tutelado por razón del ejercicio de la tutela, caducan a los cuatro (4) años de inscribirse la rendición de cuentas en el Registro de Tutelas. Si aún se encuentra bajo la tutela de alguien cuando ocurre dicha inscripción, el plazo para que el tutelado inicie contra el tutor las acciones que hayan surgido de su gestión, comienza a contar desde que adquiere la mayoría de edad o desde que cesa la incapacidad.

SECCIÓN OCTAVA — EL REGISTRO DE TUTELAS

Artículo 180. — Registro de Tutelas. (31 L.P.R.A. § 5761)

El tribunal mantiene el Registro de Tutelas, cuyas constancias se determinan por ley.

Artículo 181. — Examen del Registro de Tutelas. (31 L.P.R.A. § 5762)

El funcionario a cargo del Registro de Tutelas examina anualmente las constancias de las tutelas inscritas para comprobar el cumplimiento de las obligaciones relacionadas con los informes y la rendición de cuentas anuales u otra obligación especial impuesta al tutor por la sentencia.

Dicho funcionario notifica al tribunal el resultado de su evaluación para que ordene el cumplimiento de las medidas cautelares necesarias. También expedirá copias certificadas de las constancias del registro a cualquier parte con interés legítimo y al ministerio público. Este debe examinar el informe y presentar al tribunal su aprobación o recomendaciones sobre el mismo.

SECCIÓN PRIMERA — DECLARACIÓN DE AUSENCIA

Artículo 182. — Ausente; definición. (31 L.P.R.A. § 5771)

Está ausente la persona que ha desaparecido de su domicilio o residencia habitual sin que se conozca el lugar en que se encuentra, que ha abandonado sus bienes y obligaciones sin dejar a un representante a cargo, y de la cual no se tienen noticias por más de un (1) año.

El período a que se refiere el párrafo anterior puede acortarse si el historial de conducta de la persona desaparecida hace presumir que no se habría ausentado voluntariamente sin informar a sus parientes más allegados o a sus colaboradores sobre su intención o sin tomar las medidas necesarias para proteger y continuar la atención de sus asuntos personales y económicos.

El tribunal puede ordenar a cualquier agencia pública o privada que realice gestiones particulares para constatar la desaparición, la publicación de edictos o el requerimiento de información sobre la persona desaparecida.

Artículo 183. — Declaración de ausencia. (31 L.P.R.A. § 5772)

El tribunal del lugar donde están sitos los bienes de la persona desaparecida o donde tuvo su último domicilio conocido declarará el estado de ausencia, si se cumplen los criterios que establece el artículo anterior.

La declaración se efectuará en un juicio ordinario. El tribunal pedirá y recibirá todas las pruebas necesarias que demuestren que la persona ha desaparecido, ignorándose su paradero, y que dejó bienes y obligaciones que no están legítimamente bajo la administración de persona alguna.

Artículo 184. — Legitimados para solicitarla. (31 L.P.R.A. § 5773)

La declaración de ausencia de la persona desaparecida puede solicitarla el cónyuge, cualquiera de sus parientes con derecho a sucederle, cualquier parte con legítimo interés en su patrimonio, o el ministerio público, a solicitud de parte con conocimiento del estado de desaparición.

SECCIÓN SEGUNDA — MEDIDAS CAUTELARES PARA PROTEGER LOS INTERESES PERSONALES Y ECONÓMICOS DEL AUSENTE

Artículo 185. — Administración entregada al cónyuge o a la pareja por relación de afectividad análoga a la conyugal. (31 L.P.R.A. § 5781)

Si el ausente deja cónyuge con quien convivía y mantenía una vida marital estable o una pareja por relación de afectividad análoga a la conyugal, el tribunal entregará a esta persona la administración de los bienes de aquel, así como la representación legal de sus asuntos, a menos que en pacto expreso se haya excluido este tipo de gestión.

El cónyuge o la pareja por relación de afectividad análoga a la conyugal está sujeto a la formación de inventario y a las medidas cautelares que imponga el tribunal sobre los bienes que no sean comunes. Si los bienes sujetos a administración producen frutos para la sociedad de gananciales o la comunidad de bienes que hayan constituido, el cónyuge o la pareja por relación de afectividad análoga a la conyugal no prestará fianza, pero rendirá cuentas finales al terminar su gestión.

Artículo 186. — Administración por un tercero. (31 L.P.R.A. § 5782)

Si el ausente no está casado, no tiene pareja por relación de afectividad análoga a la conyugal o no deja un administrador o un representante a cargo de sus intereses personales o económicos, el tribunal nombrará un tutor y le atribuirá la sola administración de los bienes y la representación legal en los asuntos y procesos relacionados con las obligaciones del ausente.

El tutor ejercerá el cargo por el plazo improrrogable de tres (3) años, contados a partir de la fecha en que se inscriba el nombramiento en el Registro de Ausentes.

Artículo 187. — Nombramiento por inhabilitación del administrador. (31 L.P.R.A. § 5783)

También procede el nombramiento de tutor para los bienes del ausente:

> (a) si el ausente deja cónyuge, pareja por relación de afectividad análoga a la conyugal, o administrador o representante a cargo de sus asuntos, pero uno u otro ha muerto o está inhabilitado para continuar en el ejercicio de la administración o la representación;
>
> (b) si el cónyuge del ausente solicita la liquidación del régimen económico del matrimonio o pide la disolución del vínculo conyugal; o
>
> (c) si el ausente deja un administrador o un representante, pero han transcurrido más de tres (3) años desde su desaparición.

Si el administrador o representante no entrega voluntariamente su cargo, cualquiera de los legitimados para pedir la declaración de ausencia puede poner el hecho en conocimiento del tribunal para que inicie el proceso conducente al nombramiento de tutor.

El tribunal requerirá el inventario de los bienes del ausente y la rendición de cuentas finales por quien ejerce la administración.

Artículo 188. — Citación de legitimarios y acreedores. (31 L.P.R.A. § 5784)

En los casos a que se refiere el artículo anterior, se citará a los legitimarios y a los acreedores del ausente para que hagan las observaciones oportunas sobre el inventario y la rendición de cuentas finales y participen en la selección y nombramiento del tutor.

Artículo 189. — Quién puede ser tutor. (31 L.P.R.A. § 5785)

Puede ser tutor de los bienes del ausente no casado o sin pareja por relación de afectividad análoga a la conyugal, en orden de prelación:

(a) el administrador o representante en funciones cuando ocurrió la desaparición;

(b) el albacea que el ausente nombró en testamento;

(c) cualquiera de los legitimarios;

(d) cualquiera de los herederos testamentarios;

(e) la persona que tenga sobre los bienes algún derecho que surja por la muerte del ausente; o

(f) cualquier persona idónea que pueda asumir el cargo.

Artículo 190. — Remisión a las normas de tutela. (31 L.P.R.A. § 5786)

Las disposiciones que regulan la tutela del menor y del incapaz son aplicables a la tutela del ausente, aunque referida únicamente a la administración de sus bienes y a la representación legal de los asuntos que afectan sus obligaciones. Dichas disposiciones se interpretan liberalmente para ajustarlas a la naturaleza de la gestión y con atención a la protección, máximo rendimiento y conservación del patrimonio del ausente.

Artículo 191. — Exención de prestar fianza. (31 L.P.R.A. § 5787)

Están exentas de la obligación de afianzar el ejercicio de la tutela de los bienes del ausente, las siguientes personas:

(a) el progenitor o ascendiente del menor de edad que ha desaparecido durante su minoridad, aunque advenga a la mayoridad mientras se encuentra ausente, si este no deja descendientes conocidos;

(b) el que actúa legítimamente como administrador o representante del ausente, si es relevado de prestarla para el caso de que continúe la gestión durante su estado de ausencia; y

(c) el albacea a quien el testador ausente ha relevado expresamente de prestarla como condición para ejercer su cargo.

El tribunal, a solicitud de parte con interés legítimo, puede imponer la fianza que estime adecuada si lo considera necesario para proteger los intereses del ausente, de sus legitimarios presuntos o de sus acreedores.

Artículo 192. — Medidas cautelares adicionales. (31 L.P.R.A. § 5788)

El tribunal puede imponer las medidas cautelares periódicas, urgentes y específicas que estime necesarias y prudentes o modificar las ya impuestas, de oficio o a petición de parte, si existen condiciones que así lo justifican.

El cónyuge, la pareja por relación de afectividad análoga a la conyugal o la persona que ejerce el cargo de tutor sobre los bienes del ausente, tiene la obligación de informar al tribunal cualquier cambio en las circunstancias del patrimonio del ausente que justifique modificar o imponer alguna medida cautelar adicional.

El tutor incurre en responsabilidad si el patrimonio del ausente sufre menoscabo por su falta de diligencia en la gestión o por no informar oportunamente al tribunal sobre la situación.

Artículo 193. — Reclamación contra administrador o poseedor provisional. (31 L.P.R.A. § 5789)

Ninguna persona que tenga derechos que ejercitar contra el ausente podrá promoverlos contra este después de dictada la declaración de ausencia. Debe reclamarlos al administrador, al tutor o a las personas que tengan la posesión provisional de los bienes.

SECCIÓN TERCERA — POSESIÓN PROVISIONAL DE LOS BIENES DEL AUSENTE

Artículo 194. — Cuándo procede la posesión provisional. (31 L.P.R.A. § 5801)

Si al terminar el plazo de tres (3) años, contados desde que los bienes se colocan bajo administración o tutela, el ausente no ha comparecido por sí o por medio de un representante, o no se tienen noticias de su paradero, su cónyuge, su pareja por relación de afectividad análoga a la conyugal, sus presuntos legitimarios, o a falta de estos, sus acreedores, pueden solicitar y obtener la posesión provisional de sus bienes.

Si el ausente está casado se procederá a liquidar el régimen económico conyugal, si no se ha hecho previamente. La posesión provisional recaerá sobre los bienes propios del ausente y la participación que le corresponda en esos procesos de liquidación.

Artículo 195. — Terminación de la tutela. (31 L.P.R.A. § 5802)

Decretada la posesión provisional de los bienes del ausente, el tutor o quien tenga a su cargo la administración, rendirá las cuentas de su gestión y entregará al tribunal un inventario fiel y certificado de los bienes que entrega al poseedor provisional.

Aprobadas las cuentas finales y corroborado el inventario, el tribunal liberará al administrador o al tutor de toda responsabilidad sobre el patrimonio entregado y extinguirá las garantías que haya prestado.

Artículo 196. — Garantías para la posesión provisional. (31 L.P.R.A. § 5803)

La persona que entre en posesión de todos o de algunos de los bienes del ausente, debe otorgar las garantías que requiera el tribunal para asegurar la protección y la conservación de los bienes entregados, salvo que esté exenta de ello. Oportunamente rendirá las cuentas periódicas y las finales sobre el manejo de esos bienes y el alcance de su gestión, según le sean requeridas.

Las garantías que se exijan al poseedor provisional no excederán del importe probable del perjuicio o daño que pueda causar su mala administración.

Artículo 197. — Aprovechamiento de frutos y conversión de los bienes. (31 L.P.R.A. § 5804)

El poseedor provisional hace suyos los frutos de los bienes a su cargo, pero no puede disponer de ellos o gravarlos, sino en caso de necesidad o utilidad evidente, reconocida y declarada por el tribunal. Al autorizar dichos actos, el tribunal determinará el empleo de la cantidad obtenida.

El tribunal puede ordenar también, si es necesario, que todos los bienes muebles o parte de ellos se vendan y que tanto el importe de lo vendido como sus productos o ganancias, se inviertan en la adquisición de bienes inmuebles o se coloquen en inversiones seguras.

Artículo 198. — Terminación de la posesión provisional. (31 L.P.R.A. § 5805)

La tutela y la posesión provisional de los bienes del ausente terminan:

(a) cuando aparece el ausente, por sí mismo o por representante legítimo;

(b) cuando se conoce indubitadamente su paradero; o

(c) cuando se declara su muerte presunta o probada.

En los dos primeros casos se citará a los que están en posesión provisional de los bienes para iniciar los procesos de entrega a su titular. En el tercer caso se procederá a la apertura de su sucesión, con citación de los que puedan tener interés en ella.

Subsiste, sin embargo, la validez de todos los actos que hayan realizado el tutor o los poseedores, si actuaron con diligencia y de conformidad con las medidas cautelares dispuestas por el tribunal para la conservación y administración de los bienes.

SECCIÓN CUARTA — DECLARACIÓN DE MUERTE PRESUNTA

Artículo 199. — Cuándo procede la declaración. (31 L.P.R.A. § 5811)

El tribunal declarará la muerte presunta del ausente cuando se presente prueba de la que pueda inferirse razonablemente que ha muerto; cuando hayan transcurrido diez (10) años desde que se declaró su ausencia y el ausente no haya dado indicios de vida y aún se desconozca su paradero o no se tengan noticias de sus circunstancias; o cuando hayan transcurrido noventa (90) años desde su nacimiento, lo que ocurra primero.

Artículo 200. — Quiénes pueden pedir la declaración. (31 L.P.R.A. § 5812)

Pueden pedir la declaración de muerte presunta, el cónyuge o la pareja por relación de afectividad análoga a la conyugal del ausente, sus legitimarios, parientes o allegados más próximos, otras personas con interés legítimo en su patrimonio o el ministerio público, por sí o a petición de parte.

Artículo 201. — Efectos de la declaración. (31 L.P.R.A. § 5813)

La declaración firme de la presunción de muerte permite que se abra la sucesión del ausente y que se proceda a la partición y adjudicación de sus bienes entre los herederos, de acuerdo con la ley.

Toda declaración de muerte presunta debe expresar la fecha a partir de la cual se considera que ha ocurrido el fallecimiento, con arreglo a lo preceptuado en los artículos precedentes. Se presume, además, que el ausente ha vivido hasta ese momento.

Artículo 202. — Rendición de cuentas ante la presunción de muerte. (31 L.P.R.A. § 5814)

El tutor o el poseedor provisional presentarán un inventario fiel y certificado de los bienes y rendirán las cuentas finales a los legitimarios del ausente, dentro del mismo expediente de la declaración de ausencia.

La preparación del inventario y avalúo, la rendición de cuentas y los ajustes de reintegros y restituciones entre el tutor o el poseedor provisional y los legitimarios del ausente, se rigen por las disposiciones que sobre el mismo asunto contiene este Código, para el caso del tutor del incapaz.

Artículo 203. — Inscripción del fallecimiento. (31 L.P.R.A. § 5815)

Declarada la muerte presunta del ausente, el tribunal ordenará la inscripción del fallecimiento en el Registro Demográfico, con expresión de la fecha y la causa de la muerte presunta, si puede establecerse.

El Registrador anotará en todo certificado de defunción presunta el número del expediente judicial en el que se ventiló la declaración de ausencia. También anotará la fecha de la declaración de muerte presunta en el Registro de Ausentes.

SECCIÓN QUINTA — EL REGRESO DEL AUSENTE

Artículo 204. — Cancelación de la inscripción de defunción. (31 L.P.R.A. § 5821)

Si aparece con vida el ausente a quien se presumía muerto, previa presentación de prueba indubitada de su identidad, pedirá al tribunal la cancelación sumaria de la inscripción de su defunción y la restitución del estado civil que le corresponda. Igual petición puede hacerla quien conoce y puede probar irrefutablemente la existencia del ausente, aunque este no se encuentre en Puerto Rico. El tribunal determinará el alcance de tal declaración.

Artículo 205. — Recuperación de los bienes. (31 L.P.R.A. § 5822)

El regreso del ausente, por sí mismo o por medio de un representante, lo autoriza a recobrar la posesión y el dominio de sus bienes. Puede pedirlos directamente a las personas en posesión de ellos, si conoce su identidad. Si estos no hacen voluntariamente la entrega a su entera satisfacción, puede iniciar un procedimiento judicial con ese propósito.

El ausente o representante recibe los bienes en el estado en que se encuentran, el precio de la parte de ellos que se ha enajenado, o los bienes que se han adquirido con el producto de su venta o enajenación.

Los frutos y rendimientos de los bienes corresponden al ausente desde que los solicitó a quien los tenía en su poder y disfrutaba de ellos.

Artículo 206. — Recuperación de los bienes por parte de tercero. (31 L.P.R.A. § 5823)

Si se presenta un tercero que acredita por documento fehaciente haber adquirido bienes del ausente, cesa la tutela o posesión provisional respecto a dichos bienes. Estos quedan a disposición de su legítimo titular, luego de cumplidas las exigencias del inventario y la rendición de cuentas correspondientes por parte de quien los administraba o los poseía.

Artículo 207. — Reclamación por parte del ausente. (31 L.P.R.A. § 5824)

Si el ausente tiene alguna reclamación sobre el estado de sus bienes, la presentará en el mismo expediente de la declaración de ausencia dentro del plazo de caducidad de cuatro (4) años, contados desde que se inscribió la resolución de aprobación de las cuentas finales en el Registro de Ausentes.

Dependiendo de la complejidad de la reclamación, el tribunal puede resolver la cuestión de modo sumario u ordenar el inicio de un juicio ordinario con sujeción a las reglas de procedimiento aplicables.

SECCIÓN SEXTA — PUBLICIDAD SOBRE EL ESTADO DE AUSENTE

Artículo 208. — Publicación de edicto; Registro de Ausentes. (31 L.P.R.A. § 5831)

Toda declaración de ausencia se divulga mediante la publicación de un edicto en tres periódicos de circulación general, en el que se notifica al ausente y a cualquier persona interesada la determinación judicial.

Transcurridos treinta (30) días desde la última publicación, se ordenará que la declaración de ausencia sea inscrita en el Registro de Ausentes. Inscrita la declaración de ausencia, se extinguen de pleno derecho los mandatos de toda clase que haya otorgado el ausente.

El Registro de Ausentes es administrado por el Registro Demográfico y tiene las constancias que determina la ley.

CAPÍTULO X — DECLARACIÓN DE MUERTE POR EVENTO EXTRAORDINARIO O CATASTRÓFICO Y COMORIENCIA

SECCIÓN PRIMERA — MUERTE EN EVENTO EXTRAORDINARIO O CATASTRÓFICO

Artículo 210. — Evento extraordinario o catastrófico; definición. (31 L.P.R.A. § 5841)

Evento extraordinario o catastrófico es todo suceso de carácter grave, dentro o fuera de Puerto Rico, provocado por las fuerzas de la naturaleza, por un accidente o por el ser humano, que ocasiona pérdidas de vida y que tiene como resultado que el cuerpo o los cuerpos de las personas que estaban en el lugar y tiempo del evento no pueden recuperarse o identificarse adecuadamente.

La declaración de evento catastrófico no tiene que hacerse por autoridad gubernamental alguna, si el tribunal concluye que el suceso efectivamente ocurrió, que fue extraordinario y tuvo las consecuencias descritas para la persona cuya declaración de muerte se procura.

Artículo 211. — Muerte en evento extraordinario o catastrófico. (31 L.P.R.A. § 5842)

Cuando ocurre un evento extraordinario o catastrófico, durante cuyo desarrollo y consecuencias se sabe o se puede inferir razonablemente que han muerto las personas que se encontraban en el lugar y el tiempo en que aconteció, no es necesario solicitar que se declare el estado de ausencia antes de pedir la declaración de muerte correspondiente.

En estos casos, el tribunal, a base de las pruebas directas o circunstanciales recibidas, puede concluir que la persona murió como consecuencia del evento y puede declarar su muerte, aunque no se recupere la totalidad o parte de su cuerpo. El tribunal ordenará la inscripción de la muerte en el Registro Demográfico, donde se anotará que la muerte se debió a un evento catastrófico y la apertura de la sucesión de quien se declara muerto.

Artículo 212. — Incertidumbre sobre la muerte. (31 L.P.R.A. § 5843)

Si no hay certeza o si hay duda razonable sobre la presencia de la persona en el lugar o sobre su muerte durante el evento extraordinario o catastrófico, pero luego de ocurrido no aparece o se desconoce su paradero en un plazo prudente, puede iniciarse respecto a ella el proceso de declaración de estado de ausencia que regula este Código, hasta que se den las circunstancias que permitan declarar su muerte presunta.

Se puede terminar el estado de ausencia y proceder con la declaración de muerte presunta, si surge prueba de la que se pueda inferir que la persona murió en el evento o en circunstancias distintas.

Artículo 213. — Cancelación de la declaración de muerte. (31 L.P.R.A. § 5844)

Si la persona que se creía muerta aparece con vida, se procederá a cancelar la inscripción de la defunción y a restituirle sus bienes, de conformidad con las disposiciones aplicables al ausente que regresa.

SECCIÓN SEGUNDA — LA COMORIENCIA

Artículo 214. — Determinación de premoriencia. (31 L.P.R.A. § 5851)

Cuando dos o más personas perecen en el mismo accidente o evento, sea o no de carácter extraordinario o catastrófico, el tribunal determinará el orden en que murieron, según la prueba presentada.

Artículo 215. — Comoriencia de sucesores recíprocos. (31 L.P.R.A. § 5852)

Si se duda, entre dos o más personas llamadas a sucederse, quién de ellas ha muerto primero, el que sostenga la muerte anterior de una o de otra, debe probarla. A falta de prueba, y de circunstancias especiales de donde inferirla, se presume la supervivencia de acuerdo con las Reglas de Evidencia.

II. Constitución y naturaleza jurídica de la familia

Artículo 362. — Relaciones jurídicas familiares. (31 L.P.R.A. § 6461)

Las relaciones jurídicas familiares constituyen el conjunto de derechos y obligaciones recíprocos de los integrantes de la familia.

Artículo 363. — Normas de interés público. (31 L.P.R.A. § 6462)

Las normas que regulan las relaciones jurídicas familiares son de orden público e interés social, y tienen por objeto proteger el desarrollo integral de la persona en el entorno familiar.

Artículo 364. — Derechos y deberes de los miembros de la familia. (31 L.P.R.A. § 6463)

Los miembros de la familia tienen recíprocamente el derecho y el deber de respetarse, protegerse y socorrerse y proveer para el levantamiento de las cargas familiares en la medida de sus posibilidades, recursos económicos y aptitudes personales.

III. Parentesco

Artículo 365. — Parentesco; definición y alcance. (31 L.P.R.A. § 6521)

El parentesco es la relación jurídica entre dos o más personas unidas por vínculos de sangre, vínculo genético o por disposición de la ley.

Las normas sobre parentesco prescritas en este título rigen en todas las materias que regula la ley.

Artículo 366. — Tipos de parentesco. (31 L.P.R.A. § 6522)

El parentesco por consanguinidad o genético es el vínculo que existe entre personas que descienden de un mismo ascendiente o tronco común.

Artículo 367. — Parentesco por adopción. (31 L.P.R.A. § 6523)

La adopción crea un parentesco equivalente al consanguíneo entre:

(a) el adoptado y el adoptante;

(b) el adoptado y todos los parientes consanguíneos del adoptante;

(c) el adoptante y los descendientes del adoptado; y

(d) todos los adoptados por la misma persona.

La ley puede imponer prohibiciones especiales a la filiación adoptiva, distintas a las de la filiación consanguínea.

Artículo 368. — Parentesco por afinidad. (31 L.P.R.A. § 6524)

El matrimonio crea parentesco por afinidad entre cada uno de los cónyuges y los parientes consanguíneos del otro en la línea recta y en la línea colateral. La disolución del matrimonio termina el parentesco por afinidad, salvo cuando la ley dispone otra cosa.

Artículo 369. — Límites del parentesco por afinidad. (31 L.P.R.A. § 6525)

El parentesco por afinidad no produce vínculo jurídico entre los parientes por consanguinidad de uno de los cónyuges y los parientes por consanguinidad del otro cónyuge.

CAPÍTULO II. — MODO DE DETERMINAR LA PROXIMIDAD DEL PARENTESCO

Artículo 370. — Proximidad del parentesco. (31 L.P.R.A. § 6530)

La proximidad del parentesco se determina por el grado y la línea que unen a una persona con otra.

Artículo 371. — Grado y generación. (31 L.P.R.A. § 6531)

El grado es el vínculo entre dos personas que pertenecen a generaciones sucesivas.

Existe una nueva generación cada vez que, a partir del tronco común, los descendientes generan otros nacimientos sucesivos.

Los nacidos de una persona pertenecen a una misma generación.

Artículo 372. — La línea. (31 L.P.R.A. § 6532)

La línea es la serie no interrumpida de grados y puede ser recta o colateral.

La línea recta es la constituida entre personas que descienden unas de otras. La línea recta es ascendente o descendente, según el punto de partida y la relación de parentesco que se quiera establecer.

La línea colateral es la constituida entre personas que no descienden unas de otras, pero que proceden de un tronco común.

Artículo 373. — Cómputo de grados en la línea recta. (31 L.P.R.A. § 6533)

En la línea recta se determina la proximidad del parentesco entre una persona y su ascendiente o descendiente, contando un grado por cada generación que los une.

Artículo 374. — Cómputo de grados en la línea colateral. (31 L.P.R.A. § 6534)

En la línea colateral se determina la proximidad del parentesco entre dos personas sumando un grado por cada generación que une a la primera hasta el ascendiente común y, desde allí, se desciende sumando un grado por cada generación hasta el pariente colateral cuya proximidad se computa.

Artículo 375. — Cómputo del parentesco por afinidad. (31 L.P.R.A. § 6535)

La proximidad del parentesco por afinidad se determina por el número de grados en que cada uno de los cónyuges está con los parientes por consanguinidad del otro cónyuge.

IV. Matrimonio

A. Constitución, requisitos e impedimentos

Artículo 376. — Constitución del matrimonio. (31 L.P.R.A. § 6591)

El matrimonio es una institución civil que procede de un contrato civil en virtud del cual dos personas naturales se obligan mutuamente a ser cónyuges, y a cumplir la una para con la otra los deberes que la ley les impone. Será válido solamente cuando se celebra y solemniza con arreglo a las prescripciones de aquella y solo puede anularse o disolverse antes de la muerte de cualquiera de los cónyuges, por los fundamentos expresamente previstos en este Código.

Las personas naturales tienen derecho a contraer matrimonio con plena igualdad jurídica.

Artículo 377. — Requisitos para contraer matrimonio. (31 L.P.R.A. § 6592)

Los requisitos necesarios para contraer matrimonio son:

(a) capacidad legal de los contrayentes;

(b) consentimiento expreso de las partes contrayentes; y

(c) autorización y celebración de un contrato matrimonial, observando las formas y solemnidades prescritas por la ley.

Artículo 378. — Capacidad matrimonial. (31 L.P.R.A. § 6593)

Tiene capacidad para contraer matrimonio la persona que:

(a) es mayor de edad;

(b) tiene discernimiento para consentir a la unión y obligarse a cumplir los deberes que conlleva; y

(c) no está impedida por la ley a unirse en matrimonio al otro contrayente.

Artículo 379. — Modalidades del consentimiento. (31 L.P.R.A. § 6594)

Si el consentimiento de cualquiera de los cónyuges ha sido subordinado a condición, plazo o modo, estos se tienen por no puestos.

Artículo 380. — Impedimentos para contraer matrimonio. (31 L.P.R.A. § 6595)

No pueden contraer matrimonio:

(a) las personas que están unidas por un vínculo matrimonial;

(b) las personas que no han cumplido dieciocho (18) años de edad;

(c) los ascendientes y los descendientes por consanguinidad o por adopción;

(d) los parientes colaterales por consanguinidad o por adopción hasta el tercer grado;

(e) los ascendientes y los descendientes por afinidad en la línea recta, si del matrimonio que creó la afinidad nacieron hijos que tienen lazos consanguíneos con ambos contrayentes; y

(f) las personas convictas, en cualquier participación, de la muerte dolosa del cónyuge de cualquiera de ellas.

Artículo 381. — Matrimonio del menor de edad. (31 L.P.R.A. § 6596)

Para contraer matrimonio, el menor que ha cumplido los dieciocho (18) años necesita la autorización de las personas que ejercen sobre él la patria potestad o la tutela. Si estas se niegan a consentir al matrimonio, el tribunal puede autorizarlo luego de celebrar una vista para conocer las causas de la negativa y determinar si el menor tiene discernimiento para entender la naturaleza del matrimonio y las obligaciones que conlleva.

Artículo 382. — Nombramiento de tutor especial. (31 L.P.R.A. § 6597)

Si el contrayente menor de edad que ha cumplido dieciocho (18) años no está sujeto a la patria potestad o a tutela, el tribunal le nombrará, de entre sus parientes más cercanos, un tutor especial para ese mismo propósito. En caso de no existir parientes, el tribunal nombrará un tutor para suplir su consentimiento al matrimonio. El nombramiento se hará constar en la licencia matrimonial y en el libro de sentencias del tribunal.

Artículo 383. — Tiempo para formalizar nuevo matrimonio. (31 L.P.R.A. § 6598)

Disuelto el vínculo matrimonial por cualquier causa, los antes cónyuges, quedan en aptitud de formalizar nuevo matrimonio.

B. Prueba del matrimonio

Artículo 396. — Prueba del matrimonio. (31 L.P.R.A. § 6635)

La celebración del matrimonio se prueba con la copia certificada del certificado de matrimonio que consta en el Registro Demográfico. Si esta ha desaparecido o no aparece constancia de la inscripción, es admisible cualquier prueba idónea sobre el hecho de la celebración del matrimonio.

Artículo 397. — Prueba del matrimonio celebrado fuera de Puerto Rico. (31 L.P.R.A. § 6636)

El matrimonio celebrado en cualquier estado o territorio de Estados Unidos o en un país extranjero debe probarse mediante la presentación de las constancias certificadas del registro oficial o, en su ausencia, por cualquier medio de prueba admisible.

C. Derechos y obligaciones de los cónyuges

Artículo 398. — Igualdad de los cónyuges. (31 L.P.R.A. § 6651)

Los cónyuges tienen los mismos derechos y obligaciones en el matrimonio.

Artículo 399. — Obligaciones entre los cónyuges. (31 L.P.R.A. § 6652)

Los cónyuges están obligados a vivir juntos, a guardarse respeto y fidelidad, a protegerse y a socorrerse mutuamente en proporción a sus respectivas capacidades personales y económicas.

Artículo 400. — Obligaciones de los cónyuges hacia la familia. (31 L.P.R.A. § 6653)

Los cónyuges también están obligados a dirigir de común acuerdo la familia que constituyen; a fortalecer los vínculos de afecto, respeto y solidaridad que unen a sus miembros; y a atender sus necesidades esenciales con los recursos propios y comunes. Deben actuar siempre en interés de la familia y mantenerse mutuamente informados del estado de los asuntos que pueden afectar el bienestar y la estabilidad personal y económica de la pareja y del grupo familiar.

Artículo 401. — Determinación del domicilio conyugal y la residencia familiar. (31 L.P.R.A. § 6654)

Los cónyuges deben decidir conjuntamente el domicilio conyugal y la residencia de la familia.

Artículo 402. — Representación del cónyuge. (31 L.P.R.A. § 6655)

Un cónyuge no puede atribuirse la representación del otro sin que se le haya conferido expresamente por el representado, por la autoridad judicial o por la ley.

D. Invalidez del matrimonio

Artículo 403. — Matrimonio nulo. (31 L.P.R.A. § 6661)

El matrimonio es nulo si:

(a) no ha habido consentimiento de parte de cualquiera de los contrayentes;

(b) se ha celebrado en contravención de alguno de los impedimentos señalados por este Código; o

(c) no se han cumplido las formalidades requeridas para su constitución.

Artículo 404. — Legitimados para ejercer la acción de nulidad. (31 L.P.R.A. § 6662)

Pueden instar la acción de nulidad:

(a) cualquiera de los cónyuges;

(b) cualquier persona con interés legítimo en la nulidad del vínculo; y

(c) el ministerio público.

Artículo 405. — Imprescriptibilidad de la acción. (31 L.P.R.A. § 6663)

La acción para declarar la nulidad del matrimonio es imprescriptible.

Artículo 406. — Matrimonio anulable. (31 L.P.R.A. § 6664)

Es anulable el matrimonio contraído por:

(a) el menor entre los dieciocho (18) años y los veintiún (21) años, si no media el permiso expreso de las personas llamadas por ley a darlo;

(b) el tutor con su tutelado, mientras el primero no haya rendido las cuentas finales de la tutela ni haya sido liberado del cargo;

(c) el contrayente que, en el momento de celebrarse el matrimonio, tiene su consentimiento viciado por error en la identidad de la persona con quien contrae matrimonio.

Artículo 407. — Participación obligatoria del ministerio público. (31 L.P.R.A. § 6665)

El ministerio público será parte en todo proceso de invalidez del matrimonio en el que el cónyuge peticionado sea menor de edad o incapaz, o haya sido declarado ausente.

Artículo 408. — Legitimación para impugnar el matrimonio. (31 L.P.R.A. § 6666)

Solo pueden incoar la acción de anulación del matrimonio:

(a) los llamados a suplir el consentimiento del menor para contraer matrimonio o el propio menor, representado por el ministerio público, si aquellos no presentan la acción oportunamente;

(b) el tutelado, representado por el ministerio público; o

(c) el cónyuge que sufre el vicio en su consentimiento. Si el cónyuge legitimado había incoado la acción de impugnación antes de morir, sus herederos le podrán sustituir.

Artículo 409. — Matrimonio que no puede impugnarse. (31 L.P.R.A. § 6667)

No puede impugnarse el matrimonio del menor de edad que ha cumplido dieciocho (18) años y se casa sin la autorización correspondiente, si uno de los cónyuges está en estado de embarazo o ha nacido el niño de ambos cónyuges.

Artículo 410. — Caducidad de la acción de anulabilidad del matrimonio. (31 L.P.R.A. § 6668)

La acción de anulación del matrimonio caduca al año de su celebración, si la causa de anulación era conocida por los contrayentes o por la parte legitimada al momento de la constitución del vínculo. Si el hecho constitutivo del impedimento adviene a su conocimiento después de celebrado el matrimonio, el plazo comienza a transcurrir desde que lo conoce.

Artículo 411. — Extinción de la acción de anulabilidad del matrimonio. (31 L.P.R.A. § 6669)

Se extingue la acción de anulación y se confirma el matrimonio, antes de que transcurra el plazo de caducidad:

(a) si el menor contrayente alcanza la edad de veintiún (21) años sin que se haya impugnado la validez del matrimonio;

(b) si la impugnación la inicia otra persona, el menor se opone y ha cohabitado con su cónyuge por más de un año o ha procreado hijos en el matrimonio;

(c) si las cuentas rendidas por el tutor son aprobadas, sin perjuicio de cualquier sanción impuesta por el incumplimiento del cargo; o

(d) si el cónyuge cuyo consentimiento estuvo viciado confirma expresa o tácitamente la unión matrimonial. Hay confirmación tácita cuando el cónyuge legitimado para instar la acción, luego de cesar la causa de anulación, continúa la vida marital con el otro cónyuge.

E. Efectos de la declaración de nulidad

Artículo 412. — Buena fe de los cónyuges. (31 L.P.R.A. § 6681)

El matrimonio contraído de buena fe por ambos cónyuges surte todos los efectos de un matrimonio válido hasta el día en el que advenga firme la sentencia que declara su nulidad. Si uno solo de los cónyuges obra de buena fe, el matrimonio surte efectos únicamente respecto a él.

Obra de buena fe el cónyuge que contrae matrimonio con ignorancia excusable del hecho o del impedimento que causa la nulidad absoluta o relativa del vínculo.

Artículo 413. — Ineficacia de las capitulaciones matrimoniales. (31 L.P.R.A. § 6682)

Declarada la nulidad del matrimonio, quedan sin efecto las capitulaciones suscritas en ocasión de este, salvo que el cónyuge que obra con buena fe quiera valerse de ellas para regir los intereses económicos de la pareja.

Artículo 414. — Efectos de la nulidad respecto de terceros. (31 L.P.R.A. § 6683)

La declaración de nulidad del matrimonio no afecta a los terceros que hayan contratado de buena fe con los cónyuges.

Artículo 415. — Medidas cautelares provisionales y post sentencia. (31 L.P.R.A. § 6684)

Las medidas cautelares provisionales disponibles en el proceso de divorcio pueden adoptarse también durante el proceso de anulación del matrimonio. También pueden aplicarse las disposiciones que regulan los efectos del divorcio, si ello es necesario para regular los efectos civiles que produce la declaración de nulidad entre los cónyuges y su prole.

Artículo 416. — Indemnización para el contrayente de buena fe. (31 L.P.R.A. § 6685)

El cónyuge que obra de buena fe puede reclamar una indemnización por los daños y perjuicios sufridos como consecuencia de la actuación dolosa del otro cónyuge. Esta reclamación tiene que presentarse en el caso de nulidad y resolverse en la sentencia que anule el vínculo.

V. Disolución del matrimonio

A. Causas y efectos de la disolución

Artículo 417. — Causas de disolución. (31 L.P.R.A. § 6741)

El matrimonio se disuelve por la muerte o la declaración de muerte presunta de un cónyuge y el divorcio.

Artículo 418. — Inscripción de la disolución. (31 L.P.R.A. § 6742)

La disolución debe anotarse en el margen de la inscripción del matrimonio que obra en el Registro Demográfico. La disolución no perjudica a terceros de buena fe sino a partir de su inscripción.

Artículo 419. — Prueba de la disolución. (31 L.P.R.A. § 6743)

Si la anotación de la disolución del matrimonio no obra en el Registro Demográfico, esta puede acreditarse mediante cualquier prueba admisible.

Artículo 420. — Efectos de la disolución. (31 L.P.R.A. § 6744)

La disolución del matrimonio conlleva la ruptura definitiva del vínculo y la disolución del régimen económico matrimonial.

1. **por muerte: no se preguntará de la efectividad de la disolución por muerte presunta**

Artículo 421. — Efectividad de la disolución en caso de muerte. (31 L.P.R.A. § 6751)

La disolución por la muerte de un cónyuge es efectiva desde el momento mismo del fallecimiento. Si no hay certeza sobre la fecha en que ocurrió la muerte o si alguna parte con interés cuestiona la veracidad de la fecha alegada por el cónyuge supérstite, se tiene como cierta la que consta en el Registro Demográfico.

2. **por divorcio**

Artículo 423. — Divorcio por sentencia o por escritura pública. (31 L.P.R.A. § 6761)

La disolución del matrimonio por divorcio puede declararse mediante sentencia judicial o por escritura pública.

C. Disolución por divorcio

Artículo 425. — Tipos y procedimiento. (31 L.P.R.A. § 6772)

El divorcio puede solicitarse al tribunal mediante la presentación de:

(a) una petición conjunta de divorcio por consentimiento.

(b) una petición conjunta de divorcio por ruptura irreparable de los nexos de convivencia matrimonial.

(c) una petición individual de divorcio por ruptura irreparable de los nexos de convivencia matrimonial.

Toda petición de divorcio debe suscribirse bajo juramento por ambos cónyuges si es conjunta o por la parte peticionaria si es individual.

1. **Divorcio mediante sentencia**

a. **requisitos jurisdiccionales**

Artículo 424. — Requisitos jurisdiccionales para el divorcio. (31 L.P.R.A. § 6771)

Ninguna persona puede solicitar u obtener la disolución de su matrimonio por divorcio, de conformidad con las disposiciones de este Código, si no ha residido en Puerto Rico por un año, de manera continua e inmediatamente antes de presentar la petición, a menos que los motivos que dan lugar a la petición individual en que se funde haya ocurrido en Puerto Rico o cuando uno de los cónyuges reside aquí. El periodo de residencia del cónyuge promovente puede ser menor si la muerte presunta del cónyuge ocurre en Puerto Rico.

b. procedimiento por petición conjunta

Artículo 429. — Contenido de la petición conjunta. (31 L.P.R.A. § 6776)

Para que el tribunal admita la petición conjunta, se exige que esta se presente acompañada del convenio suscrito y jurado por ambos cónyuges sobre los siguientes asuntos y consecuencias de su divorcio:

(a) la voluntad de divorciarse;

(b) el ejercicio de la patria potestad por parte de los progenitores sobre los hijos menores de edad habidos en el matrimonio;

(c) la atribución de la custodia de los hijos menores de edad a uno o a ambos progenitores de modo compartido;

(d) el ejercicio de la tutela o de la patria potestad prorrogada de los progenitores sobre los hijos mayores de edad, incapaces y la custodia de dichos hijos;

(e) la atención de las necesidades particulares y del sustento de los hijos menores de edad y de los hijos mayores de edad incapaces que están bajo su cuidado;

(f) el modo en que cada cónyuge ha de relacionarse con los hijos que no vivan en su compañía;

(g) la atención de las necesidades económicas particulares de los cónyuges;

(h) el modo en que han de adjudicarse los activos y pasivos gananciales o regular las relaciones económicas de los excónyuges; y

(i) otras consecuencias necesarias del divorcio.

En la petición conjunta por ruptura irreparable de los nexos de convivencia matrimonial, los cónyuges no vienen obligados a liquidar los bienes y obligaciones de la sociedad de gananciales, pero deben hacer un inventario y avalúo de estos.

Artículo 430. — Resolución sumaria. (31 L.P.R.A. § 6777)

El tribunal puede resolver la petición de divorcio sin la celebración de una vista, previa solicitud de ambos cónyuges, si concurren las siguientes circunstancias:

(a) el divorcio es por petición conjunta;

(b) los peticionarios acuerdan el modo en que han de adjudicarse los activos y pasivos gananciales o regular las relaciones económicas de los excónyuges;

(c) los peticionarios no tienen hijos en común, o teniéndolos, son mayores de edad; y

(d) ninguno de los hijos de los cónyuges necesita una pensión alimentaria para su sustento durante el proceso de la disolución del matrimonio.

Artículo 431. — Corroboración de la voluntad de divorciarse. (31 L.P.R.A. § 6778)

El tribunal decretará el divorcio luego de constatar que en la petición conjunta ambos cónyuges acuerdan terminar su matrimonio libremente, sin recibir coacción uno del otro o de terceras personas, y con plena conciencia de las consecuencias de tal determinación.

Artículo 432. — Protección adecuada de las partes. (31 L.P.R.A. § 679)

Si luego de evaluar el convenio que acompaña la petición conjunta, el tribunal concluye que uno de los cónyuges no recibirá la protección adecuada, estará impedido de conceder el divorcio hasta tanto se adopten las medidas necesarias para asegurar un trato justo y equitativo a ambas partes.

c. procedimiento por petición individual

Artículo 433. — Petición individual. (31 L.P.R.A. § 6780)

En los casos de divorcio por petición individual, el tribunal decretará disuelto el vínculo matrimonial previa notificación mediante emplazamiento y celebración de vista.

Artículo 434. — Efectos de la sentencia. (31 L.P.R.A. § 6781)

La sentencia de divorcio por petición individual de ruptura irreparable de los nexos de convivencia matrimonial disolverá el vínculo matrimonial sin describir la conducta específica que da lugar a la petición.

Artículo 435. — Conversión de la petición individual. (31 L.P.R.A. § 6782)

La petición individual puede convertirse en una petición conjunta por la sola voluntad de los cónyuges, siempre que cumplan con las exigencias legales de este tipo de petición. En el caso de la petición individual no hay que jurar la petición nuevamente por la parte peticionaria.

d. divorcio del incapaz

Artículo 439. — Petición de divorcio contra el cónyuge declarado judicialmente incapaz. (31 L.P.R.A. § 6786)

La presentación y la notificación de la petición de divorcio contra el cónyuge declarado judicialmente incapaz se harán según las disposiciones de este Código y la ley procesal. En este caso el cónyuge peticionado no tiene que entender la naturaleza de la petición y basta con que esté representado por su tutor durante todas las etapas del proceso.

Artículo 440. — Petición contra quien no tiene discernimiento suficiente. (31 L.P.R.A. § 6787)

Si el cónyuge peticionado no ha sido declarado incapaz judicialmente, pero se sospecha que no tiene discernimiento suficiente para entender la naturaleza de la acción de divorcio ni para proteger sus intereses personales y económicos, el tribunal debe tomar las medidas necesarias para nombrarle un defensor judicial y requerir de un abogado que le represente durante el proceso.

Las diligencias judiciales o los negocios jurídicos relativos al proceso que celebre el cónyuge peticionado antes de adoptarse estas medidas cautelares, pueden invalidarse si causan perjuicio significativo a su persona o a sus bienes.

Artículo 441. — Petición de divorcio incoada por la persona incapaz. (31 L.P.R.A. § 6788)

La persona declarada incapaz mediante sentencia puede incoar la acción de disolución de su matrimonio por la muerte presunta de su cónyuge o por divorcio, si al momento de la presentación entiende la naturaleza de la acción y puede colaborar con su representante en el proceso.

Al presentar la petición y durante el proceso de divorcio del incapaz se requiere la intervención del tutor.

Artículo 442. — Relevo del cónyuge tutor. (31 L.P.R.A. § 6789)

Ningún cónyuge tutor podrá solicitar el divorcio de su cónyuge tutelado hasta tanto cese la tutela y haya rendido las cuentas finales.

Artículo 443. — Criterios para la disolución. (31 L.P.R.A. § 6790)

El tribunal decretará la disolución del matrimonio incoada a nombre del incapaz si redunda en beneficio de la persona y del patrimonio del incapaz.

e. medidas provisionales y recursos interlocutorios

Artículo 444. — Acuerdos entre los cónyuges sobre medidas provisionales. (31 L.P.R.A. § 6791)

Presentada la petición individual de divorcio, los cónyuges pueden acordar las medidas provisionales que han de regir sus relaciones personales, la estabilidad económica de la familia y los asuntos que afectan significativamente a los hijos durante el proceso.

El tribunal puede aprobar las medidas así adoptadas, si son adecuadas, o modificarlas en cualquier etapa del proceso para asegurar el bienestar de ambos cónyuges y el de los miembros de la familia.

Artículo 445. — Adopción de medidas urgentes y necesarias. (31 L.P.R.A. § 6792)

Si los cónyuges no acuerdan las medidas provisionales en un plazo prudente, el tribunal puede establecer sumariamente las más urgentes y necesarias.

Artículo 446. — Medidas cautelares provisionales respecto a los hijos. (31 L.P.R.A. § 6793)

Durante el proceso de disolución, el tribunal puede adoptar, a petición de parte, cualquier medida cautelar provisional que considere indispensable y adecuada para proteger el interés óptimo de los hijos habidos en el matrimonio, entre ellas:

(a) determinar cuál de los cónyuges tendrá la custodia de los hijos menores o de los mayores incapacitados que aún están sujetos a la patria potestad de uno o ambos progenitores;

(b) determinar el modo, el tiempo y el lugar en que cada progenitor puede relacionarse con sus hijos, tenerlos en su compañía y participar de su crianza y dirección;

(c) prohibir a un cónyuge o a terceras personas bajo su influencia que interfieran con el ejercicio de la custodia provisional de los hijos que se ha adjudicado al otro;

(d) prohibir a cualquiera de los cónyuges que traslade fuera de Puerto Rico a los hijos menores de edad o a los mayores incapacitados; o

(e) prohibir a los cónyuges suspender o modificar cualquier plan de seguro de salud u otras atenciones de previsión dispuestas en este Código, a menos que exista justa causa para ello.

Artículo 447. — Medidas cautelares provisionales respecto a los cónyuges y el patrimonio conyugal. (31 L.P.R.A. § 6794)

El tribunal también puede adoptar medidas cautelares provisionales relativas a las cargas familiares y a las necesidades de ambos cónyuges, en atención del interés familiar más necesitado de protección, entre otras:

(a) determinar cuál de los cónyuges continuará residiendo en la vivienda familiar y en qué condiciones permanecerá en ella hasta que se dicte sentencia;

(b) fijar la contribución de cada cónyuge para atender las necesidades y las cargas de la familia durante el proceso, incluidos los gastos del litigio, y disponer las garantías, depósitos, retenciones u otras medidas cautelares necesarias para asegurar su efectividad;

(c) señalar los bienes gananciales o comunes que, previo inventario, se entregarán a uno u otro cónyuge para su sustento y establecer las reglas para su administración y disposición, hasta la disolución del matrimonio y la liquidación de su régimen económico; o

(d) determinar el régimen de administración y de disposición de aquellos bienes privativos que, por capitulaciones matrimoniales o por escritura pública, estén especialmente destinados a responder por las cargas del matrimonio y la familia.

Artículo 448. — Otras medidas cautelares necesarias. (31 L.P.R.A. § 6795)

Durante el proceso de disolución, el tribunal también puede adoptar otras medidas cautelares provisionales:

(a) para la atención de las necesidades especiales de cualquiera de los cónyuges o de los miembros de la familia si ellos no tienen recursos suficientes o si la naturaleza de los únicos medios disponibles para el sustento no permite la distribución conjunta e igualitaria de sus réditos o ganancias;

(b) para la atención de otros miembros de la familia, que no sean los hijos menores o los mayores incapacitados, si de ordinario ambos cónyuges asumían su sustento y necesidades especiales; o

(c) cualquiera otra necesaria y adecuada para proteger la integridad física y emocional de los cónyuges y de los otros miembros del grupo familiar durante el proceso de divorcio.

Artículo 449. — Desalojo de la residencia conyugal. (31 L.P.R.A. § 6796)

El tribunal podrá autorizar a cualquiera de los cónyuges a abandonar la residencia conyugal u ordenar su desalojo, atendiendo al interés óptimo de ambos cónyuges y al de la familia que tienen constituida.

Artículo 450. — Participación de los cónyuges en igualdad de condiciones. (31 L.P.R.A. § 6797)

Al considerar cualquier medida provisional sobre los bienes del matrimonio, el tribunal debe favorecer la adopción de mecanismos ágiles y razonables que, según la naturaleza de la actividad económica intervenida, permitan a ambos cónyuges participar de la gestión, de la producción y del disfrute del patrimonio común, en igualdad de condiciones, sin afectar significativamente su rendimiento.

Artículo 451. — Cuantía de la participación. (31 L.P.R.A. § 6798)

Cada cónyuge tiene derecho a reclamar y a disfrutar hasta la mitad de los réditos y provechos del patrimonio común mientras permanezca en indivisión. Cualquier reclamo de participación en exceso de esa cuantía debe justificarse expresamente al tribunal.

Artículo 452. — Nombramiento de un tercero como administrador. (31 L.P.R.A. § 6799)

El tribunal podrá designar a una tercera persona para administrar o dirigir los asuntos económicos del matrimonio durante el proceso de disolución en casos de conflicto extremo entre los cónyuges o cuando las circunstancias particulares de la economía familiar así lo requieran.

Artículo 453. — Manutención y gastos del litigio. (31 L.P.R.A. § 6800)

La manutención de los cónyuges, así como una suma razonable para los gastos del litigio, se pagarán del caudal común del matrimonio, sin que ello constituya un crédito al momento de su liquidación.

Si los cónyuges no tienen un caudal común acumulado o si no es suficiente para cubrir dichos gastos, el tribunal puede disponer el modo y el plazo en que han de satisfacerse o puede exigir a uno o a ambos cónyuges la presentación de garantías para su eventual satisfacción.

Artículo 454. — Pensión alimentaria provisional de un cónyuge. (31 L.P.R.A. § 6801)

El tribunal puede imponer el pago de una pensión alimentaria al cónyuge que tiene bienes propios en beneficio del que no cuenta con recursos económicos suficientes para su sustento durante el proceso. En este caso, la cuantía fijada debe ser proporcional a la capacidad económica del cónyuge a quien se impone la pensión y conforme a la posición social de la familia. La pensión debe cubrir las necesidades apremiantes y esenciales del cónyuge que la reclama y los gastos del litigio. El cónyuge alimentante no tiene derecho a reclamar la restitución de lo pagado por ambos conceptos.

Artículo 455. — Deudas contraídas después de presentada la demanda. (31 L.P.R.A. § 6802)

Desde el día en que se presente la petición o demanda de divorcio, ningún cónyuge puede, sin el consentimiento del otro o sin la autorización judicial previa, gravar, enajenar o disponer de los bienes comunes.

La obligación asumida por un cónyuge en contravención de lo dispuesto en este artículo no obliga al otro cónyuge ni puede hacerse efectiva contra los bienes comunes del matrimonio.

Artículo 456. — Modificación de las medidas cautelares provisionales. (31 L.P.R.A. § 6803)

Las medidas cautelares provisionales solo pueden modificarse judicialmente cuando se alteran sustancialmente las circunstancias que las originaron o cuando ya no son adecuadas para atender el interés protegido.

El tribunal puede establecer las garantías reales o personales que aseguren el cumplimiento de dichas medidas.

Artículo 457. — Vigencia de las medidas provisionales. (31 L.P.R.A. § 6804)

Las medidas provisionales acordadas por los cónyuges o adoptadas por el tribunal tienen vigencia hasta que la sentencia de divorcio adviene firme, siempre que el tribunal no disponga algo distinto.

Artículo 458. — Vigencia de las órdenes provisionales sobre manutención. (31 L.P.R.A. § 6805)

Las medidas provisionales que se refieren al cuidado y a la manutención de los hijos y del cónyuge con necesidad de sustento no admiten interrupción ni suspensión mientras se ventile el recurso en el que se cuestiona su validez.

Artículo 459. — Extensión de la vigencia luego de dictada sentencia. (31 L.P.R.A. § 6806)

Las medidas provisionales relativas a la conservación de la vivienda familiar y a la administración y disposición de los bienes comunes, pueden mantenerse en vigor después de la sentencia de divorcio, a petición de cualquiera de los excónyuges, hasta que se adjudiquen finalmente todas las controversias sobre la liquidación del régimen económico del matrimonio.

Artículo 460. — Alteración de órdenes en un pleito posterior. (31 L.P.R.A. § 6807)

Si luego de decretada la disolución se inicia un pleito sobre la liquidación del régimen económico y la distribución y adjudicación de los bienes comunes del matrimonio, se podrá modificar el contenido y el alcance de las medidas cuya vigencia fue extendida, a petición de cualquiera de los excónyuges.

Mientras la medida vigente no se modifique o suspenda judicialmente, los excónyuges quedan sometidos a sus términos.

f. efectos de la sentencia de divorcio

Artículo 461. — Efectividad de la disolución. (31 L.P.R.A. § 6808)

La disolución del vínculo es efectiva desde que la sentencia de divorcio es firme.

En los casos de demanda o petición conjunta, los cónyuges pueden, de común acuerdo, renunciar expresamente a los procesos previstos para la revisión de la sentencia.

Artículo 462. — Contenido de la sentencia. (31 L.P.R.A. § 6809)

Si no hay acuerdo entre los cónyuges o si lo hay y el tribunal lo rechaza, la sentencia dispone las medidas y condiciones que regulan los siguientes asuntos:

(a) el ejercicio de la patria potestad y la custodia de los hijos menores de edad o de la patria potestad prorrogada o la tutela sobre los mayores incapaces que están a cargo de ambos progenitores;

(b) los alimentos de los hijos y de cualquiera de los excónyuges;

(c) el uso preferente o la retención de la vivienda familiar;

(d) las relaciones filiales;

(e) las cargas y atenciones de previsión de la familia;

(f) las garantías para el cumplimiento de estas medidas; y

(g) la adjudicación de los bienes gananciales, de haberse estipulado.

La sentencia dispone lo que proceda sobre cualquier otro asunto que a juicio del tribunal requiera regulación expresa.

Artículo 463. — Vigencia supletoria de órdenes provisionales. (31 L.P.R.A. § 6810)

Si la sentencia de divorcio carece de alguna orden necesaria e indispensable para regular los efectos del divorcio, se mantienen vigentes las medidas provisionales hasta que se corrija la omisión mediante determinación judicial.

Artículo 464. — Acuerdos entre los cónyuges sobre los efectos de la disolución. (31 L.P.R.A. § 6811)

Si los cónyuges acuerdan los efectos de la disolución de su matrimonio, el tribunal los evaluará y los integrará a la sentencia de divorcio, luego de constatar que son libres y voluntarios y que no contienen ventajas injustificadas de un cónyuge sobre el otro.

A falta de convenio entre los excónyuges o de regulación judicial expresa, los mencionados asuntos se regirán por lo dispuesto en este Código.

Artículo 465. — Efectos del divorcio en los derechos de los hijos y de los progenitores. (31 L.P.R.A. § 6812)

El divorcio no priva a los hijos de los derechos que la ley les reconoce por razón del matrimonio de sus progenitores.

Ambos progenitores conservan respecto a sus hijos los mismos derechos y obligaciones que surgen de la maternidad y de la paternidad, salvadas las limitaciones que imponga el tribunal.

Cualquier acuerdo de los progenitores contrario a lo aquí dispuesto, es nulo.

Artículo 466. — Pensión alimentaria del excónyuge. (31 L.P.R.A. § 6813)

El tribunal puede asignar al excónyuge que no cuenta con medios suficientes para vivir una pensión alimentaria que provenga de los ingresos o de los bienes del otro excónyuge, por un plazo determinado o hasta que el alimentista pueda valerse por sí mismo o adquiera medios adecuados y suficientes para su propio sustento.

Para fijar la cuantía de la pensión alimentaria, el tribunal puede considerar, entre otros factores pertinentes, las siguientes circunstancias respecto a ambos excónyuges:

(a) los acuerdos que hayan adoptado sobre el particular;

(b) la edad y el estado de salud física y mental;

(c) la preparación académica, vocacional o profesional y las probabilidades de acceso a un empleo;

(d) las responsabilidades que conservan sobre el cuido de otros miembros de la familia;

(e) la colaboración con su trabajo en las actividades mercantiles, industriales o profesionales del otro cónyuge;

(f) la duración del matrimonio y de la convivencia conyugal;

(g) el caudal y medios económicos y las necesidades de cada cónyuge; y

(h) cualquier otro factor que considere apropiado según las circunstancias del caso.

La resolución del tribunal debe establecer el modo de pago y el plazo de vigencia de la pensión alimentaria. Si no se establece un plazo determinado, la pensión estará vigente mientras no se revoque por el tribunal, a menos que se extinga por las causas que admite este Código.

Artículo 467. — Modificación y revocación de la pensión alimentaria. (31 L.P.R.A. § 6814)

A petición de parte, el tribunal puede modificar o revocar la pensión alimentaria antes de su vencimiento, si surgen cambios significativos o extraordinarios en la situación personal o económica de cualquiera de los excónyuges.

Artículo 468. — Extinción de la pensión alimentaria. (31 L.P.R.A. § 6815)

El derecho a la pensión alimentaria del excónyuge se extingue por cesar la necesidad del alimentista, por su muerte o por la del alimentante, por el vencimiento del plazo establecido, por contraer el alimentista nuevo matrimonio o por haber el alimentista establecido una relación de convivencia con otra persona.

g. procedimientos posteriores a la sentencia

Artículo 469. — Interpretación de las órdenes judiciales. (31 L.P.R.A. § 6816)

Si hay duda sobre el contenido, la vigencia o el alcance de una orden judicial sobre la patria potestad, la custodia y el sustento de los hijos menores y de los mayores incapaces o del cónyuge con necesidad de sustento, esta se interpretará del modo más favorable a estos.

Artículo 470. — Impugnación. (31 L.P.R.A. § 6817)

La sentencia de divorcio solo puede dejarse sin efecto si una parte incurre en conducta fraudulenta para obtener el decreto judicial.

Los vicios del procedimiento que no constituyan un acto intencional para defraudar a la otra parte o al tribunal, no dan lugar a la impugnación de la sentencia de divorcio en ningún caso.

Artículo 471. — Efectos de la extinción de la acción de divorcio para los cónyuges. (31 L.P.R.A. § 6818)

El desistimiento de la petición de divorcio o su archivo por inactividad restituye a los cónyuges los mismos derechos y obligaciones que tenían en el matrimonio antes de presentarse la petición.

Artículo 472. — Efectos de la extinción de la acción de divorcio para los terceros. (31 L.P.R.A. § 6819)

La reanudación del régimen económico anterior, luego de la reconciliación de los cónyuges o del archivo de la petición de divorcio por inactividad, no afecta los derechos del tercero que, con buena fe, contrata con cualquiera de los cónyuges durante el proceso de divorcio. Cualquier deuda incurrida por un cónyuge durante ese período se imputará como privativa.

D. Vivienda familiar ante la disolución matrimonial

SECCIÓN PRIMERA — LA ATRIBUCIÓN PREFERENTE DE LA VIVIENDA FAMILIAR

Artículo 476. — Criterios para la atribución preferente sobre la vivienda familiar. (31 L.P.R.A. § 6841)

Al momento de adjudicarse los bienes comunes del matrimonio disuelto, cualquiera de los excónyuges puede reclamar la atribución preferente de la vivienda que, al momento de la disolución, constituye el hogar principal del matrimonio y de la familia.

Al estimar la petición de atribución preferente sobre la vivienda familiar, el tribunal debe considerar las siguientes circunstancias:

(a) la posibilidad de cada excónyuge de adquirir su propia vivienda;

(b) la existencia de otros inmuebles en el patrimonio conyugal que pueden cumplir el mismo propósito; y

(c) la solvencia económica de ambos excónyuges para atender sus propias necesidades.

El hecho de que pueda concederse al reclamante tal atribución preferente, no impide que este pueda reclamar el derecho a permanecer en la vivienda familiar, según queda regulado en los artículos siguientes.

SECCIÓN SEGUNDA — EL DERECHO A PERMANECER EN LA VIVIENDA FAMILIAR Y EL HOGAR SEGURO

Artículo 477. — Derecho a permanecer en la vivienda familiar. (31 L.P.R.A. § 6851)

Cualquiera de los excónyuges o cualquiera de los hijos que quedan bajo su patria potestad, puede solicitar el derecho a permanecer en la vivienda de la Sociedad de Gananciales que constituye el hogar principal del matrimonio y de la familia antes de iniciarse el proceso de divorcio. Este derecho puede reclamarse desde que se necesita, en la petición de disolución del matrimonio, durante el proceso o luego de dictarse la sentencia.

En los casos donde la vivienda familiar principal sea privativa de cualquiera de los excónyuges y exista otra vivienda perteneciente a la Sociedad de Gananciales, el Tribunal podrá establecer como vivienda familiar la propiedad perteneciente a la Sociedad de Gananciales. En los casos en que no exista una vivienda perteneciente a la Sociedad de Gananciales, el tribunal determinará cómo se cumplirá con el derecho a hogar seguro.

Artículo 478. — Criterios para conceder el derecho. (31 L.P.R.A. § 6852)

Para conceder el derecho a permanecer en la vivienda familiar, el tribunal debe considerar las siguientes circunstancias:

(a) los acuerdos de los cónyuges sobre el uso y el destino de la vivienda durante la vigencia del matrimonio y después de su disolución;

(b) si el cónyuge solicitante mantiene la custodia de los hijos menores de edad;

(c) si el cónyuge solicitante retiene la patria potestad prorrogada o la tutela de los hijos mayores incapacitados o con impedimentos físicos que requieren asistencia especial y constante en el entorno familiar;

(d) si los hijos mayores de edad, pero menores de veinticinco (25) años, permanecen en el hogar familiar mientras estudian o se preparan para un oficio;

(e) si la vivienda familiar es el único inmueble que puede cumplir razonablemente ese propósito dentro del patrimonio conyugal, sin que se afecte significativamente el bienestar óptimo de los beneficiados al momento de su concesión con más necesidad de protección;

(f) si el cónyuge solicitante, aunque no tenga hijos o, de tenerlos, no vivan en su compañía, necesita de esa protección especial, por su edad y situación personal; y

(g) cualquier otro factor que sea pertinente para justificar el reclamo.

Artículo 479. — Constitución del hogar seguro. (31 L.P.R.A. § 6853)

Desde la concesión del derecho a permanecer en la vivienda familiar, el inmueble se convierte en el hogar seguro del solicitante y de los beneficiados al momento de su concesión que han de convivir en él. El tribunal identificará a todos los beneficiados en la sentencia y establecerá las condiciones y el plazo en que cada cual ha de disfrutarlo.

Artículo 480. — Alcance del derecho sobre la vivienda familiar. (31 L.P.R.A. § 6854)

El derecho a permanecer en la vivienda familiar incluye la retención del mobiliario usual y ordinario de la vivienda, pero no las obras de arte, los objetos de colección u otros bienes muebles de valor extraordinario que no sean indispensables para el uso y disfrute del inmueble.

Artículo 481. — Reclamación en el mismo expediente de divorcio. (31 L.P.R.A. § 6855)

La solicitud del derecho a permanecer en la vivienda familiar luego de la disolución por divorcio, debe ventilarse en el mismo expediente. Si hay objeción fundamentada del titular del inmueble o de alguna tercera persona con derecho real sobre el mismo, la solución del asunto se hará en una vista plenaria.

La solicitud del derecho luego de la disolución del matrimonio por la muerte o por la muerte presunta de un cónyuge se atenderá en vista sumaria.

Artículo 482. — Retiro de la vivienda de los procesos de liquidación. (31 L.P.R.A. § 6856)

La solicitud del derecho a permanecer en la vivienda familiar tiene el efecto de retirar el inmueble de los procesos de liquidación del régimen económico del matrimonio hasta que desaparezca la causa que justifica su concesión, se cumpla el plazo dado para su uso y disfrute o se solicite la terminación por los excónyuges, los otros beneficiados o por sus herederos respectivos.

Artículo 483. — Disposición o enajenación de la vivienda familiar. (31 L.P.R.A. § 6857)

Se requiere el consentimiento de ambos excónyuges o la autorización judicial para disponer de cualquier derecho sobre la vivienda familiar, aunque el dominio del inmueble pertenezca a uno de ellos.

Si otro miembro de la familia con derecho a habitar en el inmueble se opone a ese acto de disposición, debe presentar oportunamente su objeción fundamentada al tribunal. La cuestión debe resolverse a favor del interés familiar que amerite mayor protección.

Artículo 484. — Muerte del cónyuge reclamante. (31 L.P.R.A. § 6858)

La muerte del cónyuge a favor de quien se constituyó el derecho a permanecer en la vivienda familiar no extingue el derecho de los beneficiados al momento de su concesión que habitan en ella, mientras subsistan las circunstancias que lo constituyen como hogar seguro.

Artículo 485. — Subsistencia del derecho tras la muerte del titular del inmueble. (31 L.P.R.A. § 6859)

La muerte del titular del inmueble que constituye el hogar seguro tampoco extingue ese derecho. Los herederos del titular pueden ejercer las acciones necesarias para la protección de sus derechos sucesorios sobre dicho inmueble, siempre que no menoscaben el derecho reconocido a los beneficiarios del hogar seguro.

Artículo 486. — Normas supletorias. (31 L.P.R.A. § 6859)

Las disposiciones de este Código que regulan el derecho de uso y habitación aplican supletoriamente al derecho a permanecer en la vivienda familiar.

Artículo 487. — Extensión de conceptos a otros casos. (31 L.P.R.A. § 6860)

Los artículos de este Código sobre la atribución y la retención de la vivienda familiar son aplicables al proceso de disolución del matrimonio y al proceso de nulidad del matrimonio a menos que las normas sean claramente inaplicables o produzcan un resultado injusto para alguna de las partes.

VI. Régimen económico matrimonial

SECCIÓN PRIMERA — DISPOSICIONES GENERALES

Artículo 507. — Sociedad de Gananciales; definición. (31 L.P.R.A. § 6951)

En el régimen de la sociedad de gananciales, ambos cónyuges son los titulares de los bienes comunes en igualdad de derechos y obligaciones. Al disolverse la sociedad, se atribuyen por mitad los bienes acumulados y las ganancias o beneficios obtenidos indistintamente por cualquiera de ellos, mientras estuvo vigente el matrimonio.

Artículo 508. — Vigencia. (31 L.P.R.A. § 6952)

Si los contrayentes no han pactado un régimen económico distinto, la sociedad de gananciales comienza en el momento mismo de la celebración del matrimonio, sin que deba esperarse a la inscripción de este en el Registro Demográfico para que la sociedad surta efectos. La sociedad de gananciales también puede nacer posteriormente si así se pacta en capitulaciones matrimoniales.

SECCIÓN SEGUNDA — CLASES DE BIENES

Artículo 509. — Bienes privativos. (31 L.P.R.A. § 6961)

Son bienes privativos de cada uno de los cónyuges:

(a) los que le pertenecen desde antes de contraer matrimonio, o desde antes de que la sociedad adquiera vigencia si esta se establece después;

(b) los que adquiere por título gratuito durante la vigencia de la sociedad, sea por donación, por legado o por herencia;

(c) los que adquiere a costa o en sustitución de otros bienes privativos;

(d) los bienes y los derechos patrimoniales inherentes a su persona y los no transmisibles o indisponibles en vida a favor de un tercero;

(e) el resarcimiento por los daños inferidos a su persona o a sus bienes privativos;

(f) las cantidades o los créditos adquiridos antes de la vigencia de la sociedad y pagaderos en cierto número de años, aunque las sumas vencidas se reciban durante la vigencia de esta; y

(g) los adquiridos por el derecho de retracto sobre bienes que le pertenecían antes de estar vigente la sociedad.

Artículo 510. — Otros bienes privativos. (31 L.P.R.A. § 6962)

También son bienes privativos:

(a) las ropas y los objetos de uso personal, a menos que sean de extraordinario valor y se adquieran a costa de los fondos comunes o de los fondos pertenecientes al otro cónyuge. En este último caso se excluyen los que un cónyuge recibe del otro a título de donación;

(b) el título, la licencia o el grado académico o profesional, pero la sociedad conserva un crédito por los gastos incurridos en la preparación, convalidación y educación continua del cónyuge acreditado. La práctica, el negocio o la gestión económica que genera tal acreditación se rige por el artículo sobre bienes gananciales de este título;

(c) los instrumentos necesarios para el ejercicio de la profesión o del oficio, salvo cuando estos constituyen parte integrante de una empresa, establecimiento o negocio comercial o son necesarios para la explotación de cualquier iniciativa económica, de carácter común o de uno solo de los cónyuges; y

(d) las nuevas acciones u otros títulos o participaciones en personas jurídicas suscritas como consecuencia de la titularidad de otros fondos o bienes privativos, así como las cantidades obtenidas por el derecho a suscribir. Si para el pago de la suscripción se utilizan fondos comunes o se emiten las acciones con cargo a los beneficios, se reembolsará el valor satisfecho.

Artículo 511. — Empleo de fondos comunes para adquirir los bienes privativos. (31 L.P.R.A. § 6963)

Los bienes mencionados en los dos artículos que anteceden no pierden su carácter privativo por el hecho de que su adquisición se realice con fondos comunes. En este caso, al momento de su liquidación, la sociedad puede reclamar como crédito el valor satisfecho en favor del cónyuge para su adquisición, convalidación o conservación.

Artículo 512. — Derechos inherentes a la persona. (31 L.P.R.A. § 6964)

Son derechos inherentes a la persona los que se crean, reconocen o reciben por razón de la identidad e individualidad del cónyuge titular o receptor o en atención de sus cualidades personales. Aunque dichos derechos conservan su carácter personalísimo, los frutos o los rendimientos periódicos devengados durante el matrimonio son comunes y gananciales, salvo disposición legal en contrario.

Artículo 513. — Bienes gananciales. (31 L.P.R.A. § 6965)

Son bienes gananciales:

(a) los adquiridos a título oneroso y a costa del caudal común, bien se haga la adquisición para la sociedad conyugal, para el disfrute y provecho de los miembros de la familia o para uno solo de los cónyuges;

(b) los obtenidos por el trabajo o la industria de cualquiera de los cónyuges;

(c) los frutos que producen tanto los bienes privativos como los bienes comunes y gananciales;

(d) los adquiridos por el derecho de retracto, con carácter ganancial, aun cuando se empleen fondos privativos en dicha adquisición, en cuyo caso la sociedad es deudora del cónyuge por el valor satisfecho; y

(e) las empresas creadas o fundadas durante la vigencia de la sociedad por cualquiera de los cónyuges, a expensas de los bienes comunes. Si en la formación o desarrollo de tales entidades económicas concurren el capital privativo y el capital común, aplicará lo dispuesto en el artículo sobre la cotitularidad de bienes.

Artículo 514. — Otros bienes gananciales. (31 L.P.R.A. § 6966)

También son gananciales:

(a) el lucro cesante, los beneficios marginales y las compensaciones especiales que reciben los cónyuges por razón de su empleo o profesión, siempre que no tengan carácter personalísimo;

(b) el producto o resultado económico de las obras e inventos intelectuales y artísticos que cualquiera de los cónyuges desarrolle durante la vigencia de la sociedad, si la ley no dispone algo distinto;

(c) las ganancias obtenidas por cualquiera de los cónyuges en el juego lícito o las procedentes de otras causas que eximen de la restitución; y

(d) los bienes donados o dejados en testamento a los cónyuges conjuntamente y sin especial designación de partes, siempre que la liberalidad sea aceptada por ambos y el donante o testador no haya dispuesto algo distinto.

Artículo 515. — Pensiones por incapacidad o por retiro. (31 L.P.R.A. § 6967)

Las pensiones por incapacidad sobrevenida durante la vigencia de la sociedad, tienen carácter ganancial. El derecho a recibir una pensión por retiro tiene carácter privativo, aunque para la adquisición de esta se empleen fondos comunes, en cuyo caso la sociedad de gananciales tendrá derecho a un crédito en dicho concepto en el momento de la liquidación de la misma.

Los pagos periódicos, percibidos en función del derecho a recibir una pensión de retiro, que se reciban durante la vigencia de la sociedad, tienen carácter ganancial. Las pensiones por mérito personal, cívico o artístico no pierden su carácter privativo, pero los pagos periódicos percibidos durante la vigencia de la sociedad se consideran frutos con carácter ganancial.

Artículo 516. — Cotitularidad de bienes. (31 L.P.R.A. § 6968)

Los bienes adquiridos mediante precio o contraprestación, en parte ganancial y en parte privativo, corresponden pro indiviso a la sociedad de gananciales y al cónyuge o cónyuges en proporción al valor de las aportaciones respectivas.

Los bienes adquiridos por un cónyuge para sí, antes de la vigencia de la sociedad, siguen siendo privativos, aunque pague el precio remanente con fondos comunes. En este caso la sociedad tiene un crédito por lo aportado al momento de su liquidación.

Artículo 517. — Atribución voluntaria del carácter del bien. (31 L.P.R.A. § 6969)

Los cónyuges pueden, de común acuerdo, atribuir la condición de común o ganancial a cualquier bien que adquieran a título oneroso durante la vigencia de la sociedad, cualquiera que sea la procedencia del precio o de la contraprestación y la forma y el plazo en que se satisfaga.

Si la adquisición se hace en forma conjunta y sin atribución de cuotas, se presume su voluntad favorable al carácter ganancial del bien. En caso de duda, el carácter privativo o ganancial del primer desembolso hecho para la adquisición del bien determina su eventual naturaleza, salvo prueba en contrario.

Artículo 518. — Mejoras y plusvalías. (31 L.P.R.A. § 6970)

Las edificaciones, plantaciones y cualesquiera otras mejoras que se realicen en los bienes gananciales y en los privativos tienen el carácter correspondiente a los bienes que afectan.

No obstante, si la mejora hecha en los bienes privativos se debe a la inversión de fondos comunes o a la actividad de cualquiera de los cónyuges, la sociedad puede recuperar el monto de la mejora o una participación proporcional en el aumento en el valor de dichos bienes como consecuencia de la mejora, lo que sea mayor, al tiempo de la disolución de la sociedad o de la enajenación del bien mejorado. A estos valores debe descontarse la retribución recibida por un cónyuge por el trabajo realizado en su carácter personal.

Las mismas reglas son aplicables al incremento patrimonial incorporado a un establecimiento mercantil u otro género de empresa privativa.

Artículo 519. — Presunción de bien ganancial. (31 L.P.R.A. § 6971)

Se presumen gananciales los bienes del matrimonio mientras no se pruebe que pertenecen privativamente a cualquiera de los cónyuges.

SECCIÓN TERCERA — LAS CARGAS DE LA SOCIEDAD DE GANANCIALES

Artículo 520. — Responsabilidad principal de la sociedad. (31 L.P.R.A. § 6981)

Son responsabilidad primaria de la sociedad de gananciales las cargas y gastos que se originen por alguna de las siguientes causas:

(a) el sostenimiento de la familia, la alimentación y la educación de los hijos comunes, y de los propios de cada cónyuge;

(b) las atenciones de previsión que son parte del derecho de alimentos, siempre que se acomoden a los usos y a las circunstancias ordinarias de la familia;

(c) la adquisición, la conservación y el disfrute de los bienes comunes y gananciales;

(d) la administración y la conservación ordinaria de los bienes privativos de cualquiera de los cónyuges;

(e) la explotación regular de las empresas comunes o el desempeño de la profesión, el arte o el oficio de cada cónyuge; y

(f) las deudas y las obligaciones contraídas durante la vigencia de la sociedad por cualquiera de los cónyuges.

Artículo 521. — Responsabilidad por actos individuales de los cónyuges. (31 L.P.R.A. § 6982)

Los bienes comunes y gananciales responden de las deudas contraídas por un cónyuge:

(a) en el ejercicio de las facultades que por la ley o por las capitulaciones le corresponden respecto a la gestión, la administración y la disposición de dichos bienes en el ejercicio ordinario de la profesión, el arte o el oficio; y

(b) en la administración ordinaria y de buena fe de los bienes e intereses propios.

Se presume en estos casos que el cónyuge actúa con el consentimiento del otro, mientras no se pruebe lo contrario.

Artículo 522. — Responsabilidad subsidiaria. (31 L.P.R.A. § 6983)

La sociedad de gananciales no es responsable del pago de las deudas contraídas por cualquiera de los cónyuges antes de su vigencia, ni de las multas y las condenas pecuniarias que se les impongan por actos personales que no benefician ni aprovechan el caudal común.

Sin embargo, si el cónyuge deudor no tiene capital propio o este es insuficiente, el pago de las deudas contraídas por él con anterioridad a la vigencia de la sociedad y el de las multas y condenas que se le impongan durante su vigencia puede repetirse subsidiariamente contra los bienes comunes y gananciales, después de cubiertas las responsabilidades principales de la sociedad.

Corresponde a la sociedad demostrar la existencia y la exigibilidad de las obligaciones preferentes.

La sociedad de gananciales conserva contra el cónyuge obligado un crédito por las cantidades satisfechas. Este crédito puede hacerse efectivo al momento de la liquidación de la sociedad.

Artículo 523. — Juego lícito. (31 L.P.R.A. § 6984)

Lo perdido y pagado durante el matrimonio por alguno de los cónyuges en cualquier clase de juego no disminuye su parte respectiva de los gananciales, siempre que el importe de la pérdida pueda considerarse moderado dentro de las circunstancias sociales y económicas de la familia.

La sociedad de gananciales responde de lo perdido y no pagado por alguno de los cónyuges en los juegos lícitos, salvo que se demuestre que el cónyuge jugador padece un trastorno psicológico que le compele a jugar compulsiva e irresponsablemente. En este caso el cónyuge jugador responde con sus bienes propios.

SECCIÓN CUARTA — LA GESTIÓN DE LOS BIENES COMUNES Y GANANCIALES

Artículo 524. — Administración de los bienes propios. (31 L.P.R.A. § 6991)

Cada cónyuge está facultado para administrar y disponer libremente de sus respectivos bienes particulares, salvo que, por acuerdo previo con el otro cónyuge, se destinen particularmente al levantamiento de las cargas familiares. En este caso debe informar al otro sobre el estado, manejo y disposición de los bienes.

Artículo 525. — Gestión conjunta sobre bienes comunes. (31 L.P.R.A. § 6992)

En ausencia de capitulaciones matrimoniales, la administración y la disposición de los bienes gananciales corresponde conjuntamente a ambos cónyuges. Todo acto que sobre dichos bienes haga cualquiera de los cónyuges en contravención a este artículo, y lo demás dispuesto en este título, no perjudica al otro cónyuge ni a sus herederos.

Cualquiera de los cónyuges puede invocar la defensa de los bienes y derechos comunes por vía de acción o de excepción. Para realizar gastos urgentes de carácter necesario, aun cuando sean extraordinarios, basta el consentimiento de uno solo de los cónyuges.

Artículo 526. — Asistencia judicial. (31 L.P.R.A. § 6993)

Cuando para la realización de actos de administración o disposición es necesario el consentimiento de ambos cónyuges y uno de ellos no puede prestarlo o se niega injustificadamente a ello, el interesado puede demandar la asistencia judicial mediante petición fundamentada.

Para los actos de administración, el tribunal puede autorizar a uno solo de los cónyuges a actuar por tiempo determinado o a realizar únicamente el acto específico de que se trate.

Cuando se trata de actos de disposición, el tribunal puede, previa vista evidenciaria, autorizar los actos que redunden en interés y provecho para la familia.

Si lo cree conveniente, en ambos casos, el tribunal puede también adoptar las medidas cautelares que estime convenientes para la protección del patrimonio común.

Artículo 527. — Consentimiento dual para actos de disposición; sanción. (31 L.P.R.A. § 6994)

Las adquisiciones hechas en efectivo o a crédito por cualquiera de los cónyuges con fondos gananciales, son válidas si se destinan al uso de los cónyuges o de la familia, de acuerdo con la posición social y económica de esta.

Para realizar actos de disposición a título oneroso sobre bienes gananciales se requiere el consentimiento escrito de ambos cónyuges. Tal consentimiento es indispensable, pero el cónyuge que no ha consentido puede ratificarlo posteriormente. En este caso, la validez y la eficacia del acto comienzan a partir de la ratificación, salvo acuerdo en contrario. A falta de ratificación oportuna, el acto es nulo y sus consecuencias son de la exclusiva responsabilidad del cónyuge que consiente unilateralmente.

Artículo 528. — Cónyuge comerciante. (31 L.P.R.A. § 6995)

El cónyuge que se dedica al comercio, la industria o al ejercicio de una profesión u oficio puede adquirir o disponer de los bienes muebles dedicados a esos fines, por justa causa, sin el consentimiento del otro cónyuge. No obstante, es responsable por los daños y perjuicios que ocasione por dichos actos a la sociedad de gananciales y al otro cónyuge.

Esta acción se ejercitará exclusivamente en el momento de la disolución de la sociedad.

Artículo 529. — Actos de disposición a título gratuito. (31 L.P.R.A. § 6996)

Son nulos los actos de disposición a título gratuito sobre bienes gananciales si no concurre el consentimiento de ambos cónyuges. Sin embargo, cada uno de ellos puede realizar con los bienes gananciales liberalidades de uso.

Artículo 530. — Disposición por testamento. (31 L.P.R.A. § 6997)

Cada uno de los cónyuges puede disponer por testamento de su parte de los bienes gananciales.

La disposición testamentaria de un bien ganancial produce todos sus efectos si el bien en cuestión es adjudicado a la herencia del testador. En caso contrario, se entiende legada únicamente la participación propietaria que el testador tenga en él o el valor de esta al tiempo del fallecimiento.

Artículo 531. — Sanción por el beneficio o lucro personal. (31 L.P.R.A. § 6998)

Si como consecuencia de un acto de administración o de disposición llevado a cabo por uno solo de los cónyuges, este obtiene un beneficio o lucro exclusivo para él y ocasiona dolosamente un daño a la sociedad, es deudor de esta por su importe, aunque el otro cónyuge no impugne el acto.

Si el tercero adquirente actúa de mala fe, el acto es rescindible.

SECCIÓN QUINTA — DISOLUCIÓN Y LIQUIDACIÓN DE LA SOCIEDAD DE GANANCIALES

Artículo 532. — Extinción de la sociedad. (31 L.P.R.A. § 7011)

La sociedad de gananciales se extingue por:

(a) la disolución o la declaración de nulidad del matrimonio; o

(b) el convenio conyugal de un régimen económico distinto, en la forma prevenida en este Código.

Artículo 533. — Inventario de bienes. (31 L.P.R.A. § 7012)

Cuando se disuelve la sociedad, ya sea por la disolución del matrimonio o porque los cónyuges pactan un régimen económico matrimonial distinto, se procederá a su liquidación, que comienza por un inventario del activo y el pasivo que tiene desde esa fecha. El inventario no incluirá los efectos personales que usan ordinariamente los cónyuges. Estos efectos se entregan al que de ellos sobreviva, en caso de disolución por muerte.

Artículo 534. — Activo. (31 L.P.R.A. § 7013)

El activo de la sociedad comprende:

(a) los bienes comunes y gananciales existentes en el momento de la disolución;

(b) el importe actualizado del valor que tenían los bienes al ser enajenados por actos o negocios ilegales o fraudulentos, si no han sido recuperados; y

(c) el importe actualizado de las cantidades pagadas por la sociedad que sean de cargo solo de un cónyuge y, en general, las que constituyen créditos de la sociedad contra este.

Artículo 535. — Pasivo. (31 L.P.R.A. § 7014)

El pasivo de la sociedad comprende:

(a) las deudas pendientes a cargo de la sociedad;

(b) el importe actualizado del valor de los bienes muebles privativos, cuando su restitución deba hacerse en efectivo, por haberse gastado en interés de la sociedad; igual regla es aplicable a los deterioros producidos en dichos bienes por su uso en beneficio de la sociedad. Los sufridos en los bienes inmuebles no serán abonables en ningún caso; y

(c) el importe actualizado de las cantidades que, habiendo sido pagadas por uno solo de los cónyuges, son de cargo de la sociedad y, en general, las que constituyen créditos de los cónyuges contra la sociedad.

Artículo 536. — Pago de deudas. (31 L.P.R.A. § 7015)

Terminado el inventario, se pagarán las deudas de la sociedad. Las deudas por alimentos tienen preferencia. Respecto de las demás, si el caudal inventariado no alcanza para pagarlas, se observará lo dispuesto para la concurrencia y la prelación de créditos.

Artículo 537. — Derechos de los acreedores. (31 L.P.R.A. § 7016)

El acreedor de la sociedad de gananciales tiene en su liquidación los mismos derechos que las leyes le reconocen en la liquidación de la herencia de un deudor.

Artículo 538. — Abono de reintegros y recompensas. (31 L.P.R.A. § 7017)

Pagadas las deudas y cargas de la sociedad, se abonan las recompensas y los reintegros debidos a cada cónyuge, hasta donde alcance el caudal inventariado. Si el cónyuge es deudor de la sociedad, debe hacerse previamente la compensación que corresponda.

Artículo 539. — División y adjudicación por mitad. (31 L.P.R.A. § 7018)

Hechas las deducciones en el caudal inventariado, según se ordena en los artículos anteriores, el remanente constituye el haber de la sociedad de gananciales, que ha de dividirse por mitad entre ambos cónyuges o sus respectivos herederos, según la causa de disolución de la sociedad.

Artículo 540. — Pago de deudas entre cónyuges. (31 L.P.R.A. § 7019)

Si al momento de la liquidación, uno de los cónyuges es acreedor personal del otro, puede exigir que se le satisfaga su crédito mediante la adjudicación de determinados bienes comunes, salvo que el deudor pague voluntariamente.

Artículo 541. — Atribuciones preferentes. (31 L.P.R.A. § 7020)

Cada cónyuge tiene derecho a que se incluyan con preferencia en su participación ganancial, hasta donde esta alcance:

(a) los bienes de uso personal no incluidos en el inciso (a) del Artículo 510 o en el Artículo 533;

(b) la explotación agrícola, comercial o industrial que constituye el ejercicio de su profesión, oficio o industria o que atendió de modo particular y exclusivo durante el matrimonio;

(c) el local, con su mobiliario, donde ejerce su profesión u oficio; y

(d) la vivienda donde tiene su residencia habitual o la residencia familiar, si cumple los criterios que establece este Código para la vivienda familiar ante la disolución matrimonial.

Artículo 542. — Derecho de uso y habitación. (31 L.P.R.A. § 7021)

Respecto a los bienes descritos en los incisos (c) y (d) del artículo anterior, puede el cónyuge pedir, a su elección, que se le atribuyan en propiedad o que se constituya, a su favor, los derechos de uso y de habitación sobre ellos. Si el valor de los bienes o del derecho supera al de la participación del cónyuge adjudicatario, este debe abonar la diferencia al otro cónyuge.

Artículo 543. — Alimentos al cónyuge y a los hijos. (31 L.P.R.A. § 7022)

Mientras se liquida el caudal inventariado y hasta que se les entregue su participación, los alimentos de los cónyuges o, en su caso, del sobreviviente y de los hijos alimentistas, se pagan de la masa común de bienes. Se rebaja de su participación la parte que previamente reciban como frutos y rentas.

Artículo 544. — Liquidación de dos o más sociedades. (31 L.P.R.A. § 7023)

Siempre que haya de ejecutarse simultáneamente la liquidación de dos o más sociedades de gananciales de matrimonios contraídos por una misma persona, se aceptarán todas las pruebas admisibles para determinar el capital de cada sociedad. En caso de duda, deben atribuirse los bienes gananciales a las diferentes sociedades proporcionalmente, en atención al tiempo de su duración y a los bienes e ingresos aportados por los respectivos cónyuges.

Artículo 545. — Medidas supletorias para regir la liquidación. (31 L.P.R.A. § 7024)

En todo lo no previsto en este capítulo sobre formación de inventario, avalúo y liquidación de bienes, división y adjudicación del caudal, regirá lo establecido para la partición de la herencia.

CAPÍTULO V. — EL RÉGIMEN DE SEPARACIÓN DE BIENES

Artículo 546. — Separación de bienes convencional. (31 L.P.R.A. § 7031)

Los cónyuges pueden acordar libremente el régimen de separación de bienes antes de contraer matrimonio o durante su vigencia.

El régimen de separación se rige por las cláusulas convenidas por los cónyuges en capitulaciones matrimoniales, siempre que no sean contrarias a la ley, la moral y al orden público.

La separación de bienes entre los cónyuges no perjudica los derechos que los acreedores hayan adquirido sobre los bienes gananciales bajo el régimen económico de la sociedad de gananciales.

CAPÍTULO VI. — LA COMUNIDAD DE BIENES POST GANANCIAL

Artículo 547. — Comienzo de la comunidad post ganancial. (31 L.P.R.A. § 7041)

Disuelta la sociedad de gananciales, surge entre los cónyuges o excónyuges, según sea el caso, una comunidad de bienes y derechos sobre la totalidad de los elementos del patrimonio común que permanece en indivisión.

Artículo 548. — Presunción de igualdad. (31 L.P.R.A. § 7042)

Se presume que mientras no se liquide el régimen de gananciales, cada cónyuge o excónyuge, según sea el caso, tiene y conserva la misma participación igualitaria sobre el patrimonio indiviso existente al momento de la disolución de la sociedad, así como de los frutos y productos y del aumento o la disminución en valor que perciba.

Artículo 549. — Criterios para rebatir presunción. (31 L.P.R.A. § 7043)

La presunción de igualdad en las participaciones de ambos cónyuges o excónyuges cede ante prueba de que los frutos civiles e industriales, los productos y el aumento en valor percibidos se deben al esfuerzo desigual o exclusivo de uno de ellos o a la inversión de fondos propios.

La presunción también es rebatible respecto a toda obligación, disminución en valor o deterioro causado por la actuación individual, dolosa o negligente, de uno de los cónyuges o excónyuges sobre el patrimonio común.

Artículo 550. — Responsabilidad de los comuneros. (31 L.P.R.A. § 7044)

El cónyuge o excónyuge comunero no está obligado a desarrollar el patrimonio común para que produzca frutos o productos adicionales a los que natural o necesariamente pudiera generar.

Sin embargo, si opta por hacerlo de modo exclusivo o sin el concurso o consentimiento del otro comunero, responde del menoscabo que sufra durante la gestión. La responsabilidad es imputable a su participación, a menos que ofrezca otro modo de resarcimiento idóneo.

Artículo 551. — Crédito por uso de fondos comunes. (31 L.P.R.A. § 7045)

Si uno de los cónyuges o excónyuges comunero adquiere para sí otros bienes, a costa de los bienes, frutos o productos comunes, la nueva adquisición le pertenecerá a título exclusivo, pero el otro comunero podrá exigir un crédito a favor de la comunidad por el importe actualizado de los fondos comunes utilizados. Tal crédito será efectivo al momento de la liquidación del régimen que origina la comunidad.

Artículo 552. — Extinción de la comunidad de bienes post ganancial. (31 L.P.R.A. § 7046)

La comunidad de bienes post ganancial se extingue cuando se liquida finalmente la sociedad de gananciales disuelta que le dio origen.

La venta de la participación total de cualquiera de los cónyuges o excónyuges a un tercero no extingue la sociedad, a menos que el cónyuge o excónyuge que permanece como comunero comparezca al acuerdo con el propósito de consentir a la división y aceptar que la venta constituye la liquidación final de ese régimen matrimonial.

Artículo 553. — Derecho de tanteo. (31 L.P.R.A. § 7047)

Los cónyuges o excónyuges tienen el mismo derecho de tanteo sobre los bienes comunes que se reconoce a los coherederos.

Artículo 554. — Medidas supletorias. (31 L.P.R.A. § 7048)

La administración y la disposición de los bienes que constituyen la comunidad post ganancial se rigen por los artículos de este Código que regulan la comunidad de bienes.

La división y la liquidación de esta comunidad se rige supletoriamente por las disposiciones relativas a la liquidación y a la partición de la herencia.

VII. Concubinato

El concubinato surge cuando existe una unión no matrimonial con cierta estabilidad que no cuenta con el equivalente de la regulación matrimonial sobre las relaciones personales y patrimoniales.[825] El Código Civil reconoce que una pareja por relación de afectividad análoga o compatible a la conyugal puede adoptar si a la fecha de la presentación de la petición llevan al menos dos años de relación análoga.[826]

Hay dos tipos de concubinato: (1) el queridato y el (2) *more uxorio*.[827]

El queridato surge cuando "uno o ambos están casados con otra persona y por tanto impedidos de casarse entre sí".[828]

El concubinato *more uxorio* surge desde que "un hombre y una mujer con aptitud para casarse deciden vivir pública y notoriamente como un matrimonio, sin cumplir con las formalidades exigidas para este último".[829] Se considera como una unión similar al matrimonio, que, entre otros elementos básicos, cumple con los siguientes: (1) la cohabitación (comunidad de vida y lecho); (2) la publicidad o notoriedad; (3) la estabilidad o la permanencia y (4) la fidelidad.[830] La unión *more uxorio* supone comunidad de vida, de habitación, de mesa, de existencia, en un vivir juntos y sentir juntos las necesidades del quehacer familiar y cotidiano.[831]

A pesar de las similitudes entre el concubinato y el matrimonio, el concubinato no posee los mismos efectos jurídicos.[832] Si las partes no estipulan otro régimen económico, al momento de constituir el matrimonio surge la sociedad de bienes gananciales.[833] Por el contrario, el concubinato no genera, automáticamente, derechos para las personas que viven en tal estado, ni acarrea el surgimiento de una sociedad legal de gananciales.[834]

El surgimiento del concubinato no presume la existencia de una comunidad de bienes entre los concubinos, por lo que esta deberá ser probada por el concubino que plantea su existencia.[835] Como no existe una normativa que regule el concubinato, los tribunales utilizan los siguientes factores para determinar los posibles efectos económicos (patrimoniales) de este tipo de relación.[836]

---

[825] González Rivera v. Robles Laracuente, 203 DPR 645, 657 (2019).
[826] CÓD. CIV. PR art. 580, 31 LPRA § 7181.
[827] *González Rivera*, 203 DPR en la pág. 657.
[828] Caraballo Ramírez v. Acosta, 104 DPR 474, 476 esc. 1 (1975).
[829] Torres Vélez v. Soto Hernández, 189 DPR 972, 989-90 (2013).
[830] *González Rivera*, 203 DPR en la pág. 658.
[831] *Id.*
[832] *Id.*
[833] *Id.*
[834] *Id.* (*citando a* Cruz v. Sucn. Landrau Díaz, 97 P.R.R. 563, 97 DPR 578, 581 (1969); Torres v. Roldán, 67 DPR 367, 368 (1947); Correa v. Quiñones, 29 DPR 52, 54 (1921)).
[835] *Id.* en la pág. 659.
[836] *Id.*

Cuando se adquieren bienes durante el concubinato con aporte de ambos concubinos existe una verdadera comunidad de intereses a la que se habrá de poner fin, mediante las normas que regulan la comunidad de bienes en Puerto Rico.[837] Los concubinos podrán demostrar un interés propietario con respecto a los bienes adquiridos o que hayan incrementado de valor durante la relación de la misma forma que se establece la existencia de una comunidad de bienes; entiéndase, mediante pacto expreso o pacto implícito.[838] Asimismo, se ha reconocido una causa de acción por enriquecimiento injusto cuando se logra probar que la cantidad aportada en bienes, valores y servicios produjeron ganancias, lo que da lugar a una compensación por la misma cuantía.[839]

Ante una controversia sobre la naturaleza de los bienes adquiridos por los concubinos durante su relación, al momento de culminar el concubinato por disolución o división, el tribunal deberá examinar si la voluntad de los convivientes fue, efectivamente, someterse a una comunidad de bienes.[840] La comunidad de bienes no se presume ni aplica de manera automática: su existencia debe ser probada por la parte que la plantea.[841]

La comunidad de bienes podrá ser establecida bajo cualquiera de las siguientes alternativas: (1) como pacto expreso; (2) como pacto implícito que surge espontáneamente de la relación humana y económica existente entre las partes durante el concubinato y que demuestra que se obligaron implícitamente a aportar, cada uno, bienes, esfuerzo y trabajo para beneficio común; y (3) como un acto justiciero para evitar el enriquecimiento injusto al probar que aportó bienes, valores y servicios que produjeron ganancias a compensar.[842]

Algunos de los criterios que se deberán tomar en consideración en este proceso, según la jurisprudencia, son los siguientes:

- Los concubinos consolidan expresa o tácitamente sus ingresos.
- Los concubinos pueden, en el caso mencionado, participar por partes iguales en los bienes adquiridos con tales ingresos y si una de las partes ha retenido más de lo que le corresponde, la corte le obligará a devolver la porción retenida demás.
- Aun en ausencia de un convenio o acuerdo entre el concubinario y su concubina, la parte perjudicada podrá exigir su participación en los bienes conjuntamente adquiridos en proporción a su aportación, con el objeto de evitar enriquecimiento injusto.
- La concubina tiene derecho a probar en corte que existía un acuerdo expreso o implícito con su concubino para compartir los bienes acumulados por ambos.

---

[837] *Id.*

[838] *Id.*

[839] Ortiz de Jesús v. Vázquez Cotto, 119 DPR 547, 548-549 (1987); Danz v. Suau, 82 DPR 609, 617-619 (1961).

[840] González Rivera, 203 DPR en la pág. 659.

[841] *Id.* en la pág. 660.

[842] *Id.*

- Este derecho de la concubina se extiende a que pruebe también que sin dicho acuerdo ella contribuyó con su trabajo o capital aunque su participación en los bienes en controversia no sea necesariamente igual.[843]

Pacto expreso

El pacto expreso es un contrato o convenio para crear y establecer una comunidad de bienes de origen voluntario.[844] El pacto expreso no tiene requisito de forma, por lo que puede ser verbal o escrito.[845] No obstante, para establecer un pacto verbal expreso es menester evidenciar la manifestación indubitada e inequívoca de las partes.[846] Asimismo, las aportaciones realizadas por las partes en este tipo de pacto pueden acreditarse por cualquier medio probatorio.[847]

Pacto implícito

El pacto implícito se considera un contrato que surge cuando una persona realiza un determinado acto o adopta un comportamiento que, sin declarar abiertamente voluntad alguna, permite inducir o inferir que tal voluntad existe y la presupone necesariamente.[848] Los derechos y la participación sobre los bienes allegados durante la relación pueden acreditarse a través de un pacto implícito que se desprende de la relación humana y económica que se produjo durante la convivencia concubinaria.[849]

En la evaluación de derechos y participación sobre un bien inmueble se toma en consideración, entre otras cosas, que el bien inmueble fue comprado por dinero privativo de una parte, el bien inmueble fue inscrito en el Registro de la Propiedad a nombre de una de las partes, y los pagos realizados en cuanto a contribuciones, agua, alumbrado y las mejoras realizadas al mismo se hicieron con dinero privativo.[850] Al evaluar la participación sobre un terreno en el que se construyó un bien inmueble se consideran "las libretas bancarias que evidenciaban el retiro de la cantidad de dinero necesario para la compra del solar en cuestión" y además, la aportación de bienes o servicios para la adquisición del terreno al establecer el carácter privativo.[851]

---

843 *Id.* en las págs. 660-61 (*citando a* II R. ORTEGA VÉLEZ, COMPENDIO DE DERECHO DE FAMILIA, 621-22 (Pubs. JTS, 2000).
844 *Id.* en la pág. 621 (cita omitida).
845 *Id.*
846 *Id.*
847 *Id.*
848 *Id.* (cita omitida).
849 Domínguez Maldonado v. ELA, 137 DPR 954, 967-68 (1995); Ortiz de Jesús v. Vázquez Cotto, 119 DPR 547, 548-49 (1987).
850 Véase, Martínez Santiago v. Dalmau Andrades, 93 DPR 191 (1966); Torres v. Roldán, 67 DPR 367 (1947); Vázquez v. Camacho, 43 DPR 659 (1932); Mojica v. González, 43 DPR 999 (1932).
851 Torres Vélez v. Soto Hernández, 189 DPR 972, 990 (2013).

Enriquecimiento injusto

De no lograr establecer la existencia de una comunidad de bienes ya fuese por pacto expreso o implícito, la parte que solicita participación económica podrá acreditar que aportó bienes, valores y servicios, que produjeron ganancias y consecuentemente, como un acto justiciero para evitar el enriquecimiento injusto de la otra parte, reclamar el valor de bienes, valores y servicios y las correspondientes ganancias obtenidas.[852] Cuando la razón de pedir de la reclamante se basa en la teoría del enriquecimiento injusto y no en la existencia de una comunidad de bienes [por pacto expreso o implícito] sería obligación de ella probar con preponderancia de prueba el valor de su participación en los bienes adquiridos.[853] La prueba de ese hecho no tiene que ser directa, pudiendo establecerse el valor de su participación mediante inferencias razonables.[854]

Ejemplos de cómo puede operar el enriquecimiento injusto en una relación de concubinato son la adquisición de bienes conjuntamente pero inscritos a nombre de uno solo; mejoras introducidas por un concubino en un bien del otro; beneficio real exclusivo para un concubino como consecuencia de la prestación del otro; servicios prestados por un concubino que habrían enriquecido al otro y adquisición por un concubino de un bien en prescripción adquisitiva.[855]

Los promoventes de esta modalidad están sujetos a los requisitos de la teoría del enriquecimiento injusto y la inexistencia de otra acción legal para defender sus derechos.[856]

VIII. Filiación

A. Natural

TÍTULO VI — LA FILIACIÓN NATURAL

CAPÍTULO I. — DISPOSICIONES GENERALES

Artículo 555. — Igualdad de los hijos. (31 L.P.R.A. § 7101)

Todos los hijos tienen los mismos derechos y las mismas obligaciones respecto a sus progenitores.

Artículo 556. — Tipos de filiación. (31 L.P.R.A. § 7102)

La filiación tiene lugar por vínculo genético, por métodos de procreación asistida o por adopción.

---

[852] González Rivera, 203 DPR en la pág. 663.
[853] *Id.* en la pág. 664.
[854] *Id.*
[855] *Id.*
[856] SLG Sánchez v. SLG Valentín, 186 DPR 503, 516 (2012) (*citando a* Ortiz Andújar v. ELA, 122 DPR 817, 823 (1988)).

Artículo 557. — La filiación determina los apellidos. (31 L.P.R.A. § 7103)

La filiación natural o la adoptiva determinarán los apellidos de la persona natural.

Artículo 558. — Derechos que surgen de la filiación. (31 L.P.R.A. § 7104)

El hijo tiene derecho a:

(a) llevar el apellido de cada progenitor;

(b) recibir alimentos por parte de ambos progenitores;

(c) exigir en su favor la protección que surge de la patria potestad que sus progenitores ejercen sobre él; y

(d) participar de la herencia de cada uno de los progenitores.

Artículo 559. — Reconocimiento por cualquier modo. (31 L.P.R.A. § 7105)

Un progenitor puede reconocer de cualquier modo al hijo. Si el progenitor ha muerto el derecho y la obligación de hacer tal reconocimiento se transmiten a sus herederos.

Los herederos de un progenitor pueden reconocer al hijo aun después de haber caducado la acción filiatoria.

Artículo 560. — Reconocimiento de la persona mayor de edad. (31 L.P.R.A. § 7106)

El hijo mayor de edad no puede ser reconocido sin su consentimiento.

El reconocimiento del hijo ya fallecido solo surte efecto si lo consienten sus herederos legitimarios por sí mismos o por medio de sus representantes legales. Si el progenitor no conocía el hecho de la paternidad o de la maternidad hasta después del fallecimiento del hijo, la filiación puede declararse, pero el tribunal negará o limitará los derechos hereditarios del progenitor que lo reconoce póstumamente, si lo cree justo, para proteger los derechos de los demás herederos.

CAPÍTULO II. — LA ACCIÓN FILIATORIA

Artículo 561. — Legitimados y plazos para presentar la acción. (31 L.P.R.A. § 7111)

Toda persona puede pedir que se declare judicialmente su estado de hijo de cualquiera de sus progenitores durante la vida de estos. Muerto el progenitor, la acción debe incoarse contra sus herederos, dentro del plazo de dos (2) años, contados a partir de su muerte, salvo en los casos siguientes:

(a) si el progenitor muere durante la minoridad o la incapacidad absoluta del hijo, este puede presentar la acción dentro del plazo de los cuatro (4) años siguientes a la fecha en la que alcance la mayoría de edad o en la que termine su estado de tutela; o

(b) si después de la muerte del progenitor aparece algún documento u otras pruebas materiales en las que se reconozca expresamente al hijo, este puede presentar la acción dentro del año siguiente del hallazgo o del conocimiento de dichas pruebas.

Artículo 562. — Caducidad de la acción filiatoria. (31 L.P.R.A. § 7112)

Transcurridos los plazos dispuestos en el artículo anterior, la acción filiatoria caduca.

Artículo 563. — Naturaleza de la acción filiatoria. (31 L.P.R.A. § 7113)

La acción filiatoria es irrenunciable e indisponible, y se transmite a los herederos del hijo con las limitaciones que imponen los dos artículos anteriores.

Artículo 564. — Declaración judicial del estado filiatorio. (31 L.P.R.A. § 7114)

La declaración judicial del estado filiatorio no hará pronunciamiento sobre las circunstancias del nacimiento o el estado civil de los progenitores. Al peticionario se le denominará simplemente hijo o hija y al progenitor padre o madre, según sea el caso.

Artículo 565. — Prueba admisible. (31 L.P.R.A. § 7115)

La filiación puede establecerse con cualquier prueba admisible en un tribunal conforme a las Reglas de Evidencia.

Artículo 566. — Preferencia por las pruebas científicas. (31 L.P.R.A. § 7116)

En todo caso en el que se cuestione la filiación de una de las partes, se preferirán las pruebas científicas reconocidas y aceptadas por la ciencia como idóneas y confiables para determinar la paternidad o la maternidad de una persona respecto de otra, siempre que se realicen de conformidad con los mejores criterios clínicos por peritos competentes autorizados por el tribunal.

CAPÍTULO III. — LAS PRESUNCIONES DE MATERNIDAD Y DE PATERNIDAD Y SU IMPUGNACIÓN

Artículo 567. — Presunción de maternidad. (31 L.P.R.A. § 7121)

El parto determina la maternidad, excepto en casos de maternidad subrogada en los cuales la mujer gestante no tiene vínculo genético alguno con el hijo que se desprende de su vientre y desde un principio su intención original fue llevar el embarazo a término para otra persona.

Artículo 568. — Presunciones de paternidad. (31 L.P.R.A. § 7122)

Se presumen hijos del cónyuge de la mujer casada:

(a) los nacidos durante el matrimonio; y

(b) los nacidos dentro de los trescientos (300) días siguientes a la disolución del matrimonio.

El reconocimiento voluntario crea una presunción de paternidad a favor del reconocedor.

Artículo 569. — Prueba en contrario. (31 L.P.R.A. § 7123)

Las presunciones establecidas en los artículos anteriores admiten prueba en contrario, siempre que se demuestre la imposibilidad de la paternidad o la maternidad, y que se presente en los procedimientos y en los plazos dispuestos en este Código.

Mientras no se rebata la presunción, el progenitor presunto cumplirá las obligaciones que surgen de la maternidad o de la paternidad, sin derecho a exigir restitución de lo que haya pagado al hijo en virtud de ese estado, salvo que existan circunstancias extraordinarias que justifiquen la restitución por quien venía llamado originalmente a prestarlas.

Artículo 570. — Impugnación de la maternidad. (31 L.P.R.A. § 7124)

La maternidad de un hijo puede impugnarse únicamente si se prueba que hubo simulación del parto, sustitución del hijo durante el alumbramiento o después de él, o por acuerdo de maternidad subrogada. Solo tienen acción legitimada para impugnarla:

(a) la presunta progenitora;

(b) la madre biológica;

(c) el hijo, por sí mismo, si es mayor de edad, o por su representante legal o defensor judicial, si no ha alcanzado su mayoría de edad o si es incapaz;

(d) la madre intencional subrogada; y

(e) el presunto padre.

Si la mujer a quien se imputa el hijo inicia la acción de impugnación, debe nombrarse un defensor judicial al hijo para que lo represente en el proceso.

Artículo 571. — Acreditación del estado de gestación. (31 L.P.R.A. § 7125)

La mujer cuyo matrimonio se ha disuelto y quiere formalizar otro antes de transcurrir trescientos (300) días de dicha disolución, puede acreditar voluntariamente su estado de gestación ante la persona que oficie el matrimonio, con el propósito de rechazar la paternidad presunta del nuevo cónyuge y atribuirla al anterior.

Artículo 572. — Matrimonios sucesivos. (31 L.P.R.A. § 7126)

Si median matrimonios sucesivos sin que se haya presentado la acreditación a la que se refiere el artículo anterior, se presume que el cónyuge de la madre, al momento del nacimiento del hijo, es el progenitor de este.

Artículo 573. — Legitimados para impugnar la paternidad presunta. (31 L.P.R.A. § 7127)

La paternidad presunta puede ser impugnada en una acción principal o en una acción subsidiaria de la acción filiatoria por:

(a) el presunto padre;

(b) la madre;

(c) el hijo, por sí, si es mayor de edad, o por su representante legal o defensor judicial, si no ha alcanzado su mayoridad o si es incapaz;

(d) el padre por vínculo genético; y

(e) el padre intencional o comitente.

Si el hijo es menor de edad a la fecha en que se incoa la acción, debe nombrársele un defensor judicial para que lo represente en el proceso.

Artículo 574. — Impugnación por los herederos. (31 L.P.R.A. § 7128)

Los herederos de cualquier legitimado para impugnar la presunción de maternidad o la de paternidad pueden presentar la acción si el hijo nace póstumamente o si, a la fecha del deceso de los progenitores presuntos, no ha transcurrido el plazo para incoarla. También pueden continuar la acción que el causante haya presentado si ha muerto sin haber desistido de ella.

Artículo 575. — Plazo para impugnar la paternidad o la maternidad. (31 L.P.R.A. § 7129)

La acción para impugnar la paternidad o la maternidad caduca al año desde que el impugnador tiene indicios o conoce hechos que crean una duda verdadera sobre la inexactitud de la filiación.

Artículo 576. — Plazo extendido para el hijo. (31 L.P.R.A. § 7130)

El hijo puede impugnar la paternidad o la maternidad durante toda la vida del progenitor presunto o hasta un (1) año después de su muerte, en cuyo caso debe dirigir la acción contra los herederos.

Si el progenitor presunto muere durante la minoridad o el estado de incapacidad del hijo, el plazo de un (1) año comienza a transcurrir desde que este llegue a la mayoridad o cese la tutela.

Artículo 577. — Determinación como cosa juzgada. (31 L.P.R.A. § 7131)

Toda disputa ulterior sobre el hecho de la paternidad o de la maternidad de una persona sobre otra es cosa juzgada:

(a) si ha mediado una determinación de culpabilidad en un caso criminal en el que el hecho de la paternidad o de la maternidad es un elemento constitutivo del delito; o

(b) si se deniega la declaración de paternidad o de maternidad en un procedimiento judicial de naturaleza civil.

Artículo 578. — Corrección del certificado de nacimiento. (31 L.P.R.A. § 7132)

El tribunal ordenará la corrección de los datos inscritos en el certificado de nacimiento del hijo luego de rebatida la presunción de paternidad o de maternidad o luego de anulado el reconocimiento voluntario.

Artículo 579. — Daños indemnizables. (31 L.P.R.A. § 7133)

Los daños causados al hijo por la falta de reconocimiento voluntario y oportuno son indemnizables, según se dispone en este Código.

B. Adoptiva

Artículo 580. — Requisitos del adoptante. (31 L.P.R.A. § 7181)

El adoptante, a la fecha de la presentación de la petición de adopción, deberá cumplir con los siguientes requisitos:

> (1) Haber alcanzado la mayoría de edad, excepto en el caso en que dos (2) personas unidas en matrimonio o una pareja unida por relación de afectividad análoga o compatible a la conyugal, adopten conjuntamente, en cuyo caso bastará que uno de ellos sea mayor de edad, pudiendo ser menor de edad el otro adoptante, pero nunca menor de dieciocho (18) años.
>
> (2) Tener capacidad jurídica para actuar.
>
> (3) Tener por lo menos catorce (14) años más que el adoptado menor de edad.

En los casos en que un cónyuge o una pareja por relación de afectividad análoga o compatible a la conyugal, desee adoptar un hijo del otro, bastará que a la fecha de la presentación de la petición el adoptante tenga por lo menos dos (2) años de casado o de relación análoga o compatible con el padre o madre del adoptado o que el cónyuge o parte conyugalmente análoga o compatible a un matrimonio interesada en adoptar tenga por lo menos catorce (14) años más que el adoptado menor de edad.

Artículo 581. — Quiénes no pueden ser adoptantes. (31 L.P.R.A. § 7182)

No podrán ser adoptantes las personas declaradas incapaces por decreto judicial mientras dure la incapacidad. En el caso de una persona sentenciada a cumplir pena de reclusión, no podrá ser adoptante mientras dure la misma.

Artículo 582. — Quiénes podrán ser adoptados; quiénes no podrán serlo. (31 L.P.R.A. § 7183)

(1) Podrán ser adoptados los menores de edad no emancipados y los menores de edad emancipados por decreto judicial o por concesión del progenitor o progenitores con patria potestad.

(2) Las personas que hayan cumplido la mayoría de edad a la fecha de un decreto de adopción aun cuando fueren menores de edad al presentarse la petición de adopción no podrán ser adoptadas.

No obstante, podrá ser adoptado un menor de edad emancipado que no haya contraído matrimonio o una persona mayor de edad siempre y cuando medie alguna de las siguientes circunstancias:

> a. Cuando el adoptado haya residido en el hogar de los adoptantes desde antes de haber cumplido la edad de dieciocho (18) años, y dicha situación haya continuado existiendo a la fecha de la presentación de la petición de adopción. En tales casos no tendrá que notificarse al progenitor o progenitores que figuren en su Registro Demográfico por haber cesado la patria potestad al cumplir la mayoría legal del adoptando.
>
> b. Cuando el adoptado sea un menor emancipado que nunca haya contraído matrimonio.

(3) Las personas casadas o que hayan estado casadas, aunque sean menores de edad.

(4) Un ascendiente de un adoptante que es un pariente por consanguinidad o por afinidad.

(5) Un tutor por su pupilo.

(6) Un pupilo por su tutor, o un tutor por su pupilo, hasta la fecha de la aprobación final y firme por decreto judicial de las cuentas generales y finales de la tutela. La adopción decretada en contravención a lo dispuesto en esta Sección será nula.

Artículo 583. — Número de adoptantes; adopción conjunta o individual. (31 L.P.R.A. § 7184)

Un adoptante podrá adoptar de forma individual siendo soltero. Los adoptantes que estén casados entre sí o que sean una pareja unida por relación de afectividad análoga a la conyugal, deberán adoptar conjuntamente. Se entiende por relación afectiva análoga a la conyugal, la que existe entre parejas que demuestran una estabilidad de convivencia afectiva de, al menos, dos (2) años.

En los casos de matrimonios o una pareja unida por relación de afectividad análoga a la conyugal, podrá adoptarse individualmente en cualquiera de los siguientes casos:

1. Cuando desee adoptar al hijo menor de edad del otro cónyuge o pareja.

2. Cuando por decreto judicial el cónyuge del adoptante tenga restringida su capacidad jurídica, mientras dure dicha restricción, en cuyo caso habrá de notificarse dicha solicitud de otro cónyuge.

El tribunal tendrá discreción para resolver situaciones como las dispuestas en este artículo, teniendo siempre como guía para su decisión el bienestar y conveniencia del menor.

Artículo 584. — Personas llamadas a consentir a la adopción. (31 L.P.R.A. § 7185)

Las siguientes personas deberán, en presencia del tribunal, consentir a la adopción:

(1) El adoptante o los adoptantes.

(2) El adoptado mayor de diez (10) años.

(3) El progenitor o progenitores del adoptado que al momento de la adopción posean la patria potestad de éste, así como el progenitor que por razón de un decreto de divorcio no posea la patria potestad sobre un hijo menor de edad. No se requerirá dicho consentimiento en los siguientes casos:

(a) Cuando los progenitores o uno de ellos haya sido privado de la patria potestad, según lo dispuesto en los Artículos 614 y 615 de este Código, y de conformidad con cualquier otra disposición legal vigente aplicable a estos casos.

(b) Cuando el adoptado sea un menor emancipado por decreto judicial o por concesión del progenitor o progenitores con patria potestad, y esté debidamente cualificado para serlo.

(c) Cuando el progenitor o progenitores llamados a prestarlo se encuentren incapacitados por decreto judicial, se desconozca su paradero o hayan sido declarados ausentes de la jurisdicción de Puerto Rico.

(4) El progenitor que a la fecha de la presentación de la petición haya reconocido como hijo suyo al menor a ser adoptado.

(5) El(La) Secretario del Departamento de la Familia, cuando esté bajo su custodia y cuidado un menor de edad a ser adoptado no emancipado y cuyo progenitor o progenitores hayan sido privados de la patria potestad.

(6) El tutor especial o defensor judicial designado a los fines de consentir a la adopción.

(7) Los padres menores de edad, pero mayores de dieciocho (18) años cuando a la fecha de la presentación de la petición de adopción están casados entre sí.

(8) Los abuelos biológicos cuando los padres biológicos sean menores de edad no emancipados.

En ausencia de éstos, el tribunal designará un defensor judicial a los padres biológicos.

Artículo 585. — Facultad del Pueblo de Puerto Rico para recomendar la adopción de menores no emancipados bajo su custodia y cuidado. (31 L.P.R.A. § 7186)

El(La) Secretario(a) del Departamento de la Familia podrá iniciar a nombre de un adoptante un procedimiento de adopción de un menor que está bajo su custodia cuando entienda que ello conviene a los mejores intereses y bienestar del menor, siempre que los progenitores o tutores hayan renunciado a la patria potestad o tutela o cuando el tribunal los haya privado de la patria potestad o custodia por alguna de las causas que establece este Código.

Artículo 586. — Número de adoptados (31 L.P.R.A. § 7187)

El adoptante o los adoptantes podrán adoptar a uno o más menores, simultáneamente o sucesivamente, siempre que reúnan los requisitos establecidos en la ley y ello sea para el interés óptimo del adoptado.

Artículo 587. — Efecto y consecuencias de un decreto final y firme de adopción. (31 L.P.R.A. § 7188)

Una vez decretada la adopción, el adoptado será considerado para todos los efectos legales como hijo del adoptante con todos los derechos, deberes y obligaciones que le corresponden por ley. La adopción por decreto final y firme extinguirá todo vínculo jurídico entre el adoptado y su familia biológica o adoptiva anterior.

El adoptado retendrá todos los derechos que por razón de su previo parentesco como miembro de su familia anterior haya adquirido con anterioridad a la fecha de la expedición del decreto de adopción. La determinación de filiación del adoptado que ocurra en fecha posterior al decreto de adopción, no afectará la adopción ya vigente, ni al adoptado y su familia adoptante.

Artículo 588. — Subsistencia del vínculo con la familia anterior. (31 L.P.R.A. § 7189)

No obstante lo dispuesto en este Código, los vínculos jurídicos del adoptado con su familia paterna o materna anterior subsistirán cuando el adoptado sea hijo del cónyuge del adoptante, aunque el progenitor haya fallecido a la fecha de presentación de la petición de adopción, o cuando el adoptado proviene de una única filiación y es adoptado por persona distinta al progenitor que lo ha reconocido como su hijo.

La ruptura y extinción de los vínculos jurídicos con la familia anterior del adoptado, y el nacimiento de tales vínculos con la familia del adoptante, se entenderán sin perjuicio de la reglamentación sobre impedimentos y prohibiciones de ley para contraer matrimonio en Puerto Rico. Un adoptado no podrá contraer matrimonio con un pariente de su anterior familia, en los mismos casos en que no podría contraerlo de no haber ocurrido la adopción.

La responsabilidad penal del adoptado en los delitos contra la familia y el estado civil seguirá siendo la misma que dispone el ordenamiento jurídico vigente, con relación a su familia biológica anterior, tal y como si no se hubiera decretado la adopción, si se prueba que el adoptado conocía de su vínculo familiar con la víctima del incesto.

El adoptado adquirirá los apellidos del adoptante o los cónyuges adoptantes.

X. Custodia

Artículo 602. — Custodia compartida; definición. (31 L.P.R.A. § 7281)

Custodia compartida es la obligación de ambos progenitores de ejercer directa y totalmente todos los deberes y funciones que conlleva la patria potestad de los hijos, relacionándose con estos el mayor tiempo posible y brindándoles la compañía y atención que se espera del progenitor responsable.

La custodia compartida no requiere que un menor pernocte el mismo tiempo en la residencia de ambos progenitores. En este caso, el tribunal puede conceder la custodia compartida de los hijos menores de edad o de hijos mayores de edad de los que comparten la patria potestad prorrogada, si el otro progenitor se relaciona de forma amplia y desempeña responsablemente todas las funciones que como progenitor le corresponden y la patria potestad le impone.

Artículo 603. — Prioridad a la determinación de custodia compartida. (31 L.P.R.A. § 7282)

Los progenitores pueden acordar voluntariamente que compartirán la custodia del hijo, aunque estén separados, si tienen la disponibilidad, el firme propósito de asumir tal responsabilidad y los recursos personales para hacerla viable. El tribunal debe constatar que dicho acuerdo no es producto de la irreflexión o de la coacción y que es conforme al interés óptimo del hijo.

Si falta el acuerdo previo entre los progenitores, el tribunal citará para vista expedita, para la adjudicación de la custodia provisional. En la vista, el tribunal evaluará la prueba y considerará conceder a las partes la custodia compartida provisional de sus hijos siempre que ello se ajuste al interés óptimo del menor.

Artículo 604. — Criterios a considerar en la adjudicación de custodia. (31 L.P.R.A. § 7283)

El tribunal debe evaluar los siguientes criterios en toda determinación de custodia:

(a) la salud mental de ambos progenitores y de los hijos;

(b) el nivel de responsabilidad o integridad moral exhibido por cada uno de los progenitores;

(c) si ha habido un historial de violencia doméstica entre los integrantes del núcleo familiar;

(d) la capacidad de cada progenitor para satisfacer las necesidades afectivas, económicas y morales del menor, tanto presentes como futuras;

(e) el historial de cada progenitor en la relación con sus hijos;

(f) las necesidades específicas de cada uno de los hijos menores cuya custodia se solicita;

(g) la relación del hijo con sus progenitores, sus hermanos y otros miembros de la familia;

(h) la capacidad, disponibilidad y compromiso de los progenitores de asumir la responsabilidad de criar los hijos conjuntamente;

(i) la razón o los motivos de los progenitores para solicitar la custodia compartida;

(j) si la profesión u oficio que ejercen los progenitores no es un impedimento para ejercer una custodia compartida;

(k) si la ubicación y distancia entre las residencias de los progenitores perjudica la educación del hijo;

(l) la comunicación que existe entre los progenitores y la capacidad para comunicarse mediante comunicación directa o utilizando mecanismos alternos; y

(m) cualquier otro criterio que pueda considerarse para garantizar el interés óptimo de los hijos.

Artículo 605. — Criterios que impiden la adjudicación de custodia compartida. (31 L.P.R.A. § 7284)

El tribunal no concederá la custodia compartida:

(a) cuando uno de los progenitores sufre de una incapacidad o deficiencia mental, según determinada por un profesional de la salud, y la misma es de naturaleza irreversible y de tal magnitud que le impide atender adecuadamente a los hijos y garantizar la seguridad e integridad física, mental y emocional de estos;

(b) cuando los actos u omisiones de uno de los progenitores resultan perjudiciales a los hijos o constituyen un patrón de ejemplos corruptores;

(c) cuando uno de los progenitores, su cónyuge o pareja consensual ha sido convicto por actos constitutivos de maltrato de menores;

(d) cuando uno de los progenitores se encuentra confinado en una institución carcelaria;

(e) cuando uno de los progenitores ha sido convicto por actos constitutivos de violencia doméstica;

(f) cuando uno de los progenitores ha cometido abuso sexual o cualquiera de los delitos sexuales tipificados en el Código Penal de Puerto Rico hacia algún menor; y

(g) cuando uno de los progenitores, su cónyuge o pareja consensual es adicto a drogas ilegales o a alcohol.

Artículo 606. — Custodia exclusiva. (31 L.P.R.A. § 7285)

La custodia del hijo, acompañada o no del ejercicio exclusivo de la patria potestad, puede asignarse a un solo progenitor:

(a) mientras se ventila el proceso de divorcio o de nulidad del matrimonio;

(b) luego de decretada la disolución o anulado el matrimonio; o

(c) cuando hay diferencias irreconciliables o reiteradas entre los progenitores que afectan significativamente la crianza razonada, responsable y efectiva del hijo.

En estos casos no puede entorpecerse o prohibirse el contacto del otro progenitor con su hijo, aunque puede regularse en las circunstancias y del modo que autoriza este Código.

XI. Patria Potestad

CAPÍTULO I. — DISPOSICIONES GENERALES

Artículo 589. — Patria potestad; definición. (31 L.P.R.A. § 7241)

La patria potestad es el conjunto de deberes y derechos que corresponden a los progenitores sobre la persona y los bienes de los hijos, desde que estos nacen hasta que alcanzan la mayoría de edad u obtienen su emancipación.

Artículo 590. — Contenido de la patria potestad. (31 L.P.R.A. § 7242)

Los progenitores tienen sobre el hijo sujeto a su patria potestad los siguientes deberes y facultades:

(a) velar por él y tenerlo en su compañía;

(b) alimentarlo y proveerle lo necesario para su desarrollo y formación integral;

(c) inculcarle valores y buenos hábitos de convivencia y el respeto a sí mismo y hacia los demás;

(d) corregirlo y disciplinarlo según su edad y madurez intelectual y emocional y castigarlo moderadamente o de una manera razonable; y

(e) representarlo en el ejercicio de las acciones que puedan redundar en su provecho y en aquellas en las que comparece como demandado.

Artículo 591. — Naturaleza de los procesos. (31 L.P.R.A. § 7243)

Los progenitores pueden solicitar el auxilio judicial cuando se atenta contra su patria potestad o cuando se amenaza o está en peligro la integridad física, mental o emocional del hijo.

CAPÍTULO II. — EJERCICIO DE LA PATRIA POTESTAD

SECCIÓN PRIMERA — DISPOSICIONES GENERALES

Artículo 592. — Ejercicio en beneficio del hijo. (31 L.P.R.A. § 7251)

La patria potestad conlleva la obligación de ejercerla responsablemente, de conformidad con la ley. Se ha de ejercer por ambos progenitores o por cualquiera de ellos en beneficio del hijo.

Artículo 593. — Ejercicio conjunto. (31 L.P.R.A. § 7252)

Ambos progenitores deben ejercer la patria potestad con paridad de derechos y responsabilidades, pero puede ejercerla uno de ellos solamente, si media el consentimiento expreso o tácito del otro o un decreto judicial.

Artículo 594. — Ejercicio conjunto obligatorio; excepciones. (31 L.P.R.A. § 7253)

Se requiere el consentimiento expreso de ambos progenitores en los siguientes actos referentes a los hijos:

(a) autorizar intervención quirúrgica en circunstancias que no estén contempladas en los artículos siguientes;

(b) darlo en adopción;

(c) emanciparlo;

(d) autorizarlo a contraer matrimonio;

(e) autorizarlo a salir temporal o permanentemente de Puerto Rico; o

(f) realizar cambios extraordinarios en la manera de administrar sus bienes.

No es necesario que el consentimiento de ambos progenitores se preste simultáneamente para que el acto sea válido.

Artículo 595. — Consentimiento para tratamiento médico. (31 L.P.R.A. § 7254)

Todo hospital público o privado aceptará el consentimiento de cualquiera de los progenitores con patria potestad sobre los hijos no emancipados, del tutor del menor no emancipado, o de la persona que ostenta la custodia temporera con autoridad legal para ello, en caso de tratamiento médico o intervención quirúrgica de emergencia que sea recomendada por un médico autorizado.

En todo hospital, centro de salud o servicio de emergencia, público o privado, será suficiente el consentimiento de un solo progenitor si el tratamiento o la intervención del hijo son de urgencia o necesarios para su interés óptimo, según el juicio informado del médico o del personal cualificado que lo atienda. Se presume que el tratamiento es de urgencia si la vida o las funciones cognitivas, mentales o físicas del hijo están comprometidas o amenazadas.

Toda persona que ha cumplido dieciocho (18) años puede dar su consentimiento para recibir tratamiento médico de urgencia, para sí o para sus hijos menores de edad.

Artículo 596. — Presunción de validez de la actuación individual. (31 L.P.R.A. § 7255)

Se presume la validez de los actos que realiza un solo progenitor, según el uso y las circunstancias sociales en las que el hijo se desenvuelve, salvo cuando la ley exige el consentimiento conjunto e indelegable de ambos progenitores.

Respecto de los terceros que actúan de buena fe, se presume que cada uno de los progenitores actúa en el ejercicio ordinario de su patria potestad con el consentimiento del otro. La oposición oportuna del otro progenitor priva al acto de la presunción de validez.

Artículo 597. — Titularidad y ejercicio en un solo progenitor. (31 L.P.R.A. § 7256)

La titularidad y el ejercicio de la patria potestad corresponden a uno solo de los progenitores cuando:

(a) únicamente ese progenitor lo ha reconocido o adoptado;

(b) el otro progenitor ha muerto o se presume su muerte, se encuentra ausente o ha sido incapacitado judicialmente; o

(c) el otro progenitor ha sido privado de ella por las causas que autoriza este Código.

Artículo 598. — Patria potestad del hijo emancipado. (31 L.P.R.A. § 7257)

El menor emancipado puede ejercer sobre sus propios hijos la patria potestad sin necesidad de la asistencia de sus progenitores. Necesita, sin embargo, el consentimiento de estos o, a falta de ambos, de un defensor judicial, para darlos en adopción.

Artículo 599. — Patria potestad del hijo no emancipado. (31 L.P.R.A. § 7258)

El menor no emancipado también puede ejercer sobre sus hijos la patria potestad, pero mientras está sujeto a la patria potestad de sus propios progenitores, necesita el consentimiento de ellos o, a falta de ambos, de su tutor, para realizar cualquier acto respecto a sus hijos que no pueda realizar para sí mismo sin esa asistencia. El menor no emancipado puede tomar las decisiones sobre tratamientos médicos de sus hijos, sin que sea necesario el consentimiento de sus progenitores o tutores.

SECCIÓN SEGUNDA — LA REPRESENTACIÓN LEGAL DEL HIJO

Artículo 600. — Renuncia voluntaria prohibida. (31 L.P.R.A. § 7271)

El progenitor no puede delegar ni renunciar la representación legal del hijo ni la administración de sus bienes, sin previa autorización judicial. Para que sea válida la renuncia, el progenitor debe demostrar que tal acto redunda en beneficio del hijo y que los intereses de este quedan adecuadamente salvaguardados.

Artículo 601. — Grado de diligencia exigida al progenitor. (31 L.P.R.A. § 7272)

El progenitor que administra los bienes o que ostenta la representación legal del hijo menor no emancipado, tiene que actuar con la misma diligencia que exhibiría en la atención de sus propios bienes y asuntos.

El tribunal debe sujetar su determinación a un plazo prudente, que permita a los progenitores someterse a un proceso alterno al judicial para resolver sus disputas familiares o a obtener ayuda de otra índole para lidiar con los conflictos que genera la crianza y la formación del hijo.

CAPÍTULO III. — SUSPENSIÓN DEL EJERCICIO Y PRIVACIÓN DE LA TITULARIDAD DE LA PATRIA POTESTAD

SECCIÓN PRIMERA — DISPOSICIONES GENERALES

Artículo 608. — Decreto judicial. (31 L.P.R.A. § 7301)

La suspensión del ejercicio o la privación de la patria potestad solo pueden determinarse por decreto judicial. Solamente puede emitirse el decreto de privación, si el Estado demuestra tener un interés apremiante para la privación, mediante prueba clara, robusta, y convincente. Además, el Estado viene obligado a demostrar que no existe un medio menos oneroso que la privación de la patria potestad.

Si ambos progenitores están suspendidos del ejercicio o privados de la patria potestad, el tribunal le nombrará un tutor al hijo. También adoptará las medidas cautelares que estime convenientes para la protección de su persona y de sus bienes. Además, siempre que sea posible, dicho tutor debe ser elegido entre los familiares biológicos cercanos al hijo.

Artículo 609. — Igualdad de trato entre progenitores. (31 L.P.R.A. § 7302)

La raza, sexo, embarazo, estado civil, origen étnico o social, edad, discapacidad, religión, conciencia, creencia, cultura, lenguaje o condición de nacimiento no pueden utilizarse injustificadamente como criterios para limitar, suspender o privar a un progenitor de sus facultades y deberes respecto a su hijo.

Sin embargo, cuando debido a sus creencias religiosas o por otro tipo de concepción ideológica, un progenitor deja de proveerle a su hijo los cuidados de salud específicamente necesarios para preservarle la vida, el tribunal dispondrá del remedio temporal adecuado para proteger la vida del hijo. Terminada la necesidad del remedio temporal, y cuando el tribunal así lo disponga, los progenitores podrán seguir ejerciendo su patria potestad sobre el menor.

Artículo 610. — Restitución. (31 L.P.R.A. § 7303)

Extinta la causa que justifica la determinación judicial, el progenitor tiene derecho a solicitar la restitución del ejercicio de la patria potestad a menos que se le haya privado irreversiblemente de ella.

SECCIÓN SEGUNDA — SUSPENSIÓN DEL EJERCICIO DE LA PATRIA POTESTAD

Artículo 611. — Causas de suspensión. (31 L.P.R.A. § 7311)

El ejercicio de la patria potestad se suspende por:

(a) la incapacidad o la ausencia declaradas judicialmente;

(b) el estado de enfermedad transitorio, si por ello el progenitor no puede ejercer efectivamente sus deberes y facultades respecto al hijo;

(c) la condena y encarcelación por delitos que no conllevan la privación irreversible de ella; o

(d) cualquier causa involuntaria que amenace la integridad física y emocional del hijo.

Artículo 612. — Enfermedad o condición mental o emocional. (31 L.P.R.A. § 7312)

Cuando el progenitor padece de una enfermedad, condición mental o emocional, de alcoholismo o de adicción a sustancias controladas, o manifiesta una conducta antisocial, de modo que tal enfermedad, condición, adicción o conducta le impide prestar al hijo la supervisión y los cuidados que necesita, el tribunal suspenderá el ejercicio de la patria potestad, pero le dará un plazo razonable para someterse a tratamiento o a un programa de rehabilitación. Cumplido el mandato judicial a satisfacción del tribunal, el progenitor puede recuperar la patria potestad sobre el hijo.

Para determinar la extensión razonable del período de suspensión, el tribunal debe considerar todas las circunstancias del caso, así como las condiciones de estabilidad y seguridad del hogar al que revertiría el hijo luego de restituirse la patria potestad al progenitor.

Artículo 613. — Efectos de la suspensión. (31 L.P.R.A. § 7313)

El progenitor a quien se suspende la patria potestad pierde, mientras dura la suspensión, el derecho a tomar las decisiones sobre la persona y los bienes de su hijo que haya determinado el tribunal. Sin embargo, retiene el derecho a relacionarse con él en las condiciones que le reconoce este Código, así como la obligación de alimentarlo y de velar por su bienestar.

SECCIÓN TERCERA — PRIVACIÓN DE LA PATRIA POTESTAD

Artículo 614. — Tipos de privación. (31 L.P.R.A. § 7321)

La privación de la patria potestad puede ser temporal o permanente. Si es temporal se rige por las normas de este título que regulan su suspensión. El tribunal determinará en cada caso el alcance de la privación, pero solo puede emitirse tal determinación si el Estado demuestra un interés apremiante y que no existe un medio menos oneroso para buscar el bienestar del hijo que la suspensión o privación de la patria potestad.

Artículo 615. — Causas de privación. (31 L.P.R.A. § 7322)

El progenitor puede ser privado de la patria potestad por las siguientes causas:

(a) causar daño, o poner en riesgo sustancial de sufrir daño o perjuicio predecible, a la salud física, mental o emocional del menor;

(b) permitir o tolerar que otra persona incurra en la causal del inciso (a) de este artículo;

(c) faltar a los deberes o dejar de ejercer las facultades de la patria potestad dispuestas en este Código;

(d) faltar al deber de supervisión y cuidado del menor que se encuentra bajo la custodia de jure o de facto de otra persona:

> (1) si teniendo la capacidad y los medios para hacerlo, no ha asumido el cuidado y la custodia del menor en su propio hogar;
>
> (2) si no ha aportado una cantidad razonable para la manutención del menor, según su capacidad económica; o
>
> (3) si no visita al menor o no mantiene contacto o comunicación regularmente con el menor o la persona que tiene su custodia de jure o de facto. Se excluyen de lo anteriormente dispuesto las personas que, por solo estar recluidas en una institución penal o de salud o por residir fuera de Puerto Rico, están impedidas de hacerlo, sin perjuicio de lo dispuesto en los incisos (c) y (f) de este artículo.

(e) incurrir en el abandono voluntario del menor, sin causa justificada y donde se requiera la intervención de cualquier agencia estatal o municipal, o del tribunal, o de cualquier otra persona, porque haya dejado de cumplir su obligación de padre o madre[.]

Se presume el abandono cuando el menor es hallado en circunstancias que hacen imposible conocer la identidad de sus progenitores o cuando, conociéndose su identidad, se ignora su paradero a pesar de las gestiones realizadas para localizarlos y dichos progenitores no reclaman al menor dentro de los treinta (30) días siguientes a haberse hallado al menor;

(f) explotar al menor obligándolo a realizar cualquier acto con el fin de lucrarse o de recibir algún otro beneficio;

(g) no cumplir con el plan de servicios para reintegrar un menor a su hogar, efectivamente ofrecido y brindado por la agencia estatal encargada de la protección de menores, o por otra persona designada por dicha agencia, para progenitores de menores que el Estado ha tenido que privar de la custodia de jure o de facto. Para privar a una persona de la patria potestad al amparo de este inciso, el tribunal deberá determinar que las condiciones que llevaron a la separación del menor del hogar de sus progenitores subsisten o existen condiciones similares que representan un serio riesgo para el bienestar del menor;

(h) incurrir en conducta que, de procesarse por la vía criminal, constituiría los delitos que se enumeran a continuación:

> (1) maltrato y negligencia a menores;
>
> (2) asesinato, homicidio u homicidio involuntario y la tentativa de estos, según estatuidos en el Código Penal de Puerto Rico;
>
> (3) delitos contra la integridad corporal, según estatuidos en el Código Penal de Puerto Rico;
>
> (4) incumplimiento de la obligación alimentaria, según estatuido en el Código Penal de Puerto Rico;
>
> (5) abandono de menores, según estatuido en el Código Penal de Puerto Rico;
>
> (6) secuestro de menores y secuestro agravado, según estatuidos en el Código Penal de Puerto Rico;
>
> (7) privación ilegal de custodia, según estatuido en el Código Penal de Puerto Rico;
>
> (8) adopción a cambio de dinero, según estatuido en el Código Penal de Puerto Rico;
>
> (9) corrupción de menores, según estatuido en el Código Penal de Puerto Rico;

(10) seducción de menores a través de la Internet o medios electrónicos, según estatuido en el Código Penal de Puerto Rico;

(11) agresión sexual, según estatuido en el Código Penal de Puerto Rico;

(12) incesto, según estatuido en el Código Penal de Puerto Rico;

(13) actos lascivos, según se establece en el Código Penal de Puerto Rico;

(14) exposiciones obscenas, según se establece en el Código Penal de Puerto Rico;

(15) proxenetismo, rufianismo y comercio de personas agravado, según se establece en el Código Penal de Puerto Rico;

(16) obscenidad y pornografía infantil, según se establece en el Código Penal de Puerto Rico;

(17) restricción a la libertad en cualquiera de sus modalidades según se establece en el Código Penal de Puerto Rico; o

(18) maltrato, maltrato agravado, maltrato mediante amenaza, maltrato mediante restricción de la libertad, y la agresión sexual conyugal, según dispuesto en la ley especial de prevención contra la violencia doméstica.

Ninguna determinación de un tribunal al amparo de este inciso afectará un proceso criminal subsiguiente por los mismos hechos.

(i) haber sido convicto por alguno de los delitos enumerados anteriormente.

Artículo 616. — Violencia doméstica. (31 L.P.R.A. § 7323)

No puede imputarse la causa de privación de la patria potestad a un progenitor que es víctima de la violencia o del maltrato físico y psicológico del otro, a menos que se pruebe que participa voluntaria y conscientemente en los actos de maltrato o negligencia que amenazan la salud y la vida del hijo y de otros miembros de la familia.

Artículo 617. — Efectos. (31 L.P.R.A. § 7324)

Si la privación de la patria potestad es irreversible, perderá el progenitor todo derecho a tomar decisiones y a relacionarse con el hijo. En este caso, el hijo queda bajo la custodia y el ejercicio exclusivo de la patria potestad del otro progenitor, si lo tiene. Si no lo tiene, el tribunal tomará las medidas cautelares para su protección hasta que sea colocado bajo la tutela correspondiente.

Luego que advenga firme la sentencia, el hijo puede ser adoptado por otra persona o puede ser emancipado, si tiene la edad y reúne las condiciones legales para ello.

CAPÍTULO IV. — RELACIONES FAMILIARES Y DERECHO DE VISITA

Artículo 618. — Derecho de visita del progenitor no custodio. (31 L.P.R.A. § 7331)

El progenitor que no ejerce la custodia tiene derecho a comunicarse con el hijo, a visitarlo y a tenerlo en su compañía.

Si no hay acuerdo entre los progenitores, el tribunal determinará el tiempo, el modo y el lugar de estas relaciones. Para proteger la integridad física y emocional del hijo, el tribunal puede limitar o suspender dichas relaciones si existen circunstancias graves que así lo aconsejen o si el progenitor incumple reiteradamente los deberes impuestos en la sentencia o reconocidos en este Código.

Artículo 619. — Derecho de visita de otros parientes. (31 L.P.R.A. § 7332)

Corresponde a los progenitores que ejercen la patria potestad decidir con qué personas dentro o fuera del núcleo familiar se relaciona su hijo. Por ser un derecho fundamental, la determinación de los progenitores a estos efectos goza de una presunción de corrección.

El tribunal solo puede interferir con el ejercicio de ese derecho cuando se demuestra la existencia de intereses apremiantes mediante prueba robusta, clara y convincente. Si el tribunal adjudica el derecho de visita, los progenitores determinarán la planificación del tiempo, el lugar y el modo de las relaciones autorizadas, siempre buscando el interés óptimo de los menores.

A la hora de determinar el derecho de visita, el tribunal deberá tomar en consideración entre otras cosas, si esas relaciones familiares son importantes para el desarrollo integral del menor de edad, y si este ha estado bajo el cuidado temporal de otras personas.

CAPÍTULO V. — EXTINCIÓN DE LA PATRIA POTESTAD

Artículo 620. — Terminación de la patria potestad. (31 L.P.R.A. § 7341)

La patria potestad termina por:

(a) la muerte o la declaración de muerte presunta de ambos progenitores o del hijo;

(b) la adopción del hijo;

(c) la privación irreversible por las causas que autoriza este Código; o

(d) la emancipación del hijo por cualquier causa.

Artículo 621. — Medidas cautelares. (31 L.P.R.A. § 7342)

Al terminar la patria potestad sobre un menor de edad o mayor incapaz, el tribunal a instancia del propio hijo, de cualquier pariente o del ministerio público, debe dictar las medidas cautelares de rigor hasta el nombramiento de un tutor.

CAPÍTULO VI. — LA PATRIA POTESTAD PRORROGADA

Artículo 622. — Criterios. (31 L.P.R.A. § 7351)

La patria potestad puede extenderse más allá de la mayoridad si, al alcanzarla, el hijo es incapaz de obrar por sí mismo, por tener disminuidas o afectadas permanente y significativamente sus destrezas cognoscitivas o emocionales y tal estado le impide percatarse del contenido y alcance de los actos ordinarios y jurídicos que realiza. En estos casos el tribunal debe declarar la incapacitación del hijo antes de autorizar la prórroga de la patria potestad de ambos progenitores o de uno solo de ellos.

El tribunal también puede restituir la patria potestad de ambos progenitores o de aquel de ellos que quiera ejercerla sobre el hijo mayor de edad, soltero y sin descendencia, que haya sido declarado incapaz. En este caso, no es necesario que el hijo conviva con sus progenitores cuando se declara la incapacidad para que proceda la restitución de la patria potestad sobre su persona.

Artículo 623. — Terminación. (31 L.P.R.A. § 7352)

La patria potestad prorrogada termina con:

(a) la muerte o la declaración de muerte presunta de ambos progenitores o del hijo;

(b) la privación irreversible por las causas que autoriza este Código; y

(c) la rehabilitación del hijo incapaz.

Si subsiste el estado de incapacitación del hijo al terminar la patria potestad prorrogada, el tribunal le nombrará un tutor, de conformidad con lo dispuesto en este Código.

Artículo 624. — Remisión a las normas de la tutela. (31 L.P.R.A. § 7353)

La patria potestad prorrogada se ejerce con sujeción a lo especialmente dispuesto en la sentencia de incapacitación y supletoriamente, las normas de tutela.

Si el tribunal lo considera conveniente al interés óptimo del hijo incapaz, puede adoptar las medidas cautelares necesarias para proteger su persona y los bienes que son de su exclusiva propiedad. Subsidiariamente, las normas que regulan la tutela pueden regir el ejercicio de la patria potestad sobre los bienes del hijo.

CAPÍTULO VII. — GESTIONES EN CUANTO A LOS BIENES DE LOS HIJOS

Artículo 625. — Administración conjunta de los bienes del hijo. (31 L.P.R.A. § 7361)

En ausencia de decreto judicial al efecto o de disposición diversa de la ley, la administración y cualquier gestión dispositiva de los bienes del hijo corresponderán a ambos progenitores conjuntamente o a aquel de ellos que ejerza exclusivamente la patria potestad. Disponiéndose además que, los progenitores en cualquier gestión dispositiva o de administración de los bienes buscarán siempre que estas redunden en el interés óptimo del menor.

Artículo 626. — Naturaleza de las gestiones. (31 L.P.R.A. § 7362)

En el ejercicio de las gestiones relativas a los bienes del hijo, los progenitores tienen las obligaciones generales de todo administrador, y las dispuestas por Ley siempre que estas redunden en el interés óptimo del menor. Si el tribunal lo estima conveniente, a petición de parte o motu proprio, se formará inventario de los bienes del hijo, con intervención del ministerio público. Si hay valores mobiliarios o bienes de fácil disposición, puede decretarse su depósito judicial.

Artículo 627. — Bienes excluidos de la administración. (31 L.P.R.A. § 7363)

Los siguientes bienes quedan excluidos de las facultades que reconoce el artículo anterior:

(a) los que el hijo adquiere por título gratuito cuando el disponente lo ordena de manera expresa. Debe atenderse a la voluntad de este último respecto a la administración de estos bienes y el destino de sus frutos;

(b) los que adquiere por herencia cuando los progenitores han sido justamente desheredados o no pueden heredar al causante por causa de indignidad. En este caso se presume que hay intereses opuestos entre el progenitor y el hijo; y

(c) los que el hijo mayor de dieciséis (16) años adquiere con su trabajo o industria. El hijo puede realizar sobre ellos los actos de administración ordinaria, pero para su disposición o gravamen, necesita el consentimiento de ambos progenitores o del que ejerza exclusivamente la patria potestad sobre él.

Artículo 628. — Propiedad y usufructo de los progenitores. (31 L.P.R.A. § 7364)

Pertenece en propiedad y usufructo a ambos progenitores conjuntamente o a aquel de ellos que lo tenga bajo su autoridad, lo que el hijo adquiere con el caudal de cada uno de ellos, pero si estos le ceden todo o parte de las ganancias, tal cuantía no se le imputará en la herencia de aquellos.

Artículo 629. — Propiedad y usufructo del hijo. (31 L.P.R.A. § 7365)

Corresponden en propiedad y en usufructo al hijo no emancipado los bienes, frutos y productos que adquiera por cualquier otro título. No obstante, si el hijo vive con ambos progenitores o con uno solo de ellos, puede este o aquellos destinar tales frutos y productos al levantamiento de las cargas familiares, en cuanto sea estrictamente necesario para el sustento del propio hijo.

Artículo 630. — Contribución del hijo al núcleo familiar. (31 L.P.R.A. § 7366)

Si los progenitores carecen de medios para mantener a la familia, pueden solicitar al tribunal que les autorice a utilizar una parte proporcional de los bienes, frutos y productos del hijo en esa manutención. Se exceptúan de este destino los frutos y productos de los bienes donados o dejados al hijo para su educación o carrera.

Artículo 631. — Exención de rendir cuentas. (31 L.P.R.A. § 7367)

En los casos identificados en los dos artículos anteriores, los progenitores no están obligados a rendir cuentas de lo que hayan consumido en tales atenciones.

Artículo 632. — Límites a la gestión dispositiva. (31 L.P.R.A. § 7368)

En el ejercicio de la patria potestad, los progenitores no pueden enajenar ni gravar los bienes inmuebles de ninguna clase pertenecientes al hijo, ni los bienes muebles cuyo valor exceda de dos mil dólares ($2,000), sin la previa autorización de la sala del Tribunal de Primera Instancia donde radican los bienes. Para autorizar la venta o el gravamen de estos, el tribunal debe recibir prueba sobre la necesidad y la utilidad del acto para el menor.

Artículo 633. — Alcance de la gestión administrativa. (31 L.P.R.A. § 7369)

Para dar en arrendamiento los bienes inmuebles del hijo es indispensable la autorización requerida en el artículo anterior si el plazo de arrendamiento es de seis (6) años o más o está sujeto a inscripción registral. En ningún caso puede efectuarse el contrato, ni concederse la autorización, si el plazo acordado excede del que falta al hijo para cumplir su mayoridad o de la fecha en que recupere su capacidad para obrar por sí mismo, si la patria potestad fue prorrogada.

No obstante lo dispuesto en los artículos que anteceden, no será necesaria la autorización judicial para la venta de frutos de una finca rústica, en su última cosecha.

Artículo 634. — Sanción por administración indebida. (31 L.P.R.A. § 7370)

Si los progenitores no administran los bienes del hijo con la diligencia debida, pueden perder tal facultad, a petición de parte. La petición puede hacerse por cualquiera de los progenitores, el propio hijo, cualquier pariente o persona interesada en los asuntos de este o el ministerio público.

Artículo 635. — Medidas cautelares. (31 L.P.R.A. § 7371)

Probada la negligencia o la ineptitud del progenitor o el perjuicio causado durante su gestión, el tribunal puede adoptar las medidas que estime necesarias para asegurar la protección e integridad de los bienes. Entre ellas, puede exigir a los progenitores la prestación de garantías antes de continuar en la administración; nombrar a un progenitor como único administrador o nombrar un tutor para la sola administración de esos bienes.

Si el tribunal adviene en conocimiento de la actuación indebida del administrador, puede, motu proprio, tomar las medidas cautelares correspondientes.

Artículo 636. — Responsabilidad civil de los progenitores. (31 L.P.R.A. § 7372)

En caso de pérdida o deterioro de los bienes por dolo, culpa o negligencia grave en la administración, responden los progenitores de los daños y perjuicios sufridos por el hijo.

XII. Emancipación del menor de edad

CAPÍTULO I. — DISPOSICIONES GENERALES

Artículo 637. — Emancipación; definición. (31 L.P.R.A. § 7421)

La emancipación es el acto jurídico irrevocable, que concede al menor de edad la capacidad de obrar por sí mismo respecto a los negocios jurídicos que conciernen a su persona y a sus bienes, como si fuera mayor.

El menor de edad emancipado queda liberado de la patria potestad o de la tutela.

Artículo 638. — Clases de emancipación. (31 L.P.R.A. § 7422)

La emancipación se produce:

(a) por la mayoría de edad;

(b) por matrimonio;

(c) por la concesión de los progenitores que ejercen la patria potestad; y

(d) por concesión judicial.

CAPÍTULO II. — EMANCIPACIÓN POR MATRIMONIO

Artículo 639. — Requisito de la emancipación por matrimonio. (31 L.P.R.A. § 7431)

El menor que ha cumplido dieciocho (18) años de edad queda de derecho emancipado cuando contrae matrimonio.

Artículo 640. — Efectos de la nulidad o de la disolución. (31 L.P.R.A. § 7432)

Ni la declaración de nulidad ni la disolución del matrimonio someten nuevamente al menor a la patria potestad de sus progenitores o del tutor.

CAPÍTULO III. — EMANCIPACIÓN POR CONCESIÓN DE LOS PROGENITORES

Artículo 641. — Requisitos de la emancipación por concesión de los progenitores. (31 L.P.R.A. § 7441)

La emancipación del hijo debe hacerse por ambos progenitores, si los dos tienen sobre él la patria potestad, o por el progenitor que la ejerce exclusivamente.

En ambos casos, el hijo debe tener dieciocho (18) años cumplidos, consentir la emancipación y tener discernimiento para comprender la naturaleza y las consecuencias de los negocios jurídicos que realizará por sí mismo, como si fuera mayor de edad.

Artículo 642. — Escritura pública. (31 L.P.R.A. § 7442)

La emancipación por concesión de los progenitores puede otorgarse mediante escritura pública. El notario se asegurará que el menor conoce las consecuencias del acto al que consiente.

CAPÍTULO IV. — EMANCIPACIÓN POR CONCESIÓN JUDICIAL

Artículo 643. — Causas para la emancipación por concesión judicial. (31 L.P.R.A. § 7451)

El menor de edad puede ser emancipado judicialmente en los siguientes casos:

(a) cuando los progenitores o el tutor le dan malos tratos o cuando incumplen voluntaria y repetidamente los deberes que emanan de la patria potestad o del ejercicio de la tutela, aun en contra de la voluntad de cualquiera de ellos;

(b) cuando queda huérfano de ambos progenitores o de aquel de ellos que ejerce la patria potestad sobre su persona;

(c) cuando quien ejerce la patria potestad ha sido declarado ausente o incapacitado; o

(d) cuando sus progenitores han sido privados definitivamente de la patria potestad.

Artículo 644. — Peticionarios de la emancipación. (31 L.P.R.A. § 7452)

Pueden pedir la emancipación por la vía judicial:

(a) el menor que ha cumplido dieciocho (18) años, representado por el ministerio público;

(b) los progenitores o solo uno de ellos, aún contra la voluntad del otro;

(c) el tutor;

(d) la persona que tenga la custodia o esté a cargo del menor; o

(e) cualquier persona que muestre interés en su bienestar y la protección del menor.

Artículo 645. — Requisitos para conceder la emancipación. (31 L.P.R.A. § 7453)

Antes de conceder la emancipación por las causas especificadas en los artículos que anteceden, el tribunal, ante la presencia del ministerio público, debe constatar la legalidad del proceso, en atención al interés óptimo del menor y hacer formar parte de su resolución:

(a) que el menor ha cumplido dieciocho (18) años;

(b) que consiente libre y expresamente a su emancipación;

(c) el nombre del peticionario y su relación con el emancipado;

(d) que el menor posee suficiente grado de madurez, los talentos, destrezas, preparación académica y experiencia de vida; y

(e) que el menor posee los recursos suficientes para vivir independiente de sus progenitores o de su tutor.

El juez se asegurará que el menor conoce las consecuencias de la emancipación.

Artículo 646. — Personas con derecho a ser oídas. (31 L.P.R.A. § 7454)

Antes de conceder la petición, el tribunal oirá a:

(a) el menor;

(b) el peticionario, si fuera persona distinta;

(c) los progenitores; aunque no ejerzan la patria potestad;

(d) el tutor; y

(e) cualquier otra persona que tenga interés legítimo en el bienestar del menor.

Artículo 647. — Asistencia del ministerio público. (31 L.P.R.A. § 7455)

El ministerio público debe comparecer en todo caso en el que se ventile por la vía judicial la petición de emancipación de un menor, para hacer las observaciones de rigor, en atención del interés óptimo del menor.

Artículo 648. — Medidas cautelares. (31 L.P.R.A. § 7456)

Durante el proceso, el tribunal puede adoptar las medidas cautelares que considere adecuadas para proteger la persona y los bienes del menor emancipado, si lo cree conveniente. Si la persona a cargo del menor se opone a la emancipación, el ministerio público actuará como su defensor judicial.

CAPÍTULO V. — EFECTOS COMUNES A TODO TIPO DE EMANCIPACIÓN

Artículo 649. — Patria potestad del menor emancipado. (31 L.P.R.A. § 7471)

El menor emancipado que ha procreado hijos puede ejercer sobre ellos la patria potestad sin necesidad de la asistencia de sus propios progenitores. Sin embargo, necesita el consentimiento de ellos para dar en adopción a sus propios hijos.

Artículo 650. — Legitimación para comparecer a juicio. (31 L.P.R.A. § 7472)

El menor emancipado puede comparecer a juicio por sí mismo. Los plazos de prescripción y de caducidad que le perjudican comienzan a transcurrir desde el momento en que se inscribe la emancipación en el Registro Demográfico.

Artículo 651. — Remisión a las normas de tutela. (31 L.P.R.A. § 7473)

Cuando la emancipación produce la extinción de la tutela, son de aplicación las mismas normas que regulan la rendición de cuentas, la responsabilidad civil y la liberación del cargo de tutor.

Artículo 652. — Registro; efectividad. (31 L.P.R.A. § 7474)

Una vez otorgada la emancipación, se inscribirá en el Registro Demográfico al margen del certificado de nacimiento del emancipado.

La emancipación surte efectos jurídicos en la persona del menor desde su otorgamiento, pero solo es oponible a terceros a partir de la inscripción en el Registro Demográfico.

XIII. Obligación alimentaria entre parientes y entre dependientes voluntarios y legales

A. Disposiciones generales

CAPÍTULO I. — DISPOSICIONES GENERALES

Artículo 653. — Contenido de la obligación alimentaria. (31 L.P.R.A. § 7531)

Se entiende por alimentos todo lo que es indispensable para el sustento, la vivienda, la vestimenta, la recreación y la asistencia médica de una persona, según la posición social de su familia.

Cuando el alimentista es menor de edad, los alimentos comprenden también su educación, las atenciones de previsión acomodadas a los usos y a las circunstancias de su entorno familiar y social y los gastos extraordinarios para la atención de sus condiciones personales especiales.

Artículo 654. — Atenciones de previsión. (31 L.P.R.A. § 7532)

Las atenciones de previsión incluyen los seguros de salud, de vida y de incapacidad, los planes de inversión para sufragar estudios secundarios o procurar una formación profesional o vocacional, así como la prestación de las garantías o medidas cautelares necesarias para lograr el desarrollo integral del alimentista.

Artículo 655. — Gastos de estudios. (31 L.P.R.A. § 7533)

Si el alimentista alcanza la mayoridad mientras cursa ininterrumpidamente estudios profesionales o vocacionales, la obligación de alimentarlo se extiende hasta que obtenga el grado o título académico o técnico correspondiente o hasta que alcance los veinticinco (25) años de edad, lo que ocurra primero, a discreción del juzgador y dependiendo las circunstancias particulares de cada caso.

El tribunal, en atención a las habilidades personales, el potencial de desarrollo y el aprovechamiento académico del alimentista, puede establecer la cuantía, el modo y el plazo de la obligación.

Artículo 656. — Gastos de la reclamación. (31 L.P.R.A. § 7534)

Cuando el alimentista se vea compelido a acudir al tribunal o a iniciar un proceso administrativo para reclamar su derecho a los alimentos, la cuantía que se imponga al alimentante incluirá una partida razonable para sufragar los gastos del litigio y los honorarios de abogados.

Artículo 657. — Naturaleza del derecho a recibir alimentos. (31 L.P.R.A. § 7535)

El derecho a recibir alimentos es personalísimo, imprescriptible, continuo e indivisible. No puede ser objeto de transacción, renuncia, gravamen o embargo. Tampoco puede compensarse la cantidad adeudada por dicho concepto con la que el alimentista deba al alimentante.

Si el Estado asume la obligación de pagar los alimentos ante la morosidad o incumplimiento del alimentante, puede reclamar de este hasta la cantidad adelantada al alimentista.

B. Sujetos de la obligación alimentaria

Artículo 658. — Obligados a suministrarse alimentos. (31 L.P.R.A. § 7541)

Están obligados recíprocamente a proporcionarse alimentos, en toda la extensión que señalan los artículos precedentes:

(a) los cónyuges;

(b) los ascendientes y descendientes;

(c) los hermanos.

Si el obligado a suministrar alimentos es una persona de sesenta y dos (62) años o más, el juzgador al determinar si procede la prestación de alimentos solicitada y su cuantía, deberá tomar en consideración los siguientes factores: estado de salud que pueda impactar la habilidad para sufragar sus propios gastos médicos; gastos en los que invierte este si tiene algún impedimento o discapacidad; gastos por nutrición particular o dietas; cuidado necesario de alguna condición de salud o enfermedad que le aqueje; edad; si trabaja o no; gastos relacionados a vivienda; gastos necesarios relacionados a prevención de enfermedades; si tiene a su cargo menores de edad, incapacitados o dependientes; o cualquier otro que pudiera limitar en forma sustancial su capacidad económica.

Artículo 659. — Alimentos entre hermanos. (31 L.P.R.A. § 7542)

La obligación alimentaria entre hermanos se limita a proporcionar los auxilios necesarios para la subsistencia cuando, por cualquier causa no imputable al alimentista, no puede este procurarse su propio sustento y su educación.

Artículo 660. — Prelación entre alimentantes. (31 L.P.R.A. § 7543)

Cuando son dos o más los llamados a prestar los alimentos, responden en el siguiente orden de prelación:

(a) el cónyuge;

(b) los descendientes del grado más próximo;

(c) los ascendientes del grado más próximo; y

(d) los hermanos.

La prelación entre los descendientes y los ascendientes la determina el orden en que son llamados a la sucesión intestada del alimentista.

Artículo 661. — Naturaleza de la obligación de los progenitores. (31 L.P.R.A. § 7544)

Ambos progenitores responden solidariamente de los alimentos de sus hijos. Si uno de ellos no cumple su obligación de pago íntegra y oportunamente, el otro puede iniciar la acción de cobro a nombre del alimentista, esté o no bajo su custodia, o a nombre propio, como codeudor solidario.

Las disposiciones de este Código sobre la obligación solidaria aplican supletoriamente a la obligación alimentaria que recae sobre los progenitores.

Artículo 662. — Naturaleza de la obligación según los otros sujetos. (31 L.P.R.A. § 7545)

Los ascendientes y los descendientes desde el segundo grado de parentesco responden subsidiaria y mancomunadamente de la obligación que les impone el artículo anterior, a menos que el tribunal les imponga la responsabilidad de modo solidario.

Artículo 663. — Distribución de responsabilidad entre varios obligados. (31 L.P.R.A. § 7546)

Si la obligación alimentaria recae sobre dos o más personas, el pago se reparte entre ellas en cantidad proporcional a sus respectivos caudales. En caso de necesidad urgente o ante circunstancias especiales, el tribunal puede obligar a uno solo de ellos a que preste provisionalmente los alimentos y este tiene derecho, a su vez, a reclamar oportunamente de los demás obligados la parte que a ellos corresponda.

Artículo 664. — Reclamación de varios alimentistas a un mismo alimentante. (31 L.P.R.A. § 7547)

Cuando dos o más alimentistas de distintos grados de parentesco reclaman alimentos de un mismo obligado, y este no tiene recursos suficientes para atender las necesidades de todos, se pagan en el orden de prelación entre alimentantes.

Si los alimentistas concurrentes ocupan el mismo grado de parentesco, se atiende a sus necesidades particulares al fijar la cuantía y el modo de satisfacer la obligación. Si los alimentistas concurrentes son el cónyuge y un hijo, esté o no sujeto a la patria potestad o bajo la custodia del alimentante, se prefiere al hijo sobre el cónyuge.

C. Fijación, modificación y aseguramiento de la obligación alimentaria conforme al Código Civil y la Ley Orgánica de la Administración para el sustento de menores (Ley Núm. 5 de 30 de diciembre de 1986, según enmendada)

Artículo 665. — Cuantía de los alimentos del mayor de edad. (31 L.P.R.A. § 7561)

La cuantía de los alimentos debidos al mayor de edad debe ser proporcional a los recursos del alimentante y a las necesidades del alimentista.

Al estimar los recursos de uno y de otro se toma en cuenta el patrimonio acumulado, el potencial de generar ingresos, los beneficios directos e indirectos que recibe de terceras personas, el perfil de sus gastos que no son indispensables y su estilo de vida.

Artículo 666. — Cuantía de los alimentos del menor de edad. (31 L.P.R.A. § 7562)

La cuantía adecuada de alimentos para el menor de edad se fija siguiendo los criterios dispuestos en la ley especial complementaria.

Artículo 667. — Exigibilidad de la obligación. (31 L.P.R.A. § 7563)

La obligación de prestar alimentos es exigible desde que el alimentista los necesita, pero se abonan desde la fecha en que se interpone la demanda.

Artículo 668. — Modalidades de cumplimiento. (31 L.P.R.A. § 7564)

El alimentante puede, a discreción del juzgador y previa autorización judicial, satisfacer los alimentos mediante el pago de la pensión fijada o recibiendo en su propia casa al que tiene derecho a ellos, siempre que resulte en el interés óptimo del alimentista. Esta última opción puede ser rechazada por el alimentista por razones de orden legal, moral o social, o por cualquier otra causa razonable.

Artículo 669. — Otras modalidades. (31 L.P.R.A. § 7565)

El alimentante también puede conceder al alimentista el usufructo de determinados bienes, entregarle un capital en bienes o en dinero, o prestarle servicios equivalentes que satisfagan la obligación económica impuesta, previa autorización judicial. Si la modalidad de pago escogida perjudica de alguna forma al alimentista, el tribunal puede determinar otra forma de pago más conveniente para las partes.

Artículo 670. — Forma de pago. (31 L.P.R.A. § 7566)

El pago de la cuantía impuesta por concepto de alimentos se hará en los primeros diez (10) días del mes para el cual corresponde. Si el alimentista fallece, vigente la obligación, sus herederos no están obligados a devolver lo que aquel haya recibido anticipadamente.

Artículo 671. — Modificación de la obligación. (31 L.P.R.A. § 7567)

La cuantía de los alimentos se reduce o aumenta proporcionalmente según aumenten o disminuyan las necesidades del alimentista y los recursos del obligado.

Cuando el alimentista es menor de edad o es un ascendiente de edad avanzada, la cuantía se modifica únicamente cuando median cambios sustanciales que alteran significativamente las necesidades del alimentista y los recursos del alimentante.

La modificación periódica de las pensiones de los menores de edad y de los ascendientes de edad muy avanzada se rige por la legislación especial complementaria.

Artículo 672. — Autorización judicial. (31 L.P.R.A. § 7568)

El alimentante no puede reducir la cuantía de la obligación sin la autorización judicial.

Sometida la solicitud de reducción y probados sus fundamentos, el tribunal dictará su resolución, desde cuya fecha será efectiva.

Artículo 673. — Pagos vencidos. (31 L.P.R.A. § 7569)

La reducción de la cuantía adeudada no es aplicable a las cantidades vencidas y no satisfechas antes de presentarse la solicitud.

Artículo 674. — Intereses por mora. (31 L.P.R.A. § 7570)

Los alimentos concedidos devengan intereses por mora desde el momento en que se dicta la sentencia o desde que vence cada uno de los plazos fijados para su satisfacción.

Artículo 675. — Prescripción. (31 L.P.R.A. § 7571)

El pago de las cuantías por alimentos devengados y vencidos prescribe a los cinco (5) años desde la fecha en que debieron pagarse al alimentista. Son de aplicación a este plazo las reglas sobre interrupción y suspensión de la prescripción respecto de menores e incapacitados.

Artículo 676. — Transacción de pagos vencidos. (31 L.P.R.A. § 7572)

El alimentista puede transigir los pagos vencidos y no satisfechos con el alimentante o el sucesor de la obligación, pero si es menor de edad necesita la autorización del tribunal.

Artículo 677. — Sanción por incumplimiento con la obligación alimentaria. (31 L.P.R.A. § 7573)

En caso de incumplimiento el tribunal puede imponer al alimentante cualquier sanción adecuada que le compela a cumplir su obligación. El encarcelamiento solo procede cuando hay evidente temeridad y obstinación ante las órdenes reiteradas de cumplimiento.

Artículo 678. — Insolvencia del alimentante. (31 L.P.R.A. § 7574)

La insolvencia del alimentante no le exime del pago de la pensión. El tribunal puede modificar el modo de pago, pero no la cuantía razonable que necesite el alimentista para su subsistencia y desarrollo integral.

Ley Orgánica de la Administración para el sustento de menores (Ley Núm. 5 de 30 de diciembre de 1986, según enmendada)

Aunque la obligación alimentaria está recogida en el Código Civil, es un derecho de tan alto interés público que el estado, como parte de su política pública, ha legislado ampliamente para velar por su cumplimiento.[857] La Ley Núm. 5 prescribe ciertas normas que rigen el proceso para fijar la pensión alimenticia con el propósito de que se establezca una pensión justa y razonable para el beneficio del menor alimentista.[858] Para ello, se debe determinar la capacidad económica del padre o la madre no custodio, como la del padre o de la madre custodio, toda vez que ambos están obligados a prestar alimentos de forma proporcional a sus recursos.[859]

El análisis para determinar la capacidad económica del alimentante requiere establecer primero su ingreso bruto y luego su ingreso neto, considerando deducciones mandatorias y aceptadas por la ley.[860] El cálculo resultante es la base para fijar la pensión alimentaria.[861] También se evalúa el patrimonio total del alimentante, incluyendo ingresos no reportados oficialmente.[862]

La ley define "ingreso" de manera amplia, abarcando sueldos, beneficios, rentas, dividendos y cualquier otra compensación.[863] El "ingreso neto" se obtiene tras deducciones obligatorias y otras permitidas, considerando estudios y estimaciones de ingresos y gastos.[864]

El concepto de ingreso en la Ley de Sustento de Menores es amplio para garantizar el bienestar del menor, alineándose con principios contributivos pero con un enfoque aún más inclusivo.[865] Sin embargo, se enfatiza que la fijación de la pensión debe ser proporcional y basada en recursos reales del alimentante.[866]

---

[857] Chévere v. Levis I, 150 DPR 525, 535 (2000).
[858] Franco Resto v. Rivera Aponte, 187 DPR 137, 150 (2012).
[859] *Id.* en la pág. 150.
[860] *Véase Id.*
[861] *Véase Id.*
[862] *Véase Id.*
[863] *Véase Id.*
[864] *Véase Id.*
[865] *Véase Id.*
[866] *Véase Id.*

1. Desacato

Como imperativo constitucional, el encarcelamiento por deudas no está disponible en nuestra jurisdicción para vindicar intereses primordialmente privados.[867] La obligación de proveer alimentos es de tal jerarquía y está revestida de tanto interés público que el encarcelamiento por deuda mediante el desacato civil en casos de alimentos figura como una excepción a la prohibición constitucional.[868] Esta excepción nace justamente "por el valor público que la permea. Más que forzar el pago de una deuda de lo que se trata en esos casos es de obligar al descargo de una responsabilidad de mayor rango . . .".[869]

Aceptación de capacidad económica

Cuando un padre alimentante acepta que posee suficientes ingresos para pagar la pensión alimentaria que en derecho proceda a favor de sus hijos, promueve, con acierto, el interés público del bienestar de los menores y agiliza los procedimientos en cuanto a la otorgación de pensiones alimentarias.[870] Cuando un padre o madre alimentante admite que cuenta con medios suficientes para satisfacer sus obligaciones alimentarias para con sus hijos menores se prescinde, por innecesario, el trámite provisto en la Ley de ASUME y las Guías Mandatorias.[871] Esta aceptación acarrea consecuencias importantes para el alimentante.[872] Primeramente, queda impedido de posteriormente impugnar la pensión que se establezca, aduciendo que no cuenta con los recursos necesarios para ello.[873]

De otra parte, la información sobre el patrimonio de la persona que acepta capacidad queda protegida.[874] En los casos rutinarios, el descubrimiento de prueba juega un papel fundamental en el proceso de establecer las pensiones alimentarias de los menores, puesto que para poderlas fijar, es indispensable conocer la realidad económica del alimentante, así como la situación del alimentista.[875] La Ley Núm. 5 establece como mandatorio el descubrimiento de información de ambos, el alimentista y el alimentante.[876]

---

[867] Viajes Lesana, Inc. v. Ángel M. Saavedra y Evelyn Anadón, 115 DPR 703, 709 (1984).
[868] *Id.*
[869] *Id.*
[870] Chévere v. Levis, 150 DPR 525, 544 (2000).
[871] De León Ramos v. Navarro Acevedo, 195 DPR 157, 173 (2016).
[872] *Id.* en la pág. 174.
[873] *Id.*
[874] *Id.*
[875] *Id.*
[876] *Id.*

Sin embargo, cuando el padre o madre alimentante admite que cuenta con los medios necesarios para satisfacer el pago de la cantidad que eventualmente se le ordene pagar como alimentos para sus hijos menores, se torna innecesario el mecanismo de descubrimiento de prueba dirigido a precisar su situación económica.[877] Esta limitación se extiende a todo descubrimiento de prueba del alimentante, incluyendo su estilo de vida, por entenderse innecesaria.[878]

Por último, el alimentante viene obligado a cubrir el 100% de la pensión adjudicada, lo que hace imposible activar el mecanismo delineado en las Guías para adjudicar porcientos de responsabilidad entre los progenitores.[879] En estos casos no se cuenta con información concerniente a los ingresos y el patrimonio de la persona no custodia, datos que resultan indispensables para poder asignarle a cada uno de los padres su correspondiente proporción de responsabilidad alimentaria.[880] Como se desconoce una variable esencial a la fórmula establecida para calcular las pensiones, no es posible realizar el cómputo matemático necesario para poder determinar la cantidad proporcional que viene obligado a contribuir individualmente cada progenitor.[881]

En una situación en que uno de los progenitores acepta tener capacidad para suplir las necesidades económicas de sus hijos, únicamente resta fijar el monto de la pensión en atención exclusivamente a las necesidades del menor.[882]

Resumen sobre la determinación y modificación de pensiones alimentarias (según jurisprudencia y Ley de ASUME)

1. **Esquema distinto al de las Guías:**
    - En ciertos casos, se utiliza un procedimiento distinto al establecido en las Guías.
    - La persona custodia debe presentar evidencia de:
        - Los gastos razonables del menor.
        - El estilo de vida del alimentante.
    - Esto permite calcular el total de la pensión alimentaria.

---

[877] *Id.*
[878] *Id.* en las págs. 174-75.
[879] *Id.* en la pág. 175.
[880] *Id.*
[881] *Id.*
[882] *Id.*

2. **Propósito de la Ley de ASUME:**
   - Promover una paternidad o maternidad responsable.
   - Aplicable especialmente cuando:
     - El padre o madre no cumple con su obligación alimentaria.
     - Hay disputa sobre la cantidad de pensión.
     - No hay consenso entre los padres sobre el monto.
   - Su aplicación es inherentemente forzosa.
3. **Aceptación de capacidad económica:**
   - Es un acto voluntario del padre o madre alimentante.
   - Se compromete a cubrir las necesidades del menor sin necesidad de revelar ingresos.
   - En este caso:
     - No se requiere descubrimiento de prueba.
     - Se fomenta la política de "paternidad voluntaria".
4. **Revisión de pensiones:**
   - Las sentencias de alimentos no constituyen cosa juzgada.
   - Siempre pueden ser modificadas si hay **un cambio en las circunstancias** del alimentante o del alimentista.
5. **Modificación dentro de los tres años (Artículo 19(c) de la Ley de ASUME):**
   - Como regla general, se permite revisar la pensión a los tres años de establecida.
   - Excepcionalmente, puede modificarse antes por "justa causa", como:
     - Cambios significativos en ingresos, egresos, gastos, capital, etc.
     - Cambios en las necesidades del menor.
   - La parte interesada debe presentar prueba suficiente que justifique el cambio.

D. Extinción de la obligación alimentaria

Artículo 679. — Extinción de la obligación alimentaria. (31 L.P.R.A. § 7581)

La obligación de dar alimentos se extingue:

(a) por la muerte del alimentista o del alimentante;

(b) cuando el patrimonio del alimentante se reduce hasta el extremo de no poder satisfacerlos sin desatender sus propias necesidades y las de su familia inmediata; salvo cuando el alimentista sea menor de edad, que será de aplicación las normas de la legislación especial complementaria;

(c) cuando el alimentista puede ejercer un oficio, profesión o industria, o ha mejorado su situación económica;

(d) cuando el alimentista, sea legitimario o no, comete alguna falta de las que dan lugar a la desheredación; o

(e) cuando la necesidad del alimentista proviene de su mala conducta o de la falta de aplicación al trabajo, mientras subsista esta causa.

Artículo 680. — Aplicación supletoria. (31 L.P.R.A. § 7582)

Las disposiciones de este título son aplicables a los demás casos en que, por este Código, por testamento o por pacto, se tiene derecho a alimentos, salvo que los contratantes, el testador o la ley dispongan algo distinto.

Resumen: Santiago, Maisonet v. Maisonet Correa, 187 DPR 550 (2012):

1. **Representación de menores en reclamaciones de alimentos:**
    - Mientras los hijos sean menores y no estén emancipados, el progenitor con patria potestad puede reclamar alimentos en su representación.
    - Aunque es el padre o madre quien presenta la acción, el derecho pertenece al menor.
    - Al alcanzar la mayoría de edad (21 años), los hijos deben comparecer por sí mismos si desean continuar reclamando alimentos.
2. **Mayoría de edad no extingue automáticamente la pensión:**
    - El cumplimiento de los 21 **años no elimina automáticamente la obligación de alimentos** si aún existen necesidades justificadas.
    - El derecho a reclamar alimentos tras la mayoría de edad depende de que el hijo demuestre necesidad, como continuar estudios iniciados durante su minoría de edad.

3. **Educación como justificación para continuar alimentos:**
    - Un hijo que inició estudios universitarios durante su minoría puede seguir recibiendo alimentos para completar su formación académica, siempre que actúe con diligencia y continuidad.
    - Para estudios de postgrado, se evaluará caso a caso.
4. **Pensión vigente hasta que se solicite su modificación:**
    - Una pensión alimentaria establecida durante la minoría de edad no cesa automáticamente al cumplir la mayoría.
    - El alimentante debe presentar una moción formal al tribunal para solicitar el cese o modificación.
    - Hasta que eso ocurra, la pensión permanece en vigor.
5. **Obligaciones procesales y deber del tribunal:**
    - El alimentante debe informar al tribunal cuando un hijo está próximo a alcanzar la mayoría de edad y manifestar su interés en cesar la pensión.
    - El alimentista debe ser notificado y puede comparecer a nombre propio para justificar la continuación de la pensión.
    - El tribunal debe calendarizar una vista evidenciaria para evaluar si procede modificar o terminar la obligación.
    - Se enfatiza que estas solicitudes deben ser atendidas con prontitud para evitar perjuicios a las partes.

DERECHO DE SUCESIONES

I. Sucesión por causa de muerte

Artículo 1546. — Sucesión por causa de muerte. (31 L.P.R.A. § 10911)

La sucesión por causa de muerte es la transmisión de los derechos y de las obligaciones del causante que no se extinguen por su muerte.

A. Apertura

Artículo 1547. — Apertura de la sucesión. (31 L.P.R.A. § 10912)

La sucesión se abre en el momento de la muerte del causante.

B. Clases

Artículo 1548. — Clases de transmisión sucesoria. (31 L.P.R.A. § 10913)

La sucesión puede ser testamentaria, intestada o mixta, pero no contractual.

Artículo 1549. — Sucesión testamentaria. (31 L.P.R.A. § 10914)

La sucesión testamentaria es la que resulta de la voluntad declarada en un testamento.

Artículo 1550. — Sucesión intestada. (31 L.P.R.A. § 10915)

La sucesión intestada es la que establece la ley para cuando no existen o no rigen disposiciones testamentarias.

Artículo 1551. — Sucesión mixta. (31 L.P.R.A. § 10916)

La sucesión mixta es la que resulta, en parte, de la voluntad declarada en un testamento y, en parte, por disposición de ley.

C. Herencia

Artículo 1552. — Herencia. (31 L.P.R.A. § 10917)

La herencia comprende los derechos y las obligaciones transmisibles por causa de la muerte de una persona, ya sea que los derechos excedan las obligaciones; que las obligaciones excedan los derechos, o solo se trate de obligaciones.

La herencia también comprende las donaciones computables, así como los derechos y las obligaciones que le son inherentes después de abierta la sucesión.

D. Heredero y legatario

Artículo 1553. — Heredero y legatario. (31 L.P.R.A. § 10918)

El heredero es la persona que sucede al causante en todos los derechos y las obligaciones transmisibles, a título universal.

El legatario es la persona que sucede al causante en bienes específicos o en una parte alícuota, designada a título particular.

II. Transmisión Sucesoria

A. Capacidad para suceder

Artículo 1554. — Capacidad sucesoria de la persona natural. (31 L.P.R.A. § 10971)

Tiene capacidad sucesoria la persona nacida o concebida en el momento de la apertura de la sucesión.

Artículo 1555. — Capacidad sucesoria de la persona jurídica. (31 L.P.R.A. § 10972)

Tiene capacidad para suceder la persona jurídica que existe en el momento de la apertura de la sucesión.

El testador puede crear u ordenar crear una persona jurídica para que quede constituida después de la apertura de la sucesión. Esta persona jurídica tiene capacidad sucesoria desde que tenga personalidad, pero los efectos de su aceptación se retrotraen al momento de la delación.

B. Indignidad

Artículo 1556. — Las causas de indignidad. (31 L.P.R.A. § 10973)

Es indigna para suceder:

(a) la persona que abandona o maltrata física o sicológicamente al causante;

(b) la persona convicta por haber atentado contra la vida del causante, de su cónyuge, de sus descendientes o de sus ascendientes, del ejecutor o de otro llamado a la herencia cuya muerte favorezca en la sucesión al indigno;

(c) la persona convicta por acusar o denunciar falsamente al causante de la comisión de un delito que conlleva una pena grave;

(d) la persona que deja de cumplir durante tres (3) meses consecutivos o seis (6) alternos con la obligación, impuesta administrativa o judicialmente, de alimentar al causante;

(e) la persona que, mediante dolo, intimidación, fraude o violencia induce o impide al causante otorgar, revocar o modificar su testamento; o el que, conociendo estos hechos, los utiliza para su beneficio; y

(f) la persona que destruye, oculta o altera el testamento del causante.

Artículo 1557. — Calificación de la indignidad. (31 L.P.R.A. § 10974)

La calificación de la indignidad se atiende en el momento de la delación.

Artículo 1558. — Legitimación y efectos de la declaración de Indignidad. (31 L.P.R.A. § 10975)

Solamente las personas que resultan favorecidas por la declaración de indignidad, pueden invocarla. Una vez declarada, sus efectos se retrotraen al momento de la delación.

La indignidad declarada priva a la persona indigna de la herencia o del legado y, en su caso, de la condición de legitimaria.

Artículo 1559. — Deber de restitución. (31 L.P.R.A. § 10976)

El incapaz de suceder o el indigno vienen obligados a restituir los bienes de la herencia o del legado con sus accesiones y los frutos percibidos, los que se computan desde que adquiere la posesión de dichos bienes.

Artículo 1560. — Rehabilitación del indigno. (31 L.P.R.A. § 10977)

Las causas de indignidad no surten efectos:

(a) si el causante, conociéndolas al momento de otorgar testamento, hace disposiciones a favor del indigno; o

(b) si el causante, conociéndolas, se reconcilia con el indigno por actos inequívocos o le perdona en documento público o privado. La reconciliación y el perdón son irrevocables.

Artículo 1561. — Caducidad de la acción. (31 L.P.R.A. § 10978)

La acción para declarar la indignidad caduca transcurridos cuatro (4) años desde que el indigno está en posesión de los bienes en calidad de heredero o legatario.

C. Herencia yacente

Artículo 1562. — La herencia yacente; definición. (31 L.P.R.A. § 10991)

La herencia yacente es el estado transitorio de la herencia desde la muerte del causante hasta su aceptación.

Artículo 1563. — Administración de la herencia yacente. (31 L.P.R.A. § 10992)

La administración de la herencia yacente corresponde a la persona designada por el causante o, en su defecto, al albacea. A falta de designación, la administración corresponde a los llamados a suceder. Si no hay acuerdo entre estos, el tribunal nombrará un administrador provisional.

Artículo 1564. — Deber del administrador. (31 L.P.R.A. § 10993)

El administrador de la herencia yacente debe conservar el caudal hasta que ocurra la aceptación o la repudiación.

El administrador nombrado por el testador tiene las facultades que este le asigne. Si no se le asignan facultades o si no hay testamento, estas serán las que corresponden al administrador judicial según la ley.

El administrador está autorizado a realizar las reparaciones necesarias en los bienes, pero las útiles solo puede realizarlas con autorización judicial. Las reparaciones son con cargo al caudal.

Artículo 1565. — Notificación del estado de embarazo. (31 L.P.R.A. § 10994)

Cuando una mujer conoce que está embarazada, debe notificar el hecho a las personas cuyos derechos hereditarios pueden quedar afectados por el nacimiento del póstumo.

Se dispensa a la mujer de dar el aviso cuando el causante reconoce en documento público o privado la certeza del embarazo.

Artículo 1566. — Alimentos durante el embarazo. (31 L.P.R.A. § 10995)

La mujer embarazada del causante tiene derecho a alimentarse con cargo a los bienes de la herencia, sin exceder la parte que pueda tener el póstumo en ellos. Si resulta que el hijo no es del causante, la mujer viene obligada a restituir lo recibido.

Artículo 1567. — Extinción de la yacencia. (31 L.P.R.A. § 10995)

El estado de yacencia se extingue por la aceptación de la herencia. Si son varias las personas llamadas, la aceptación de una no hace que cese la yacencia en cuanto a las que no han aceptado, salvo en caso de llamamiento conjunto.

D. Aceptación y repudiación de la herencia; delación

Artículo 1568. — La delación. (31 L.P.R.A. § 11011)

La delación es el momento a partir del cual una persona puede aceptar o repudiar la herencia o el legado.

Artículo 1569. — Momento de la delación. (31 L.P.R.A. § 11012)

La delación ocurre en el momento de la muerte del causante, excepto en los casos siguientes:

(a) cuando la institución de heredero o de legatario está sujeta a una condición suspensiva o a un plazo, la delación ocurre al cumplirse la condición o al vencer el plazo, si el llamado no ha renunciado antes a su derecho;

(b) cuando la institución de heredero o de legatario está sujeta a una condición resolutoria, la delación ocurre cuando el instituido afianza el cumplimiento de la condición;

(c) en los supuestos de sustitución o de representación, la delación ocurre cuando el llamado repudia la herencia o no puede aceptarla por incapacidad o indignidad;

(d) en la institución a favor de un heredero o de un legatario póstumo, la delación ocurre cuando tiene lugar el nacimiento; y

(e) cuando la personalidad del instituido debe determinarse por un hecho futuro, la delación ocurre cuando se determina la personalidad del instituido.

Artículo 1570. — Aceptación o repudiación. (31 L.P.R.A. § 11013)

La persona llamada a una herencia puede aceptarla o repudiarla una vez tiene conocimiento de que se ha producido la delación a su favor.

Si son varias las personas llamadas a la herencia, cada una de ellas puede aceptarla o repudiarla con independencia de las demás.

Artículo 1571. — Unilateralidad e irrevocabilidad. (31 L.P.R.A. § 11014)

La aceptación y la repudiación de la herencia son actos unilaterales e irrevocables.

Artículo 1572. — Efecto retroactivo. (31 L.P.R.A. § 11015)

Los efectos de la aceptación o de la repudiación se retrotraen al momento de la apertura de la sucesión.

Artículo 1573. — Prohibición. (31 L.P.R.A. § 11016)

La aceptación y la repudiación de la herencia no pueden hacerse parcialmente, ni a plazo, ni sujetarse a condición.

Artículo 1574. — Llamamiento como heredero y legatario. (31 L.P.R.A. § 11017)

La persona llamada como heredera y legataria simultáneamente, puede aceptarla por un concepto y repudiarla por otro.

Artículo 1575. — Llamamiento en una sucesión testada e intestada. (31 L.P.R.A. § 11018)

La persona llamada por testamento y por ley que repudia por el primer título, se entiende que repudia por ambos, salvo que en el mismo acto manifieste su voluntad de aceptar el llamamiento por ley. En este último caso, el llamado está sujeto a las mismas modalidades, limitaciones y obligaciones que impuso el testador.

Artículo 1576. — Aceptación y repudiación de la persona natural. (31 L.P.R.A. § 11019)

Puede aceptar o repudiar la herencia la persona que no tiene restricción para obrar. Los menores y los incapaces necesitan la asistencia que requiere la ley.

Artículo 1577. — Aceptación y repudiación de la persona jurídica. (31 L.P.R.A. § 11020)

El legítimo representante de una persona jurídica con capacidad para adquirir, puede aceptar o repudiar la herencia a la que esta sea llamada.

Artículo 1578. — Interpelación. (31 L.P.R.A. § 11021)

Transcurridos treinta (30) días desde que se haya producido la delación, cualquier persona interesada puede solicitar al tribunal que le señale al llamado un plazo, para que manifieste si acepta la herencia o si la repudia. Este plazo no excederá de treinta (30) días.

El tribunal apercibirá al llamado de que, si transcurrido el plazo señalado no ha manifestado su voluntad de aceptar la herencia o de repudiarla, se dará por aceptada.

Artículo 1579. — Formas de la aceptación. (31 L.P.R.A. § 11022)

La aceptación de la herencia puede ser expresa o tácita.

La aceptación expresa es la que hace el llamado en un documento público o privado.

La aceptación tácita es la que se hace por actos que suponen necesariamente la voluntad de aceptar, o que no habría tenido derecho de ejecutar sino en su calidad de heredero.

Artículo 1580. — Aceptación tácita. (31 L.P.R.A. § 11023)

La herencia se acepta tácitamente cuando el llamado:

(a) dona o trasmite, a título oneroso, su derecho a la herencia o a alguno de los bienes que la componen;

(b) renuncia a favor de uno o de algunos de los llamados a la herencia; y

(c) sustrae u oculta bienes de la herencia.

Artículo 1581. — Actos que no implican aceptación tácita. (31 L.P.R.A. § 11024)

La herencia no se acepta tácitamente cuando el llamado realiza actos posesorios, de conservación, de vigilancia o de administración o cuando paga los impuestos que gravan la sucesión, salvo que, con tales actos, tome el título o la cualidad de heredero.

Tampoco acepta tácitamente la herencia el llamado que renuncia gratuitamente a ella a favor de las personas a las que se transmite la cuota del renunciante.

Artículo 1582. — La repudiación. (31 L.P.R.A. § 11025)

La repudiación de la herencia es el acto por el cual el llamado a suceder manifiesta su voluntad de no ser heredero.

Artículo 1583. — Forma de repudiar. (31 L.P.R.A. § 11026)

La repudiación de la herencia se hace mediante una escritura pública o un escrito dirigido al tribunal.

Artículo 1584. — Repudiación en perjuicio de acreedores. (31 L.P.R.A. § 11027)

Si el llamado a suceder repudia la herencia en perjuicio de sus acreedores, estos pueden acudir al tribunal para aceptarla en nombre de aquel. Esta aceptación solo aprovecha a los acreedores en la parte en la que perjudica sus derechos. En el sobrante de la herencia, si lo hay, subsistirá la repudiación.

El derecho de los acreedores para solicitar la autorización caduca a los cuatro (4) años, que comienzan a contarse a partir de la repudiación.

Artículo 1585. — Acreedores del heredero. (31 L.P.R.A. § 11028)

Los acreedores del heredero no pueden intervenir en las operaciones de la herencia aceptada hasta que se paguen las obligaciones del causante y los legados, pero pueden pedir la retención o el embargo del remanente que pueda resultar a favor del heredero.

Artículo 1586. — Transmisión del derecho a aceptar la herencia o a repudiarla. (31 L.P.R.A. § 11029)

Si el llamado muere sin aceptar la herencia del causante o sin repudiarla, se transmite a los herederos del llamado el mismo derecho que aquel tenía de aceptarla o repudiarla, salvo expresa disposición testamentaria en contrario.

E. Responsabilidad del heredero

Artículo 1587. — Límite de la responsabilidad del heredero. (31 L.P.R.A. § 11041)

El heredero responde por las obligaciones del causante, por los legados y por las cargas hereditarias exclusivamente hasta el valor de los bienes hereditarios que recibe.

Artículo 1588. — Extensión de la responsabilidad del heredero. (31 L.P.R.A. § 11042)

Cuando las obligaciones de la herencia exceden el valor de los activos del caudal, el heredero responde con su patrimonio si enajena, consume o emplea bienes hereditarios para el pago de obligaciones hereditarias no vencidas. También responde de la pérdida o el deterioro que, por su culpa o negligencia, se produzca en los bienes hereditarios.

Artículo 1589. — Cargas hereditarias. (31 L.P.R.A. § 11043)

Se consideran cargas hereditarias:

(a) los gastos del funeral del causante;

(b) los gastos del inventario y las demás operaciones de la partición;

(c) los gastos de la conservación y administración de los bienes de la herencia;

(d) los gastos de entrega del legado;

(e) la retribución de los ejecutores; y

(f) los demás gastos de naturaleza análoga.

Artículo 1590. — Separación de patrimonios. (31 L.P.R.A. § 11044)

La confusión de patrimonios no se produce en perjuicio del heredero ni de quienes tienen derechos sobre el caudal relicto.

La aceptación de la herencia no produce la extinción de los derechos y los créditos del heredero contra la herencia, ni de los de esta contra aquel.

Artículo 1591. — Embargo de bienes del heredero. (31 L.P.R.A. § 11045)

El heredero puede oponerse al embargo de bienes de su patrimonio basado en créditos contra la herencia. La oposición debe contener un inventario de los bienes relictos recibidos, el cual puede impugnar el acreedor en el mismo procedimiento.

F. Petición de herencia y heredero aparente

Artículo 1592. — La petición de herencia. (31 L.P.R.A. § 11051)

Mediante la petición de herencia, se solicita el reconocimiento del título de heredero y la entrega total o parcial de la herencia por quien la posee a título sucesorio como heredero aparente y niega el derecho del peticionario.

Artículo 1593. — Imprescriptibilidad de la acción. (31 L.P.R.A. § 11052)

La acción de petición de herencia es imprescriptible, sin perjuicio de la usucapión de bienes particulares.

Artículo 1594. — Entrega de la herencia. (31 L.P.R.A. § 11053)

Una vez el tribunal ordena la entrega de los bienes hereditarios, aplican los efectos de las relaciones reales en cuanto a la destrucción de la cosa, los productos, los frutos y las mejoras y, en general, todo cuanto no resulte modificado en el presente capítulo.

Si la entrega de los bienes es imposible, se cumplirá con el pago de una suma equivalente a su valor y de la indemnización de los daños y perjuicios.

Es poseedora de mala fe la persona que conoce o debe conocer la existencia de herederos preferentes o concurrentes que no saben que están llamados a la herencia.

Artículo 1595. — Derechos del heredero aparente. (31 L.P.R.A. § 11054)

Si el heredero aparente satisface obligaciones del causante con bienes no provenientes de la herencia, tiene derecho a que el heredero se los reembolse.

Artículo 1596. — Actos de administración del heredero aparente. (31 L.P.R.A. § 11055)

Los actos de administración del heredero aparente son válidos salvo cuando él y el tercero con quien contrata, hayan actuado de mala fe.

Artículo 1597. — Actos de enajenación del heredero aparente. (31 L.P.R.A. § 11056)

El heredero aparente de buena fe que haya enajenado bienes de la herencia, solo tiene que restituir al heredero el precio o el bien que ha obtenido como contraprestación con la enajenación onerosa o con lo que haya adquirido con ellos, subrogándose en las acciones para reclamar el precio o el bien que aún se debe.

Artículo 1598. — Reivindicación de bienes enajenados por el heredero aparente. (31 L.P.R.A. § 11057)

El heredero puede reivindicar los bienes de la herencia enajenados por el heredero aparente, salvo cuando los adquirentes gozan de los efectos protectores de la fe pública registral.

G. Comunidad hereditaria

Artículo 1599. — Comunidad hereditaria; definición. (31 L.P.R.A. § 11071)

Existe una comunidad hereditaria cuando concurre a la sucesión una pluralidad de personas con derechos en la herencia expresados en cuotas abstractas.

Artículo 1600. — Carencia de personalidad jurídica. (31 L.P.R.A. § 11072)

La comunidad hereditaria no tiene personalidad jurídica.

Artículo 1601. — Régimen. (31 L.P.R.A. § 11073)

En lo que no está previsto en este capítulo, el estado de comunidad hereditaria se rige por las disposiciones relacionadas con la administración de la herencia y con las de la comunidad de bienes.

Artículo 1602. — Medidas urgentes. (31 L.P.R.A. § 11074)

El tribunal puede ordenar, a solicitud de cualquier persona con interés legítimo en la herencia, las medidas urgentes que se requieran para la conservación de los bienes comunes.

Artículo 1603. — Frutos. (31 L.P.R.A. § 11075)

Los frutos de los bienes comunes pertenecen a la herencia hasta que se realiza la partición.

Artículo 1604. — Disposición de cuotas. (31 L.P.R.A. § 11076)

El heredero puede disponer de su cuota en la herencia sin que sea necesario el consentimiento de los demás coherederos. Solo mediante el consentimiento de todos los herederos pueden enajenarse bienes específicos pertenecientes a la comunidad.

Artículo 1605. — Derecho de tanteo en la cuota hereditaria. (31 L.P.R.A. § 11077)

El coheredero puede ejercer el derecho de tanteo si alguno de los coherederos decide enajenar su cuota a un extraño. Tiene treinta (30) días para ejercer su derecho.

Cuando dos o más coherederos ejercen su derecho de tanteo, solo pueden hacerlo a prorrata de la porción que tienen en la comunidad hereditaria.

Artículo 1606. — Indivisión. (31 L.P.R.A. § 11078)

La indivisión de la comunidad hereditaria puede establecerse:

(a) por voluntad del testador;

(b) por pacto entre los herederos; o

(c) por disposición de ley.

Artículo 1607. — Indivisión impuesta por el testador. (31 L.P.R.A. § 11079)

El testador puede imponer a los herederos la indivisión de la herencia por un plazo no mayor de cuatro (4) años. Esta indivisión no alcanza a los bienes que constituyen la legítima.

El tribunal puede autorizar la división total o parcial de la herencia antes de vencer el plazo y a solicitud de un coheredero, si concurren circunstancias graves o razones de manifiesta utilidad.

Artículo 1608. — Pacto de indivisión. (31 L.P.R.A. § 11080)

Los herederos pueden convenir la indivisión de la comunidad hereditaria por un plazo que no exceda de cuatro (4) años, el cual puede prorrogarse por nuevos convenios que no excedan de cuatro (4) años cada uno.

Artículo 1609. — Plazo ajustado. (31 L.P.R.A. § 11081)

Cualquier plazo impuesto por el testador o convenido por los coherederos que sea superior al máximo permitido, se entiende reducido al plazo legal.

Artículo 1610. — Modos de extinción. (31 L.P.R.A. § 11082)

La comunidad hereditaria se extingue:

(a) por las mismas causas que extinguen los derechos reales;

(b) por la reunión de todas las cuotas en una misma persona; y

(c) por la partición de la herencia.

H. Derecho de representación

Artículo 1611. — Representación sucesoria. (31 L.P.R.A. § 11091)

Por la representación sucesoria, los descendientes tienen derecho a heredar en el lugar y en el grado de su ascendiente y a recibir la herencia que le correspondería a él, tanto en la sucesión testada como en la intestada.

Artículo 1612. — Casos en que opera la representación. (31 L.P.R.A. § 11092)

La representación opera cuando el llamado:

(a) premuere al causante;

(b) es declarado indigno o incapaz;

(c) ha sido desheredado; o

(d) repudia la herencia.

Artículo 1613. — Líneas en que opera. (31 L.P.R.A. § 11093)

El derecho de representación tiene lugar en la línea recta descendente del causante, pero nunca en la línea recta ascendente. En la línea colateral, solo tiene lugar en favor de los colaterales preferentes.

Artículo 1614. — División por estirpes. (31 L.P.R.A. § 11094)

Cuando se hereda por representación, la división de la herencia se hace por estirpes, de modo que el representante no hereda más de lo que heredaría su representado, si hubiese podido y querido heredar.

Artículo 1615. — Representación en la repudiación. (31 L.P.R.A. § 11095)

Puede representarse al ascendiente cuya herencia se ha repudiado.

I. Derecho de acrecer

Artículo 1616. — Derecho de acrecer. (31 L.P.R.A. § 11101)

El derecho de acrecer es el incremento que se produce en la cuota de un heredero cuando la porción de otro heredero queda vacante, salvo el derecho de representación, cuando tiene lugar. El derecho de acrecer es irrenunciable.

Artículo 1617. — En la sucesión intestada. (31 L.P.R.A. § 11102)

Cuando en la sucesión intestada hay varios parientes del mismo grado y alguno no quiere suceder o no puede hacerlo, su parte acrece a los otros del mismo grado cuando no tiene lugar el derecho de representación.

Artículo 1618. — En la sucesión testamentaria. (31 L.P.R.A. § 11103)

El derecho de acrecer en la sucesión testamentaria tiene lugar cuando en un llamamiento conjunto, el llamado no quiere o no puede tomar su parte, sin que haya sustituto para recibirla y cuando no tiene lugar el derecho de representación.

Artículo 1619. — Llamamiento conjunto. (31 L.P.R.A. § 11104)

Hay un llamamiento conjunto cuando se llama a dos personas o más a una misma herencia, a un mismo legado o a una misma porción de estos, sin especial designación de partes.

Se entiende hecha la especial designación de partes solo cuando el testador no ha determinado expresamente una porción alícuota, o una fracción o por ciento, para cada sucesor.

Artículo 1620. — Porción vacante. (31 L.P.R.A. § 11105)

La porción vacante surge por premoriencia, repudiación, incapacidad o por indignidad del instituido, cuando no tiene lugar el derecho de representación y tampoco el derecho de acrecer.

También surge por no haberse cumplido la condición impuesta o por la nulidad de la cláusula testamentaria.

En la sucesión testamentaria, la porción vacante se distribuye conforme a las reglas de la sucesión intestada, con las mismas cargas y obligaciones impuestas al llamado, salvo las que son personalísimas.

III. Legítima; libre disposición

Artículo 1621. — La legítima. (31 L.P.R.A. § 11161)

La legítima es la parte de la herencia que la ley reserva para determinadas personas, denominadas legitimarios.

A. Legitimarios (herederos forzosos); derecho del cónyuge supérstite a la vivienda familiar

Artículo 1622. — Los legitimarios. (31 L.P.R.A. § 11162)

Son legitimarios, en el orden y en la medida que establece este Código:

(a) los descendientes;

(b) el cónyuge supérstite; y

(c) a falta de estos, los ascendientes.

Artículo 1623. — La libre disposición. (31 L.P.R.A. § 11163)

El causante que tiene legitimarios puede disponer libremente de la mitad de sus bienes. Si no tiene legitimarios, puede disponer libremente de todos sus bienes.

Artículo 1624. — Porción legítima. (31 L.P.R.A. § 11164)

Los legitimarios concurren a la porción legítima utilizando las reglas de concurrencia y orden de exclusión establecidas para la sucesión intestada.

Artículo 1625. — Derecho del cónyuge supérstite a la vivienda familiar. (31 L.P.R.A. § 11165)

El cónyuge supérstite puede solicitar la atribución preferente de la vivienda familiar.

Cuando sus cuotas hereditarias y las gananciales no alcanzan el valor necesario para tal atribución, el cónyuge supérstite puede solicitar el derecho de habitación en forma vitalicia y gratuita en proporción a la diferencia existente entre el valor del bien y la suma de sus derechos.

La diferencia de valor grava la cuota de libre disposición del causante.

Artículo 1626. — Prohibición de gravar la legítima. (31 L.P.R.A. § 11166)

El causante solo puede imponer gravámenes a sus legitimarios cuando los llama a la porción de libre disposición. Los gravámenes sobre la legítima se tienen por no puestos.

Se entiende por gravamen toda carga, condición, término, modo, usufructo, obligación, prohibición o limitación que el testador imponga al título sucesorio.

Artículo 1627. — Ineficacia de la renuncia a la legítima. (31 L.P.R.A. § 11167)

La renuncia y el convenio sobre la legítima futura son ineficaces.

Un legitimario puede reclamar su legítima, aunque haya obtenido algún beneficio por renunciar o por convenir la legítima futura. Al beneficio recibido se le aplican las normas de la donación.

B. Preterición; complemento de la legítima

Artículo 1628. — La preterición. (31 L.P.R.A. § 11181)

El testador incurre en preterición cuando omite instituir a uno, a varios o a todos sus legitimarios. La calificación de la preterición se atiende en el momento de la apertura de la sucesión.

Los legitimarios de un descendiente no preterido lo representan en la herencia del causante.

Artículo 1629. — Efectos de la preterición. (31 L.P.R.A. § 11182)

La preterición de un legitimario no anula la institución de heredero. Además, conlleva la división de la legítima entre el total de los legitimarios.

Artículo 1630. — El complemento de la legítima. (31 L.P.R.A. § 11183)

El legitimario a quien el testador ha dejado, por cualquier título, menos de la legítima que le corresponde, puede pedir el complemento.

C. Desheredación

Artículo 1631. — La desheredación; definición. (31 L.P.R.A. § 11191)

La desheredación es la disposición testamentaria que priva a un legitimario de su derecho a la herencia por alguna de las causas que señala este Código.

Artículo 1632. — Forma de hacerla. (31 L.P.R.A. § 11192)

La desheredación y su causa deben constar expresa y claramente en el testamento.

Artículo 1633. — Prueba de la causa. (31 L.P.R.A. § 11193)

Si el legitimario impugna la desheredación por inexistencia de causa, le corresponde al heredero probarla. Si alega reconciliación o perdón, corresponde al desheredado probarla.

En cualquiera de los casos, la acción de impugnación caduca por el transcurso de dos (2) años desde que se conoce la desheredación.

Artículo 1634. — Efectos de la desheredación injusta. (31 L.P.R.A. § 11194)

La desheredación produce los efectos de la preterición cuando se hace:

(a) sin expresión de causa;

(b) por una causa impugnada cuya certeza no puede probarse; o

(c) por una causa que no sea una de las señaladas en este Código.

Artículo 1635. — Desheredación de descendientes. (31 L.P.R.A. § 11195)

Además de la indignidad, son justas causas para desheredar a los descendientes:

(a) haber negado alimentos al testador sin motivo legítimo;

(b) haber maltratado, injuriado gravemente o atentado contra la vida del testador; o

(c) haber sido negligente en tomar a su cuidado al testador cuando se encontraba enfermo o sin poder valerse por sí mismo.

Artículo 1636. — Desheredación de ascendientes. (31 L.P.R.A. § 11196)

Además de la indignidad, son justas causas para desheredar a los ascendientes:

(a) haber sido privado de la patria potestad sobre el testador;

(b) haber negado alimentos al testador sin motivo legítimo;

(c) haber maltratado, injuriado gravemente o atentado contra la vida del testador;

(d) haber sido negligente en tomar a su cuidado al testador cuando este se encontraba enfermo o sin poder valerse por sí mismo; y

(e) haber atentado uno de los progenitores contra la vida del otro, si no hubo entre ellos reconciliación.

Artículo 1637. — Desheredación del cónyuge. (31 L.P.R.A. § 11197)

Además de la indignidad, son justas causas para desheredar al cónyuge:

(a) haber sido privado de la patria potestad sobre los hijos comunes;

(b) haber negado alimentos al testador o a sus hijos, sin motivo legítimo;

(c) haber maltratado, injuriado gravemente o atentado contra la vida del testador; y

(d) haber sido negligente en tomar a su cuidado al testador cuando este se encontraba enfermo o sin poder valerse por sí mismo.

Artículo 1638. — Efectos de la reconciliación. (31 L.P.R.A. § 11198)

La reconciliación posterior entre el ofensor y el ofendido priva a este del derecho a desheredar, deja sin efecto la desheredación ya hecha y produce, a su vez, los efectos de la preterición.

IV. Sucesión testamentaria

A. Testamento

Artículo 1639. — El testamento. (31 L.P.R.A. § 11251)

El testamento es el negocio jurídico solemne, personalísimo, unilateral y esencialmente revocable mediante el cual una persona natural dispone, total o parcialmente, el destino de sus bienes para después de su muerte y ordena su propia sucesión dentro de los límites y las formalidades que señala la ley.

Las disposiciones de carácter no patrimonial contenidas en el testamento son válidas, aunque este se limite a ellas.

Artículo 1640. — El testamento mancomunado. (31 L.P.R.A. § 11252)

Dos personas o más no pueden testar mancomunadamente o en un mismo documento, salvo que lo autorice la ley del Estado en que se otorga. En tal caso el testamento no tiene efectos respecto a los bienes inmuebles sitos en Puerto Rico.

B. Capacidad para testar y contenido del testamento

Artículo 1641. — Capacidad para testar; edad; discernimiento. (31 L.P.R.A. § 11253)

Puede hacer testamento toda persona natural que, en el momento de otorgar el testamento, ha cumplido catorce (14) años de edad y posee suficiente discernimiento para entender la finalidad, el contenido y la trascendencia del acto.

Solamente las personas que han cumplido dieciocho (18) años de edad pueden otorgar testamento ológrafo.

C. Prohibiciones generales de los testigos

Artículo 1642. — Prohibiciones generales de los testigos. (31 L.P.R.A. § 11254)

No pueden actuar como testigos en ninguna clase de testamento:

(a) las personas incapacitadas;

(b) las personas que no pueden leer o no pueden firmar;

(c) las personas que resultan favorecidas en alguna disposición testamentaria;

(d) los parientes del heredero o legatario instituido dentro del cuarto grado de consanguinidad y segundo de afinidad; y

(e) las personas convictas de delito que implica perjurio o fraude.

D. Clases de testamentos

SECCIÓN PRIMERA — DISPOSICIONES GENERALES

Artículo 1643. — Clases de testamento. (31 L.P.R.A. § 11261)

El testamento puede ser común o especial. Son comunes el testamento abierto y el ológrafo.

Son especiales los testamentos otorgados en peligro de muerte y en caso de epidemia.

SECCIÓN SEGUNDA — EL TESTAMENTO ABIERTO

Artículo 1644. — Testamento abierto; definición. (31 L.P.R.A. § 11271)

El testamento abierto se otorga ante notario. No es necesaria la intervención de testigos instrumentales, salvo que la reclame el testador o el notario. Cuando el testador no sepa o no pueda leer o firmar se observarán las formalidades dispuestas en la legislación notarial. A ruego del testador o del notario autorizante, puede concurrir al acto el número de testigos que ellos soliciten.

Artículo 1645. — Formalidades del testamento abierto. (31 L.P.R.A. § 11272)

Todo lo relativo a la redacción, el idioma, las formalidades, el otorgamiento y la autorización del testamento abierto se rige íntegramente por lo dispuesto en la legislación notarial para los instrumentos públicos, con las únicas salvedades contenidas en los artículos siguientes.

Artículo 1646. — Idoneidad de los testigos instrumentales. (31 L.P.R.A. § 11273)

Si al otorgamiento del testamento abierto concurren testigos instrumentales, su idoneidad se determina por lo dispuesto en la legislación notarial y, además, por lo dispuesto en el capítulo precedente respecto a los testigos de toda clase de testamentos.

La idoneidad de los testigos de conocimiento, si los hay, se determina exclusivamente por lo dispuesto en la legislación notarial.

Artículo 1647. — Hora del otorgamiento. (31 L.P.R.A. § 11274)

En la escritura se expresará la hora en que se otorga el testamento.

Artículo 1648. — Dación de fe de capacidad. (31 L.P.R.A. § 11275)

El notario y los testigos instrumentales, si comparece alguno al otorgamiento, se asegurarán de que a su juicio el testador tiene la capacidad necesaria para testar, y así lo hará constar el notario en el testamento.

Artículo 1649. — Testador incapacitado en intervalo lúcido. (31 L.P.R.A. § 11276)

Cuando una persona declarada incapaz por falta de discernimiento comparece ante notario para otorgar su testamento, intervendrá como testigo instrumental un sicólogo o psiquiatra. Este profesional examinará al testador y declarará en la escritura que, a su juicio, el testador se encuentra en un intervalo lúcido y tiene suficiente capacidad de discernimiento, de todo lo cual el notario dará fe.

SECCIÓN TERCERA — EL TESTAMENTO OLÓGRAFO

Artículo 1650. — Testamento ológrafo; definición. (31 L.P.R.A. § 11281)

El testamento ológrafo es el autógrafo, fechado y firmado por el propio testador.

El testador debe salvar con su firma las palabras tachadas, enmendadas o entre renglones que contenga el documento. Si no lo hace, las tachaduras, enmiendas o entrerrenglonaduras se tienen por no escritas.

Lo añadido bajo la firma se tiene por no puesto salvo que el testador lo vuelva a fechar y lo firme.

Artículo 1651. — Lugar del otorgamiento. (31 L.P.R.A. § 11282)

Los domiciliados en Puerto Rico pueden otorgar testamento ológrafo fuera de su territorio aunque lo prohíba la ley del Estado en que se otorga.

Artículo 1652. — Idioma del testamento ológrafo. (31 L.P.R.A. § 11283)

El testador puede escribir el testamento ológrafo en cualquier idioma.

Artículo 1653. — Adveración y protocolización del testamento ológrafo. (31 L.P.R.A. § 11284)

La persona que tiene en su poder un testamento ológrafo está obligada a presentarlo en el tribunal o a un notario para su adveración, dentro de los treinta (30) días desde que tiene noticia de la muerte del testador. También puede presentarlo cualquier persona que tiene un interés legítimo en el testamento.

Una vez concluye el procedimiento de adveración, el testamento ológrafo debe protocolizarse para que sea eficaz.

Artículo 1654. — Caducidad del testamento ológrafo. (31 L.P.R.A. § 11285)

El testamento ológrafo caduca si no se presenta para su adveración dentro del plazo de cinco (5) años desde el día del fallecimiento del testador.

SECCIÓN CUARTA — LOS TESTAMENTOS ESPECIALES

Artículo 1655. — Testamentos especiales; epidemia; peligro inminente de muerte. (31 L.P.R.A. § 11291)

Cuando el testador se halla en peligro inminente de muerte, puede otorgar testamento ante tres (3) testigos mayores de edad.

En caso de epidemia declarada por las autoridades sanitarias, el testador puede otorgar testamento ante tres (3) testigos que hayan cumplido dieciséis (16) años de edad.

En ambos casos los testigos se asegurarán de que, a su juicio, el testador tiene la capacidad necesaria para hacer testamento.

Artículo 1656. — Forma escrita. (31 L.P.R.A. § 11292)

En el otorgamiento de los testamentos especiales no es necesaria la intervención de notario, pero el testamento se escribirá si ello es posible.

La última voluntad del testador también puede grabarse en video.

Artículo 1657. — Caducidad de los testamentos especiales. (31 L.P.R.A. § 11293)

Los testamentos especiales caducan por el transcurso de seis (6) meses desde que cesa el peligro de muerte o la epidemia.

Si el testador muere en ese plazo, el testamento también caduca si dentro de los tres (3) meses siguientes a la muerte, no se presenta para su adveración.

Artículo 1658. — Apertura y protocolización. (31 L.P.R.A. § 11294)

Para la apertura, la adveración y la protocolización de los testamentos, se observará lo dispuesto en la legislación aplicable. La videograbación, en su caso, debe autenticarse por los medios dispuestos en la ley.

E. Institución testamentaria

1. Institución de herederos

Artículo 1659. — La institución de herederos; definición. (31 L.P.R.A. § 11301)

La institución de herederos es la designación hecha en un testamento de la persona que sucederá al testador, como heredero o como legatario, en la titularidad de los bienes que integran la herencia.

Artículo 1660. — Testamento sin institución de herederos. (31 L.P.R.A. § 11302)

El testamento es válido, aunque no contenga la institución de herederos o esta resulte ineficaz.

Artículo 1661. — Prohibición. (31 L.P.R.A. § 11303)

Es nula la institución testamentaria que haga:

(a) el incapaz, a favor de su tutor; o

(b) el enfermo, a favor de las personas que le brindan asistencia médica o espiritual durante su última enfermedad, si la institución se otorga durante la enfermedad. Sin embargo, la institución es válida si se hace a favor del cónyuge, o de los ascendientes, los descendientes, los hermanos o los sobrinos del causante o del cónyuge supérstite.

Artículo 1662. — Alcance de las prohibiciones. (31 L.P.R.A. § 11304)

Las prohibiciones establecidas en esta sección son aplicables a las personas allí mencionadas y a sus parientes dentro del cuarto grado de consanguinidad, segundo grado de afinidad y a la iglesia, la comunidad o el instituto del clérigo religioso o ministro.

Artículo 1663. — Institución sin designación de partes. (31 L.P.R.A. § 11305)

Los herederos instituidos sin designación de cuota, heredan por partes iguales.

Artículo 1664. — Motivo falso o contrario a derecho. (31 L.P.R.A. § 11306)

La invocación de un motivo falso no anula la designación de heredero o del legatario, excepto cuando del propio testamento surja que la eficacia de la institución depende completamente de la existencia del motivo invocado y que el testador, de haber conocido la falsedad, no hubiera hecho la designación.

La expresión de un motivo ilícito se considera no escrita.

Artículo 1665. — Institución de herederos individuales y colectivos. (31 L.P.R.A. § 11307)

Si el testador instituye a una persona y a sus hijos, se entiende que todos son instituidos simultáneamente.

Si el testador instituye individualmente a unos herederos y a otros colectivamente, se entiende que todos son llamados individualmente, a no ser que conste de un modo claro que ha sido otra su voluntad.

Artículo 1666. — Identificación. (31 L.P.R.A. § 11308)

El testador identificará al instituido de la forma más clara, precisa e indudable.

Se tiene por no escrita la institución en favor de persona incierta, a menos que por algún evento pueda resultar cierta.

Artículo 1667. — Error en la identificación. (31 L.P.R.A. § 11309)

El error en la designación del instituido no vicia la institución, cuando del contexto del testamento o mediante prueba extrínseca puede identificarse con certeza cuál es la persona designada.

Artículo 1668. — Sustitución. (31 L.P.R.A. § 11310)

El testador puede designar a un sustituto para el instituido cuando este no quiera o no pueda aceptar la herencia. Salvo que el testador disponga otra cosa, la sustitución ordenada para uno de estos supuestos es válida para el otro.

Artículo 1669. — Reciprocidad en la sustitución. (31 L.P.R.A. § 11311)

Si los herederos instituidos se sustituyen recíprocamente, la cuota del instituido que no llega a ser heredero se defiere a los demás en proporción a sus respectivas cuotas. Si son solo dos (2) los instituidos, la cuota del que no llega a ser heredero se defiere íntegramente al otro.

Artículo 1670. — Limitaciones y modalidades en la sustitución. (31 L.P.R.A. § 11312)

El sustituto sucede al causante con las mismas limitaciones y modalidades de la institución, salvo cuando el testador lo ha dispuesto de forma diferente, o cuando estas han sido impuestas en consideración a los atributos personales del instituido.

Artículo 1671. — Prelación. (31 L.P.R.A. § 11313)

El derecho de transmisión prevalece sobre la sustitución, y esta, sobre el acrecimiento.

Artículo 1672. — Encomienda. (31 L.P.R.A. § 11314)

El testador puede encomendar a una persona:

(a) la elección de las personas, así como la distribución de las cantidades, que deje en general a determinadas clases formadas por un número ilimitado de individuos; y

(b) la elección de los actos de beneficencia o de los establecimientos públicos o privados a los cuales deban adjudicarse los bienes.

Cuando el testador no designa a la persona para realizar la encomienda, esta le corresponde al albacea y, en su defecto, al contador partidor.

Artículo 1673. — Limitaciones a la encomienda. (31 L.P.R.A. § 11315)

El testador no puede dejar al arbitrio de un tercero la subsistencia de la institución ni el monto de la cuota de la herencia destinada a los propósitos del artículo anterior.

SECCIÓN SEGUNDA — MODALIDADES DE LA INSTITUCIÓN DE HEREDEROS

Artículo 1674. — Disposición testamentaria condicional. (31 L.P.R.A. § 11321)

La disposición testamentaria, a favor del heredero o del legatario, puede hacerse bajo condición suspensiva o resolutoria.

Artículo 1675. — Normas que rigen las condiciones. (31 L.P.R.A. § 11322)

Las condiciones testamentarias se rigen por lo dispuesto en esta sección y, supletoriamente, por las normas para las modalidades del negocio jurídico.

Artículo 1676. — Condición imposible o ilegal. (31 L.P.R.A. § 11323)

Es nula y se tiene por no escrita la condición absolutamente imposible y la contraria a las leyes o a las buenas costumbres.

Artículo 1677. — Condición de no contraer matrimonio. (31 L.P.R.A. § 11324)

La condición de no contraer matrimonio se tiene por no escrita.

Es válida la disposición por la cual el testador deja a una persona el usufructo, el uso, el derecho de habitación o una pensión o prestación personal por el tiempo que permanezca soltera.

Artículo 1678. — Condición de hacer disposición testamentaria. (31 L.P.R.A. § 11325)

Se tiene por no escrita la condición que requiere al instituido que establezca en su testamento alguna disposición a favor del testador o de otra persona.

Artículo 1679. — Condición potestativa positiva. (31 L.P.R.A. § 11326)

La condición potestativa positiva debe cumplirse, excepto cuando ya cumplida, no puede reiterarse.

Artículo 1680. — Condición potestativa negativa. (31 L.P.R.A. § 11327)

Cuando el testador impone una condición potestativa negativa, el instituido puede recibir la herencia si afianza que no hará o no dará lo que se le prohibió y que, en caso de contravención, devolverá lo percibido con sus frutos e intereses.

El testador puede dispensar al instituido del requisito de fianza.

Artículo 1681. — Condición casual. (31 L.P.R.A. § 11328)

La condición casual puede realizarse o cumplirse antes de la muerte del testador o después, excepto cuando este disponga otra cosa.

La condición se tiene por cumplida cuando el testador ignora, en el momento del otorgamiento, que el hecho incierto ya ha ocurrido. Si lo sabe, la condición solo se tiene por cumplida cuando es de tal naturaleza que no puede ocurrir nuevamente.

Artículo 1682. — Efecto de la condición suspensiva; no transmisibilidad. (31 L.P.R.A. § 11329)

La condición impuesta a los fines de suspender la ejecución de la institución o la disposición testamentaria, debe cumplirse en vida del heredero o legatario.

Artículo 1683. — Institución de heredero a plazo. (31 L.P.R.A. § 11330)

El testador puede establecer la fecha en que ha de comenzar o cesar el efecto de la institución de heredero. En ambos casos, se entiende llamado el heredero legítimo hasta que llegue la fecha señalada o después de que concluya el término; pero en el primer caso no entrará este en posesión de los bienes sino después de hacer inventario de los bienes y de prestar fianza suficiente, con intervención del instituido.

Artículo 1684. — Efecto del plazo incierto. (31 L.P.R.A. § 11331)

El plazo incierto dispuesto por el testador, únicamente a los fines de suspender la ejecución de la institución o la disposición testamentaria hasta que ocurra un evento seguro y determinado, no impide al heredero o al legatario adquirir sus respectivos derechos y transmitirlos a sus herederos, aun antes de que se verifique su cumplimiento.

Artículo 1685. — La institución modal. (31 L.P.R.A. § 11332)

En la institución modal, el testador impone al instituido alguna obligación, que incluye la de destinar el bien transmitido a un fin especial. Esta disposición no se entiende como condición sino como obligación modal, salvo cuando resulte ser otra la voluntad del testador.

Artículo 1686. — Fianza y transmisión de la obligación modal. (31 L.P.R.A. § 11333)

El derecho del heredero o del legatario bajo obligación modal es inmediato, y se transmite a los herederos, debiendo estos afianzar el cumplimiento de la obligación y la devolución de lo percibido, con sus frutos, si incumpliesen. El testador puede dispensar del requisito de fianza y de la devolución de lo percibido, con sus frutos e intereses.

Artículo 1687. — Incumplimiento de la obligación modal. (31 L.P.R.A. § 11334)

Cuando la obligación modal no puede tener efecto en los mismos términos en los que ha ordenado el testador y no ha mediado culpa o hecho propio del heredero o del legatario, debe cumplirse en otros términos análogos y conformes a su voluntad.

Cuando el interesado en el cumplimiento o incumplimiento de la obligación modal lo impida, sin culpa o hecho propio del heredero o del legatario, esta se considera cumplida.

Cualquier persona interesada en la herencia o en el legado puede solicitar el cumplimiento de la obligación modal. Si esta afecta al interés público, la autoridad competente puede solicitarlo.

Artículo 1688. — Arbitraje testamentario. (31 L.P.R.A. § 11335)

Es válido el arbitraje instituido por disposición testamentaria para solucionar conflictos sobre controversias que no afecten la legítima.

Artículo 1689. — Institución fideicomisaria. (31 L.P.R.A. § 11336)

La institución fideicomisaria es el llamamiento a un heredero con la obligación de conservar y de entregar a otro heredero. La institución debe contener un orden sucesivo inequívoco que no puede exceder de dos (2) llamamientos sucesivos, salvo que todos los llamados vivan al momento de la muerte del testador.

La nulidad de la institución fideicomisaria no perjudica la validez de la institución ni al llamado en primer orden.

2. Legado

Artículo 1690. — Legado; definición. (31 L.P.R.A. § 11341)

El legado es la disposición testamentaria, a título particular, de bienes determinados o genéricos.

Artículo 1691. — Petición y entrega. (31 L.P.R.A. § 11342)

El legatario debe pedir la entrega del bien legado al heredero o al albacea; no puede ocuparla por su propia autoridad.

Artículo 1692. — Entrega del legado por el heredero. (31 L.P.R.A. § 11343)

El heredero debe entregar el mismo bien legado con todos sus accesorios en el estado en el que se encontraba al morir el testador. El heredero no tiene facultad para sustituir el legado por otra cosa.

El legado de dinero debe pagarse en esa especie, aunque no lo haya en la herencia.

Artículo 1693. — Legado de bienes ajenos. (31 L.P.R.A. § 11344)

El legado de un bien ajeno es válido si el testador, al legarlo, sabe que no le pertenece. El heredero está obligado a adquirir el bien para entregarlo al legatario, pero si no es posible, debe darle su justa estimación.

La prueba de que el testador sabía que el bien era ajeno, corresponde al legatario.

Si el testador ignora que el bien legado es ajeno, el legado es nulo, pero si lo adquiere después de otorgado el testamento, es válido.

Artículo 1694. — Legado de bienes propios del legatario. (31 L.P.R.A. § 11345)

El legado de bienes propios del legatario cuando se hace el testamento no produce efecto, aunque después haya sido enajenado.

Si el legatario lo ha adquirido por título oneroso después de esa fecha, puede pedir al heredero lo que ha dado por adquirirlo.

Si el testador dispone expresamente que el bien sea liberado de ese derecho o gravamen, el legado es válido en cuanto a esto.

Artículo 1695. — Legado de bienes empeñados o hipotecados. (31 L.P.R.A. § 11346)

Cuando el testador lega un bien que ha sido dado en garantía de alguna deuda exigible, el legatario será el encargado de pagarla, a menos que el testador haya dispuesto que el heredero lo libere de la obligación.

Artículo 1696. — Legado de bien sujeto a derecho real de goce. (31 L.P.R.A. § 11347)

Si el bien legado está sujeto al disfrute de algún derecho real de goce, el legatario respetará este derecho hasta que se extinga legalmente.

Artículo 1697. — Ineficacia de los legados de crédito o de condonación de deuda. (31 L.P.R.A. § 11348)

El legado de un crédito o de una condonación de deuda es ineficaz si el testador, con posterioridad al otorgamiento del testamento presenta la demanda judicial.

Artículo 1698. — Legado de condonación general de deudas. (31 L.P.R.A. § 11349)

El legado de condonación general de deudas solo comprende las existentes al momento de otorgarse el testamento, salvo cuando el testador expresamente dispone otra cosa.

Artículo 1699. — Legado hecho a un acreedor. (31 L.P.R.A. § 11350)

El legado hecho a un acreedor no es imputable como pago de su crédito, salvo cuando el testador lo declara expresamente. En este caso, el acreedor tiene derecho a cobrar el exceso del crédito o del legado.

Artículo 1700. — Legado de un bien genérico. (31 L.P.R.A. § 11351)

El legado de un bien mueble genérico es válido, aunque no haya bienes de su género en la herencia.

El legado de un bien inmueble no determinado solo es válido si lo hay de su género en la herencia. La elección es del heredero, quien cumple con dar un bien de similar calidad a lo legado.

Artículo 1701. — Legados genéricos o alternativos. (31 L.P.R.A. § 11352)

Cuando el legado es genérico o alternativo, son aplicables las normas relativas a las obligaciones genéricas o alternativas, salvo las modificaciones que se deriven de la voluntad expresa del testador.

Artículo 1702. — Legado de educación. (31 L.P.R.A. § 11353)

El legado de educación subsiste hasta que el legatario es mayor de edad, salvo que el testador disponga otra cosa.

Artículo 1703. — Legado de alimentos. (31 L.P.R.A. § 11354)

El legado de alimentos subsiste mientras vive el legatario, salvo que el testador disponga otra cosa.

Artículo 1704. — Determinación de la cuantía. (31 L.P.R.A. § 11355)

Cuando el testador no ha señalado una cantidad para el legado de educación o de alimentos, esta se fija de acuerdo con la necesidad del legatario y el caudal de la herencia. También se toma en consideración la forma y la cuantía acostumbradas por el testador, si esto no resulta en una desproporción con el caudal de la herencia.

Artículo 1705. — Legado de pensión periódica. (31 L.P.R.A. § 11356)

Si el legado consiste en una pensión periódica, el legatario puede exigir el primer pago desde la muerte del testador. Los demás pagos puede exigirlos al comienzo de cada período, sin que haya lugar a la devolución por el hecho de su muerte antes que termine el período comenzado.

Artículo 1706. — Prelación de pago de los legados. (31 L.P.R.A. § 11357)

Cuando los bienes de la herencia no alcanzan para cubrir todos los legados, el pago se hace en la siguiente prelación:

(a) el que el testador ha declarado preferente;

(b) el remuneratorio o en reconocimiento de un servicio prestado;

(c) el de un bien cierto y determinado que forma parte del caudal hereditario;

(d) el de alimentos;

(e) el de educación; y

(f) los demás, a prorrata.

Artículo 1707. — Ineficacia del legado. (31 L.P.R.A. § 11358)

El legado queda sin efecto:

(a) si el testador transforma el bien legado, de modo que no conserve ni la forma ni la denominación que tenía;

(b) si el testador enajena, por cualquier título o causa, el bien legado o parte de él, entendiéndose en este último caso que el legado queda sin efecto solo respecto a la parte enajenada. Si después de la enajenación vuelve el bien al dominio del testador, aunque sea por la nulidad del contrato, el legado no tiene fuerza después de este hecho, salvo en el caso de que la readquisición se verifique por pacto de retroventa; y

(c) si el bien legado se pierde o se destruye. Cuando la pérdida o destrucción ocurre por culpa del heredero, el legatario recibe su justo valor.

F. Ineficacia testamentaria

Artículo 1708. — Nulidad del testamento. (31 L.P.R.A. § 11371)

Es nulo el testamento que no corresponde a las clases previstas en este Código o en cuyo otorgamiento no se cumplen sus respectivos requisitos y formalidades.

La falta de indicación en el testamento de que se ha cumplido con alguno de sus requisitos y formalidades, no afecta su validez cuando puede demostrarse que efectivamente se cumplió.

La falta de expresión de la hora del otorgamiento tampoco afecta la validez del testamento, si el testador no ha otorgado otro en la misma fecha.

Artículo 1709. — Anulabilidad del testamento. (31 L.P.R.A. § 11372)

Es anulable el testamento o la disposición testamentaria en cuyo otorgamiento media algún vicio de la voluntad o en el que el testador, en el momento del otorgamiento, carece de capacidad.

Artículo 1710. — Intervención del notario. (31 L.P.R.A. § 11373)

La parte promovente de la acción de nulidad testamentaria debe notificarla al notario autorizante, para que este, a su discreción, intervenga del modo que considere conveniente.

Artículo 1711. — Clases de revocación. (31 L.P.R.A. § 11374)

La revocación del testamento puede ser expresa, tácita o real.

Artículo 1712. — La revocación expresa. (31 L.P.R.A. § 11375)

La revocación expresa ocurre cuando, en un testamento posterior, de cualquier clase, el testador, explícitamente, deja sin efecto en todo o en parte, las disposiciones contenidas en otro anterior.

Artículo 1713. — La revocación tácita. (31 L.P.R.A. § 11376)

El testamento anterior queda revocado tácitamente por el posterior en todo o en parte cuando las disposiciones de ambos testamentos son incompatibles.

Artículo 1714. — Revocación por divorcio o nulidad del matrimonio. (31 L.P.R.A. § 11377)

Las disposiciones a favor del cónyuge se revocan si a la muerte del testador está declarada judicialmente la nulidad del matrimonio o si se ha decretado el divorcio.

Artículo 1715. — La revocación real. (31 L.P.R.A. § 11378)

La revocación real ocurre cuando el testador rompe, destruye o inutiliza de cualquier forma el testamento ológrafo.

El testamento se presume destruido o inutilizado por la persona que lo tiene en su poder.

Artículo 1716. — Revocación del testamento revocatorio. (31 L.P.R.A. § 11379)

Si el testamento revocatorio es, a su vez, revocado, las disposiciones del primero solamente son eficaces cuando el testador así lo manifiesta expresamente.

Artículo 1717. — Irrevocabilidad del reconocimiento de hijos. (31 L.P.R.A. § 11380)

La revocación de un testamento no afecta la validez ni la eficacia del reconocimiento de hijos.

Artículo 1718. — Efectos de la revocación. (31 L.P.R.A. § 11381)

La revocación produce su efecto, aunque los instituidos en el testamento revocatorio no quieran suceder al causante o no puedan hacerlo.

V. Sucesión intestada

A. Apertura

Artículo 1719. — Circunstancias en que tiene lugar. (31 L.P.R.A. § 11431)

La sucesión intestada tiene lugar cuando el causante muere sin hacer testamento, o cuando el testamento es ineficaz o insuficiente.

B. Llamamiento: orden de suceder y forma de heredar

Artículo 1720. — Primer orden: la línea recta descendente y el cónyuge supérstite. (31 L.P.R.A. § 11432)

La sucesión corresponde, en primer lugar, a los descendientes en línea recta y al cónyuge supérstite.

Artículo 1721. — Forma en que heredan los descendientes y el cónyuge supérstite. (31 L.P.R.A. § 11433)

Los hijos del causante y el cónyuge supérstite le heredan por partes iguales. Los nietos y demás descendientes del causante le heredan por representación.

Artículo 1722. — Segundo orden: la línea ascendente. (31 L.P.R.A. § 11434)

A falta de descendientes y del cónyuge supérstite, la sucesión corresponde a la línea recta ascendente.

Artículo 1723. — Forma en que heredan los ascendientes. (31 L.P.R.A. § 11435)

Los progenitores del causante heredan por partes iguales. Si uno de ellos no puede o no quiere aceptarla, la herencia le corresponderá íntegramente al otro.

A falta de progenitores, la herencia corresponde, en partes iguales, a los ascendientes en grados más próximos.

Artículo 1724. — Tercer orden: la línea colateral. (31 L.P.R.A. § 11436)

A falta de descendientes, de ascendientes y de cónyuge supérstite, suceden los parientes colaterales.

Artículo 1725. — Colaterales preferentes. (31 L.P.R.A. § 11437)

Los hermanos y los sobrinos del causante suceden con preferencia a los demás colaterales.

Los hermanos del causante le heredan en partes iguales. Los sobrinos del causante le heredan por derecho de representación.

Artículo 1726. — Sucesión en favor de otros colaterales. (31 L.P.R.A. § 11438)

A falta de hermanos o sobrinos, suceden los demás parientes del causante en línea colateral más próximos en grado, hasta el sexto grado.

Artículo 1727. — Cuarto orden: el pueblo de Puerto Rico. (31 L.P.R.A. § 11439)

A falta de las personas legalmente llamadas a la sucesión conforme a las reglas prescritas, sucede el pueblo de Puerto Rico.

Previa declaración judicial de herederos, los bienes así adquiridos por el pueblo de Puerto Rico se destinarán al "Fondo de la Universidad", salvo cuando se trate de tierras de uso agrícola, las cuales se destinarán a la autoridad gubernamental encargada de custodiar y administrar las tierras agrícolas en Puerto Rico.

Sin embargo, de existir alguna propiedad inmueble declarada estorbo público, conforme la ley especial que aplique, se destinará al gobierno municipal en cuya jurisdicción esté sito el inmueble, solo luego de que la Universidad de Puerto Rico, dentro del término de cinco meses, de haber sido notificado formalmente, haya expresado su falta de interés en la misma por no representar uso institucional, inscribiendo la correspondiente titularidad en el Registro de la Propiedad mediante Sentencia o Resolución Judicial.

VI. Ejecutores de la herencia

A. Concepto y facultades generales

Artículo 1728. — El ejecutor. (31 L.P.R.A. § 11491)

El ejecutor es la persona natural o jurídica encargada de realizar actos en beneficio de la herencia o de hacer la partición.

Artículo 1729. — Capacidad para ser ejecutor. (31 L.P.R.A. § 11492)

Puede ser ejecutor quien tiene capacidad plena para obligarse. No pueden ser ejecutores la persona declarada indigna para suceder ni el desheredado.

Artículo 1730. — Delegación del cargo. (31 L.P.R.A. § 11493)

El ejecutor solo puede delegar el cargo con la autorización expresa del testador o de quien pueda darla.

Artículo 1731. — Clasificación. (31 L.P.R.A. § 11494)

El ejecutor puede ser universal o particular. Puede ser designado para que actúe individual, conjunta o sucesivamente.

Artículo 1732. — Ejecutor universal. (31 L.P.R.A. § 11495)

Es ejecutor universal la persona que recibe del testador las encomiendas y las facultades correspondientes al albacea, al administrador y al contador partidor.

Cuando la designación testamentaria no especifica las facultades del ejecutor, este tiene todas las que le confiere el presente título.

Artículo 1733. — Ejecutor particular. (31 L.P.R.A. § 11496)

El ejecutor particular puede realizar las encomiendas determinadas en su nombramiento.

Cuando la designación no indica las facultades del ejecutor particular, este tiene todas las que le confiere el presente título, conforme a su nombramiento de albacea, de administrador o de contador partidor.

Artículo 1734. — Ejecutores designados individualmente. (31 L.P.R.A. § 11497)

Son ejecutores individuales los designados para actuar individualmente al realizar su encargo. Excepto cuando el nombramiento es expresamente conjunto o sucesivo, cada ejecutor puede realizar individualmente la encomienda hecha a otro ejecutor de su mismo tipo.

Artículo 1735. — Ejecutores designados conjuntamente. (31 L.P.R.A. § 11498)

Son ejecutores conjuntos los designados para realizar conjuntamente una misma función.

Cuando se designan varios ejecutores sin señalar cómo deben actuar, se presume que desempeñarán sus cargos conjuntamente.

Artículo 1736. — Validez de los actos de los ejecutores conjuntos. (31 L.P.R.A. § 11499)

Los actos de los ejecutores conjuntos son válidos cuando se realizan unánimemente, por uno de ellos autorizado por los demás, o por la mayoría, en caso de desacuerdo.

Artículo 1737. — Actuación individual de los ejecutores conjuntos. (31 L.P.R.A. § 11500)

En los casos que requieren actuación inmediata, uno de los ejecutores conjuntos puede practicar, bajo su responsabilidad, los actos que sean necesarios, dando cuenta inmediatamente a los demás.

Artículo 1738. — Designación de ejecutores sustitutos. (31 L.P.R.A. § 11501)

Es ejecutor sustituto el designado por el testador para que sustituya al nombrado en primer término.

B. Clases de ejecutores

SECCIÓN PRIMERA — EL ALBACEA

Artículo 1739. — Albacea; definición. (31 L.P.R.A. § 11511)

El albacea es la persona designada expresamente por el testador para ejecutar o vigilar la ejecución de su última voluntad.

Artículo 1740. — Facultades legales del albacea. (31 L.P.R.A. § 11512)

En ausencia de expresión del testador, el albacea tiene en el cumplimiento de su encomienda las facultades siguientes:

(a) tomar las precauciones necesarias para la conservación y la custodia de los bienes;

(b) ejecutar todo lo ordenado en el testamento y, siendo legal, sostener su validez;

(c) intervenir en los litigios o incidentes que se susciten sobre los bienes hereditarios;

(d) pagar los legados, con el consentimiento de los herederos; y

(e) realizar la partición de la herencia cuando no hay contador partidor.

Artículo 1741. — Facultad para enajenar. (31 L.P.R.A. § 11513)

El albacea solo puede enajenar los bienes de la herencia o gravarlos cuando el testador expresamente lo ha autorizado. En defecto de la autorización, es necesario el consentimiento unánime de los herederos o la autorización judicial.

SECCIÓN SEGUNDA — EL ADMINISTRADOR

Artículo 1742. — Administrador; definición. (31 L.P.R.A. § 11521)

El administrador de la herencia es la persona designada para que adopte todas las medidas dirigidas a conservar el patrimonio hereditario y aumentarlo, en lo posible, hasta que pueda distribuirse entre las personas que tienen derecho a recibirlo.

Artículo 1743. — Designación del Administrador. (31 L.P.R.A. § 11522)

Los herederos pueden designar a un administrador de la herencia si el causante no lo ha designado. A falta de acuerdo entre los herederos, lo designa el tribunal.

Artículo 1744. — Quienes pueden solicitar la designación. (31 L.P.R.A. § 11523)

Están legitimados para pedir la designación de un administrador de la herencia:

(a) el albacea;

(b) los legitimarios;

(c) los herederos o los legatarios; y

(d) el acreedor de la herencia con título escrito.

Artículo 1745. — Prelación en la designación judicial. (31 L.P.R.A. § 11524)

En la designación del administrador de la herencia, el tribunal debe tomar en cuenta, entre otros factores, el siguiente orden de prelación:

(a) el cónyuge supérstite;

(b) los herederos;

(c) el albacea;

(d) los parientes;

(e) los acreedores; y

(f) cualquier otra persona.

Artículo 1746. — Facultades legales del administrador. (31 L.P.R.A. § 11525)

En ausencia de expresión del testador, el administrador tiene en el cumplimiento de su encomienda las facultades siguientes:

(a) conservar los bienes y procurar que produzcan las rentas, los productos y las utilidades que correspondan;

(b) vender oportunamente los frutos y depositar su importe junto a los demás fondos de la herencia;

(c) cobrar créditos y cancelar sus garantías;

(d) hacer y retirar depósitos;

(e) pagar deudas; y

(f) realizar aquellas gestiones propias de una buena administración y necesarias para el buen cumplimiento de la encomienda.

SECCIÓN TERCERA — EL CONTADOR PARTIDOR

Artículo 1747. — Contador partidor; definición. (31 L.P.R.A. § 11531)

El contador partidor es la persona designada para realizar la liquidación, la división y la adjudicación de los bienes hereditarios.

Artículo 1748. — Designación del contador partidor. (31 L.P.R.A. § 11532)

Si el causante no designa un contador partidor, los herederos pueden designarlo. A falta de acuerdo entre los herederos, lo designa el tribunal.

Artículo 1749. — Solicitud de nombramiento del contador partidor. (31 L.P.R.A. § 11533)

El albacea o el administrador de la herencia deben solicitar al tribunal el nombramiento de un contador partidor, si este no ha sido designado, siempre que haya satisfecho el monto de las deudas y los gastos de la administración o tenga en su poder bienes suficientes para satisfacerlo.

C. Aceptación y repudiación del cargo

Artículo 1750. — Voluntariedad del cargo. (31 L.P.R.A. § 11541)

El cargo de ejecutor es voluntario.

Artículo 1751. — Clases de aceptación. (31 L.P.R.A. § 11542)

La aceptación del cargo de ejecutor puede ser expresa, tácita o legal.

Es expresa la que se hace en un documento público o privado.

Es tácita la que se hace por actos que suponen necesariamente la voluntad de aceptar, o que no habría derecho a ejecutar sino con la cualidad de ejecutor.

Es legal la que impone la ley por el transcurso de los quince (15) días siguientes a que se le requiera al designado que acepte o que repudie el cargo.

Artículo 1752. — Duración del cargo. (31 L.P.R.A. § 11543)

El ejecutor a quien no se le ha fijado plazo debe cumplir su encargo dentro de un (1) año contado desde su aceptación, o desde que terminen los litigios que se promuevan sobre la eficacia del testamento o de alguna de sus disposiciones.

Artículo 1753. — Prórroga por el testador. (31 L.P.R.A. § 11544)

El testador puede ampliar el plazo legal para cumplir el encargo, pero debe hacerlo expresamente. Si no señala el plazo, se entiende prorrogado por un (1) año.

Artículo 1754. — Prórroga por herederos. (31 L.P.R.A. § 11545)

Los herederos pueden, por unanimidad, prorrogar el plazo del ejecutor por el tiempo que estimen necesario, pero si el acuerdo es solo por mayoría, la prórroga no puede exceder de un (1) año.

Artículo 1755. — Prórroga por el tribunal. (31 L.P.R.A. § 11546)

Si transcurrido el plazo señalado no se ha cumplido aún la voluntad del testador, el tribunal puede conceder una prórroga por el tiempo que sea necesario, conforme a las circunstancias del caso.

D. Fianza

Artículo 1756. — La cuantía. (31 L.P.R.A. § 11551)

La persona designada como ejecutor debe prestar fianza por la cuantía que fije el testador o el tribunal para responder de los actos realizados en el desempeño de su cargo.

La fijación de la fianza no impide exigir otras garantías necesarias para proteger los bienes de la herencia.

Artículo 1757. — Exención. (31 L.P.R.A. § 11552)

El testador puede eximir al ejecutor de la obligación de prestar fianza. También puede eximirlo la mayoría de los interesados mayores de edad y con capacidad para ello, en cuyo caso la fianza debe ser proporcional al interés de los menores o de los incapacitados que no puedan suscribir la exención.

Artículo 1758. — Posesión del cargo. (31 L.P.R.A. § 11553)

El ejecutor no puede entrar en posesión de su cargo sin haber prestado la fianza, salvo que acredite haber sido eximido.

Artículo 1759. — Modificación. (31 L.P.R.A. § 11554)

La fianza puede aumentarse o disminuirse durante el desempeño del cargo según el grado de dificultad que experimente el ejecutor en el manejo del caudal de la herencia y de acuerdo con los valores en que se haya constituido la fianza.

Artículo 1760. — Extinción. (31 L.P.R.A. § 11555)

La fianza no puede cancelarse totalmente sino hasta que se aprueba la cuenta final del ejecutor.

E. Remuneración y reembolso de gastos

Artículo 1761. — Remuneración. (31 L.P.R.A. § 11561)

Si no hay disposición testamentaria sobre la remuneración del ejecutor ni existe un acuerdo entre los herederos, será fijada por el tribunal para lo cual tomará en consideración la importancia del caudal y el trabajo que prestará.

La remuneración que fije el testador o el tribunal no debe exceder el diez (10) por ciento de las rentas o del producto neto de la herencia.

Artículo 1762. — Legado al ejecutor. (31 L.P.R.A. § 11562)

Se presume que el legado dejado al ejecutor es en pago del encargo, a menos que el testador lo haga en otro concepto.

Artículo 1763. — Gastos y costas. (31 L.P.R.A. § 11563)

Los gastos por la gestión del ejecutor son con cargo a la herencia, excepto las costas a que pueda ser condenado personalmente por dolo o mala fe. El ejecutor tiene derecho al reembolso de los gastos necesarios y útiles.

F. Inventario y rendición de cuentas

Artículo 1764. — Obligaciones del ejecutor. (31 L.P.R.A. § 11571)

El ejecutor tiene la obligación de realizar el inventario de los bienes, de rendir las cuentas y de cumplir aquellas otras obligaciones impuestas por el testador o por el tribunal.

Artículo 1765. — Plazo. (31 L.P.R.A. § 11572)

El ejecutor debe comenzar a formar el inventario de los bienes pertenecientes a la sucesión dentro de los treinta (30) días de la aceptación de su cargo y debe concluirlo dentro de los próximos sesenta (60) días a partir de haber comenzado el inventario.

Artículo 1766. — Prórroga. (31 L.P.R.A. § 11573)

Los herederos pueden prorrogar unánimemente el plazo de sesenta (60) días para formar el inventario. En defecto de acuerdo unánime, el tribunal puede prorrogar este plazo, si existe justa causa. En este último caso, la prórroga no debe exceder de seis (6) meses.

Artículo 1767. — Rendición de cuentas. (31 L.P.R.A. § 11574)

El ejecutor debe rendir cuentas trimestrales por escrito y de forma detallada a los herederos.

También debe rendir una cuenta final una vez hayan transcurrido tres (3) meses de la conclusión del encargo.

Se tiene por no escrita toda disposición testamentaria que exima al ejecutor de la obligación de rendir las cuentas.

G. Terminación del cargo

Artículo 1768. — Las causas. (31 L.P.R.A. § 11581)

El cargo de ejecutor termina:

(a) por el cumplimiento del encargo;

(b) por la imposibilidad de la encomienda;

(c) por el transcurso del plazo señalado o prorrogado;

(d) por la muerte del ejecutor; y

(e) por la renuncia o la remoción del ejecutor.

Artículo 1769. — La renuncia. (31 L.P.R.A. § 11582)

El ejecutor que acepta el cargo puede renunciar a él o ser relevado de sus funciones mediante el acuerdo unánime de los herederos o cuando exista justa causa, conforme a la discreción del tribunal.

Artículo 1770. — La repudiación del cargo o la renuncia sin justa causa. (31 L.P.R.A. § 11583)

El ejecutor que repudia el cargo o lo renuncia sin justa causa pierde la cuota hereditaria o el legado, pero no su derecho a la legítima.

Artículo 1771. — Justa causa para la remoción. (31 L.P.R.A. § 11584)

Constituyen justa causa para la remoción de un ejecutor:

(a) las que lo incapacitan para el desempeño del cargo;

(b) el incumplimiento de sus obligaciones;

(c) el mal desempeño del cargo;

(d) el uso malicioso de sus facultades; y

(e) las establecidas por el testador.

Artículo 1772. — La sustitución del ejecutor. (31 L.P.R.A. § 11585)

La sustitución del ejecutor está sujeta al mismo procedimiento del nombramiento, salvo disposición testamentaria distinta.

Artículo 1773. — Ejecución de la voluntad del testador por los herederos. (31 L.P.R.A. § 11586)

La ejecución de la voluntad del testador corresponde a los herederos cuando el ejecutor no ha aceptado el cargo, ha sido removido o ha renunciado.

VII. Partición

A. Concepto y tipos de partición

Artículo 1774. — La partición de la herencia. (31 L.P.R.A. § 11641)

La partición de la herencia comprende el inventario, el avalúo, el pago de las deudas, la división y la adjudicación de los bienes.

Artículo 1775. — Tiempo y legitimación para promover la partición. (31 L.P.R.A. § 11642)

La partición puede promoverse en cualquier momento por cualquier titular de la herencia o sus representantes.

Artículo 1776. — Tipos de partición. (31 L.P.R.A. § 11643)

La partición puede ser testamentaria, convencional o judicial.

Artículo 1777. — La partición testamentaria. (31 L.P.R.A. § 11644)

El testador puede hacer la partición de la herencia en el propio testamento o en un acto unilateral separado.

Artículo 1778. — Cláusulas particionales contradictorias. (31 L.P.R.A. § 11645)

Cuando existe contradicción entre las cláusulas testamentarias, prevalecen las cláusulas particionales sobre las dispositivas. Sin embargo, si la partición se realiza en un acto separado, prevalecen las cláusulas testamentarias.

Artículo 1779. — La partición convencional. (31 L.P.R.A. § 11646)

Si todos los titulares de la herencia son capaces y existe acuerdo unánime, pueden realizar la partición de la manera que tengan por conveniente, cuando el testador no haya hecho la partición o no se la haya encomendado a otro.

Artículo 1780. — La partición judicial. (31 L.P.R.A. § 11647)

A falta de acuerdo unánime, cualquier titular de la herencia puede instar la partición judicial en la forma prevista en la ley procesal.

Artículo 1781. — Las operaciones particionales. (31 L.P.R.A. § 11648)

Las operaciones particionales se realizarán con arreglo a lo dispuesto en este Código, sin perjuicio de la voluntad del testador o del acuerdo de los herederos.

B. Inventario y pago de deudas

Artículo 1782. — Inventario. (31 L.P.R.A. § 11661)

El inventario es la relación clara, precisa y detallada de los bienes, las deudas y las cargas que constituyen la herencia de manera que queden suficientemente identificados.

Artículo 1783. — Avalúo. (31 L.P.R.A. § 11662)

El inventario incluye el avalúo de cada uno de los bienes, las deudas y las cargas hereditarias al momento de la partición.

Artículo 1784. — Relación de liberalidades. (31 L.P.R.A. § 11663)

Si hay legitimarios, el inventario incluye una relación de las liberalidades, la fecha en que se realizaron y su valor al momento de efectuarse.

Artículo 1785. — Intervención de los acreedores. (31 L.P.R.A. § 11664)

Los acreedores del causante pueden oponerse a que se realice la partición hasta que se les pague o se afiance el importe de sus créditos.

Los acreedores de un coheredero pueden intervenir en la partición para evitar el fraude y el perjuicio.

Artículo 1786. — Alcance de la responsabilidad del heredero. (31 L.P.R.A. § 11665)

Hecha la partición, los acreedores pueden exigir a cualquiera de los herederos el pago íntegro de sus créditos hasta el monto del valor de lo que este herede.

C. División y adjudicación

Artículo 1787. — El cómputo del caudal. (31 L.P.R.A. § 11671)

Para efectos de la fijación de la legítima, el cómputo del caudal se rige por las siguientes reglas:

(a) al caudal relicto valorado al momento de la partición se le deducen las deudas y las cargas no testamentarias; y

(b) al valor neto se le añade el de las liberalidades computables que hizo en vida el causante, calculado al momento en que se efectuaron.

Artículo 1788. — Liberalidades no computables. (31 L.P.R.A. § 11672)

Son liberalidades no computables:

(a) los regalos de costumbre;

(b) los gastos de alimentación, educación y asistencia en enfermedades de parientes dentro del cuarto grado, aunque el causante no tuviera la obligación de prestarlos; y

(c) las hechas por el causante si han transcurrido diez (10) años o más desde que se hicieron hasta su fallecimiento.

Artículo 1789. — Imputación de liberalidades a legitimarios. (31 L.P.R.A. § 11673)

Las liberalidades computables, entre vivos o por causa de muerte, hechas a los legitimarios se imputan a la legítima. Cuando aquellas exceden de la legítima, se imputan a la parte de libre disposición. Si son inoficiosas, se reducen según se dispone en este capítulo.

Artículo 1790. — Imputación de liberalidades a extraños. (31 L.P.R.A. § 11674)

Las liberalidades computables hechas a un extraño se imputan a la parte de libre disposición, pero en cuanto sean inoficiosas, se reducen según se dispone en este capítulo.

Artículo 1791. — Legitimación para solicitar la reducción. (31 L.P.R.A. § 11675)

Solo el legitimario puede solicitar la reducción de las liberalidades inoficiosas. El donatario, el legatario y el acreedor del causante no pueden solicitar la reducción ni aprovecharse de ella.

Artículo 1792. — Prelación en la reducción de liberalidades. (31 L.P.R.A. § 11676)

Las liberalidades inoficiosas se reducen en el orden dispuesto por el causante, pero en lo no previsto, se reducen primero las liberalidades por causa de muerte, a prorrata. Si lo anterior no es suficiente, se reducen las liberalidades entre vivos, desde la fecha más reciente hasta la más remota y las de la misma fecha se reducen a prorrata.

Artículo 1793. — Forma de practicar la reducción. (31 L.P.R.A. § 11677)

La reducción de las liberalidades puede evitarse pagando en dinero lo que le correspondería percibir al legitimario solicitante.

Si quien sufre la reducción recibe varios bienes, tiene derecho a determinar cuáles de ellos son objeto de la reducción, siempre que cubra el valor solicitado.

Artículo 1794. — Liberalidad que no admite cómoda división. (31 L.P.R.A. § 11678)

En la reducción de una liberalidad por causa de muerte cuyo objeto no admite una cómoda división, el bien queda para quien tiene una participación que exceda la mitad, y la diferencia debe pagarse en dinero.

Artículo 1795. — Igualdad en la partición. (31 L.P.R.A. § 11679)

En la partición de la herencia se favorece la igualdad entre los coherederos, mediante la formación de lotes o mediante la adjudicación a cada uno de los herederos, de cosas de la misma naturaleza, calidad o especie.

D. Efectos

Artículo 1796. — La adjudicación. (31 L.P.R.A. § 11691)

La partición atribuye a cada titular de la herencia la propiedad exclusiva de los bienes que se le han adjudicado.

Artículo 1797. — Obligación recíproca de garantía. (31 L.P.R.A. § 11692)

El coheredero que es perturbado o privado de su haber hereditario, puede exigir a los coherederos que concurran para hacer cesar la perturbación o para indemnizarle la evicción.

Artículo 1798. — Excepciones a la obligación recíproca de garantía. (31 L.P.R.A. § 11693)

La obligación recíproca de garantía no tiene lugar:

(a) cuando el testador hace la partición, sin menoscabar la legítima, salvo que expresamente disponga que dicha garantía deba darse;

(b) cuando esta se ha pactado expresamente al hacer la partición; o

(c) cuando la perturbación o la evicción proceden de causa posterior a la partición o han sido ocasionadas por culpa del adjudicatario.

Artículo 1799. — Responsabilidad de los coherederos. (31 L.P.R.A. § 11694)

Los coherederos responden por la obligación recíproca de garantía en proporción a sus respectivas cuotas.

Si alguno de ellos es insolvente, la cuota con que debe contribuir se distribuye entre los demás, incluso el que debe ser indemnizado. Los que pagan por el insolvente tienen una acción contra él cuando termine su insolvencia.

Artículo 1800. — Responsabilidad por los créditos. (31 L.P.R.A. § 11695)

Si se adjudica como cobrable un crédito, los coherederos no responden de la insolvencia posterior del deudor hereditario. Solo son responsables de su insolvencia al tiempo de hacerse la partición.

Los coherederos no responden por los créditos calificados como incobrables, pero si se cobran total o parcialmente, lo percibido se distribuye proporcionalmente entre ellos.

E. Invalidez o modificación

Artículo 1801. — Causas de invalidez. (31 L.P.R.A. § 11701)

La partición puede invalidarse por las mismas causas por las que se invalidan los negocios jurídicos.

Artículo 1802. — Partición con un heredero aparente. (31 L.P.R.A. § 11702)

La partición hecha con un heredero aparente es nula en cuanto esté relacionada con él. La parte que se aplicó al heredero aparente, se distribuye entre los coherederos.

Artículo 1803. — Omisión de objetos o valores de la herencia. (31 L.P.R.A. § 11703)

La omisión de algún bien o de algún valor de la herencia en la partición, da lugar a que este se adjudique entre los llamados.

Artículo 1804. — Partición hecha con omisión de heredero. (31 L.P.R.A. § 11704)

Cuando en la partición se omite a un coheredero por mala fe o por dolo de parte de los interesados, el perjudicado puede solicitar la nulidad de la partición o que se haga una rectificación.

Artículo 1805. — Inadmisibilidad de las acciones. (31 L.P.R.A. § 11705)

Las acciones previstas en este capítulo no están disponibles si el coheredero que intenta promoverlas ha enajenado toda su participación o una parte considerable de ella.

DERECHO PENAL

I. Principios para la aplicación de la ley penal

A. Principio de legalidad

Artículo 2. — Principio de legalidad. (33 L.P.R.A. § 5002)

No se instará acción penal contra persona alguna por un hecho que no esté expresamente definido como delito en este Código o mediante ley especial, ni se impondrá pena o medida de seguridad que la ley no establezca con anterioridad a los hechos.

No se podrán crear ni imponer por analogía delitos, penas ni medidas de seguridad.

Jurisprudencia

El principio de legalidad establece que no se castigará una conducta, o se impondrá una pena, si las prohibiciones y penas no están previamente establecidas en la ley.[883] El principio de legalidad aplica en (1) la limitación de la arbitrariedad, (2) la separación de poderes, (3) la prevención general, y (4) el principio de culpabilidad.[884] Las cuatro garantías específicas de este principio son: (1) prohibición de crear delitos nuevos por jurisprudencia (*lex scripta*), (2) prohibición de crear delitos y penas por analogía (*lex stricta*), (3) prohibición de retroactividad (*lex praevia*), y (4) prohibición de indeterminación en las leyes penales (*lex certa*).[885]

Una de las garantías del principio de legalidad es la prohibición de la analogía para crear delitos y penas que sean desfavorables al acusado.[886] No se permite aplicar una prohibición o pena establecida a un caso semejante pero no comprendido en la ley, pues conllevaría crear penas y delitos.[887] Prohibir este tipo de interpretación se justifica porque su aplicación podría ser arbitraria, le corresponde al legislador establecer la prohibición y tanto la prevención como la reprochabilidad es limitada si la aplicación es imprevisible.[888]

B. Ámbito de aplicación de la ley penal: espacio y tiempo

Artículo 3. — Ámbito de aplicación de la ley penal. (33 L.P.R.A. § 5003)

La ley penal de Puerto Rico se aplica al delito consumado o intentado dentro de la extensión territorial del Estado Libre Asociado de Puerto Rico.

---

[883] Pueblo v. Plaza Plaza, 199 DPR 276, 281 (2017).
[884] *Id.* en la pág. 282.
[885] *Id.* en la pág. 283 (*citando a* Antonio Bascuñán, *Derecho Penal*, 69 REV. JUR. UPR 655, 655-56 (2000)).
[886] *Id.*
[887] *Id.*
[888] *Id.* en las págs. 283-84.

Se entiende por extensión territorial el espacio de tierra, mar y aire sujeto a la jurisdicción del Estado Libre Asociado de Puerto Rico.

No obstante lo anterior, la ley penal de Puerto Rico se aplica fuera de la extensión territorial del Estado Libre Asociado de Puerto Rico al delito consumado o intentado en cualquiera de los siguientes casos:

(a) Delitos cuyo resultado se ha producido fuera de Puerto Rico cuando parte de la acción u omisión típica se realice dentro de su extensión territorial.

(b) Delitos cuyo resultado se ha producido en Puerto Rico cuando parte de la acción u omisión típica se ha producido fuera de su extensión territorial.

(c) Delitos consumados o intentados por funcionario o empleado público o persona que se desempeñe a su servicio cuando la conducta constituya una violación de las funciones o deberes inherentes a su cargo o encomienda.

(d) Delitos de genocidio o crimen de lesa humanidad, según se definen en este Código.

(e) Delitos susceptibles de ser procesados en Puerto Rico, de conformidad con los tratados o convenios ratificados por los Estados Unidos de América.

Artículo 19. — Lugar del delito. (33 L.P.R.A. § 5032)

El delito se considera cometido:

(a) donde se ha ejecutado la acción o donde debía ejecutarse la acción omitida; o

(b) en el lugar de Puerto Rico donde se ha producido o debía producirse el resultado delictivo, en aquellos casos en que parte de la acción u omisión típica se ha realizado fuera del Estado Libre Asociado de Puerto Rico.

Artículo 20. — Tiempo del delito. (33 L.P.R.A. § 5033)

El delito se considera cometido:

(a) en el momento en que se ha ejecutado la acción o debía ejecutarse la acción omitida; o

(b) en el momento en que se ha producido el resultado delictivo.

Artículo 5. — Principio de vigencia temporera. (33 L.P.R.A. § 5005)

La ley penal de vigencia temporera se aplicará a hechos cometidos durante su vigencia, aunque la ley haya perdido su vigencia con posterioridad, salvo que por ley se determine otra cosa.

C. Prohibición de leyes ex post facto

La Constitución establece que "[n]o se aprobarán leyes ex post facto ni proyectos para condenar sin celebración de juicio".[889] Hay cuatro tipos de estatutos que se consideran *ex post facto*: (1) aquellas leyes que criminalizan y castigan un acto que al ser realizado no era delito; (2) las que agravan un delito o lo hacen mayor de lo que era al momento de ser cometido; (3) las que alteran el castigo, imponiendo una pena mayor que la fijada para el delito al momento de ser cometido, y (4) las que alteran las reglas de evidencia exigiendo menos prueba que la requerida por la ley al momento de la comisión del delito para castigar al acusado o reducir el *quantum* de evidencia necesario para encontrarlo culpable.[890] Esta disposición constitucional prohíbe la aplicación retroactiva de una ley que agrave para el acusado su relación con el delito, la oportunidad de defenderse y la forma de cumplir una sentencia o su extensión.[891] La protección contra leyes *ex post facto* solamente se activa cuando se pretende aplicar una ley penal de manera retroactiva.[892] Sin embargo, una vez fuera del contexto penal, la Asamblea Legislativa no está impedida de aplicar retroactivamente leyes de carácter civil.[893] Además, las leyes penales más favorables pueden aplicarse de forma retroactiva.[894]

D. Principio de favorabilidad

Artículo 4. — Principio de favorabilidad. (33 L.P.R.A. § 5004)

La ley penal aplicable es la vigente al momento de la comisión de los hechos.

La ley penal tiene efecto retroactivo en lo que favorezca a la persona imputada de delito. En consecuencia, se aplican las siguientes normas:

(a) Si la ley vigente al tiempo de cometerse el delito es distinta de la que exista al procesar al imputado o al imponerle la sentencia, se aplicará siempre la ley más benigna.

(b) Si durante el término en que la persona está cumpliendo la sentencia entra en vigor una ley más benigna en cuanto a la pena o al modo de ejecutarla, se aplicará retroactivamente.

(c) Si durante el término en que la persona está cumpliendo la sentencia entra en vigor una ley que suprime el delito, o el Tribunal Supremo emite una decisión que despenalice el hecho, la pena quedará extinguida y la persona liberada, de estar recluida o en restricción de libertad.

En estos casos los efectos de la nueva ley o de la decisión judicial operarán de pleno derecho.

---

[889] CONST. PR art. II, § 12.
[890] González Fuentes v. ELA, 167 DPR 400, 408 (2006)
[891] Pueblo v. Ferrer Maldonado, 201 DPR 974, 991 (2019).
[892] *Id.* (cita omitida).
[893] *Id.* (cita omitida).
[894] Pueblo v. González, 165 DPR 675, 686 (2005).

Jurisprudencia

El principio de favorabilidad no tiene rango constitucional, por lo que la aplicación retroactiva de las leyes penales que favorezcan al acusado queda dentro de la prerrogativa total del legislador.[895] El principio de favorabilidad corresponde a un acto de gracia legislativa cuyo origen es puramente estatutario.[896] **El legislador tiene la potestad para establecer excepciones al principio de favorabilidad, ordenando la aplicación prospectiva de la ley vigente al momento de la comisión del hecho punible, aunque sea más desfavorable para el acusado que la ley vigente al momento de la condena.**[897] Dicho de otra manera, un acusado no tiene un derecho constitucional a la aplicación retroactiva de leyes penales más favorables.[898]

E. Principio de causalidad

Artículo 7. — Relación de causalidad. (33 L.P.R.A. § 5007)

La conducta de una persona es la causa de un resultado si:

(a) La manera en que ocurrió el resultado no es demasiado remoto o accidental, y

(b) la ocurrencia del resultado no depende demasiado de algún acto voluntario de una tercera persona.

Cuando la conducta de dos o más personas contribuye a un resultado y la conducta de cada persona hubiese sido suficiente para causar el resultado, los requisitos de esta sección se satisfacen con relación a cada persona que contribuyó al resultado.

F. Concurso de disposiciones penales

Artículo 9. — Concurso de disposiciones penales. (33 L.P.R.A. § 5009)

Cuando la misma materia se regula por diversas disposiciones penales:

(a) La disposición especial prevalece sobre la general.

(b) La disposición de mayor alcance de protección al bien jurídico absorberá la de menor amplitud, y se aplicará la primera.

(c) La subsidiaria aplicará sólo en defecto de la principal, si se declara expresamente dicha subsidiaridad, o ésta se infiere.

En casos donde dos disposiciones de ley aparentan regir la controversia, aplica la ley especial, pues se parte del supuesto de que la finalidad de una regulación especial es excluir o desplazar la general.[899]

---

[895] *Id.*
[896] *Id.*
[897] *Id.* (cita omitida).
[898] *Id.*
[899] Pueblo v. Plaza Plaza, 199 DPR 276, 286 (2017).

II. El delito

A. Definición

Artículo 15. — Definición. (33 L.P.R.A. § 5021)

Delito es un acto cometido u omitido en violación de alguna ley que lo prohíbe u ordena, que apareja, al ser probado, alguna pena o medida de seguridad.

B. Clasificación de los delitos

Artículo 16. — Clasificación de los Delitos. (33 L.P.R.A. § 5022)

Los delitos se clasifican en menos graves y graves.

Es delito menos grave todo aquél que apareja pena de reclusión por un término que no exceda de seis (6) meses, pena de multa que no exceda de cinco mil (5,000) dólares o pena de restricción domiciliaria o de servicios comunitarios que no exceda de seis (6) meses. Delito grave comprende todos los demás delitos.

Artículo 17. — Delito sin pena estatuida. (33 L.P.R.A. § 5023)

Si algún acto u omisión es declarado delito y no se establece la pena correspondiente, tal acto u omisión se penalizará como delito menos grave.

Si algún acto u omisión es declarado delito grave y no se establece la pena correspondiente, ésta será de reclusión por un término fijo de dos (2) años, o pena de multa que no excederá de diez mil (10,000) dólares, o una pena alternativa a la reclusión de las consignadas en este Código, a discreción del tribunal.

Jurisprudencia

La Asamblea Legislativa tiene la facultad constitucional exclusiva de tipificar delitos.[900] Esa prerrogativa legislativa comprende también la de calificarlos en graves o menos graves.[901]

Como regla general, en nuestro Código Penal los delitos menos graves son tipificados expresamente como tal.[902] Mientras, los delitos graves son especificados por la pena.[903]

La Asamblea Legislativa está facultada para clasificar un delito como menos grave, aun cuando acarree una pena correspondiente a un delito grave.[904]

---

[900] Pueblo v. Martínez Torres, 116 DPR 793, 796 (1986). *Véanse además* CÓD. PEN. PR art. 2, 33 LPRA § 5002; Rodríguez Rodríguez v. E.L.A., 130 DPR 562, 569 (1992).
[901] *Véase además*, Pérez Vega v. Tribunal Superior, 93 DPR 749, 759 (1966); Pueblo v. Méndez, 65 DPR 702, 704 (1946).
[902] Pueblo v. Mimbs Machiavelo, 198 DPR 567, 573 (2017).
[903] *Id.*
[904] *Id.* en la pág. 574.

III. La conducta delictiva

A. Principios de personalidad y responsabilidad penal

Artículo 6. — Principio de personalidad. (33 L.P.R.A. § 5006)

La responsabilidad penal es personal.

El consentimiento de la víctima no exime de responsabilidad penal, salvo que dicho consentimiento niegue un elemento del delito.

Las relaciones, circunstancias y cualidades personales que aumenten o disminuyan la pena, afectarán solamente a la persona a quien corresponda.

Artículo 8. — Principio de responsabilidad penal. (33 L.P.R.A. § 5008)

Nadie podrá ser sancionado por un hecho previsto en una ley penal si no lo ha realizado según las formas de culpabilidad provistas en este Código.

La exigencia de responsabilidad penal se fundamenta en el análisis de la gravedad objetiva del daño causado y el grado de culpabilidad aparejado por la conducta antijurídica del autor.

B. Formas de comisión: tiempo y lugar del delito

Artículo 18. — Formas de comisión. (33 L.P.R.A. § 5031)

(1) Una persona puede ser condenada por un delito si ha llevado a cabo un curso de conducta que incluye una acción u omisión voluntaria.

(2) Los siguientes comportamientos no constituyen una acción voluntaria para los fines de este Artículo:

> (a) Un movimiento corporal que ocurre como consecuencia de un reflejo o convulsión;
>
> (b) un movimiento corporal que ocurre durante un estado de inconsciencia o sueño;
>
> (c) conducta que resulta como consecuencia de un estado hipnótico;
>
> (d) cualquier otro movimiento corporal que no sea producto del esfuerzo o determinación del actor.

(3) Una omisión puede generar responsabilidad penal solamente si:

> (a) Una ley expresamente dispone que el delito puede ser cometido mediante omisión, o
>
> (b) el omitente tenía un deber jurídico de impedir la producción del hecho delictivo.

(4) La posesión constituye una forma de comisión delictiva solamente cuando:

(a) La persona voluntariamente adquirió o recibió la cosa poseída, o

(b) la persona estaba consciente de que la cosa poseída estaba en su posesión y la persona tuvo tiempo suficiente para terminar la posesión.

Artículo 19. — Lugar del delito. (33 L.P.R.A. § 5032)

El delito se considera cometido:

(a) donde se ha ejecutado la acción o donde debía ejecutarse la acción omitida; o

(b) en el lugar de Puerto Rico donde se ha producido o debía producirse el resultado delictivo, en aquellos casos en que parte de la acción u omisión típica se ha realizado fuera del Estado Libre Asociado de Puerto Rico.

Artículo 20. — Tiempo del delito. (33 L.P.R.A. § 5033)

El delito se considera cometido:

(a) en el momento en que se ha ejecutado la acción o debía ejecutarse la acción omitida; o

(b) en el momento en que se ha producido el resultado delictivo.

C. Formas de culpabilidad

Artículo 21. — Formas de culpabilidad: Requisito general del elemento subjetivo. (33 L.P.R.A. § 5034)

(a) Una persona solamente puede ser sancionada penalmente si actuó a propósito, con conocimiento, temerariamente o negligentemente con relación a un resultado o circunstancia prohibida por ley.

(b) El elemento subjetivo del delito se manifiesta por las circunstancias relacionadas con el hecho, la capacidad mental, las manifestaciones y conducta de la persona.

Artículo 22. — Elementos subjetivos del delito. (33 L.P.R.A. § 5035)

(1) A propósito

(a) con relación a un resultado, una persona actúa "a propósito" cuando su objetivo consciente es la producción de dicho resultado.

(b) con relación a una circunstancia, una persona actúa "a propósito" cuando la persona cree que la circunstancia existe.

(2) Con conocimiento

(a) con relación a un resultado, una persona actúa "con conocimiento" cuando está consciente de que la producción del resultado es una consecuencia prácticamente segura de su conducta.

(b) con relación a un elemento de circunstancia, una persona actúa "con conocimiento" cuando está consciente de que la existencia de la circunstancia es prácticamente segura.

(3) Temerariamente

Una persona actúa temerariamente cuando está consciente de que su conducta genera un riesgo sustancial e injustificado de que se produzca el resultado o la circunstancia prohibida por ley.

(4) Negligentemente

Una persona actúa negligentemente cuando debió haber sabido que su conducta genera un riesgo sustancial e injustificado de que se produzca el resultado lesivo o la circunstancia prohibida por ley. El riesgo debe ser de tal grado que considerando la naturaleza y el propósito de la conducta y las circunstancias conocidas por el actor, la acción u omisión de la persona constituye una desviación crasa del estándar de cuidado que observaría una persona razonable en la posición del actor.

Artículo 23. — Disposiciones misceláneas relacionadas a los elementos subjetivos del delito. (33 L.P.R.A. § 5036)

(a) Los hechos sancionados en las leyes penales requieren que se actúe a propósito, con conocimiento o temerariamente, salvo que expresamente se indique que baste actuar negligentemente.

(b) Salvo que expresamente se disponga otra cosa, el elemento subjetivo que se requiere para el resultado será el mismo que se requiere para las circunstancias del hecho delictivo.

(c) Cuando la ley dispone que una persona debe actuar negligentemente con relación a un resultado o circunstancia, el elemento subjetivo queda satisfecho también si la persona actúa temerariamente, con conocimiento o a propósito con relación a dicho resultado o circunstancia.

Si la ley dispone que una persona debe actuar temerariamente con relación a un resultado o circunstancia, el elemento subjetivo queda satisfecho también si la persona actúa con conocimiento o a propósito con relación a dicho resultado o circunstancia. Si la ley dispone que una persona debe actuar con conocimiento con relación a un resultado o circunstancia, el elemento subjetivo queda satisfecho también si la persona actúa a propósito.

(d) Cuando la ley dispone que una persona debe actuar con conocimiento de un resultado o circunstancia, dicho conocimiento se establece si la persona no tiene duda razonable de que el resultado se producirá o que la circunstancia existe.

D. Error en la persona

Artículo 24. — Error en la persona. (33 L.P.R.A. § 5037)

Toda persona que, por error o accidente, comete delito en perjuicio de una persona distinta de aquella a quien dirigió su acción original, será responsable en la misma medida que si hubiera logrado su propósito.

IV. Causas de exclusión de responsabilidad penal

A. Legítima defensa

Artículo 25. — Legítima Defensa. (33 L.P.R.A. § 5038)

No incurre en responsabilidad penal quien defiende su persona, su morada, sus bienes o derechos, o la persona, morada, bienes o derechos de otros en circunstancias que hicieren creer razonablemente que se ha de sufrir un daño inminente, siempre que haya necesidad racional del medio empleado para impedir o repeler el daño, falta de provocación del que ejerce la defensa, y que no se inflija más daño que el necesario para repeler o evitar el daño.

Cuando se alegue legítima defensa para justificar el dar muerte a un ser humano, es necesario creer razonablemente que al dar muerte al agresor, el agredido o la persona defendida se hallaba en inminente o inmediato peligro de muerte o de grave daño corporal. Para justificar la defensa de la morada, vehículo, lugar de negocios o empleo, las circunstancias indicarán una penetración ilegal o que la persona que se halle en la morada, vehículo, lugar de negocios o empleo, tenga la creencia razonable que se cometerá un delito, de acuerdo a lo establecido en el Artículo 25A. Para justificar la defensa de bienes o derechos, las circunstancias indicarán un ataque a los mismos que constituya delito o los ponga en grave peligro de deterioro o pérdida inminente.

Artículo 25A. — Presunciones y disposiciones sobre Legítima Defensa en la morada, vehículo, lugar de negocios o empleo. (33 L.P.R.A. § 5038a)

(a) Se presumirá la razonabilidad de la creencia del actor de que él, u otra persona, está en riesgo de sufrir daño inminente a su integridad corporal, la ausencia de provocación por parte del actor y la necesidad racional del medio empleado y del daño ocasionado para impedir o repeler el daño, si:

(1) el actor sabía o tenía razón para creer que la persona contra quien se usó la fuerza o violencia:

> (i) penetró ilegalmente, o intentaba penetrar ilegalmente, al interior de la morada, vehículo, lugar de negocios o empleo, ocupado en tal momento por el actor o la persona a quien el actor protege; y/o
>
> (ii) secuestró o intentó secuestrar al actor o alguna otra persona, del interior de la morada, vehículo, lugar de negocios o empleo del actor o de la persona a quien el actor protege;

(b) La presunción establecida en el inciso (a) no es de aplicación, si:

> (1) la persona contra quien se usó la fuerza o violencia tiene derecho a permanecer en, residir, habitar u ocupar legalmente la morada, vehículo, lugar de negocio o empleo donde se usó la fuerza o violencia en calidad de, pero sin limitarse a, dueño, titular, arrendatario, contratista, empleado; o
>
> (2) la persona a quien se secuestre o intente secuestrar es un menor o incapaz, bajo la custodia o tutela legal de la persona contra quien se usó la fuerza o violencia; o
>
> (3) hubo provocación por parte del actor para con la persona contra quien se usó la fuerza o violencia; o
>
> (4) el actor cometía algún delito al momento de utilizar la fuerza o violencia o utilizaba la morada, vehículo, lugar de negocios o empleo para promover actividad delictiva; o
>
> (5) la persona contra quien se usó la fuerza o violencia es un Funcionario del Orden Público, según definido en el Artículo 14 de este Código.

(c) Al causarse la muerte de un ser humano, se presumirá la razonabilidad de la creencia del actor para creer que, al dar muerte al agresor, el actor o la persona defendida se hallaba en inminente o inmediato peligro de muerte o de grave daño corporal si:

(1) el actor sabía o tenía razón para creer que la persona a quien se causó la muerte:

> (i) penetró ilegalmente, o intentaba penetrar ilegalmente, al interior de la morada, vehículo, lugar de negocios o empleo, ocupado en tal momento por el actor o la persona a quien el actor protege; y/o
>
> (ii) secuestró o intentó secuestrar; al actor o alguna otra persona, del interior de la morada, vehículo, lugar de negocios o empleo, ocupado en tal momento por el actor o la persona a quien el actor protege;

(d) La presunción establecida en el inciso (c) no es de aplicación si:

> (1) la persona a quien se causó la muerte tenía derecho a permanecer en, residir, habitar u ocupar legalmente la morada, vehículo, lugar de negocio o empleo donde se causó la muerte en calidad de; pero sin limitarse a, dueño, titular, arrendatario; o
>
> (2) la persona a quien secuestró o intentó secuestrar es un menor o incapaz, bajo la custodia o tutela legal de la persona contra quien se usó la fuerza letal; o
>
> (3) hubo provocación por parte del actor a la persona a quien se causó la muerte; o

> (4) el actor cometía algún delito al momento de causar la muerte o utilizaba la morada, vehículo, lugar de negocios o empleo para promover actividad delictiva; o la persona a quien se causó la muerte es un Funcionario del Orden Público . . .

(e) Para efectos de determinar la procedencia de la legítima defensa, el juzgador de los hechos no podrá tomar en consideración la posibilidad de que el actor pudo haber evitado la confrontación.

(f) Las agencias del orden público tendrán la facultad para investigar la utilización de fuerza o violencia, o el causar la muerte de un ser humano según dispuesto en este Artículo.

(g) Una persona que actuando en legítima defensa, utiliza fuerza o le causa la muerte a un ser humano de acuerdo con las disposiciones de este Artículo, no incurrirá en responsabilidad penal o civil por los daños o muerte del agresor.

(h) Las presunciones establecidas en el presente Artículo serán controvertibles. El ministerio público tendrá la capacidad de rebatirlas produciendo evidencia que demuestre que al actor no le asiste la presunción.

B. Estado de necesidad

Artículo 26. — Estado de Necesidad. (33 L.P.R.A. § 5039)

No incurre en responsabilidad penal quien para proteger cualquier derecho propio o ajeno de un peligro inminente, no provocado por ella y de otra manera inevitable, infringe un deber, o causa un daño en los bienes jurídicos de otro, si el mal causado es considerablemente inferior al evitado y no supone la muerte o lesión grave y permanente de la integridad física de una persona.

Esta causa de justificación no beneficia a quien por razón de su cargo, oficio o actividad tiene la obligación de afrontar el riesgo y sus consecuencias.

Jurisprudencia

Las defensas de intimidación y estado de necesidad son invocables en casos de fuga si se cumple con los requisitos siguientes:

> 1. El evadido debe probar la inminencia de la amenaza.
>
> 2. Debe probar asimismo que su fuga era la única alternativa razonable disponible.
>
> 3. Debe justificar también la continuación de su estado de fuga.[905] Este requisito significa que la persona tiene que hacer esfuerzos de buena fe para entregarse y retornar a custodia tan pronto

---

[905] Pueblo v. Morales Roque, 113 DPR 876, 881 (1983).

como la intimidación o el estado de necesidad pierde su fuerza coercitiva.[906]

C. Ejercicio de un derecho o cumplimiento de un deber

Artículo 27. — Ejercicio de un derecho o cumplimiento de un deber. (33 L.P.R.A. § 5040)

No incurre en responsabilidad penal quien obra en cumplimiento de un deber jurídico o en el legítimo ejercicio de un derecho, autoridad o cargo.

D. Obediencia jerárquica

Artículo 28. — Obediencia jerárquica. (33 L.P.R.A. § 5041)

No incurre en responsabilidad penal quien obra en virtud de obediencia jerárquica en la función pública, siempre que la orden se halle dentro de la autoridad del superior, respecto de su subordinado, no revista apariencia de ilicitud y el subordinado esté obligado a cumplirla.

Será responsable del hecho delictivo el que ha inducido, compelido o coaccionado a realizarlo al que invoca la defensa.

E. Error acerca de un elemento del delito

Artículo 29. — Error Acerca de un Elemento del Delito. (33 L.P.R.A. § 5042)

No incurre en responsabilidad penal la persona cuyo hecho responde a un error acerca de un elemento del delito que excluye el propósito, conocimiento, temeridad o negligencia requerido por el delito imputado.

Cuando se trate de delitos cuyo elemento mental es la temeridad, el error no excluye responsabilidad si se debió a la temeridad del sujeto.

Cuando se trate de delitos cuyo elemento mental es la negligencia, el error no excluye responsabilidad si se debió a la negligencia o temeridad del sujeto.

Si el error recae sobre una circunstancia agravante o que dé lugar a una modalidad más grave del delito, impedirá la imposición de la pena más grave.

F. Entrampamiento

Artículo 31. — Entrampamiento. (33 L.P.R.A. § 5044)

No incurre en responsabilidad penal quien realiza el hecho delictivo inducida la intención criminal en su mente por ardid, persuasión o fraude de un agente del orden público, o de una persona privada actuando en colaboración con el agente.

---

[906] Pueblo v. Medina Lugo, 126 DPR 734, 740 (1990).

Esta causa de exclusión de responsabilidad penal no beneficia al coautor que está ajeno a la inducción engañosa del agente del orden público o de la persona que con éste colabore.

Será responsable del hecho delictivo el que ha inducido, compelido o coaccionado a realizarlo al que invoca la defensa.

G. Intimidación o violencia

Artículo 32. — Intimidación o violencia. (33 L.P.R.A. § 5045)

No incurre en responsabilidad penal quien al momento de realizar la conducta constitutiva de delito, obra compelido:

(a) por la amenaza física o psicológica de un peligro inmediato, grave e inminente, siempre que exista racional proporcionalidad entre el daño causado y el amenazado; o

(b) por una fuerza física irresistible de tal naturaleza que anule por completo la libertad de actuar de la persona que invoca la defensa; o

(c) mediante el empleo de medios hipnóticos, sustancias narcóticas, deprimentes o estimulantes, u otros medios, o sustancias similares.

Será responsable del hecho delictivo el que ha inducido, compelido o coaccionado a realizarlo al que invoca la defensa.

V. Tentativa y Desistimiento

Artículo 35. — Definición de la tentativa. (33 L.P.R.A. § 5048)

Existe tentativa cuando la persona actúa con el propósito de producir el delito o con conocimiento de que se producirá el delito, y la persona realiza acciones inequívoca e inmediatamente dirigidas a la consumación de un delito que no se consuma por circunstancias ajenas a su voluntad.

Jurisprudencia

Determinada conducta criminal puede ser punible, aunque no logre consumarse el delito pretendido. Se trata de alguna acción delictiva emprendida por una persona con la intención de concretarla, pero que no lo consigue debido a razones externas a su voluntad. La figura de la tentativa es la encargada de abordar estas situaciones.

En la tentativa no concurren la totalidad de los elementos del delito intentado, lo cual produce una falta de consumación.[907] A pesar de que el delito de tentativa es dependiente de otro en el sentido de que sus elementos están referidos a algún delito especial descrito en ley, no por ello deja de ser un título de delito autónomo y jurídicamente distinto del delito que se intentó cometer sin éxito.[908] La tentativa es perfecta porque encierra todos los elementos que son necesarios para la configuración de un delito: el hecho típico, la antijuridicidad, la culpabilidad, pero en su

---

[907] Pueblo v. Reyes Carillo, 207 DPR 1056, 1067 (2021).
[908] *Id.* en las págs. 1067-68.

objetividad jurídica constituye un peligro de lesión; no lesión efectiva de un bien jurídico.[909]

En cuanto a los elementos subjetivos, la tentativa requiere que el sujeto actúe con el propósito de producir un delito o con conocimiento de que se producirá.[910]

En cuanto a los elementos objetivos, para que se configure la tentativa es requisito que se realicen acciones inmediata e inequívocamente dirigidas a consumar el delito especial que se pretendía cometer.[911] Una acción está inmediatamente dirigida a consumar un delito si se trata de la última fase o la inmediatamente anterior a la consumación del delito intentado, según el plan delictivo del autor.[912] Al establecerse que las acciones deben estar inmediatamente encaminadas a la comisión del delito, no bastan los meros actos preparatorios, sino que deben ser actos de ejecución del delito propiamente.[913] Se consideran inequívocas aquellas acciones que sin lugar a duda apuntan hacia la comisión de un delito.[914]

Artículo 36. — Pena de la tentativa. (33 L.P.R.A. § 5049)

Toda tentativa de delito grave conlleva una pena igual a la mitad de la pena señalada para el delito consumado, no pudiendo exceder de diez (10) años la pena máxima de la tentativa. Toda tentativa de delito que conlleve una pena de reclusión por un término fijo de noventa y nueve (99) años, conlleva una pena de reclusión por un término fijo de veinte (20) años.

Artículo 37. — Desistimiento. (33 L.P.R.A. § 5050)

Si la persona desiste voluntariamente de la consumación del delito o, luego de haber comenzado la ejecución del mismo, evita sus resultados, no estará sujeta a pena excepto por la conducta previamente ejecutada que constituya delito por sí misma.

VI. Causas de inimputabilidad

Artículo 38. — Causas de Inimputabilidad. (33 L.P.R.A. § 5061)

Nadie será sancionado por un hecho que constituya delito si al momento de su comisión no es imputable. Se consideran causas de inimputabilidad las siguientes:

(a) Minoridad.

(b) Incapacidad Mental.

(c) Trastorno Mental Transitorio.

---

[909] *Id.* en la pág. 1068 (*citando a* D. Nevares Muñiz, *La Tentativa de Delito en el Código Penal de 2004: Figura de Convergencia*, 43 REV. JUR. UIPR 371, 372 (2009)).
[910] *Id.*
[911] *Id.* en la pág. 1069.
[912] *Id.* (cita omitida).
[913] *Id.* (cita omitida).
[914] *Id.* (cita omitida).

A. Minoridad

Artículo 39. — Minoridad. (33 L.P.R.A. § 5062)

Una persona no será procesada o convicta criminalmente por un hecho realizado cuando dicha persona no haya cumplido dieciocho (18) años de edad, salvo los casos provistos en la legislación especial para menores.

B. Incapacidad mental

Artículo 40. — Incapacidad Mental. (33 L.P.R.A. § 5063)

No es imputable quien al momento del hecho, a causa de enfermedad o defecto mental, carece de capacidad suficiente para comprender la criminalidad del acto o para conducirse de acuerdo con el mandato de ley.

Los términos enfermedad o defecto mental no incluyen una anormalidad manifestada sólo por reiterada conducta criminal o antisocial.

Para efectos de la prueba de incapacidad mental, el imputado deberá evidenciar la alegada incapacidad.

C. Trastorno mental transitorio

Artículo 41. — Trastorno mental transitorio. (33 L.P.R.A. § 5064)

No es imputable quien al momento del hecho se halle en estado de trastorno mental transitorio, que le impida tener capacidad suficiente para comprender la criminalidad del acto o para conducirse de acuerdo con el mandato de ley.

El trastorno mental transitorio no exime de responsabilidad penal cuando ha sido provocado por el sujeto con el propósito de realizar el hecho.

D. Intoxicación voluntaria; excepción

Artículo 42. — Intoxicación voluntaria; excepción. (33 L.P.R.A. § 5065)

La voluntaria intoxicación por drogas, sustancias narcóticas, estimulantes o deprimentes, o sustancias similares no es admisible para establecer que la persona se encontraba en un estado de inimputabilidad o para negar que la persona intoxicada actuó temerariamente o negligentemente.

No obstante, un estado de intoxicación voluntaria es admisible para negar que la persona intoxicada actuó a propósito o con conocimiento.

VII. De la participación

Artículo 43. — Personas responsables. (33 L.P.R.A. § 5066)

Son responsables de delito los autores, sean personas naturales o jurídicas.

A. Autores

Artículo 44. — Autores. (33 L.P.R.A. § 5067)

Se consideran autores:

(a) Los que toman parte directa en la comisión del delito.

(b) Los que solicitan, fuerzan, provocan, instigan o inducen a otra persona a cometer el delito.

(c) Los que se valen de una persona inimputable para cometer el delito.

(d) Los que a propósito o con conocimiento cooperan con actos anteriores, simultáneos o posteriores a la comisión del delito, que contribuyen significativamente a la consumación del hecho delictivo.

(e) Los que se valen de una persona jurídica para cometer el delito.

(f) Los que actúen en representación de otro o como miembro, director, agente o propietario de una persona jurídica, siempre que haya una ley que tipifique el delito y realicen la conducta delictiva, aunque los elementos especiales que fundamentan el delito no concurran en él pero sí en el representado o en la persona jurídica.

(g) Los que a propósito ayudan o fomentan a que otro lleve a cabo conducta que culmina en la producción de un resultado prohibido por ley, siempre que actúen con el estado mental requerido por el delito imputado con relación al resultado.

B. Cooperador

Artículo 45. — Cooperador. (33 L.P.R.A. § 5068)

Son cooperadores los que, con conocimiento, cooperan mediante actos u omisiones que no contribuyen significativamente a la consumación del delito.

Al cooperador se le impondrá una pena equivalente a la mitad de la pena del autor, hasta un máximo de diez (10) años.

VIII. De las penas

A. Modo de fijar las penas

Artículo 63. — Informe pre-sentencia. (33 L.P.R.A. § 5096)

La imposición de la pena requiere de un informe pre-sentencia, cuya preparación será obligatoria en los delitos graves cuya pena de reclusión señalada en el tipo sea menor de noventa y nueve (99) años, y a discreción del tribunal en los delitos menos graves.

Estos informes estarán a disposición de las partes.

No se impondrá ninguna limitación a la naturaleza de la información concerniente al historial completo, carácter y conducta de la persona convicta que el tribunal pueda considerar a los efectos de imponer sentencia.

Artículo 64. — Imposición de la sentencia. (33 L.P.R.A. § 5097)

Cuando el tribunal imponga pena de reclusión o pena que conlleve algún tipo de restricción de libertad, o la suspensión de licencia, permiso o autorización, dictará una sentencia determinada que tendrá término específico de duración.

En los delitos graves cuyo término de reclusión señalado en el tipo sea de ocho (8) años o menos y en las tentativas de delitos, cuya pena sea igual o menor de ocho (8) años y en los tipos negligentes, el tribunal puede imponer una o cualquier combinación de las siguientes penas en sustitución de la pena de reclusión: restricción terapéutica, restricción domiciliaria, libertad a prueba o servicios comunitarios.

En el caso en que combine una o más de estas penas deberá asegurarse de que el total de años de duración de las penas que combinó no sea mayor del término de reclusión dispuesto para el delito correspondiente.

La imposición de una pena en sustitución a la reclusión se determinará por el tribunal tomando en consideración las recomendaciones del informe pre-sentencia, los requisitos de cada tipo de pena, la gravedad del delito y sus consecuencias, la rehabilitación del convicto y la seguridad de la comunidad.

En delitos menos graves, el tribunal seleccionará la pena a imponer entre multa no mayor de cinco mil (5,000) dólares, reclusión, restricción domiciliaria o servicios comunitarios hasta seis (6) meses o combinación. Cuando el tribunal combine alguna de estas penas, tomará en consideración las equivalencias dispuestas en los Artículos 56 y 57 de este Código, de manera que no se exceda del término máximo de reclusión, restricción domiciliaria, servicios comunitarios o multa dispuesto para los delitos menos graves en el Artículo 16 de este Código.

1. Circunstancia atenuantes

Artículo 65. — Circunstancias atenuantes. (33 L.P.R.A. § 5098)

Se consideran circunstancias atenuantes a la pena los siguientes hechos relacionados con la persona del convicto y con la comisión del delito:

(a) Las causas de exclusión de responsabilidad penal cuando no concurran todos sus requisitos para eximir.

(b) El convicto no tiene antecedentes penales.

(c) El convicto observó buena conducta con anterioridad al hecho y goza de reputación satisfactoria en la comunidad.

(d) La temprana o avanzada edad del convicto.

(e) La condición mental y física del convicto.

(f) El convicto aceptó su responsabilidad en alguna de las etapas del proceso criminal.

(g) El convicto cooperó voluntariamente al esclarecimiento del delito cometido por él y por otros.

(h) El convicto restituyó a la víctima por el daño causado o disminuyó los efectos del daño ocasionado.

(i) El convicto trató de evitar el daño a la persona o a la propiedad.

(j) El convicto fue inducido por otros a participar en el incidente.

(k) El convicto realizó el hecho por causas o estímulos tan poderosos que le indujeron arrebato, obcecación u otro estado emocional similar.

(l) La participación del convicto no fue por sí sola determinante para ocasionar el daño o peligro que provocó el hecho.

(m) El daño causado a la víctima o propiedad fue mínimo.

2. Circunstancias agravantes

Artículo 66. — Circunstancias agravantes. (33 L.P.R.A. § 5099)

Se consideran circunstancias agravantes a la pena los siguientes hechos relacionados con la persona del convicto y con la comisión del delito:

(a) El convicto tiene historial delictivo que no se consideró para imputar reincidencia.

(b) El convicto cometió el delito mientras disfrutaba de los beneficios de sentencia suspendida, libertad bajo palabra, restricción domiciliaria o libertad provisional bajo fianza o condicionada, o en un programa de desvío.

(c) El convicto mintió en el juicio que se llevó en su contra estando bajo juramento y no se le procesó por perjurio.

(d) El convicto amenazó a los testigos, los indujo a cometer perjurio u obstaculizó de otro modo el proceso judicial.

(e) El convicto se aprovechó indebidamente de la autoridad del cargo o empleo que desempeñaba, o del servicio o encomienda que tenía bajo su responsabilidad.

(f) El convicto cometió el delito mediante la utilización de un uniforme que lo identificaba como agente del orden público estatal, municipal o federal o como empleado de una agencia gubernamental o de entidad privada.

(g) El convicto utilizó un menor o discapacitado para la comisión del delito.

(h) El convicto indujo o influyó o dirigió a los demás partícipes en el hecho delictivo.

(i) El convicto planificó el hecho delictivo.

(j) El convicto realizó el hecho delictivo a cambio de dinero o cualquier otro medio de compensación o promesa en ese sentido.

(k) El convicto utilizó un arma de fuego en la comisión del delito o empleó algún instrumento, objeto, medio o método peligroso o dañino para la vida, integridad corporal o salud de la víctima.

(l) El convicto causó grave daño corporal a la víctima o empleó amenaza de causárselo.

(m) El convicto abusó de la superioridad física respecto a la víctima y le produjo deliberadamente un sufrimiento mayor.

(n) La víctima del delito era particularmente vulnerable ya sea por ser menor de edad, de edad avanzada o incapacitado mental o físico, o por ser una mujer embarazada, en cualquier etapa del período del proceso de gestación, e independientemente de si el hecho del embarazo era o no de conocimiento de la persona que cometió dicho delito al momento de cometerlo.

(o) El delito cometido fue de violencia y su comisión revela crueldad y desprecio contra la víctima.

(p) El delito se cometió dentro de un edificio perteneciente al Estado Libre Asociado de Puerto Rico, dependencia pública o sus anexos u ocasionó la pérdida de propiedad o fondos públicos.

(q) El delito fue cometido motivado por prejuicio hacia y contra la víctima por razón de raza, color, sexo, orientación sexual, género, identidad de género, origen, origen étnico, estatus civil, nacimiento, impedimento o condición física o mental, condición social, religión, edad, ideologías políticas o creencias religiosas, o ser persona sin hogar. Para propósitos de establecer motivo como se dispone en este inciso, no será suficiente probar que el convicto posee una creencia particular, ni probar que el convicto meramente pertenece a alguna organización particular.

(r) Existe un vínculo de parentesco del convicto con la víctima del delito dentro del segundo grado de consanguinidad, afinidad o por adopción.

(s) El delito se cometió en la residencia o morada de la víctima.

Artículo 67. — Fijación de la Pena; imposición de circunstancias agravantes y atenuantes. (33 L.P.R.A. § 5100)

La pena será fijada de conformidad con lo dispuesto en cada Artículo de este Código.

Excepto en delitos cuyo término de reclusión señalado en el tipo sea de noventa y nueve (99) años, el tribunal podrá tomar en consideración la existencia de circunstancias atenuantes y agravantes dispuestas en los Artículos 65 y 66 de este Código. En este caso, de mediar circunstancias agravantes, la pena fija establecida podrá ser aumentada hasta un veinticinco (25) por ciento; de mediar circunstancias atenuantes podrá reducirse hasta en un veinticinco (25) por ciento de la pena fija establecida.

Cuando concurran circunstancias agravantes y atenuantes simultáneamente, el tribunal evaluará su peso y determinará si se cancelan entre sí, o si algunos atenuantes o agravantes deben tener mayor peso en el ejercicio de su discreción al sentenciar.

Las circunstancias agravantes o atenuantes que la ley ya haya tenido en cuenta al tipificar el delito, al igual que las que son inherentes al mismo, no serán consideradas en la fijación de la pena.

Las circunstancias agravantes o atenuantes que consisten en la ejecución material del delito o en los medios empleados para realizarlo, sirven únicamente para agravar o atenuar la responsabilidad de quien ha tenido conocimiento de ellas en el momento de realizar o cooperar en el delito.

Las circunstancias agravantes o atenuantes que se refieran al convicto en sus relaciones particulares con la víctima o en otra causa personal, sirven para agravar o atenuar la responsabilidad sólo de aquél en quien concurran.

Artículo 68. — Abonos de detención o de términos de reclusión. (33 L.P.R.A. § 5101)

A la persona convicta de delito se le abonarán los términos de detención o reclusión que hubiere cumplido, en la forma siguiente:

(a) El tiempo de reclusión cumplido por cualquier convicto desde su detención y hasta que la sentencia haya quedado firme, se abonará en su totalidad para el cumplimiento de la pena, cualquiera que sea ésta.

(b) Si la sentencia se impone bajo una ley penal especial y consiste exclusivamente de pena de multa, el tiempo que permaneció privado de libertad se le abonará a razón de cincuenta (50) dólares de multa por cada día de privación de libertad que haya cumplido. Si la pena de multa impuesta fuere menor de cincuenta (50) dólares, quedará satisfecha con un (1) solo día de reclusión o de detención del convicto.

(c) El tiempo que cualquier persona haya permanecido privada de su libertad, en restricción domiciliaria, en cumplimiento de sentencia posteriormente anulada o revocada se descontará totalmente del término de reclusión o restricción de libertad que deba cumplir en caso de ser nuevamente sentenciada por los mismos hechos que motivaron la sentencia anulada o revocada.

(d) Si la sentencia impone pena de multa o de servicios comunitarios, cada día en restricción de libertad bajo los incisos (a) y (c), se abonará a base de ocho (8) horas de servicios comunitarios.

Artículo 69. — Mitigación de la pena. (33 L.P.R.A. § 5102)

Si al imponerse sentencia resulta que el sentenciado ha pagado alguna multa o estado recluido por el acto de que fuera convicto en virtud de una orden, en que dicho acto se juzgó como desacato, el tribunal podrá mitigar la pena impuesta.

En delitos cuya pena de reclusión señalada en el delito tipo es de ocho (8) años o menos, sus tentativas, o en delitos a título de negligencia, si el autor se ha esforzado por participar en un proceso de mediación consentido por la víctima y le ha restablecido en su mayor parte a la situación jurídica anterior al hecho delictivo, o lo ha indemnizado total o sustancialmente, en una situación en la que la reparación de los daños le exija notables prestaciones o renuncias personales, el tribunal podrá luego de escuchar en una vista al perjudicado y al fiscal mitigar la sentencia a imponer y – en casos extremos – desestimar la acusación.

Artículo 70. — Diferimiento de la ejecución de la sentencia. (33 L.P.R.A. § 5103)

El tribunal puede diferir la ejecución de una pena:

(a) Cuando el convicto que deba cumplirla se halle gravemente enfermo, certificada su condición por prueba médica, a satisfacción del tribunal. La sentencia quedará sin efecto transcurridos diez (10) años naturales.

(b) Cuando se trata de una mujer en estado de embarazo o no hubieren transcurrido seis (6) meses desde el alumbramiento.

(c) Cuando otras circunstancias lo justifiquen por un plazo no mayor de diez (10) días.

B. Concurso de delitos

Artículo 71. — Concurso de delitos. (33 L.P.R.A. § 5104)

(a) Concurso ideal y medial de delitos: Cuando sean aplicables a un hecho dos o más disposiciones penales, cada una de las cuales valore aspectos diferentes del hecho, o cuando uno de éstos es medio necesario para realizar el otro, se condenará por todos los delitos concurrentes, pero sólo se impondrá la pena del delito más grave.

(b) Concurso real de delitos: Cuando alguien haya realizado varios delitos que sean juzgados simultáneamente, cada uno de los cuales conlleva su propia pena, se le sentenciará a una pena agregada, que se determinará como sigue:

(1) Cuando uno de los delitos conlleve pena de reclusión de noventa y nueve (99) años, ésta absorberá las demás.

(2) Cuando más de uno de los delitos conlleve reclusión por noventa y nueve (99) años, se impondrá además una pena agregada del veinte (20) por ciento por cada víctima.

(3) En los demás casos, se impondrá una pena para cada delito y se sumarán, no pudiendo exceder la pena agregada del veinte (20) por ciento de la pena para el delito más grave.

Artículo 72. — Efectos del concurso. (33 L.P.R.A. § 5105)

En los casos provistos por el Artículo anterior, se juzgarán por todos los delitos concurrentes.

La absolución o sentencia bajo alguno de ellos impedirá todo procedimiento judicial por el mismo hecho, bajo cualquiera de las demás.

Un acto criminal no deja de ser punible como delito por ser también punible como desacato.

Artículo 72A. — Pena del delito continuado. (33 L.P.R.A. § 5105a)

Cuando en ejecución de un plan global con unidad de propósito delictivo, pluralidad de conductas e identidad de sujeto pasivo, se producen los elementos de un mismo delito, se impondrá la pena del delito incrementada hasta veinticinco (25) por ciento.

Esta disposición no aplica en delitos personalísimos.

C. Reincidencia: su determinación y efecto

Artículo 73. — Grados y pena de reincidencia. (33 L.P.R.A. § 5106)

(a) Habrá reincidencia cuando el que ha sido convicto y sentenciado por un delito grave incurre nuevamente en otro delito grave. En este tipo de reincidencia se podrá aumentar hasta veinticinco (25) por ciento la pena fija dispuesta por ley para el delito cometido.

(b) Habrá reincidencia agravada cuando el que ha sido convicto y sentenciado anteriormente por dos o más delitos graves, cometidos y juzgados en tiempos diversos e independientes unos de otros, incurre nuevamente en otro delito grave. En este tipo de reincidencia se podrá aumentar en cincuenta (50) por ciento la pena fija dispuesta por ley para el delito cometido.

(c) Habrá reincidencia habitual cuando el que ha sido convicto y sentenciado por dos o más delitos graves, cometidos y juzgados en tiempos diversos e independientes unos de otros, cometa posteriormente cualquier delito grave, cuya pena fija de reclusión sea mayor de veinte (20) años o cualquier delito grave en violación a la Ley de Explosivos de Puerto Rico, Ley Núm. 134 de 28 de junio de 1969 y a la Ley contra el Crimen Organizado, Ley Núm. 33 de 13 de junio de 1978, violación a los Artículos 401, 405, 411 y 411(a) de la Ley de Sustancias Controladas de Puerto Rico, Ley Núm. 4 de 23 de junio de 1971 o a los Artículos 2.14, 5.03, 5.07 y 5.15D de la Ley de Armas de Puerto Rico, según enmendadas. La pena a aplicar será de noventa y nueve (99) años.

Artículo 74. — Normas para la determinación de reincidencia. (33 L.P.R.A. § 5107)

Para determinar la reincidencia se aplicarán, las siguientes normas:

(a) No se tomará en consideración un delito anterior si entre éste y el siguiente han mediado diez (10) años desde que la persona terminó de cumplir sentencia por dicho delito.

(b) Se tomará en consideración cualquier convicción bajo el Código Penal derogado o bajo ley especial que lleve clasificación de delito grave.

(c) Se tomará en consideración cualquier convicción en jurisdicción ajena a Puerto Rico por un hecho que constituya delito grave en Puerto Rico. De tener clasificación de menos grave en Puerto Rico, no se tomará en cuenta.

(d) No se tomarán en consideración los hechos cometidos antes de que la persona cumpliese dieciocho (18) años de edad, salvo los casos excluidos de la jurisdicción del Tribunal de Primera Instancia, Sala de Asuntos de Menores, conforme establece la ley y aquellos en que dicho tribunal haya renunciado a su jurisdicción.

D. Extinción de la acción penal

Artículo 86. — Extinción de la acción penal. (33 L.P.R.A. § 5131)

La acción penal se extingue por:

(a) Muerte.

(b) Indulto.

(c) Amnistía.

(d) Prescripción.

(e) Archivo por razón de legislación especial que así lo disponga.

Artículo 87. — Prescripción. (33 L.P.R.A. § 5132)

La acción penal prescribirá:

(a) A los cinco (5) años, en los delitos graves, y en los delitos graves clasificados en la ley especial.

(b) Al año, en los delitos menos graves, salvo los provenientes de infracciones a las leyes fiscales y todo delito menos grave, cometido por funcionarios o empleados públicos en el desempeño de sus funciones, que prescribirán a los cinco (5) años.

(c) Los delitos de encubrimiento y conspiración prescribirán a los diez (10) años, cuando se cometan en relación al delito de asesinato.

(d) A los diez (10) años, en los delitos de homicidio.

(e) A los veinte (20) años, en los delitos de agresión sexual, incesto y actos lascivos.

Lo dispuesto en los incisos (a) y (b) de este Artículo no aplica a las leyes especiales, cuyos delitos tengan un período prescriptivo mayor al aquí propuesto.

Artículo 88. — Delitos que no prescriben. (33 L.P.R.A. § 5133)

En los siguientes delitos la acción penal no prescribe: genocidio, crimen de lesa humanidad, asesinato, secuestro, malversación de fondos públicos, falsificación de documentos públicos, perjurio cuándo su comisión contribuya a la convicción de un acusado por cualquier delito grave o menos grave que acarree una pena de delito grave o cuando el testimonio perjuro tenga el efecto de establecer un agravante al delito grave probado y todo delito grave tipificado en este Código o en ley especial cometido por un funcionario o empleado público en el desempeño de la función pública.

Los siguientes delitos no prescribirán cuando la víctima sea un menor de dieciocho (18) años de edad, y el acusado haya sido mayor de dieciocho (18) años de edad al momento de la comisión del delito: incesto, agresión sexual, actos lascivos, trata humana, secuestro agravado, la utilización de un menor para pornografía infantil y el proxenetismo, rufianismo y comercio de personas agravado.

Artículo 89. — Cómputo del término de prescripción. (33 L.P.R.A. § 5134)

El término de prescripción se computará desde el día de la comisión del delito hasta la fecha en que se determine causa probable para el arresto o citación. En aquellos casos en que sea necesario recurrir en alzada, la celebración de una audiencia para la determinación de causa probable para el arresto o citación, interrumpirá el término prescriptivo.

No obstante, en los delitos en que la víctima no ha cumplido dieciocho (18) años de edad, y sean de los que tienen término de prescripción, el término de prescripción se computará a partir de que la víctima cumpla sus dieciocho (18) años de edad.

Artículo 90. — Participación. (33 L.P.R.A. § 5135)

El término prescriptivo se computará separadamente para cada uno de los partícipes.

E. Extinción de las penas

Artículo 91. — Extinción de las penas. (33 L.P.R.A. § 5136)

Las penas se extinguen por:

(a) Muerte del sentenciado.

(b) Indulto u otra acción de clemencia ejecutiva.

(c) Amnistía.

(d) Cumplimiento de la sentencia impuesta

IX. Delitos contra la vida

A. Asesinato

Artículo 92. — Asesinato. (33 L.P.R.A. § 5141)

Asesinato es dar muerte a un ser humano a propósito, con conocimiento o temerariamente.

Artículo 93. — Grados de asesinato. (33 L.P.R.A. § 5142)

Constituye asesinato en primer grado:

(a) Todo asesinato perpetrado por medio de veneno, acecho, tortura, estrangulamiento, sofocación o asfixie posicional, o a propósito o con conocimiento.

(b) Todo asesinato causado al perpetrarse o intentarse algún delito de incendio agravado, agresión sexual, robo, escalamiento agravado, secuestro, secuestro de un menor, estrago (excluyendo la modalidad negligente), envenenamiento de aguas de uso público (excluyendo la modalidad negligente), agresión grave, fuga, maltrato (excluyendo la modalidad negligente), abandono de un menor; maltrato, maltrato agravado, maltrato mediante restricción de la libertad, o agresión sexual conyugal, según contemplados en la Ley Núm. 54 de 15 de agosto de 1989, según enmendada, conocida como la "Ley para la Protección e Intervención de la Violencia Doméstica".

(c) Toda muerte de un funcionario del orden público o guardia de seguridad privado, fiscal, procurador de menores, procurador de asuntos de familia, juez u oficial de custodia que se encuentre en el cumplimiento de su deber.

(d) Todo asesinato causado al disparar un arma de fuego desde un vehículo de motor, o en un lugar público o abierto al público, ya sea a un punto determinado o indeterminado.

(e) Cuando ocurran las circunstancias establecidas en este inciso, el delito de asesinato se identificará como feminicidio. Cualquier sentencia condenatoria emitida por razón de asesinato en esta modalidad de feminicidio indicará tal hecho específicamente.

Se considerará feminicidio todo asesinato en el cual la víctima es una mujer cuando al cometerse el delito concurre alguna de las siguientes circunstancias:

> (1) La muerte haya ocurrido al perpetrarse algún delito de maltrato, maltrato agravado, maltrato mediante restricción de la libertad, estrangulamiento, sofocación o asfixie posicional o agresión sexual conyugal contemplados en la Ley Núm. 54 de 15 de agosto de 1989, según enmendada, conocida como la "Ley para la Protección e Intervención de la Violencia Doméstica, según enmendada.

(2) La víctima presente signos de violencia sexual de cualquier tipo o signos de estrangulamiento, sofocación o asfixie posicional de cualquier tipo.

(3) El victimario (a) haya infligido en la víctima lesiones o mutilaciones, previas o posteriores a la privación de la vida o actos de necrofilia;

(4) Existan antecedentes penales por cualquier delito relacionado con violencia y/o agresiones o en el ámbito familiar, laboral o escolar, académico o cualquier otro, del victimario en contra de la víctima;

(5) El sujeto haya realizado actos o manifestaciones esporádicas o reiteradas, de violencia en contra de la víctima, independientemente de que los hechos fueran denunciados o no por la víctima;

(6) El victimario haya tenido o haya intentado establecer o restablecer con la víctima una relación sentimental, conyugal, de pareja, amistad, convivencia, intimidad, afectiva, de noviazgo o de confianza; o cualquier otra relación de hecho;

(7) Existan datos que establezcan que hubo amenazas relacionadas con el hecho delictuoso, acoso, acecho o lesiones del victimario en contra de la víctima;

(8) El victimario (a) haya privado a la víctima de establecer cualquier tipo de comunicación verbal, escrita o visual, con otras personas en cualquier periodo de tiempo previo a la privación de la vida;

(9) El victimario (a) haya abandonado, expuesto o depositado el cuerpo de la víctima en un lugar público;

(10) Exista o haya existido entre el victimario y la víctima, una relación laboral, docente o cualquier otra que implique superioridad, ventaja o establezca una relación de poder a favor del victimario (a);

(11) El asesinato haya ocurrido en presencia de las hijas o hijos de la víctima.

(f) Cuando ocurran las circunstancias establecidas en este inciso, el delito de asesinato se identificará como transfeminicidio. Cualquier sentencia condenatoria emitida por razón de asesinato en esta modalidad de transfeminicidio indicará tal hecho específicamente. Se considerará transfeminicidio todo asesinato en el cual la víctima sea una persona cuya identidad o expresión de género, real o percibida, no corresponda con aquella asignada al nacer, cuando al cometerse el delito concurre alguna de las siguientes circunstancias:

(1) La muerte haya ocurrido al perpetrarse algún delito de maltrato, maltrato agravado, maltrato mediante restricción de la libertad, estrangulamiento, sofocación o asfixie posicional o agresión sexual conyugal contemplados en la Ley Núm. 54 de 15 de agosto de 1989, según enmendada.

(2) La víctima presente signos de violencia sexual de cualquier tipo o signos de estrangulamiento, sofocación o asfixie posicional de cualquier tipo.

(3) El victimario (a) haya infligido a la víctima lesiones o mutilaciones, previas o posteriores, a la privación de la vida o actos de necrofilia;

(4) Existan antecedentes penales por cualquier delito relacionado con violencia y/o agresiones en el ámbito familiar, laboral, escolar, académico o cualquier otro, del victimario en contra de la víctima;

(5) El sujeto haya realizado actos o manifestaciones, esporádicas o reiteradas, de violencia en contra de la víctima, independientemente de que los hechos fueran denunciados o no por la víctima;

(6) El victimario haya tenido o haya intentado establecer o restablecer con la víctima una relación sentimental, conyugal, de pareja, amistad, convivencia, intimidad, afectiva, de noviazgo o de confianza, o cualquier otra relación de hecho;

(7) Existan datos que establezcan que hubo amenazas relacionadas con el hecho delictuoso, acoso, acecho o lesiones del victimario en contra de la víctima;

(8) El victimario (a) haya privado a la víctima de establecer cualquier tipo de comunicación verbal, escrita o visual, con otras personas en cualquier periodo de tiempo previo a la privación de la vida;

(9) El victimario (a) haya abandonado, expuesto o depositado el cuerpo de la víctima en un lugar público;

(10) Exista o haya existido entre el victimario y la víctima, una relación laboral, docente o cualquier otra que implique

superioridad, ventaja o establezca una relación de poder a favor del victimario (a);

(11) El asesinato haya ocurrido en presencia de las hijas o hijos de la víctima.

Toda otra muerte de un ser humano causada temerariamente constituye asesinato en segundo grado.

Artículo 94. — Pena de los asesinatos. (33 L.P.R.A. § 5143)

A la persona convicta de asesinato en primer grado se le impondrá pena de reclusión por un término fijo de noventa y nueve (99) años. A toda persona convicta de asesinato en segundo grado se le impondrá pena de reclusión por un término fijo de cincuenta (50) años.

B. Asesinato atenuado

Artículo 95. — Asesinato Atenuado. (33 L.P.R.A. § 5144)

Toda muerte causada a propósito, con conocimiento o temerariamente, que se produce como consecuencia de una perturbación mental o emocional suficiente para la cual hay una explicación o excusa razonable o súbita pendencia, será sancionada con pena de reclusión por un término fijo de quince (15) años.

Jurisprudencia

En cuanto a la súbita pendencia, es suficiente demostrar que hubo una pelea súbita sin que haya la intención previa de matar o de causar grave daño corporal.[915] El delito será asesinato y no asesinato atenuado cuando los hechos delictivos ocurren luego de que la influencia de una súbita pendencia ha cesado de oscurecer la mente del acusado y ha transcurrido suficiente tiempo para que la pasión haya cesado y que la razón pueda controlar la conducta del acusado.[916] Se trata de analizar si el período de enfriamiento o *cooling period* ha transcurrido y si la razón ha retornado, ha vuelto a controlar la conducta del acusado.[917] El período de enfriamiento se mide por la duración, que es el tiempo que tomaría o duraría a una persona razonable calmarse, enfriarse, y que la razón vuelva a ella.[918]

[915] *Véase* Pueblo v. Rivera Alicea, 125 DPR 37 (1989).
[916] *Véase* Pueblo v. Román Marrero, 96 DPR 796 (1968).
[917] *Id.*
[918] *Id.*

C. Homicidio negligente

Artículo 96. — Homicidio negligente. (33 L.P.R.A. § 5145)

Toda persona que ocasione la muerte a otra por negligencia incurrirá en delito menos grave, pero se le impondrá pena de reclusión por un término fijo de tres (3) años.

Cuando la muerte se ocasione al conducir un vehículo de motor con negligencia que demuestre claro menosprecio de la seguridad de los demás, incurrirá en delito grave y se le impondrá pena de reclusión por un término fijo de ocho (8) años.

Cuando la muerte se ocasione al conducir un vehículo de motor con negligencia y bajo los efectos de sustancias controladas o bebidas embriagantes, según dispone y define en la Ley 22- 2000, según enmendada, conocida como "Ley de Vehículos y Tránsito", incurrirá en delito grave y se le impondrá pena de reclusión por un término fijo de quince (15) años.

X. Delitos contra la integridad corporal

A. Agresión

Artículo 108. — Agresión. (33 L.P.R.A. § 5161)

Toda persona que ilegalmente, por cualquier medio o forma, cause a otra una lesión a su integridad corporal, incurrirá en delito menos grave.

Artículo 108A. — Agresión a un árbitro, jurado, oficial o cualquier otra persona que realiza una función oficial en cualquier actividad deportiva. (33 L.P.R.A. § 5161a)

Toda persona que ilegalmente, por cualquier medio o forma, cause una lesión a la integridad corporal de otra persona, como resultado de las funciones de esta como árbitro, jurado, oficial o cualquier otra función oficial en cualquier actividad deportiva, incurrirá en delito menos grave y será sancionada con pena de reclusión por un término que no exceda de seis (6) meses, pena de restricción domiciliaria o de servicios comunitarios que no exceda de seis (6) meses y/o pena de multa que no exceda de cinco mil (5,000) dólares, pero no menor de dos mil quinientos (2,500) dólares.

Si la agresión ocasiona una lesión que requiera hospitalización, tratamiento prolongado, o lesiones mutilantes, será sancionada con la pena establecida en los Artículos 109 y 109A, según corresponda.

Artículo 109. — Agresión grave. (33 L.P.R.A. § 5162)

Si la agresión descrita en el Artículo 108 ocasiona una lesión que requiera hospitalización, o tratamiento prolongado, excluyendo las lesiones mutilantes, será sancionada con pena de reclusión por un término fijo de ocho (8) años.

Esta modalidad incluye, aquellas en las cuales se transmite una enfermedad, siendo este hecho conocido por el autor.

Si la agresión ocasiona una lesión mutilante, será sancionada con pena de reclusión por un término fijo de quince (15) años.

Se entenderá como lesión mutilante, el ocasionar un daño permanente en cualquier parte del cuerpo a una persona, desfigurar el rostro o inutilizar permanentemente su capacidad para oír, ver o hablar.

Artículo 109A. — Agresión grave atenuada. (33 L.P.R.A. § 5162a)

Si la agresión descrita en el Artículo 109, Agresión grave, es causada a propósito, con conocimiento o temerariamente, como consecuencia de una perturbación mental o emocional suficiente para la cual hay una explicación o excusa razonable o súbita pendencia, será sancionada con pena de reclusión por un término fijo de ocho (8) años si se ocasiona una lesión mutilante, o de tres (3) años si se requiere hospitalización o tratamiento prolongado.

B. Lesión negligente

Artículo 110. — Lesión negligente. (33 L.P.R.A. § 5163)

Toda persona que negligentemente ocasione a otra una lesión corporal que requiera hospitalización, o tratamiento prolongado, incurrirá en un delito menos grave, pero se le impondrá pena de reclusión por un término fijo de tres (3) años.

De la lesión negligente constituir una lesión mutilante, se incurrirá en delito grave el cual será sancionado con una pena de reclusión por un término fijo de ocho (8) años.

Se entenderá como lesión mutilante, el ocasionar un daño permanente en cualquier parte del cuerpo a una persona, desfigurar el rostro o inutilizar permanentemente su capacidad para oír, ver o hablar.

Artículo 111. — Prácticas lesivas a la integridad corporal en los procesos de iniciación. (33 L.P.R.A. § 5164)

Toda persona que obrando con negligencia ponga en riesgo la salud física o mental o que atente contra la dignidad humana de cualquier aspirante a miembro de una organización, fraternidad, sororidad, alguna que como parte de su proceso de iniciación, incida en prácticas lesivas a la dignidad e integridad personal del aspirante, incurrirá en delito menos grave.

Se entenderá como práctica lesiva a la dignidad e integridad personal, el consumo forzado de alimentos, licor, bebidas alcohólicas, drogas narcóticas o cualquier otra sustancia; someter a ejercicios físicos extenuantes; exposición riesgosa a las inclemencias del tiempo; privación extendida de alimento, descanso o sueño; aislamiento extendido; todo tipo de raspadura, golpe, azote, paliza, quemadura o marca; y todo trato que afecte adversamente la salud física o mental, o seguridad del aspirante.

Se dispone, además, que toda institución educativa que obrando con negligencia permita que los actos aquí prohibidos ocurran en cualquier lugar de su propiedad o bajo su posesión, custodia o control, incurrirá en delito menos grave.

XI. Delitos contra la protección debida a los menores

A. Incumplimiento de la obligación alimentaria

Artículo 117. — Incumplimiento de la obligación alimentaria. (33 L.P.R.A. § 5176)

Todo padre o madre que, sin justificación legal, deje de cumplir con la obligación que le impone la ley o el tribunal de proveer alimentos a sus hijos menores de edad, incurrirá en delito menos grave.

(a) Cuando la paternidad o maternidad no esté en controversia. Cuando la persona imputada ha aceptado la paternidad o maternidad ante el tribunal antes de comenzar el juicio, o cuando la paternidad o maternidad no esté en controversia, se celebrará el juicio, y de resultar culpable de incumplimiento de la obligación alimentaria, el tribunal fijará mediante resolución una suma razonable por concepto de alimentos, apercibiendo a la persona imputada que el incumplimiento de dicha resolución, sin justificación legal, podrá ser castigado como un desacato civil.

(b) Cuando la paternidad o maternidad esté en controversia. Cuando la persona imputada niegue la paternidad o maternidad, el tribunal le concederá un plazo de no más de diez (10) días para que conteste la alegación e inmediatamente celebrará un juicio en el cual se seguirán las reglas vigentes para la presentación de evidencia. Dentro del quinto día de haberse oído la prueba, el juez resolverá sobre la paternidad o maternidad, y de resultar probada, levantará un acta y dictará la resolución correspondiente, fijando, además, la cuantía que por concepto de alimentos deberá proveer al hijo. La cuantía que se fije por concepto de alimentos será retroactiva al momento en que se presente la correspondiente denuncia.

(c) Otras disposiciones procesales. Luego de los procedimientos preliminares que se establecen en los dos párrafos anteriores, el caso continuará ventilándose a base de alegaciones de incumplimiento de la obligación alimentaria, y el fallo recaerá sobre este extremo. El tribunal tiene discreción para suspender los efectos de la sentencia, si lo estima necesario para el bienestar del menor. Del fallo adverso sobre paternidad o maternidad y sobre incumplimiento de la obligación alimentaria, la persona acusada podrá apelar en un solo acto. Las vistas sobre estos casos tendrán preferencia en los calendarios de los tribunales de apelación.

La apelación de cualquier sentencia u orden dictada bajo este Artículo, no suspenderá los efectos de la resolución que ordene el pago de alimentos, y la persona acusada tiene la obligación de depositar en la Secretaría del Tribunal de Primera Instancia las cuantías fijadas por concepto de alimentos. A solicitud de parte interesada, el tribunal, luego de escuchar el testimonio de ambas partes, puede autorizar al Secretario a que disponga a favor del alimentista las cuantías consignadas, hasta que recaiga el fallo. En los casos en que el fallo dictado sea a favor de la persona acusada, el alimentista tiene la obligación de devolver las cuantías que la persona acusada había consignado. En los casos en que el fallo dictado confirme la sentencia del tribunal apelado, pero disminuya la cuantía por concepto de alimentos, la diferencia en dicha cuantía le será acreditada a la persona acusada en los pagos futuros que deba depositar para beneficio del alimentista. Si la persona acusada deja de cumplir con la consignación dispuesta, se celebrará una vista, y de no mediar razón justificada, el tribunal desestimará la apelación.

Cuando la sentencia sea firme, el tribunal dictará una orden acompañada de copia certificada del acta de aceptación de la paternidad o maternidad o de la determinación de paternidad o maternidad hecha por el juez, dirigida al encargado del Registro Demográfico para que proceda a inscribir al menor como hijo de la persona acusada, con todos los demás detalles requeridos por el acta de nacimiento para todos los efectos.

En todas las acciones relacionadas con este Artículo, incluso en las vistas sobre incumplimiento de la orden de alimentar, el interés público debe estar representado por el ministerio público.

B. Secuestro de menores

Artículo 120. — Secuestro de menores. (33 L.P.R.A. § 5179)

Toda persona que mediante fuerza, violencia, intimidación, fraude o engaño sustraiga a un menor con el propósito de retenerlo y ocultarlo de sus padres, tutor u otra persona encargada de dicho menor, será sancionada con pena de reclusión por un término fijo de cincuenta (50) años.

Se consideran circunstancias agravantes a la pena, cuando la conducta prohibida en el párrafo anterior se lleve a cabo en:

(a) una institución hospitalaria, pública o privada;

(b) una escuela elemental, intermedia o secundaria, pública o privada;

(c) un edificio ocupado o sus dependencias;

(d) un centro de cuidado de niños; o

(e) un parque, área recreativa o centro comercial.

C. Privación ilegal de custodia

Artículo 121. — Privación ilegal de custodia. (33 L.P.R.A. § 5180)

Toda persona que sin tener derecho a ello prive a un padre, madre u otra persona o entidad de la custodia legal de un menor o de un incapacitado, incurrirá en delito menos grave.

Se considera delito grave con pena de reclusión por un término fijo de ocho (8) años, cuando concurra cualquiera de las siguientes circunstancias:

(a) Si se traslada al menor fuera de la jurisdicción del Estado Libre Asociado de Puerto Rico.

(b) Si el padre o madre no custodio residente fuera de Puerto Rico retiene al menor cuando le corresponde regresarlo al hogar de quien tiene su custodia legítima.

(c) Si se oculta o si con conocimiento, se niega a divulgar el paradero de algún menor que se ha evadido de la custodia del Estado, o sobre el cual exista una orden para ingresarlo en alguna institución.

XII. Delitos contra la indemnidad sexual

A. Agresión sexual

Artículo 130. — Agresión sexual. (33 L.P.R.A. § 5191)

Será sancionada con pena de reclusión por un término fijo de cincuenta (50) años, que deberá cumplir en años naturales, más la pena de restitución, salvo que la víctima renuncie a ello, toda persona que, a propósito, con conocimiento o temerariamente lleve a cabo, o que provoque que otra persona lleve a cabo, un acto orogenital o una penetración sexual vaginal o anal ya sea ésta genital, digital, o instrumental, en cualquiera de las circunstancias que se exponen a continuación:

> (a) Si la víctima al momento del hecho no ha cumplido dieciséis (16) años, salvo cuando la víctima es mayor de catorce (14) años y la diferencia de edad entre la víctima y el acusado es de cuatro (4) años o menos.
>
> (b) Si por enfermedad o incapacidad mental, temporal o permanentemente, la víctima está incapacitada para comprender la naturaleza del acto en el momento de su relación.
>
> (c) Si la víctima fue compelida al acto mediante el empleo de fuerza física, violencia, intimidación o amenaza grave o inmediato daño corporal.
>
> (d) Si la víctima se le ha anulado o disminuido sustancialmente, sin su conocimiento o sin su consentimiento, su capacidad de consentir a través de medios hipnóticos, narcóticos, deprimentes o estimulantes o de sustancias o medios similares.

(e) Si a la víctima se le obliga o induce mediante maltrato, violencia física o psicológica a participar o involucrarse en una relación sexual no deseada con terceras personas.

Será sancionada con pena de reclusión por un término fijo de veinticinco (25) años, más la pena de restitución, salvo que la víctima renuncie a ello, toda persona que a propósito, con conocimiento o temerariamente lleve a cabo, o que provoque que otra persona lleve a cabo, un acto orogenital o una penetración sexual vaginal o anal ya sea ésta genital, digital, o instrumental, en cualquiera de las circunstancias que se exponen a continuación:

(f) Si al tiempo de cometerse el acto, la víctima no tuviera conciencia de su naturaleza y esa circunstancia fuera conocida por el acusado.

(g) Si la víctima se somete al acto mediante engaño, treta, simulación u ocultación en relación a la identidad del acusado.

(h) Cuando la persona acusada se aprovecha de la confianza depositada en ella por la víctima mayor de dieciséis (16) años con la cual existe una relación de superioridad por razón de tenerla bajo su custodia, tutela, educación primaria, secundaria o especial tratamiento médico o psicoterapéutico, consejería de cualquier índole, o por existir una relación de liderazgo de creencia religiosa con la víctima o de cualquier otra índole con la víctima.

El Tribunal podrá considerar en la imposición de la pena las siguientes circunstancias agravantes a la pena:

(1) se cometa en el hogar de la víctima, o en cualquier otro lugar donde ésta tenga una expectativa razonable de intimidad;

(2) resulte en un embarazo; o

(3) resulte en el contagio de alguna enfermedad venérea, siendo este hecho conocido por el autor.

(4) si la conducta tipificada en el inciso (c) de este Artículo se comete en contra de la persona de quien el autor es o ha sido cónyuge o conviviente, o ha tenido o tiene relaciones de intimidad o noviazgo, o con la que tiene un hijo en común. Si la conducta tipificada en el inciso (a) se comete por un menor que no ha cumplido dieciocho (18) años de edad, será sancionado con pena de reclusión por un término fijo de ocho (8) años, de ser procesado como adulto.

La persona convicta por la conducta tipificada en este Artículo cuando la víctima es menor de dieciocho (18) años, deberá cumplir además con una pena de libertad supervisada mandatoria en años naturales por un término de diez (10) años adicionales, contados a partir de la fecha en que el convicto cumpla con la pena original de cincuenta (50) años dispuesta para este delito o la pena que corresponda cuando proceda la adjudicación de atenuantes o agravantes.

En el caso de que la persona sea convicta por tentativa de violación a este Artículo cuando la víctima es menor de dieciocho (18) años, deberá cumplir además con una pena de libertad supervisada mandatoria en años naturales de cinco (5) años adicionales, contados a partir de la fecha en que el convicto cumpla con la pena dispuesta para este delito o la pena que corresponda cuando proceda la adjudicación de atenuantes o agravantes.

B. Incesto

Artículo 131. — Incesto. (33 L.P.R.A. § 5192)

Serán sancionadas con pena de reclusión por un término fijo de cincuenta (50) años en años naturales, aquellas personas que tengan una relación de parentesco, por ser ascendiente o descendiente, por consanguinidad, adopción o afinidad, o colateral por consanguinidad o adopción, hasta el tercer grado, o por compartir o poseer la custodia física o patria potestad y que a propósito, con conocimiento o temerariamente lleven a cabo un acto orogenital o una penetración sexual vaginal o anal, ya sea ésta genital, digital o instrumental. El Tribunal podrá considerar en la imposición de la pena las siguientes circunstancias agravantes a la pena:

(a) resulte en un embarazo; o

(b) resulte en el contagio de alguna enfermedad venérea, siendo este hecho conocido por el autor.

Si la parte promovente de la conducta fuere un menor que no ha cumplido dieciocho (18) años de edad, será sancionado con pena de reclusión por un término fijo de ocho (8) años, de ser procesado como adulto.

La persona convicta por la conducta tipificada en este Artículo cuando la víctima sea menor de dieciocho (18) años, deberá cumplir además con una pena de libertad supervisada mandatoria en años naturales por un término de diez (10) años adicionales, contados a partir de la fecha en que el convicto cumpla con la pena original de cincuenta (50) años dispuesta para este delito o la pena que corresponda cuando proceda la adjudicación de atenuantes o agravantes.

En el caso de que la persona sea convicta por tentativa de violación de este Artículo cuando la víctima sea menor de dieciocho (18) años, la persona convicta deberá cumplir además con una pena de libertad supervisada mandatoria en años naturales de cinco (5) años adicionales, contados a partir de la fecha en que el convicto cumpla con la pena dispuesta para este delito o la pena que corresponda cuando proceda la adjudicación de atenuantes o agravantes

Artículo 132. — Circunstancias esenciales de los delitos de agresión sexual e incesto. (33 L.P.R.A. § 5193)

El delito de agresión sexual o de incesto consiste esencialmente en la agresión inferida a la integridad física, síquica o emocional y a la dignidad de la persona.

Cualquier acto orogenital o penetración sexual, vaginal o anal, ya sea ésta genital, digital o instrumental, por leve que sea, bastará para consumar el delito.

C. Actos lascivos

Artículo 133. — Actos lascivos. (33 L.P.R.A. § 5194)

Toda persona que, a propósito, con conocimiento o temerariamente, sin intentar consumar el delito de agresión sexual descrito en el Artículo 130, someta a otra persona a un acto que tienda a despertar, excitar o satisfacer la pasión o deseos sexuales del imputado, en cualquiera de las circunstancias que se exponen a continuación, será sancionada con pena de reclusión por un término fijo de ocho (8) años, más la pena de restitución, salvo que la víctima renuncie a ello:

(a) Si la víctima al momento del hecho es menor de dieciséis (16) años de edad.

(b) Si la víctima fue compelida al acto mediante el empleo de fuerza, violencia, amenaza de grave o inmediato daño corporal, o intimidación, o el uso de medios hipnóticos, narcóticos, deprimentes o estimulantes o sustancias o medios similares.

(c) Si la víctima, por enfermedad o defecto mental temporero o permanente, estaba incapacitada para comprender la naturaleza del acto.

(d) Si la víctima fue compelida al acto mediante el empleo de medios engañosos que anularon o disminuyeron sustancialmente, sin su conocimiento, su capacidad de consentir.

(e) Si al tiempo de cometerse el acto, la víctima no tuviera conciencia de su naturaleza y esa circunstancia fuera conocida por el acusado.

(f) Si el acusado tiene una relación de parentesco con la víctima, por ser ascendiente o descendiente, por consanguinidad, adopción o afinidad, o colateral por consanguinidad o adopción, hasta el tercer grado, o por compartir o poseer la custodia física o patria potestad.

(g) Cuando la persona acusada se aprovecha de la confianza depositada en ella por la víctima por existir una relación de superioridad por razón de tenerla bajo su custodia, tutela, educación primaria, secundaria, universitaria o especial, tratamiento médico o psicoterapéutico, consejería de cualquier índole, o por existir una relación de liderazgo de creencia religiosa o de cualquier índole con la víctima.

Cuando el delito se cometa en cualquiera de las modalidades descritas en los incisos (a) y (f) de este Artículo, o se cometa en el hogar de la víctima, o en cualquier otro lugar donde ésta tenga una expectativa razonable de intimidad, la pena del delito será de reclusión por un término fijo de quince (15) años más la pena de restitución, salvo que la víctima renuncie a ello.

La persona convicta por la conducta tipificada en este Artículo cuando la víctima sea menor de dieciocho (18) años, deberá cumplir además con una pena de libertad supervisada mandatoria por un término de cinco (5) años naturales adicionales, contados a partir de la fecha en que el convicto cumpla con la pena original de ocho (8) o quince (15) años, según corresponda para este delito o la pena que corresponda cuando proceda la adjudicación de atenuantes o agravantes.

En el caso de que la persona sea convicta por tentativa de violación de este Artículo cuando la víctima sea menor de dieciocho (18) años, deberá cumplir además con una pena de libertad supervisada mandatoria de tres (3) años naturales adicionales, contados a partir de la fecha en que el convicto cumpla con la pena original dispuesta para este delito o la pena que corresponda cuando proceda la adjudicación de atenuantes o agravantes.

XIII. Delitos contra los derechos civiles

A. Restricción de libertad

Artículo 155. — Restricción de libertad. (33 L.P.R.A. § 5221)

Toda persona que restrinja a propósito o con conocimiento y de forma ilegal a otra persona de manera que interfiera sustancialmente con su libertad, incurrirá en delito menos grave.

Artículo 156. — Restricción de libertad agravada. (33 L.P.R.A. § 5222)

Se impondrá pena de reclusión por un término fijo de tres (3) años, si el delito de restricción de libertad se comete con la concurrencia de cualquiera de las siguientes circunstancias:

(a) Mediante violencia, intimidación, fraude o engaño.

(b) Simulando ser autoridad pública.

(c) Por funcionario o empleado público con abuso de los poderes inherentes a su autoridad o funciones.

(d) Con el pretexto de que el restringido padece de enfermedad o defecto mental.

(e) En persona que no ha cumplido dieciocho (18) años de edad, discapacitado o persona que no pueda valerse por sí mismo o enfermo mental.

(f) En la persona de quien el autor o la autora es o ha sido cónyuge o conviviente, o ha tenido o tiene relaciones de intimidad o noviazgo, o con la que tiene un hijo en común.

B. Secuestro

Artículo 157. — Secuestro. (33 L.P.R.A. § 5223)

Toda persona que mediante fuerza, violencia, intimidación, fraude o engaño, sustrae, o retiene y oculta, a otra persona privándola de su libertad será sancionada con pena de reclusión por un término fijo de veinticinco (25) años.

Cuando se sustrae a la víctima del lugar en que se encuentre y se mueva del mismo, la sustracción de la víctima debe ser por tiempo o distancia sustancial y no meramente incidental a la comisión de otro delito.

Artículo 158. — Secuestro agravado. (33 L.P.R.A. § 5224)

Será sancionada con pena de reclusión por un término fijo de cincuenta (50) años, toda persona que cometa el delito de secuestro cuando medie cualquiera de las siguientes circunstancias:

(a) Cuando se cometa contra una persona que no ha cumplido dieciocho (18) años de edad, o un discapacitado o persona que no pueda valerse por sí misma, o un enfermo mental.

(b) Cuando se cometa contra el Gobernador de Puerto Rico, contra un legislador o Secretario del Gabinete o funcionario principal de una agencia o corporación pública, juez, fiscal especial independiente, o un fiscal o procurador del Departamento de Justicia de Puerto Rico, fuere éste nombrado por el Gobernador de Puerto Rico o designado como tal por el Secretario de Justicia.

(c) Cuando se cometa con el propósito de exigir compensación monetaria o que se realice algún acto contrario a la ley o a la voluntad de la persona secuestrada, o exigir al Estado la liberación de algún recluso cumpliendo sentencia o la liberación de una persona arrestada o acusada en relación con la comisión de algún delito.

(d) Cuando el secuestro se inicie fuera de los límites territoriales del Estado Libre Asociado de Puerto Rico y se traiga o envíe a la persona a Puerto Rico.

C. Violación de morada

Artículo 170. — Violación de morada. (33 L.P.R.A. § 5236)

Toda persona que se introduzca o se mantenga en una casa o edificio ocupado ajeno, en sus dependencias o en el solar en que esté ubicado, sin el consentimiento o contra la voluntad expresa del morador o de su representante, o que penetre en ella clandestinamente o con engaño, incurrirá en delito menos grave.

D. Amenazas

Artículo 177. — Amenazas. (33 L.P.R.A. § 5243)

Incurrirá en delito menos grave, toda persona que amenace a una o varias personas con causar un daño determinado a su persona o su familia, integridad corporal, derechos, honor o patrimonio.

La persona cometerá delito grave y se impondrá pena de reclusión por un término fijo de tres (3) años si dicha amenaza provoca la evacuación de un edificio, lugar de reunión, o facilidad de transporte público.

XIV. Delitos contra la propiedad

A. Apropiación ilegal

Artículo 181. — Apropiación ilegal. (33 L.P.R.A. § 5251)

Incurrirá en delito menos grave, toda persona que ilegalmente se apropie sin violencia ni intimidación de bienes muebles pertenecientes a otra persona en cualquiera de las siguientes circunstancias:

(a) cuando se toma o sustrae un bien sin el consentimiento del dueño, o

(b) cuando se apropia o dispone de un bien que se haya recibido en depósito, comisión o administración, o por otro título que produzca obligación de entregarlos o devolverlos, o

(c) cuando mediante engaño se induce a otro a realizar un acto de disposición de un bien.

El tribunal también podrá imponer la pena de restitución.

Artículo 182. — Apropiación ilegal agravada. (33 L.P.R.A. § 5252)

Toda persona que cometa el delito de apropiación ilegal descrito en el Artículo 181, y se apropie de propiedad o fondos públicos, será sancionada con pena de reclusión por un término fijo de quince (15) años. Toda persona que se apropie de bienes cuyo valor sea de diez mil dólares ($10,000) o más será sancionada con pena de reclusión por un término fijo de ocho (8) años. Si la persona convicta es una persona jurídica será sancionada con pena de multa hasta treinta mil dólares ($30,000).

Si el valor del bien apropiado ilegalmente es menor de diez mil (10,000) dólares, pero mayor de quinientos (500) dólares, será sancionada con pena de reclusión por un término fijo de tres (3) años. Si la persona convicta es una persona jurídica será sancionada con pena de multa hasta diez mil dólares ($10,000).

Constituirá una circunstancia agravante a la pena a imponer por este delito y por el delito tipificado en el Artículo 181 cuando el bien ilegalmente apropiado sea ganado vacuno, caballos, porcinos, cunicular y ovino, incluyendo las crías de cada uno de estos, de frutos o cosechas, aves, peces, mariscos, abejas, animales domésticos o exóticos, y maquinarias e implementos agrícolas que se encuentren en una finca agrícola o establecimiento para su producción o crianza, así como cualquier otra maquinaria o implementos agrícolas que se encuentren en una finca privada, empresas o establecimiento agrícola o cualquier artículo, instrumentos o piezas de maquinaria que a esos fines se utilicen.

El tribunal también podrá imponer la pena de restitución. Cuando la apropiación ilegal incluya propiedad o fondos públicos el tribunal impondrá la pena de restitución.

Artículo 183. — Determinación de valor de documentos de crédito. (33 L.P.R.A. § 5253)

Si el bien apropiado es un comprobante de crédito o un documento, la suma de dinero representada o asegurada por aquél o el valor de la propiedad cuyo título justifique el documento, constituye el valor de la cosa apropiada.

B. Ratería o hurto de mercancía en establecimientos comerciales

Artículo 184. — Ratería o hurto de mercancía en establecimientos comerciales. (33 L.P.R.A. § 5254)

Incurrirá en delito menos grave, toda persona que con el propósito de apropiarse ilegalmente de mercancía de un establecimiento comercial, para sí o para otro, sin pagar el precio estipulado por el comerciante, cometa cualquiera de los siguientes actos:

(a) oculte la mercancía en su persona, cartera, bolso, bultos u otro objeto similar o en la persona de un menor, envejeciente, impedido o incapacitado bajo su control;

(b) altere o cambie el precio adherido a la mercancía mediante etiqueta, barra de código o cualquier otra marca que permita determinar el precio de venta;

(c) cambie la mercancía de un envase a otro que refleje un precio distinto;

(d) remueva la mercancía de un establecimiento comercial; u

(e) ocasione que la caja registradora o cualquier instrumento que registre ventas refleje un precio más bajo que el marcado.

El establecimiento comercial donde esté la mercancía deberá encontrarse abierto al público general, dentro del horario establecido para ofrecer servicios.

El tribunal podrá imponer la pena de restitución en sustitución de la pena de multa o de reclusión o de servicios comunitarios.

No obstante, lo aquí dispuesto, incurrirá en delito menos grave y será sancionada con pena de reclusión por un término fijo de tres (3) años, toda persona que cometa este delito luego de una convicción por este mismo delito.

Independientemente de lo anterior, la persona podrá ser procesada por el delito de apropiación ilegal agravada cuando el precio de venta del bien exceda las cantidades dispuestas en el Artículo 182.

C. Robo

Artículo 189. — Robo. (33 L.P.R.A. § 5259)

Toda persona que se apropie ilegalmente de bienes muebles pertenecientes a otra, sustrayéndolos de la persona en su inmediata presencia y contra su voluntad, por medio de violencia o intimidación, o inmediatamente después de cometido el hecho emplee violencia o intimidación sobre una persona para retener la cosa apropiada, será sancionada con pena de reclusión por un término fijo de quince (15) años.

El tribunal también podrá imponer la pena de restitución.

Jurisprudencia

El robo es un delito contra la persona, más que contra la propiedad, por lo que el valor de lo arrebatado no juega papel alguno. Tampoco es elemento del robo que se inflija daño corporal, por insignificante que sea, a la víctima. La clave está en la violación de la dignidad de la persona al despojársele de un bien mueble por medio de cualquier tipo de violencia o intimidación en el uso de la fuerza contra la persona, aunque sea de orden tan súbito que no brinde al perjudicado oportunidad de resistirla. Cualquier uso de fuerza que tenga o pueda tener el efecto de lograr que una persona se desprenda de los bienes de su pertenencia o de los que tiene en su posesión es suficiente para constituir la violencia requerida.

En Puerto Rico existe el robo por arrebatamiento, por lo que el uso de la fuerza más leve posible basta para la comisión del delito y la ausencia de lesión o aun de peligro para la víctima o la falta de oportunidad de resistir la violencia no surten efecto de reducir el delito a la condición de apropiación ilegal.

Artículo 190. — Robo agravado. (33 L.P.R.A. § 5260)

Será sancionada con pena de reclusión por un término fijo de veinticinco (25) años, si el delito de robo descrito en el Artículo 189 se comete en cualquiera de las siguientes circunstancias:

(a) cuando se vale de un menor que no ha cumplido dieciocho (18) años de edad;

(b) cuando el bien objeto del delito es un vehículo de motor;

(c) cuando en el curso del robo se le inflige daño físico a la víctima;

(d) cuando ocurre en un edificio ocupado donde esté la víctima o en cualquier otro lugar donde ésta tenga una expectativa razonable de intimidad;

(e) cuando medie el uso de un arma de fuego en la comisión del delito; o

(f) cuando la víctima o víctimas sean amarradas, amordazadas o se limite su libertad de movimiento durante la comisión del delito.

El tribunal también podrá imponer la pena de restitución.

D. Extorsión

Artículo 191. — Extorsión. (33 L.P.R.A. § 5261)

Toda persona que, mediante violencia o intimidación, o bajo pretexto de tener derecho como funcionario o empleado público, obligue a otra persona a entregar bienes o a realizar, tolerar u omitir actos, los cuales ocurren o se ejecutan con posterioridad a la violencia, intimidación o pretexto de autoridad, será sancionada con pena de reclusión por un término fijo de tres (3) años, y restitución. Si la persona convicta es una persona jurídica será sancionada con pena de restitución, y multa hasta diez mil dólares ($10,000).

E. Recibo, disposición y transportación de bienes objeto de delito

Artículo 192. — Recibo, disposición y transportación de bienes objeto de delito. (33 L.P.R.A. § 5262)

Toda persona que compre, reciba, retenga, transporte o disponga de algún bien mueble, a sabiendas de que fue obtenido mediante apropiación ilegal, robo, extorsión, o de cualquier otra forma ilícita, incurrirá en delito menos grave.

Si el valor del bien excede de quinientos (500) dólares, la persona será sancionada con pena de reclusión por un término fijo de tres (3) años. Si la persona convicta es una persona jurídica será sancionada con pena de multa hasta diez mil dólares ($10,000).

El tribunal también podrá imponer la pena de restitución.

F. Escalamiento

Artículo 194. — Escalamiento. (33 L.P.R.A. § 5264)

Toda persona que penetre en una casa, edificio u otra construcción o estructura, o sus dependencias o anexos, con el propósito de cometer cualquier delito de apropiación ilegal o cualquier delito grave, incurrirá en delito grave y será sancionada con pena de reclusión por un término fijo de tres (3) años.

Artículo 195. — Escalamiento agravado. (33 L.P.R.A. § 5265)

Será sancionada con pena de reclusión por un término fijo de ocho (8) años, si el delito de escalamiento descrito en el Artículo 194 se comete en cualquiera de las siguientes circunstancias:

(a) en un edificio ocupado, o en cualquier otro lugar donde la víctima tenga una expectativa razonable de intimidad;

(b) en aquella propiedad asignada por el gobierno para brindar vivienda pública; o

(c) cuando medie forzamiento para la penetración.

El tribunal también podrá imponer la pena de restitución.

G. Entrada en heredad ajena

Artículo 197. — Entrada en heredad ajena. (33 L.P.R.A. § 5267)

Incurrirá en delito menos grave, toda persona que sin autorización del dueño o encargado de la misma entre a una finca o heredad ajena en cualquiera de las siguientes circunstancias:

(a) forzando una cerca o palizada; o

(b) con el propósito de cometer un delito; o

(c) con el propósito de ocupar propiedad privada o maquinarias que son parte de una obra de construcción o movimiento de terreno que cuente con los debidos permisos.

Constituirá delito menos grave y será sancionada con pena de reclusión por un término fijo de tres (3) años, la entrada a una finca o heredad ajena, cuando se configure a su vez el delito de apropiación ilegal y el bien apropiado ilegalmente sea algún producto agrícola.

En aquellos casos en que el valor monetario del producto agrícola apropiado exceda los diez mil dólares ($10,000) la persona incurrirá en delito grave y será sancionada con pena de reclusión por un término fijo de ocho (8) años.

H. Daños

Artículo 198. — Daños. (33 L.P.R.A. § 5268)

Toda persona que destruya, inutilice, altere, desaparezca o cause deterioro a un bien mueble o un bien inmueble ajeno, total o parcialmente, incurrirá en delito menos grave.

El tribunal también podrá imponer la pena de restitución.

Artículo 199. — Daño agravado. (33 L.P.R.A. § 5269)

Será sancionada con pena de reclusión por un término fijo de tres (3) años, toda persona que cometa el delito de daños en el Artículo 198 de este Código, si concurre cualquiera de las siguientes circunstancias:

(a) cuando el autor emplea sustancias dañinas, ya sean venenosas, corrosivas, inflamables o radioactivas, si el hecho no constituye delito de mayor gravedad;

(b) cuando el daño causado es de quinientos (500) dólares o más;

(c) cuando el daño se causa en bienes de interés histórico, artístico o cultural;

(d) cuando el daño se causa a bienes muebles o inmuebles pertenecientes al Estado Libre Asociado de Puerto Rico o a entidades privadas con fines no pecuniarios; o

(e) cuando el daño se causa a vehículos oficiales de las agencias del orden público.

Si la persona convicta en la modalidad de delito grave es una persona jurídica será sancionada con pena de multa hasta diez mil dólares ($10,000).

El tribunal también podrá imponer la pena de restitución.

XV. Delitos contra la seguridad de las transacciones

A. Falsificación de documentos

Artículo 211. — Falsificación de documentos. (33 L.P.R.A. § 5281)

Toda persona que con el propósito de defraudar haga, en todo o en parte, un documento, instrumento o escrito falso, mediante el cual se cree, transfiera, termine o de otra forma afecte cualquier derecho, obligación o interés, o que falsamente altere, limite, suprima o destruya, total o parcialmente, uno verdadero será sancionada con pena de reclusión por un término fijo de tres (3) años. Si la persona convicta es una persona jurídica será sancionada con pena de multa hasta diez mil dólares ($10,000).

B. Falsedad ideológica

Artículo 212. — Falsedad ideológica. (33 L.P.R.A. § 5282)

Toda persona que con el propósito de defraudar haga en un documento público o privado, declaraciones falsas concernientes a un hecho del cual el documento da fe y, cuando se trate de un documento privado, tenga efectos jurídicos en perjuicio de otra persona, será sancionada con pena de reclusión por un término fijo de tres (3) años. Si la persona convicta es una persona jurídica será sancionada con pena de multa hasta diez mil dólares ($10,000).

C. Posesión y traspaso de documentos falsificados

Artículo 217. — Posesión y traspaso de documentos falsificados. (33 L.P.R.A. § 5287)

Toda persona que con el propósito de defraudar posea, use, circule, venda, o pase como genuino o verdadero cualquier documento, instrumento o escrito falsificado, a sabiendas de que es falso, alterado, falsificado, imitado o contiene información falsa, será sancionada con pena de reclusión por un término fijo de tres (3) años. Si la persona convicta es una persona jurídica será sancionada con pena de multa hasta diez mil dólares ($10,000).

D. Insuficiencia de fondos

Artículo 222. — Insuficiencia de fondos. (33 L.P.R.A. § 5292)

Toda persona que con la intención de defraudar haga, extienda, endose o entregue un cheque, giro, letra u orden para el pago de dinero, a cargo de cualquier banco u otro depositario, a sabiendas de que el emisor o girador no tiene suficiente provisión de fondos en dicho banco o depositario para el pago total del cheque, giro, letra u orden a la presentación del mismo, ni disfruta de autorización expresa para girar en descubierto, incurrirá en delito menos grave.

Si la cantidad representada por el instrumento negociable es mayor de quinientos (500) dólares, será sancionada con pena de reclusión por un término fijo de tres (3) años.

El tribunal también podrá imponer la pena de restitución.

E. Cuenta cerrada, inexistente y detención indebida del pago

Artículo 223. — Cuenta cerrada, inexistente y detención indebida del pago. (33 L.P.R.A. § 5293)

Toda persona que con el propósito de defraudar ordene a cualquier banco o depositario la cancelación de la cuenta designada para su pago en dicho banco o depositario, a sabiendas de que antes de dicha cancelación había hecho, extendido, endosado o entregado un cheque, giro, letra u orden para el pago de dinero con cargo a la cuenta cancelada; o gira contra una cuenta cerrada o inexistente; o detiene el pago del instrumento o instrumento negociable luego de emitirlo sin justa causa, incurrirá en delito menos grave.

Si la cantidad representada por el instrumento o instrumento negociable es mayor de quinientos (500) dólares, será sancionada con pena de reclusión por un término fijo de tres (3) años. Si la persona convicta es una persona jurídica será sancionada con pena de multa hasta diez mil dólares ($10,000).

El tribunal también podrá imponer la pena de restitución.

F. Conocimiento de falta de pago

Artículo 224. — Conocimiento de falta de pago. (33 L.P.R.A. § 5294)

Constituye evidencia prima facie del conocimiento de la insuficiencia de los fondos, de la cuenta cerrada o inexistente, de la cancelación de la cuenta, o de la falta de autorización expresa para girar en descubierto, si el girador o endosante hace, extiende, endosa o entrega un cheque, giro, letra u orden, cuyo pago sea rehusado por el girado por cualquiera de los siguientes actos: insuficiencia de fondos, girar contra una cuenta cerrada o inexistente, cancelación de la cuenta designada para su pago o por no tener autorización expresa para girar en descubierto.

G. Proceso de interpelación

Artículo 225. — Interpelación. (33 L.P.R.A. § 5295)

Ninguna persona incurrirá en los delitos provistos en los Artículos 222 y 223 anteriores, a menos que se pruebe que el tenedor del cheque, giro, letra u orden, o su agente, ha avisado personalmente o mediante carta certificada con acuse de recibo al girador o al endosante a su última dirección conocida para que pague al tenedor o a su agente, en la dirección que se indique en el aviso, el importe del cheque, giro, letra u orden dentro de un plazo no menor de diez (10) días si el girador o endosante a quien se dirige el aviso reside en la localidad del tenedor y no menor de quince (15) días si reside en otro municipio o fuera del Estado Libre Asociado de Puerto Rico. Dicho término se computa desde la fecha del aviso al girador o endosante del cheque, giro, letra u orden no pagada.

Si la dirección que proveyó el girador o endosante es falsa o si rehusó proveer una dirección física, además de la postal, al momento de emitir el cheque, giro, letra u orden, se entenderá que el aviso del banco o depositario a los efectos de que el cheque, giro, letra u orden resultó con fondos insuficientes, constituye notificación suficiente conforme a lo dispuesto en el primer párrafo de este Artículo.

Artículo 226. — Falta de pago después de interpelación. (33 L.P.R.A. § 5296)

La falta de pago después de la interpelación por parte del que ha girado, firmado, extendido, endosado o entregado dicho cheque, giro, letra u orden, se considerará prima facie como propósito de defraudar.

Artículo 227. — Pago en término. (33 L.P.R.A. § 5297)

Transcurrido el término concedido en la interpelación, la parte perjudicada radicará la denuncia en la fiscalía de distrito en donde se entregó el cheque con fondos insuficientes o contra una cuenta cerrada o inexistente, el fiscal expedirá una citación dirigida al girador o endosante del cheque, giro, letra u orden de pago para comparecer a una vista de causa probable en una fecha que no excederá de diez (10) días a partir de la denuncia.

El pago del cheque, giro, letra u orden de pago, previo a la vista de causa probable, relevará de responsabilidad criminal a la persona que emitió o endosó dicho cheque, giro u orden. La persona pagará las costas del procedimiento, las cuales no serán menores de veinticinco (25) dólares.

El pago efectuado después de haberse determinado causa probable en la vista celebrada, no relevará al acusado de responsabilidad criminal en el juicio. Tal circunstancia se tendrá como un atenuante al imponer la pena contemplada para el delito.

XVI. Delitos contra la seguridad colectiva y el orden público

A. Incendio

Artículo 230. — Incendio. (33 L.P.R.A. § 5311)

Toda persona que a propósito, con conocimiento o temerariamente ponga en peligro la vida, salud o integridad física de las personas al prender fuego a un edificio o propiedad, será sancionada con pena de reclusión por un término fijo de ocho (8) años. Si la persona convicta es una persona jurídica será sancionada con pena de multa hasta treinta mil dólares ($30,000).

Para constituir un incendio no será necesario que el edificio o la propiedad quede destruida, bastando que se haya prendido en fuego, de modo que prenda en cualquier parte del material del mismo.

El tribunal también podrá imponer la pena de restitución.

Artículo 231. — Incendio agravado. (33 L.P.R.A. § 5312)

Será sancionada con pena de reclusión por un término fijo de quince (15) años toda persona que cometa el delito de incendio descrito en el Artículo 230, cuando concurra cualquiera de las siguientes circunstancias:

(a) se cause daño a la vida, salud o integridad corporal de alguna persona;

(b) el autor haya desaparecido, dañado o inutilizado los instrumentos para apagar el incendio;

(c) ocurra en un edificio ocupado o perteneciente al Estado Libre Asociado de Puerto Rico; o

(d) la estructura almacena material inflamable, tóxico, radiactivo o químico.

Si la persona convicta es una persona jurídica será sancionada con pena de multa hasta cincuenta mil dólares ($50,000).

El tribunal también podrá imponer la pena de restitución.

Artículo 232. — Incendio forestal. (33 L.P.R.A. § 5313)

Toda persona que a propósito, con conocimiento o temerariamente ponga en peligro la vida, salud o integridad física de las personas al incendiar montes, sembrados, pastos, bosques o plantaciones ajenos, será sancionada con pena de reclusión por un término fijo de tres (3) años. Si la persona convicta es una persona jurídica será sancionada con pena de multa hasta diez mil dólares ($10,000).

El tribunal también podrá imponer la pena de restitución.

Artículo 233. — Incendio negligente. (33 L.P.R.A. § 5314)

Toda persona que por negligencia ocasione un incendio de un edificio, montes, sembrados, pastos, bosques o plantaciones, que ponga en peligro la vida, salud o integridad física de las personas, será sancionada con pena de reclusión por un delito menos grave.

El tribunal también podrá imponer la pena de restitución.

B. Alteración a la paz

Artículo 241. — Alteración a la paz. (33 L.P.R.A. § 5331)

Incurrirá en delito menos grave, toda persona que realice cualquiera de los siguientes actos:

(a) perturbe la paz o tranquilidad de una o varias personas con conducta ofensiva que afecte el derecho a la intimidad en su hogar, o en cualquier otro lugar donde tenga una expectativa razonable de intimidad;

(b) perturbe la paz o tranquilidad de una o varias personas mediante palabras o expresiones ofensivas o insultantes al proferirlas en un lugar donde quien las oye tiene una expectativa razonable de intimidad; o

(c) perturbe la paz o tranquilidad de una o varias personas en forma estrepitosa o inconveniente mediante vituperios, oprobios, desafíos, provocaciones, palabras insultantes o actos que puedan provocar una reacción violenta o airada en quien las escucha.

Jurisprudencia

El delito de la alteración a la paz tiene tres modalidades. Las primeras dos modalidades en los incisos (a) y (b) tipifican como delito aquella conducta o expresiones que perturben la paz a una o varias personas en función del lugar donde se lleve a cabo la acción punible. Así, las expresiones realizadas por una persona únicamente podrían configurar la modalidad del delito contemplado en estos incisos cuando se realicen en el hogar o en un área donde exista una expectativa razonable de intimidad.

El inciso (c) expone una tercera modalidad que va dirigida a penalizar determinadas expresiones que puedan ocasionar una reacción violenta en la persona que las escucha. El delito limita las palabras a aquellas que constituyan vituperios, oprobios, desafíos, provocaciones o palabras insultantes u ofensivas. Para que se configure el delito es necesario determinar si el lenguaje utilizado constituye palabras de riña capaz de ocasionar una reacción violenta inmediata en una persona de sensibilidad ordinaria. Para ello es necesario evaluar el contexto y las circunstancias en las cuales se realizó la expresión y considerar que no es necesario que la víctima del delito, en efecto, haya respondido al acto o manifestación con violencia.

Las palabras que caen dentro de la conducta delictiva son aquellas que dentro del significado que le atribuye la idiosincrasia general de nuestro pueblo, por su propia naturaleza, más que de carácter de molestia, resultan ofensivas, hirientes e irritantes, capaces de provocar una respuesta violenta de riña y, por consiguiente, una alteración de la paz.

Además, para que se configure el delito de alteración a la paz, es necesario determinar si la paz de la alegada víctima fue, en efecto, perturbada. La configuración de este elemento presupone que la persona a quien iba dirigida la expresión se encontraba en paz previo a la actuación del imputado. Así, el estado anímico de la supuesta víctima antes del incidente debe ser objeto de prueba, toda vez que, si la persona no estaba en un estado de paz y tranquilidad previo al momento de la manifestación, no existe paz alguna que pueda alterarse. Por último, para que se entienda alterada la paz de una persona, no basta que esta sienta un mero malestar con las palabras proferidas en su contra, sino que la expresión tiene que ser capaz de provocar en la víctima una respuesta violenta inmediata.

C. Motín

Artículo 242. — Motín. (33 L.P.R.A. § 5332)

Constituye motín cuando dos o más personas, obrando juntas y sin autoridad en ley, empleen o amenacen con emplear algún tipo de fuerza o violencia que perturbe la tranquilidad pública, acompañada la amenaza con la aptitud para realizarla.

Los participantes serán sancionados con pena de reclusión por un término fijo de tres (3) años.

D. Conspiración

Artículo 244. — Conspiración. (33 L.P.R.A. § 5334)

Constituye conspiración, el convenio o acuerdo, entre dos o más personas para cometer un delito y han formulado planes precisos respecto a la participación de cada cual, el tiempo y el lugar de los hechos.

Cuando el convenio tenga como propósito la comisión de un delito menos grave, se incurrirá en delito menos grave.

Si el convenio es para cometer un delito grave, serán sancionadas con pena de reclusión por un término fijo de tres (3) años.

Ningún convenio, excepto para cometer un delito grave contra alguna persona, o para cometer el delito de incendiar o escalar un edificio, constituye conspiración a no ser que concurra algún acto para llevarlo a cabo, por uno o más de los conspiradores.

Se impondrá pena con circunstancias agravantes, cuando uno de los conspiradores fuera funcionario del orden público y se aprovechara de su cargo para cometer el delito.

E. Uso de disfraz en la comisión de delito

Artículo 248. — Uso de disfraz en la comisión de delito. (33 L.P.R.A. § 5338)

Incurrirá en delito menos grave, toda persona que utilice una máscara o careta, postizo o maquillaje, tinte, o cualquier otro disfraz, completo o parcial, que altere de cualquier forma temporera o permanentemente su apariencia física con el propósito de:

(a) Evitar que se le descubra, reconozca o identifique en la comisión de algún delito.

(b) Ocultarse, evitar ser arrestado, fugarse o escaparse al ser denunciado, procesado o sentenciado de algún delito.

(c) Alterar o intervenir con las actividades ordinarias en una instalación pública educativa, en una instalación de salud, o en el interior de edificios de gobierno.

Será sancionada con pena de reclusión por un término fijo de tres (3) años y la persona incurrirá en delito grave, cuando el delito cometido o intentado fuera de naturaleza grave.

XVII. Delitos contra la función gubernamental

A. Soborno

Artículo 259. — Soborno. (33 L.P.R.A. § 5350)

Todo funcionario o empleado público, jurado, testigo, árbitro o cualquier persona autorizada en ley para tomar decisiones, o para oír o resolver alguna cuestión o controversia que solicite o reciba, directamente o por persona intermedia, para sí o para un tercero, dinero o cualquier beneficio, o acepte una proposición en tal sentido por realizar, omitir o retardar un acto regular de su cargo o funciones, o por ejecutar un acto contrario al cumplimiento regular de sus deberes, o con el entendido de que tal remuneración o beneficio habrá de influir en cualquier acto, decisión, voto o dictamen de dicha persona en su carácter oficial, será sancionado con pena de reclusión por un término fijo de ocho (8) años.

Cuando el autor sea un funcionario público, árbitro o persona autorizada en ley para oír o resolver una cuestión o controversia, será sancionada con pena de restitución, y reclusión por un término fijo de quince (15) años.

B. Oferta de soborno

Artículo 260. — Oferta de Soborno. (33 L.P.R.A. § 5351)

Toda persona que, directamente o por persona intermediaria, dé o prometa a un funcionario o empleado público, testigo, o jurado, árbitro o a cualquier otra persona autorizada en ley para oír o resolver una cuestión o controversia, dinero o cualquier beneficio con el fin previsto en el Artículo 259, será sancionada con pena de reclusión por un término fijo de ocho (8) años. Si la persona convicta es una persona jurídica será sancionada con pena de multa hasta treinta mil dólares ($30,000).

C. Influencia indebida

Artículo 261. — Influencia indebida. (33 L.P.R.A. § 5352)

Toda persona que obtenga o trate de obtener de otra cualquier beneficio al asegurar o pretender que se halla en aptitud de influir en cualquier forma en la conducta de un funcionario o empleado público en lo que respecta al ejercicio de sus funciones, será sancionada con pena de reclusión por un término fijo de tres (3) años. Si la persona convicta es una persona jurídica será sancionada con pena de multa hasta diez mil dólares ($10,000).

Si la persona obtiene el beneficio perseguido será sancionada con pena de reclusión por un término fijo de ocho (8) años. Si la persona convicta es una persona jurídica será sancionada con pena de multa hasta treinta mil dólares ($30,000).

El tribunal impondrá la pena de restitución cuando se produzca la pérdida de propiedad o fondos públicos. En cualquier otra circunstancia el tribunal podrá imponer la pena de restitución discrecionalmente.

D. Malversación de fondos públicos

Artículo 264. — Malversación de fondos públicos. (33 L.P.R.A. § 5355)

Será sancionado con pena de reclusión por un término fijo de ocho (8) años, independientemente de si obtuvo o no beneficio para sí o para un tercero, todo funcionario o empleado público que sea directa o indirectamente responsable de la administración, traspaso, cuidado, custodia, ingresos, desembolsos o contabilidad de fondos públicos que:

(a) se los apropie ilegalmente, en todo o en parte;

(b) los utilice para cualquier fin que no esté autorizado o que sea contrario a la ley o a la reglamentación;

(c) los deposite ilegalmente o altere o realice cualquier asiento o registro en alguna cuenta o documento relacionado con ellos sin autorización o contrario a la ley o a la reglamentación;

(d) los retenga, convierta, traspase o entregue ilegalmente, sin autorización o contrario a la ley o a la reglamentación; o

(e) deje de guardar o desembolsar fondos públicos en la forma prescrita por ley.

Cuando el autor sea un funcionario público o la pérdida de fondos públicos sobrepase de cincuenta mil (50,000) dólares será sancionado con pena de reclusión por un término fijo de quince (15) años.

El tribunal impondrá la pena de restitución.

XVIII. Delitos contra la función judicial

A. Perjurio

Artículo 269. — Perjurio. (33 L.P.R.A. § 5362)

Toda persona que jure o afirme, testifique, declare, deponga o certifique la verdad ante cualquier tribunal, organismo, funcionario o persona competente y declare ser cierto cualquier hecho esencial o importante con conocimiento de su falsedad o declare categóricamente sobre un hecho esencial o importante cuya certeza no le consta, incurrirá en perjurio y será sancionada con pena de reclusión por un término fijo de tres (3) años. Si la persona convicta es una persona jurídica será sancionada con pena de multa hasta diez mil dólares ($10,000).

También incurrirá en perjurio toda persona que bajo las circunstancias establecidas en el párrafo anterior, preste dos o más testimonios, declaraciones, deposiciones o certificaciones irreconciliables entre sí. En este caso será innecesario establecer la certeza o falsedad de los hechos relatados.

Para propósitos de este Artículo, "organismo" incluye toda institución que tiene funciones cuasi judiciales, cuasi legislativas o cuasi adjudicativas.

Artículo 270. — Perjurio agravado. (33 L.P.R.A. § 5363)

Será sancionada con pena de reclusión por un término fijo de ocho (8) años, si la declaración prestada en las circunstancias establecidas en el delito de perjurio tiene como consecuencia la privación de libertad o convicción de un acusado. Si la persona convicta es una persona jurídica será sancionada con pena de multa hasta treinta mil dólares ($30,000).

B. Fuga

Artículo 275. — Fuga. (33 L.P.R.A. § 5368)

Toda persona sometida legalmente a detención preventiva, a pena de reclusión o de restricción de libertad, o a medida de seguridad de internación, a tratamiento y rehabilitación en un programa del Estado Libre Asociado o privado, supervisado y licenciado por una agencia del mismo, o a un procedimiento especial de desvío bajo la Regla 247.1 de Procedimiento Criminal o bajo una ley especial, que se fugue o que se evada de la custodia legal que ejerce sobre ella otra persona con autoridad legal y toda persona que a sabiendas actúe en colaboración con aquella, será sancionada con pena de reclusión por un término fijo de tres (3) años.

La pena se impondrá consecutiva con la sentencia que corresponda por el otro delito o a la que esté cumpliendo. En este delito no estarán disponibles las penas alternativas a la reclusión para la persona que se fugue.

C. Ayuda a fuga

Artículo 276. — Ayuda a fuga. (33 L.P.R.A. § 5369)

Toda persona encargada de la custodia de otra persona que a sabiendas cause, ayude, permita o facilite su fuga en cualquiera de las circunstancias previstas en el delito de fuga, será sancionada con pena de reclusión por un término fijo de ocho (8) años si la persona a quien ayudó a fugarse estuviere cumpliendo pena de reclusión o de restricción de libertad. En todos los demás casos, será sancionada con pena de reclusión por un término fijo de tres (3) años.

D. Desacato

Artículo 279. — Desacato. (33 L.P.R.A. § 5372)

Incurrirá en delito menos grave, toda persona que realice cualquiera de los siguientes actos:

(a) Perturbe el orden, cause ruido o disturbio o se conduzca en forma desdeñosa o insolente hacia un tribunal de justicia o un juez durante el desarrollo de una investigación judicial o una sesión, tendiendo con ello directamente a interrumpir los procedimientos o menoscabar el respeto debido a su autoridad, o en presencia del jurado mientras esté en estrado o deliberando en alguna causa;

(b) Desobedezca cualquier decreto, mandamiento, citación u otra orden legal expedida o dictada por algún tribunal.

(c) Demuestre resistencia ilegal y contumaz a prestar juramento o llenar los requisitos como testigo en una causa pendiente ante cualquier tribunal, se niegue sin excusa legítima a contestar cualquier interrogatorio legal después de haber jurado o llenado dichos requisitos.

(d) Exprese crítica injuriosa o infamatoria de los decretos, órdenes, sentencias o procedimientos de cualquier tribunal que tienda a desacreditar al tribunal o a un juez.

(e) Publique cualquier informe falso o manifiestamente inexacto sobre procedimientos judiciales, a sabiendas de su falsedad.

E. Encubrimiento

Artículo 280. — Encubrimiento. (33 L.P.R.A. § 5373)

Toda persona que con conocimiento de la ejecución de un delito, oculte al responsable del mismo o procure la desaparición, alteración u ocultación de prueba para impedir la acción de la justicia, será sancionada con pena de reclusión por un término fijo de tres (3) años. Si la persona convicta es una persona jurídica será sancionada con pena de multa hasta diez mil dólares ($10,000).

Cuando el encubridor actúe con ánimo de lucro o se trate de un funcionario o empleado público y cometa el delito aprovechándose de su cargo o empleo, será sancionado con pena de reclusión por un término fijo de ocho (8) años. Si la persona convicta es una persona jurídica será sancionada con pena de multa hasta treinta mil dólares ($30,000).

F. Destrucción de pruebas

Artículo 285. — Destrucción de pruebas. (33 L.P.R.A. § 5378)

Toda persona que sabiendo que alguna prueba documental o cualquier objeto pudiera presentarse en cualquier investigación, procedimiento, vista o asunto judicial, legislativo o administrativo, o cualesquiera otros trámites autorizados por ley, la destruya o esconda con el propósito de impedir su presentación, será sancionada con pena de reclusión por un término fijo de tres (3) años. Si la persona convicta es una persona jurídica será sancionada con pena de multa hasta diez mil dólares ($10,000).

DERECHO PROBATORIO (EVIDENCIA)

I. Principios Generales

A. Normas generales de interpretación

Regla 102. Interpretación

Las Reglas se interpretarán de forma que garanticen una solución justa, rápida y económica a cualquier problema de derecho probatorio. El propósito principal de las Reglas es el descubrimiento de la verdad en todos los procedimientos judiciales.

B. Aplicabilidad de las Reglas de Evidencia

Regla 103. Aplicabilidad de las Reglas

(A) Aplicabilidad al Tribunal General de Justicia

(1) Tribunal de Primera Instancia

Las Reglas aplican en las Salas del Tribunal de Primera Instancia.

(2) Tribunal Supremo y Tribunal de Apelaciones

Las Reglas aplican en los procedimientos ante el Tribunal Supremo y el Tribunal de Apelaciones, con arreglo a los límites establecidos en sus respectivos Reglamentos.

(B) Casos civiles y penales

Las Reglas aplican en todos los casos civiles y penales, excepto en casos de desacato sumario.

(C) Privilegios y conocimiento judicial

Las reglas de privilegios y conocimiento judicial aplican en todas las etapas de los procedimientos, acciones, y casos civiles y penales.

(D) Las Reglas no obligan en:

(1) las determinaciones preliminares a la admisibilidad de prueba, de conformidad con la Regla 109(A);

(2) los procedimientos interlocutorios o post sentencia, entre otros:

(a) procedimientos relacionados con la determinación de causa probable para arrestar o expedir orden de registro y allanamiento;

(b) fase de la sentencia en el procedimiento penal;

(c) procedimientos relacionados con la imposición de fianza o condiciones en los procedimientos penales;

(d) vistas de revocación de libertad a prueba o condicionada;

(e) procedimientos relacionados con entredichos provisionales e interdictos preliminares, y

(3) los procedimientos ex parte.

(E) Procedimientos bajo Leyes Especiales

Las Reglas aplican en procedimientos establecidos por leyes especiales, salvo que expresamente se disponga lo contrario o sean incompatibles con la naturaleza del procedimiento especial contemplado en la ley.

(F) Procedimientos de determinación de causa para acusar (vista preliminar)

En la vista de determinación de causa para acusar (vista preliminar), aunque las Reglas de Evidencia no obligan, la determinación de causa deberá efectuarse con evidencia admisible en el juicio.

C. Admisión o exclusión errónea de evidencia y sus efectos

Regla 104. Admisión o exclusión errónea de evidencia

(A) Requisito de objeción

La parte perjudicada por la admisión errónea de evidencia debe presentar una objeción oportuna, específica y correcta o una moción para que se elimine del récord evidencia erróneamente admitida cuando el fundamento para objetar surge con posterioridad. Si el fundamento de la objeción surge claramente del contexto del ofrecimiento de la evidencia, no será necesario aludir a tal fundamento.

(B) Oferta de prueba

En el caso de exclusión errónea de prueba, la parte perjudicada deberá invocar el fundamento específico para la admisibilidad de la evidencia ofrecida y hacer una oferta de prueba de forma que surja claramente cuál es la evidencia que ha sido excluida y la naturaleza, propósito y pertinencia para la cual se ofrece. No será necesario invocar tal fundamento específico ni hacer la oferta de prueba cuando resultan evidentes del contexto del ofrecimiento.

El Tribunal permitirá la oferta de prueba y determinará si debe hacerse mediante un resumen de la evidencia ofrecida o el interrogatorio correspondiente. El Tribunal podrá añadir cualquier manifestación que demuestre el carácter de la evidencia, la forma en que fue ofrecida, la objeción a su admisión y la resolución sobre la exclusión.

(C) Objeción u oferta de prueba continua

Una vez el Tribunal dicta una resolución definitiva en el récord, para admitir o excluir prueba, ya sea antes o durante el juicio, una parte no tiene que renovar una objeción u oferta de prueba para conservar su derecho a plantear el asunto en apelación.

(D) Casos por Jurado

En los casos por Jurado, los procedimientos se llevarán a cabo de tal forma que se evite que evidencia inadmisible sea sugerida al Jurado mediante preguntas, aseveraciones u ofertas de prueba.

Regla 105. Efecto de error en la admisión o exclusión de evidencia

(A) Regla general

No se dejará sin efecto una determinación de admisión o exclusión errónea de evidencia ni se revocará por ello sentencia o decisión alguna a menos que:

> (1) la parte perjudicada con la admisión o exclusión de evidencia hubiere satisfecho los requisitos de objeción, fundamento u oferta de prueba establecidos en la Regla 104 y
>
> (2) el Tribunal que considera el señalamiento estime que la evidencia admitida o excluida fue un factor decisivo o sustancial en la sentencia emitida o decisión cuya revocación se solicita.

(B) Error constitucional

Si el error en la admisión o exclusión constituye una violación a un derecho constitucional de la persona acusada, el tribunal apelativo sólo confirmará la decisión si está convencido más allá de duda razonable que, de no haberse cometido el error, el resultado hubiera sido el mismo.

Regla 106. Error extraordinario

Un tribunal apelativo podrá considerar un señalamiento de error de admisión o exclusión de evidencia y revocar una sentencia o decisión, aun cuando la parte que hace el señalamiento no hubiera satisfecho los requisitos establecidos en la Regla 104, si:

(A) el error fue craso ya que no cabe duda de que fue cometido,

(B) el error fue perjudicial porque tuvo un efecto decisivo o sustancial en la sentencia o decisión cuya revocación se solicita y,

(C) el no corregirlo resulte en un fracaso de la justicia.

D. Admisibilidad limitada

Regla 107. Admisibilidad limitada

Cuando determinada evidencia sea admisible en cuanto a una parte o para un propósito, y sea inadmisible en cuanto a otra parte o para otro propósito, el Tribunal, previa solicitud al efecto, limitará la admisibilidad de esa evidencia a su alcance apropiado e instruirá inmediatamente sobre ello al Jurado, de haberlo.

E. Regla de totalidad

Regla 108. Evidencia relacionada con lo ofrecido

Cuando un escrito, grabación o filmación, o parte de éstos, es presentado como evidencia por una parte, la parte contraria puede requerir que en ese momento se presente la totalidad del escrito, grabación o filmación presentado parcialmente. Puede igualmente requerir cualquier otro escrito, grabación o filmación que deba ser presentado contemporáneamente para la más cabal comprensión del asunto. No se admitirá prueba de otra manera inadmisible, bajo el pretexto de la presentación de la totalidad del escrito, grabación o filmación.

F. Determinaciones preliminares a la admisibilidad de evidencia

Regla 109. Determinaciones preliminares a la admisibilidad de evidencia

(A) Admisibilidad en general

Las cuestiones preliminares en relación con la capacidad de una persona para ser testigo, la existencia de un privilegio o la admisibilidad de evidencia serán determinadas por el Tribunal salvo a lo dispuesto en el inciso (B) de esta Regla. Al hacer tales determinaciones, el Tribunal no queda obligado por las Reglas de Derecho Probatorio, excepto por aquéllas relativas a privilegios.

(B) Pertinencia condicionada a los hechos

Cuando la pertinencia de evidencia ofrecida depende de que se satisfaga una condición de hecho, el Tribunal la admitirá al presentarse evidencia suficiente para sostener la conclusión de que la condición ha sido satisfecha. El Tribunal puede también admitir la evidencia si posteriormente se presenta evidencia suficiente para sostener la conclusión de que la condición ha sido satisfecha.

(C) Determinaciones en ausencia del Jurado cuando medie confesión de la persona acusada

En casos ventilados ante Jurado, toda la evidencia relativa a la admisibilidad de una confesión de la persona acusada será escuchada y evaluada por la Jueza o el Juez en ausencia del Jurado. Si la Jueza o el Juez determina que la confesión es admisible, la persona acusada podrá presentar al Jurado, y el Ministerio Público podrá refutar, evidencia pertinente relativa al peso o credibilidad de la confesión y a las circunstancias bajo las cuales la confesión fue obtenida. Otras determinaciones preliminares a la admisibilidad de evidencia también podrán considerarse en ausencia del Jurado cuando los intereses de la justicia así lo determinen o cuando la persona acusada sea un testigo que así lo solicite.

(D) Testimonio de la persona acusada en determinaciones preliminares

La persona acusada que testifica en torno a una cuestión preliminar a la admisibilidad de evidencia no queda por ello sujeta a contrainterrogatorio en cuanto a otros asuntos del caso. La declaración de una persona acusada sobre el asunto preliminar no es admisible en su contra salvo para propósitos de su impugnación.

(E) Valor probatorio y credibilidad

Esta Regla no limita el derecho de las partes a presentar evidencia ante el Jurado que sea pertinente al valor probatorio o a la credibilidad de la evidencia admitida luego de la correspondiente determinación preliminar del Tribunal.

G. Evaluación y suficiencia de la prueba

Regla 110. Evaluación y suficiencia de la prueba

La juzgadora o el juzgador de hechos deberá evaluar la evidencia presentada con el propósito de determinar cuáles hechos han quedado establecidos o demostrados, con sujeción a los principios siguientes:

(A) El peso de la prueba recae sobre la parte que resultaría vencida de no presentarse evidencia por alguna de las partes.

(B) La obligación de presentar evidencia primeramente recae sobre la parte que sostiene la afirmativa en el asunto en controversia.

(C) Para establecer un hecho, no se exige aquel grado de prueba que, excluyendo posibilidad de error, produzca absoluta certeza.

(D) La evidencia directa de una persona testigo que merezca entero crédito es prueba suficiente de cualquier hecho, salvo que otra cosa se disponga por ley.

(E) La juzgadora o el juzgador de hechos no tiene la obligación de decidir de acuerdo con las declaraciones de cualquier cantidad de testigos que no le convenzan contra un número menor u otra evidencia que le resulte más convincente.

(F) En los casos civiles, la decisión de la juzgadora o del juzgador se hará mediante la preponderancia de la prueba a base de criterios de probabilidad, a menos que exista disposición al contrario. En los casos criminales, la culpabilidad de la persona acusada debe ser establecida más allá de duda razonable.

(G) Cuando pareciere que una parte, teniendo disponible una prueba más firme y satisfactoria, ofrece una más débil y menos satisfactoria, la evidencia ofrecida deberá considerarse con sospecha.

(H) Cualquier hecho en controversia es susceptible de ser demostrado mediante evidencia directa o mediante evidencia indirecta o circunstancial. Evidencia directa es aquélla que prueba el hecho en controversia sin que medie inferencia o presunción alguna y que, de ser cierta, demuestra el hecho de modo concluyente. Evidencia indirecta o circunstancial es aquélla que tiende a demostrar el hecho en controversia probando otro distinto, del cual por s[í] o, en unión a otros hechos ya establecidos, puede razonablemente inferirse el hecho en controversia.

II. Conocimiento Judicial

Regla 201. Conocimiento judicial de hechos adjudicativos

(A) Esta Regla aplica solamente al conocimiento judicial de hechos adjudicativos.

(B) El Tribunal podrá tomar conocimiento judicial solamente de aquel hecho adjudicativo que no esté sujeto a controversia razonable porque:

> (1) es de conocimiento general dentro de la jurisdicción territorial del Tribunal, o
>
> (2) es susceptible de corroboración inmediata y exacta mediante fuentes cuya exactitud no puede ser razonablemente cuestionada.

(C) El Tribunal podrá tomar conocimiento judicial a iniciativa propia o a solicitud de parte. Si es a solicitud de parte y ésta provee información suficiente para ello, el Tribunal tomará conocimiento judicial.

(D) Las partes tendrán derecho a ser oídas en torno a si procede tomar conocimiento judicial. De no haber sido notificada oportunamente por el Tribunal o por la parte promovente, la parte afectada podrá solicitar la oportunidad de ser oída luego de que se haya tomado conocimiento judicial.

(E) El Tribunal podrá tomar conocimiento judicial en cualquier etapa de los procedimientos, incluyendo la apelativa.

(F) En casos criminales ante Jurado, la Jueza o el Juez instruirá a las personas miembros del Jurado que pueden, pero no están obligados a aceptar como concluyente cualquier hecho del cual haya sido tomado conocimiento judicial.

Regla 202. Conocimiento judicial de asuntos de derecho

(A) El Tribunal tomará conocimiento judicial de:

> (1) la Constitución y las leyes del Estado Libre Asociado de Puerto Rico,
>
> (2) la Constitución y las leyes de los Estados Unidos de América.

(B) El Tribunal podrá tomar conocimiento judicial de:

(1) las Reglas y Reglamentos de los Estados Unidos de América y del Estado Libre Asociado de Puerto Rico

(2) las leyes y reglamentos de los estados y territorios de los Estados Unidos de América, y

(3) las ordenanzas aprobadas por los municipios del Estado Libre Asociado de Puerto Rico.

(4) los tratados en los que los Estados Unidos de América sea parte y apliquen a Puerto Rico.

III. Presunciones

Regla 301. Presunción – definiciones

(A) Una presunción es una deducción de un hecho que la ley autoriza a hacer o requiere que se haga de otro hecho o grupo de hechos previamente establecidos en la acción. A ese hecho o grupo de hechos previamente establecidos se les denomina hecho básico. Al hecho deducido mediante la presunción, se le denomina hecho presumido.

(B) La presunción es incontrovertible cuando la ley no permite presentar evidencia para destruirla o rebatirla. Es decir, para demostrar la inexistencia del hecho presumido. El resto de las presunciones se denominan controvertibles.

(C) Este capítulo se refiere sólo a presunciones controvertibles.

Regla 302. Efecto de las presunciones en casos civiles

En una acción civil, una presunción impone a la parte contra la cual se establece la presunción el peso de la prueba para demostrar la inexistencia del hecho presumido. Si la parte contra la cual se establece la presunción no ofrece evidencia para demostrar la inexistencia del hecho presumido, la juzgadora o el juzgador debe aceptar la existencia de tal hecho. Si se presenta evidencia en apoyo de la determinación de la inexistencia de tal hecho, la parte que interesa rebatir la presunción debe persuadir a quien juzga de que es más probable la inexistencia que la existencia del hecho presumido.

Regla 303. Efecto de las presunciones en casos criminales

Cuando en una acción criminal la presunción perjudica a la persona acusada, tiene el efecto de permitir a la juzgadora o al juzgador inferir el hecho presumido si no se presenta evidencia alguna para refutarlo. Si de la prueba presentada surge duda razonable sobre el hecho presumido, la presunción queda derrotada. La presunción no tendrá efecto alguno de variar el peso de la prueba sobre los elementos del delito o de refutar una defensa de la persona acusada.

(A) Cuando beneficia a la persona acusada, la presunción tendrá el mismo efecto que lo establecido en la Regla 302.

(B) Instruir al Jurado sobre el efecto de una presunción contra la persona acusada, la Jueza o el Juez deberá hacer constar que:

> (1) basta que la persona acusada produzca duda razonable sobre el hecho presumido para derrotar la presunción, y
>
> (2) el Jurado no estará obligado a deducir el hecho presumido, aun cuando la persona acusada no produjera evidencia en contrario. Sin embargo, se instruirá al Jurado en cuanto a que puede deducir o inferir el hecho presumido si considera establecido el hecho básico.

Regla 304. Presunciones específicas

Las presunciones son aquéllas establecidas por ley o por decisiones judiciales. Entre las presunciones controvertibles se reconocen las siguientes:

(1) Una persona es inocente de delito o falta.

(2) Todo acto ilegal fue cometido con intención ilegal.

(3) Toda persona intenta la consecuencia ordinaria de un acto cometido por ella voluntariamente.

(4) Toda persona cuida de sus propios asuntos con celo ordinario.

(5) Toda evidencia voluntariamente suprimida resultará adversa si se ofreciere.

(6) Todo dinero entregado por una persona a otra se debía a ésta.

(7) Toda cosa entregada por una persona a otra pertenecía a ésta.

(8) Una obligación entregada a quien es la parte deudora ha sido satisfecha.

(9) Las rentas o pagos anteriores fueron satisfechos, cuando se presentaren los recibos correspondientes a rentas o pagos posteriores.

(10) Las cosas que obran en poder de una persona son de su pertenencia.

(11) Una persona es dueña de una cosa, por ejercer actos de dominio sobre ella, o ser fama general que le pertenece.

(12) Una persona en cuyo poder obrare una orden a su cargo para el pago de dinero, o mandándole entregar una cosa, ha pagado el dinero o entregado la cosa de conformidad.

(13) Una persona en posesión de un cargo público, fue elegida o nombrada para dicho cargo, como es de rigor.

(14) Los deberes de un cargo han sido cumplidos con regularidad.

(15) Un Tribunal, una Jueza o un Juez, obrando como tal, bien en Puerto Rico, en cualquier estado de los Estados Unidos de América o país extranjero, se hallaba en el ejercicio legal de su jurisdicción.

(16) Un registro judicial, aunque no fuere concluyente, determina o expone con exactitud los derechos de las partes.

(17) Todas las materias comprendidas en una cuestión, fueron sometidas al Tribunal o Jurado y resueltas por cualquiera de éstos. De igual modo, que todas las materias comprendidas en una cuestión sometida a arbitraje fueron presentadas a los árbitros y resueltas por éstos o éstas.

(18) Las transacciones privadas fueron realizadas con rectitud y en forma correcta.

(19) Se ha seguido el curso ordinario de los negocios.

(20) Un pagaré o letra de cambio fue dado o endosado mediante suficiente compensación.

(21) El endoso de un pagaré o giro negociable, se hizo en la fecha y lugar en que fue extendido dicho pagaré o giro.

(22) Un escrito lleva fecha exacta.

(23) Una carta dirigida y cursada por correo debidamente, fue recibida en su oportunidad.

(24) Probado el nombre de una persona, se establece su identidad.

(25) El consentimiento resultó de la creencia de que la cosa consentida se ajustaba al derecho o al hecho.

(26) Las cosas han ocurrido de acuerdo con el proceso ordinario de la naturaleza y los hábitos regulares de la vida.

(27) Que las personas que se conducen como socios tienen celebrado un contrato social.

(28) Que un hombre y una mujer que se conducen como casados han celebrado un contrato legal de matrimonio.

(29) Las personas nacidas después de la celebración de un matrimonio son hijas o hijos del marido.

(30) Una vez probada la existencia de una cosa continúa ésta todo el tiempo que ordinariamente duran las cosas de igual naturaleza.

(31) La ley ha sido acatada.

(32) Un documento o escrito de más de veinte años, es auténtico cuando ha sido generalmente acatado como tal por personas interesadas en la cuestión y se ha explicado satisfactoriamente su custodia.

(33) Un libro impreso y publicado, que se dice haberlo sido por autoridad pública, fue impreso o publicado por tal autoridad.

(34) Un libro impreso y publicado, que se dice contener las minutas de los casos juzgados en el Estado o país en que fuere publicado, contiene las minutas exactas de dichos casos.

(35) El fideicomisario, la fideicomisaria u otra persona, cuyo deber fuere traspasar bienes raíces a determinada persona, ha hecho realmente el traspaso, cuando tal presunción fuere necesaria para ultimar el título de dicha persona o de la que es su sucesora en interés.

(36) El uso no interrumpido por parte del público, durante cinco años, de un terreno para cementerio, con el consentimiento del dueño y sin que éste hubiere reservado sus derechos, constituye evidencia indirecta de su intención de dedicarlos al público para tal objeto.

(37) Al efectuarse un contrato escrito, medió la correspondiente compensación.

(38) Cuando dos personas perecieren en la misma calamidad, como un naufragio, una batalla o un incendio, y no se probare cuál de las dos murió primero, ni existieren circunstancias especiales de dónde inferirlo, se presume la supervivencia por las probabilidades resultantes de la fuerza y edad, de acuerdo con las siguientes reglas:

> Primera: Si ambas personas perecidas fueren menores de quince años, se presume haber sobrevivido la de mayor edad.
>
> Segunda: Si ambas tenían más de sesenta años, se presume haber sobrevivido la de menor edad.
>
> Tercera: Si una era menor de quince años y la otra mayor de sesenta se presume haber sobrevivido la primera.
>
> Cuarta: Si ambas tenían más de quince años y menos de sesenta se presume la supervivencia de la de más edad.
>
> Quinta: Si una era menor de quince o mayor de sesenta, y otra de edad intermedia, se presume haber sobrevivido esta última.

(39) Un recibo de compra de bienes o pago por servicios es auténtico y refleja el justo valor de los bienes adquiridos de los proveedores o los servicios recibidos de parte de un proveedor.

Regla 305. Presunciones incompatibles

En caso de surgir dos presunciones incompatibles no se aplicará ninguna de ellas y el hecho en controversia se resolverá a base de la prueba.

IV. Admisibilidad y Pertinencia

A. Definición de Pertinencia y su relación con admisibilidad

Regla 401. Definición de evidencia pertinente

Evidencia pertinente es aquélla que tiende a hacer la existencia de un hecho, que tiene consecuencias para la adjudicación de la acción, más probable o menos probable de lo que sería sin tal evidencia. Esto incluye la evidencia que sirva para impugnar o sostener la credibilidad de una persona testigo o declarante.

Regla 402. Relación entre pertinencia y admisibilidad

La evidencia pertinente es admisible excepto cuando se disponga lo contrario por imperativo constitucional, por disposición de ley o por estas Reglas. La evidencia no pertinente es inadmisible.

B. Exclusión de evidencia pertinente por perjuicio, confusión o pérdida de tiempo

Regla 403. Evidencia pertinente excluida por fundamentos de perjuicio, confusión o pérdida de tiempo

Evidencia pertinente puede ser excluida cuando su valor probatorio queda sustancialmente superado por cualesquiera de estos factores:

(a) riesgo de causar perjuicio indebido

(b) riesgo de causar confusión

(c) riesgo de causar desorientación del Jurado

(d) dilación indebida de los procedimientos

(e) innecesaria presentación de prueba acumulativa.

C. Exclusión de prueba de carácter

Regla 404. Evidencia de carácter no es admisible para probar conducta; excepciones; evidencia sobre la comisión de otros delitos

(A) Evidencia del carácter de una persona o de un rasgo de su carácter, no es admisible cuando se ofrece para probar que en una ocasión específica la persona actuó de conformidad con tal carácter, excepto cuando se trate de:

(1) Evidencia de un rasgo pertinente de carácter ofrecido por la defensa, sobre el carácter de la persona acusada.

(2) Evidencia de un rasgo pertinente de carácter ofrecido por la defensa, sobre el carácter de la víctima, sujeto a lo dispuesto en la Regla 412.

(3) Evidencia ofrecida por el Ministerio Público, sobre el mismo rasgo pertinente de carácter de la persona acusada, para refutar la prueba de carácter presentada por la defensa bajo la Cláusula (1) o la Cláusula (2) de este inciso.

(4) Evidencia de un rasgo pertinente de carácter ofrecido por el Ministerio Público, sobre el carácter de la víctima, para refutar la prueba de carácter presentada por la defensa bajo la cláusula (2) de este inciso.

(5) Evidencia de un rasgo pertinente de carácter ofrecido por el Ministerio Público, en casos de asesinato u homicidio, sobre el carácter tranquilo o pacífico de la víctima, para refutar prueba de defensa de que la víctima fue quien agredió primero.

(B) Evidencia de conducta específica, incluyendo la comisión de otros delitos, daño civil u otros actos, no es admisible para probar la propensión a incurrir en ese tipo de conducta y con el propósito de inferir que se actuó de conformidad con tal propensión. Sin embargo, evidencia de tal conducta es admisible si es pertinente para otros propósitos, tales como prueba de motivo, oportunidad, intención, preparación, plan, conocimiento, identidad, ausencia de error o accidente o para establecer o refutar una defensa.

Si la persona acusada lo solicita, el Ministerio Público deberá notificarle la naturaleza general de toda prueba que el Ministerio Público se proponga presentar bajo este inciso (B). La notificación deberá proveerse con suficiente antelación al juicio, pero el Tribunal podrá permitir que la notificación se haga durante el juicio si el Ministerio Público demuestra justa causa para no haber provisto la información antes del juicio.

(C) La admisibilidad de evidencia ofrecida para sostener o impugnar la credibilidad de una persona testigo se regula según lo codificado en las Reglas 608 ó 609.

D. Modos de probar el carácter

Regla 405. Modos de probar el carácter

(A) Reputación u opinión

Cuando evidencia de carácter sea admisible bajo la Regla 404, se podrá presentar sólo en forma de testimonio de reputación o de opinión sobre el rasgo de carácter pertinente, sin perjuicio de que en el contrainterrogatorio pueda preguntarse a la persona testigo sobre actos específicos de conducta pertinentes a su testimonio.

(B) Conducta específica

Cuando el carácter o rasgo de carácter de una persona sea un elemento esencial de una acusación, reclamación o defensa, podrá ser admitida evidencia de carácter no solo en forma de testimonio de reputación o de opinión, sino también en forma de actos específicos de conducta.

E. Hábito o práctica rutinaria

Regla 406. Hábito o práctica rutinaria

(A) Evidencia de hábito de una persona o la práctica rutinaria de una organización es admisible para probar que la conducta de esa persona u organización en una ocasión particular fue de conformidad al hábito o práctica rutinaria.

(B) Método de prueba

El hábito o la práctica rutinaria podrá probarse mediante testimonio en forma de una opinión o mediante un número suficiente de actos específicos de conducta para justificar la determinación de que el hábito existía o de que la práctica era rutinaria.

F. Exclusión de evidencia pertinente por razones extrínsecas a la búsqueda de la verdad

1. Reparaciones o precauciones posteriores

Regla 407. Reparaciones o precauciones posteriores

Evidencia de medidas de reparación o precauciones efectuadas después de la ocurrencia de un evento, las cuales de haber sido efectuadas anteriormente, hubieran tendido a hacer menos probable su ocurrencia, será inadmisible para probar negligencia o conducta culpable en relación con el evento. Esto no impide que tal evidencia sea admisible a otros fines pertinentes, tales como establecer la titularidad o control sobre una cosa, la viabilidad de tomar medidas de precaución si la parte adversa ha puesto este hecho en controversia, o para fines de impugnación.

2. Transacciones y ofertas para transigir

Regla 408. Transacciones y ofertas para transigir

(A) No es admisible para probar la validez o falta de validez de una reclamación, la cuantía reclamada o para impugnar a base de una declaración anterior inconsistente o por contradicción:

> (1) Evidencia de que una persona (a) ha provisto, ofrecido o prometido proveer o (b) ha aceptado, ofrecido o prometido aceptar algo de valor, con el propósito de intentar o lograr transigir una reclamación cuando estaba en controversia su validez o la cuantía reclamada, o
>
> (2) Evidencia sobre conducta o declaraciones efectuadas durante gestiones dirigidas a transigir.

(B) Esta Regla no requiere la exclusión de evidencia que se ofrece para otros propósitos tales como impugnar por parcialidad o prejuicio a una persona testigo, refutar una alegación de demora indebida o probar un intento de obstruir una investigación o procedimiento criminal. Para fines de esta Regla, no se considerará como intento de obstruir una investigación o procedimiento criminal, la conducta dirigida a transigir un delito cuya transacción está autorizada por las Reglas de Procedimiento Criminal, el Código Penal o legislación especial.

(C) Esta Regla aplica en casos civiles y criminales.

3. Pago y oferta de pago por gastos médicos

Regla 409. Pago y oferta de pago por gastos médicos

Evidencia de proveer, ofrecer o prometer el pago de gastos médicos, hospitalarios o gastos similares surgidos a raíz de lesiones, no es admisible para probar responsabilidad por las lesiones.

4. Alegación preacordada

Regla 410. Alegación preacordada

La existencia de una alegación preacordada, sus términos o condiciones, y las conversaciones o conducta conducentes a la misma, no serán admisibles en ningún procedimiento criminal o civil si la alegación preacordada hubiere sido rechazada por el Tribunal, invalidada en algún recurso posterior o retirada válidamente por la persona imputada o el Ministerio Público. Lo anterior será admisible por excepción en un procedimiento criminal por perjurio contra la persona imputada basado en manifestaciones hechas por ésta bajo juramento y en presencia de su abogada o abogado.

5. Sistema para determinación inicial de responsabilidad

Regla 411. Sistema para determinación inicial de responsabilidad

(A) La adjudicación de responsabilidad por accidentes de tránsito en la que se han utilizado los diagramas contenidos en el Sistema de la Determinación Inicial de Responsabilidad, según establecido por ley, no será admisible en procedimiento criminal o civil alguno que surja por los hechos particulares del referido accidente. No obstante, cualquier cantidad satisfecha por concepto de la adjudicación de responsabilidad, resultante de la utilización de los referidos diagramas en la reclamación surgida por tal accidente de tránsito, será admisible a los únicos efectos de que se acredite a cualquier cantidad adicional que judicial o extrajudicialmente se le adjudique a alguna de las partes involucradas en tal reclamación.

(B) Tampoco será admisible como evidencia en un procedimiento civil o criminal, el informe amistoso de accidente que las partes involucradas en un accidente de tránsito llenen, firmen y entreguen a un asegurador o aseguradora, o su representante autorizado, excepto en procedimientos administrativos o criminales promovidos por la presentación de reclamaciones falsas o fraudulentas.

G. Reglas especiales aplicables a casos criminales en los que se imputa conducta sexual ilícita

Regla 412. Casos relacionados con conducta sexual ilícita; pertinencia de conducta sexual previa de una alegada víctima de agresión sexual; evidencia sobre alegada propensión sexual

(A) Evidencia generalmente inadmisible

La siguiente evidencia es inadmisible en cualquier procedimiento criminal que involucre alegaciones de conducta sexual ilícita:

(1) evidencia de opinión, reputación o conducta sexual que se ofrece para probar que cualquier alegada víctima participó en otra conducta sexual;

(2) evidencia de cualquier otro tipo que se ofrece para probar la propensión sexual de cualquier alegada víctima.

(B) Excepciones

En casos penales la siguiente evidencia es admisible, salvo que resulte inadmisible bajo otras Reglas:

(1) evidencia de actos específicos de conducta sexual de la alegada víctima, que es ofrecida para probar que una persona distinta a la que fue acusada originó el semen, las lesiones u otra evidencia física;

(2) evidencia de actos específicos de conducta sexual de la alegada víctima con la persona acusada de conducta sexual ilícita, que se ofrece por la persona acusada para probar que hubo consentimiento o por el Ministerio Público;

(3) evidencia cuya exclusión violaría los derechos constitucionales de la persona acusada.

(C) Procedimiento para determinar admisibilidad

(1) Una parte que se propone presentar evidencia según las excepciones establecidas en el inciso (B) deberá:

(a) presentar una moción en la cual describa de forma específica la evidencia en cuestión sostenida en declaración jurada y donde se exprese el propósito para el cual la ofrece;

(b) someter la moción por lo menos 14 días antes del juicio, excepto si el Tribunal, por justa causa, establece un plazo distinto o permite que se presente durante el juicio;

(c) notificar la moción a todas las partes y a la alegada víctima. Cuando ésta sea menor o incapacitada, la notificación deberá efectuarse a su tutor o representante legal.

(2) Antes de admitir evidencia bajo esta Regla, el Tribunal debe celebrar una vista en privado donde se le brinde oportunidad a las partes de presentar prueba. En los casos que se ventilen ante Tribunal de derecho, la determinación en cuanto a la admisibilidad de evidencia la hará un Juez distinto al que preside el juicio. En la vista sólo se permitirá la presencia de la víctima, la persona acusada, el Ministerio Público, la abogada o el abogado de defensa y personal de apoyo del Tribunal y de las partes. La moción, los documentos relacionados y el expediente de la vista permanecerán sellados, excepto si el Tribunal ordena lo contrario.

(3) Al terminar la vista, si el Tribunal determina que la evidencia que se propone ofrecer la persona acusada es pertinente y que su naturaleza inflamatoria o perjudicial no tendrá un peso mayor que su valor probatorio, dictará una orden escrita indicando la evidencia que puede ser presentada por la persona acusada y la naturaleza de las preguntas permitidas. La persona acusada entonces podrá ofrecer evidencia de acuerdo con la orden del Tribunal.

H. Reglas especiales aplicables a casos civiles relacionados con conducta constitutiva de hostigamiento sexual o agresión sexual

Regla 413. Hostigamiento sexual; agresión sexual; evidencia de reputación y opinión sobre conducta sexual de la parte demandante; inadmisibilidad; excepción; contrainterrogatorio

(A) Admisión y exclusión de evidencia

(1) En cualquier acción civil en la que se alegue conducta constitutiva de hostigamiento sexual o agresión sexual, no se admitirá evidencia de la parte demandada para establecer consentimiento o inexistencia de daños, ya sea evidencia de opinión o reputación o de hechos específicos sobre la conducta sexual de la parte demandante. Esta regla de exclusión no aplicará cuando el daño alegado por la parte demandante sea pérdida de la capacidad para sostener relaciones sexuales.

(2) No será aplicable lo dispuesto en el inciso (A) (1) de esta Regla a evidencia de conducta sexual de la parte demandante con la persona que según se alega, fue la hostigadora o agresora.

(3) Si la parte demandante somete evidencia relacionada con su conducta sexual –incluyendo su propio testimonio o el de cualquier otra persona– la parte demandada podrá contrainterrogar a la persona testigo o a la parte que ofrezca dicha información y ofrecer evidencia pertinente,

específicamente limitada a refutar la evidencia presentada por la parte demandante.

(B) Procedimiento para determinar admisibilidad

(1) La determinación en cuanto a la admisibilidad de evidencia bajo el inciso (A) de esta Regla, la hará una Jueza o un Juez distinto al que interviene en la consideración de los méritos de la demanda. La parte demandada deberá:

> (a) presentar una moción en la cual describa de forma específica la evidencia en cuestión sostenida en declaración jurada y exprese el propósito para el cual la ofrece;
>
> (b) someter la moción por lo menos 14 días antes del juicio, excepto si el Tribunal, por justa causa, establece un plazo distinto o permite que se presente durante el juicio;
>
> (c) notificar la moción a la parte demandante.

(2) Antes de admitir evidencia bajo esta Regla, el Tribunal celebrará una vista privada. En la vista sólo se permitirá la presencia de las partes, sus abogadas o abogados y personal de apoyo del Tribunal y de las partes. La moción, los documentos y el expediente de la vista permanecerán sellados, excepto si el Tribunal ordena lo contrario. Si el Tribunal determina que la evidencia será admitida, dictará una orden indicando la evidencia que puede ser presentada por la parte demandada y la naturaleza de las preguntas permitidas.

(C) Nada de lo dispuesto en esta Regla afecta la admisibilidad de cualquier evidencia ofrecida para impugnar la credibilidad de una persona testigo.

V. Privilegios

A. Privilegios reconocidos en Puerto Rico

Regla 501. Privilegios de la persona acusada

En la medida en que así sea reconocido en la Constitución de los Estados Unidos o en la Constitución del Estado Libre Asociado de Puerto Rico, una persona imputada o acusada tiene derecho, en una causa criminal en su contra, a no ser llamada como testigo, a no declarar y a que no sea hecha inferencia alguna del ejercicio de tal derecho.

Regla 502. Autoincriminación

En la medida en que así sea reconocido en la Constitución de los Estados Unidos o en la Constitución del Estado Libre Asociado de Puerto Rico, toda persona tiene el privilegio de rehusar revelar cualquier materia que tienda a incriminarle.

Regla 503. Relación abogada o abogado y cliente

(A) Según usadas en esta Regla, las siguientes expresiones tendrán el significado que a continuación se indica:

(1) Abogada o Abogado: Persona autorizada o a quien el o la cliente razonablemente creyó autorizada a ejercer la profesión de la abogacía en Puerto Rico o en cualquier otra jurisdicción; incluyendo a sus asociadas, ayudantes y empleadas.

(2) Cliente: Persona natural o jurídica que, directamente o a través de representante autorizado, consulta a una abogada o a un abogado con el propósito de contratarle o de obtener servicios legales o consejo en su capacidad profesional. Incluye a la persona incapaz que consulta a una abogada o a un abogado o cuyo tutor, tutora o encargada hace tal gestión con la abogada o el abogado a nombre de la persona incapaz.

(3) Representante autorizado: Persona facultada para obtener servicios legales o actuar a base de consejo legal ofrecido, en representación de la que es cliente. Incluye a una persona que, con el propósito de que se brinde representación legal a quien es cliente, hace o recibe una comunicación confidencial mientras actúa dentro del alcance de su empleo con el cliente.

(4) Comunicación confidencial: Aquélla habida entre una abogada o un abogado y su cliente en relación con alguna gestión profesional, basada en la confianza de que no será divulgada a terceras personas, salvo a aquéllas que sea necesario para llevar a efecto los propósitos de la comunicación.

(B) Sujeto a lo dispuesto en esta Regla, el o la cliente –sea o no parte en el pleito o acción– tiene el privilegio de rehusar revelar, y de impedir que otra persona revele, una comunicación confidencial entre ella y su abogada o abogado. El privilegio puede ser invocado no sólo por quien lo posee –que es la persona cliente– sino también por una persona autorizada a invocarlo en beneficio de ésta, o por la abogada o el abogado a quien la comunicación fue hecha si lo invoca a nombre de y para beneficio de la que es cliente.

(C) No existe privilegio bajo esta Regla si:

(1) Los servicios de la abogada o del abogado fueron solicitados u obtenidos para permitir o ayudar a cualquier persona a cometer o planear la comisión de un delito o un fraude.

(2) La comunicación es pertinente a una controversia entre los herederos de la persona cliente ya fallecido, independientemente de que las reclamaciones provengan de un testamento o de sucesión intestada o de transacción entre vivos.

(3) La comunicación es pertinente a una controversia relativa a una violación de los deberes mutuos que surjan de la relación abogada o abogado-cliente.

(4) La comunicación es pertinente a una controversia relativa a un documento en que intervino la abogada o el abogado en calidad de notaria o notario.

(5) La comunicación es pertinente a una materia de común interés para dos o más personas que son clientes de la abogada o del abogado, en cuyo caso una de las personas clientes no puede invocar el privilegio contra las otras.

(D) Cuando dos o más personas se unen como clientes de una misma abogada o un mismo abogado en cuanto a un asunto de interés común entre ellas, ninguna podrá renunciar al privilegio sin el consentimiento de las otras.

Regla 504. Relación contadora o contador público autorizado y cliente

(A) Según usadas en esta Regla, las siguientes expresiones tendrán el significado que a continuación se indica:

(1) Contadora o Contador Público Autorizado: Toda persona que posea una licencia para dedicarse a la práctica de la contabilidad pública en Puerto Rico o en los Estados Unidos de América.

(2) Cliente: Persona natural o jurídica que consulta a una contadora o contador público autorizado, o a quien creyó con autorización para ejercer la profesión de la contabilidad, con el propósito de contratarle o de obtener servicios en su capacidad profesional.

(3) Comunicación confidencial: Aquélla habida entre una contadora o contador público autorizado –incluyendo a las personas que son sus asociadas, ayudantes y empleadas de oficina– y su cliente en relación con alguna gestión profesional, realizada en el ejercicio de la profesión de contabilidad, basada en la confianza de que no será divulgada a terceras personas, salvo a aquéllas que sea necesario para llevar a efecto los propósitos de la comunicación.

(B) Sujeto a lo dispuesto en esta Regla, la persona cliente -sea o no parte en el pleito o acción tiene el privilegio de rehusar revelar, y de impedir que otra persona revele, una comunicación confidencial entre ella y su contadora o contador público autorizado. El privilegio puede ser invocado sólo por quien posee el privilegio, que es la persona cliente.

(C) No existe privilegio bajo esta Regla si:

(1) Los servicios a la contadora o contador público autorizado fueron solicitados y obtenidos para permitir o ayudar a cualquier persona a cometer o planear la comisión de un delito o un fraude.

(2) La comunicación es pertinente a una controversia relativa a una violación de los deberes mutuos que surjan de la relación contadora o contador público autorizado y cliente.

(3) La comunicación es pertinente a una materia de común interés para dos o más clientes de la contadora o contador público autorizado, en cuyo caso una de las personas clientes no puede invocar el privilegio contra las otras.

(4) El contenido de la comunicación se le requiere durante un procedimiento civil o penal bajo la Ley de Armas, Ley de Sustancias Controladas, Ley de Explosivos, Ley Contra el Crimen Organizado, las disposiciones del Código Penal y las leyes especiales sobre estas materias.

(5) Las normas que regulan la profesión de la contabilidad requieren que se divulgue la comunicación.

(6) La comunicación entre la contadora o contador público autorizado y su cliente puede ser divulgada por mandato de ley o por razón de interés público apremiante.

(D) Cuando dos o más personas se unen como clientes de la misma contadora o el mismo contador público autorizado en cuanto a un asunto de interés común entre ellas, ninguna podrá renunciar al privilegio sin el consentimiento de las otras.

Regla 505. Renuncia a los privilegios de abogada o abogado-cliente; contadora o contador público autorizado-cliente; renuncia al privilegio para el producto del trabajo realizado por una parte o sus representantes en anticipación o como parte de un litigio

(A) Aplicabilidad de esta Regla

Las disposiciones de esta Regla aplican a comunicaciones o información protegida por el privilegio abogada o abogado-cliente, contadora o contador público autorizado cliente o por el privilegio para el producto del trabajo, según se definen dichos términos a continuación:

(1) Privilegio abogada o abogado-cliente o contadora o contador público autorizado-cliente: Significa la protección provista a comunicaciones confidenciales entre abogada o abogado y cliente o contadora o contador público autorizado y cliente de conformidad con el Derecho aplicable.

(2) Privilegio para el producto del trabajo: Significa la protección provista a información que es el producto del trabajo de una parte o de la persona que es abogada, consultora, fiadora,

aseguradora o agente de dicha parte, preparada u obtenida en anticipación de, o como parte de una investigación o procedimiento civil, administrativo o penal.

(B) Renuncia voluntaria

La divulgación voluntaria de una información protegida por el privilegio abogada o abogado-cliente, contadora o contador público autorizado-cliente o el privilegio para el producto del trabajo constituye una renuncia a estos privilegios, la cual no se extiende a una comunicación no divulgada o a información sobre la misma materia. Esta Regla no aplica si la comunicación no divulgada o los datos en cuestión deben ser considerados para la más cabal comprensión de la información divulgada.

(C) Renuncia involuntaria

La divulgación de una comunicación o información protegida por el privilegio abogada o abogado-cliente, contadora o contador público autorizado-cliente o el privilegio para el producto del trabajo, no se considerará una renuncia al privilegio si se cumple con todos los requisitos siguientes:

(1) si fue realizada por inadvertencia,

(2) como parte del procedimiento judicial o administrativo en el cual se invoca la renuncia,

(3) quien posee el privilegio tomó medidas de precaución razonables para evitar la divulgación y

(4) una vez el poseedor o la poseedora del privilegio conoció o debió conocer de la divulgación, con razonable prontitud tomó medidas para rectificar el error.

(D) Efectos de una renuncia mediante estipulación

Un acuerdo entre las partes en un litigio en relación con el efecto que tendrá la divulgación de una información o comunicación protegida por el privilegio abogada o abogado-cliente, contadora o contador público autorizado-cliente o el privilegio para el producto del trabajo, sólo tendrá efecto vinculante entre las partes en el litigio, excepto si el acuerdo de las partes es incorporado en una orden del Tribunal.

(E) Órdenes Judiciales

Una orden emitida como parte de un procedimiento judicial en un Tribunal del Estado Libre Asociado de Puerto Rico, y la cual dispone que el privilegio abogada o abogado-cliente, el privilegio contadora o contador público autorizado-cliente o el privilegio para el producto del trabajo no debe considerarse renunciado en virtud de una divulgación de información efectuada en dicho procedimiento judicial, obliga a todas las personas o entidades en todos los procedimientos judiciales o administrativos ante el Estado Libre Asociado de Puerto Rico, independientemente de que dichas personas o entidades hayan sido parte en el procedimiento judicial, si (1) la orden incorpora el acuerdo de las partes ante el Tribunal o (2) en caso de surgir controversia entre las partes respecto a si hubo una renuncia al privilegio como resultado de una divulgación, la orden determina que no hubo tal renuncia al privilegio en cuestión.

Regla 506. Relación médico y paciente

(A) Según usadas en esta Regla, las siguientes expresiones tendrán el significado que a continuación se indica:

(1) Médico: Persona autorizada, o a quien el o la paciente razonablemente cree que está autorizada a ejercer la medicina en el lugar en que se efectúa la consulta o el examen médico.

(2) Paciente: Persona que con el único fin de obtener tratamiento médico, o un diagnóstico preliminar a dicho tratamiento, consulta a aquélla que es médico o se somete a examen por ésta.

(3) Comunicación confidencial: Aquélla habida entre el o la médico y el o la paciente en relación con alguna gestión profesional basada en la confianza de que ésta no será divulgada a terceras personas, salvo a aquéllas que sea necesario para llevar a efecto el propósito de la comunicación.

(B) Sujeto a lo dispuesto en esta Regla, el o la paciente -sea o no parte en el pleito o acción- tiene el privilegio de rehusar revelar, y de impedir que otra persona revele, una comunicación confidencial habida entre el o la paciente y su médico si uno u otro razonablemente creían que la comunicación era necesaria para permitir el diagnóstico o ayudar en un diagnóstico de la condición del o de la paciente o para prescribir o darle tratamiento. El privilegio puede ser invocado no sólo por quien lo posee – que es el o la paciente- sino también por una persona autorizada para ello en beneficio del o de la paciente. También puede ser invocado por el o la médico a quien se hizo la comunicación confidencial, si éste o ésta lo invoca a nombre de y para beneficio de su paciente.

(C) No existe privilegio bajo esta Regla si:

(1) La cuestión en controversia concierne a la condición del o de la paciente, sea una acción para recluirle o ponerle bajo custodia por razón de alegada incapacidad mental o una acción en la que el o la paciente trata de establecer su capacidad.

(2) Los servicios del médico fueron solicitados u obtenidos para hacer posible o ayudar a cometer o planear la comisión de un delito o fraude.

(3) El procedimiento es de naturaleza criminal.

(4) El procedimiento es una acción civil para recobrar daños con motivo de conducta del o de la paciente y se demuestra justa causa para revelar la comunicación.

(5) El procedimiento es sobre una controversia relacionada con la validez de un alegado testamento del o de la paciente.

(6) La controversia es entre partes que derivan sus derechos del o de la paciente, ya sea por sucesión testada o intestada.

(7) La comunicación es pertinente a una controversia basada en el incumplimiento de los deberes mutuos que surgen de la relación médico y paciente.

(8) Se trata de una acción en que la condición del o de la paciente constituye un elemento o factor de la reclamación o defensa del o de la paciente, o de cualquier persona que reclama al amparo del derecho del o de la paciente o a través de éste o ésta, o como beneficiario del o de la paciente en virtud de un contrato en el cual él o ella es o fue parte.

(9) La persona poseedora del privilegio hizo que quien es el o la médico, su agente, empleada o empleado declarara en una acción respecto a cualquier materia que vino en conocimiento del o de la médico, su agente, empleada o empleado por medio de la comunicación.

(10) La comunicación es pertinente a una controversia relacionada con un examen médico ordenado por el Tribunal al o la paciente, sea éste o ésta parte o testigo en el pleito.

Regla 507. Relación consejera o consejero y víctima de delito

(A) Según usadas en esta Regla, las siguientes expresiones tendrán el significado que a continuación se indica:

(1) Consejera o consejero: Toda persona autorizada, certificada o licenciada por el Estado Libre Asociado de Puerto Rico para realizar funciones de consejería, orientación, consultoría, funciones terapéuticas o cualquier persona empleada o voluntaria bajo la supervisión de un centro de ayuda y consejería que brinde tratamiento y ayuda a víctimas de delito.

(2) Víctima: Persona que ha sufrido daño emocional o psicológico como consecuencia de la comisión de un delito y que acude a una consejera o consejero o a un centro de ayuda y consejería para obtener asistencia o tratamiento.

(3) Comunicación confidencial: Aquélla habida entre la víctima de delito y su consejera o consejero, ya fuere en privado o ante una tercera persona cuya presencia es necesaria para que se establezca comunicación entre la víctima y quien brinda consejería o para facilitar los servicios de consejería que necesita la víctima, cuando tal información se divulga durante el curso del tratamiento que ofrece la consejera o el consejero para atender una condición emocional o psicológica de la víctima producida por la comisión del delito y que se hace bajo la confianza de que ésta no será divulgada a terceras personas.

(4) Centro de ayuda y consejería: Cualquier persona o entidad privada o gubernamental que tiene como uno de sus principales propósitos ofrecer tratamiento y ayuda a las víctimas de delito.

(5) Consejería: La asistencia, el diagnóstico o tratamiento ofrecido a la víctima para aliviar los efectos adversos, emocionales o psicológicos causados a consecuencia de la comisión del delito. Incluye, pero no está limitada a, tratamiento en periodo de crisis emocional o mental.

(B) Sujeto a lo dispuesto en esta Regla, toda víctima de delito -sea o no parte en el pleito o acción- tiene el privilegio de rehusar revelar, y de impedir que otra persona revele una comunicación confidencial entre la víctima y la consejera o consejero, si cualquiera de ellos razonablemente creía que la comunicación era necesaria para el tratamiento y la ayuda requerida. El privilegio puede ser invocado no sólo por quien lo posee, sino también por una persona autorizada por la víctima, su representante legal o por la consejera o consejero a quien se hizo la comunicación.

(C) Sujeto a lo dispuesto en esta Regla, ni la consejera o consejero ni la víctima -sean o no parte en el pleito o acción- podrán ser requeridos para que informen el nombre, dirección, localización o número telefónico de una casa de auxilio, refugio u otra entidad que brinde refugio temporero a víctimas de delito, a menos que la entidad en cuestión sea parte en la acción.

(D) El hecho de que una víctima testifique en el Tribunal acerca del delito no constituye una renuncia del privilegio.

(1) No obstante lo anterior, si como parte de este testimonio la víctima revela parte de la comunicación confidencial, se entenderá que renuncia al privilegio en cuanto a esa parte del testimonio solamente.

(2) Cualquier renuncia al privilegio se extenderá únicamente a aquello que sea necesario para responder a las preguntas que formule la abogada o el abogado concernientes a la comunicación confidencial y que sean relevantes a los hechos y circunstancias del caso.

(E) La víctima no podrá renunciar al privilegio por medio de su abogada o abogado. No obstante lo anterior, si la víctima insta acción por impericia profesional contra la consejera o el consejero o contra el centro de ayuda y consejería en el cual la persona consejera está empleada o sirve como voluntaria bajo supervisión, dicha persona podrá declarar sin sujeción al privilegio y no será responsable por tal declaración.

Regla 508. Privilegio de psicoterapeuta y paciente

(A) Según usadas en esta Regla, las siguientes expresiones tendrán el significado que a continuación se indica:

(1) Psicoterapeuta: Persona autorizada o a quien el o la paciente razonablemente cree que está autorizada a ejercer, en Puerto Rico o en cualquier otra jurisdicción la medicina, o la psicología; para diagnosticar o tratar una condición mental o emocional de la persona paciente, incluyendo la drogadicción o el alcoholismo.

(2) Paciente: Persona que consulta o es examinada o entrevistada por otra que es psicoterapeuta.

(3) Comunicación Confidencial: Aquélla que se hace sin el propósito de que sea divulgada a terceras personas que no sean:

(a) aquellas personas presentes cuando se hace la comunicación y cuya presencia tiene el propósito de adelantar los intereses del o de la paciente en la consulta, examen o entrevista, o

(b) aquellas personas razonablemente necesarias para la transmisión de la comunicación, o

(c) aquellas personas que están participando en el diagnóstico y tratamiento bajo la dirección de quien es psicoterapeuta, incluyendo a familiares del o de la paciente.

(B) El o la paciente tiene el privilegio de rehusar revelar, y de impedir que otra persona revele, una comunicación confidencial hecha para propósitos de diagnóstico o tratamiento de su condición mental o emocional, incluyendo la drogadicción o el alcoholismo, efectuada entre el o la paciente, su psicoterapeuta u otras personas que están participando en el diagnóstico o tratamiento bajo la dirección de quien es psicoterapeuta, incluyendo a familiares del o de la paciente.

(C) El privilegio puede ser invocado por el o la paciente, por su tutora, tutor, defensora o defensor judicial o por quien representa al o la paciente que falleció. La persona que actuó como psicoterapeuta puede invocar el privilegio pero sólo en representación del o de la paciente y su autoridad para invocarlo se presumirá, en ausencia de evidencia [en] contrario.

(D) No existe el privilegio bajo esta Regla si:

(1) Las comunicaciones son pertinentes a una controversia en un procedimiento para hospitalizar al o la paciente por razón de enfermedad mental, si quien es psicoterapeuta en el curso del diagnóstico o tratamiento ha determinado que el o la paciente requiere hospitalización.

(2) Un Tribunal ordena un examen de la condición mental o emocional del o de la paciente.

(3) Las comunicaciones son pertinentes a una controversia material sobre la condición mental o emocional del o de la paciente, en cualquier procedimiento en el cual éste o ésta invoca dicha condición como un elemento de su reclamación o defensa. Esta excepción no aplica cuando el o la paciente es alguien menor de edad a quien el o la psicoterapeuta le brinda o le ha brindado servicios de diagnóstico o tratamiento y el privilegio lo invoca una persona autorizada en beneficio del o de la paciente.

Regla 509. Privilegio del cónyuge testigo

(A) Una persona casada tiene el privilegio de no testificar contra su cónyuge en ningún procedimiento.

(B) Una persona casada, cuyo cónyuge es una parte en cualquier procedimiento, tiene el privilegio de no ser llamada a declarar como testigo en ese procedimiento por una parte adversa, sin su previo expreso consentimiento, a no ser que la parte que la llama lo haga de buena fe, sin conocimiento de la relación conyugal.

(C) Una persona casada no tiene el privilegio reconocido en los incisos (A) y (B) de esta Regla en:

(1) Un procedimiento instado por o en nombre de un cónyuge contra otro.

(2) Un procedimiento para recluir a cualquiera de los cónyuges o de otra forma poner a su persona o a su propiedad, o ambos, bajo el control de otra persona, por motivo de su alegada condición mental o física.

(3) Un procedimiento instado por o a nombre de cualquiera de los cónyuges para establecer su capacidad.

(4) Un procedimiento bajo la Ley de Menores o de custodia de menores relacionado con menor de edad que es hija o hijo de uno o de ambos cónyuges.

(5) Un procedimiento criminal en el cual uno de los cónyuges es acusada o acusado de:

(a) Un delito cometido contra la persona o la propiedad del otro cónyuge o de una hija o un hijo de cualquiera de los dos.

(b) Un delito contra la persona o la propiedad de una tercera persona mientras cometía un delito contra la persona o propiedad del otro cónyuge.

(c) Bigamia o adulterio.

(d) Incumplimiento de la obligación alimentaria de una hija o un hijo de cualquiera de los cónyuges.

(D) Renuncia al privilegio

(1) Salvo que hubiera sido erróneamente compelida a hacerlo, una persona casada que testifica en un procedimiento en el que es parte su cónyuge, o que testifica contra su cónyuge en cualquier procedimiento, no tiene el privilegio reconocido en esta Regla en el procedimiento en el que presta ese testimonio. Para que se produzca una renuncia válida de acuerdo con este inciso, la persona casada debe ser advertida previamente por las autoridades pertinentes de la existencia del privilegio y de su derecho a invocarlo.

(2) No existe el privilegio bajo esta Regla en una acción civil instada o defendida por una persona casada para el beneficio inmediato de su cónyuge o de ambos.

Regla 510. Privilegio de las comunicaciones confidenciales matrimoniales

(A) Comunicación confidencial entre cónyuges: Aquélla habida privadamente sin intención de transmitirla a una tercera persona y bajo la creencia de que la comunicación no sería divulgada.

(B) Sujeto a lo dispuesto en la Regla 517, sobre renuncia a privilegios de comunicaciones confidenciales, un cónyuge, o su tutora o tutor -si lo tuviera- sea o no parte en el procedimiento, tiene el privilegio de negarse a divulgar o impedir que otra persona divulgue, durante la vigencia y luego del matrimonio, una comunicación confidencial habida entre los cónyuges, hecha mientras estaban casados.

(C) No existe el privilegio bajo esta Regla cuando la comunicación:

(1) Fue hecha, total o parcialmente, con el propósito de cometer o ayudar a cometer o planificar la comisión de un delito, fraude o acto torticero.

(2) Se ofrece en un procedimiento para recluir a cualquiera de los cónyuges o de otra forma poner a su persona o a su propiedad, o ambos, bajo el control de otra persona por motivo de su alegada condición mental o física.

(3) Se ofrece en un procedimiento instado por o a nombre de cualquiera de los cónyuges con el propósito de establecer su capacidad.

(4) Se ofrece en un procedimiento instado por o a nombre de un cónyuge contra el otro.

(5) Se ofrece en un procedimiento entre quien es cónyuge sobreviviente y una persona que reclama a través del cónyuge que falleció, independientemente de si se trata de una sucesión testada o intestada o de una transacción entre vivos.

(6) Se ofrece en un procedimiento en el que a uno de los cónyuges se le acusa por:

(a) Un delito cometido contra la persona o la propiedad del otro cónyuge o de una hija o un hijo de cualquiera de los dos.

(b) Un delito cometido contra la persona o la propiedad de una tercera persona mientras cometía un delito contra la persona o propiedad del otro cónyuge.

(c) Bigamia o adulterio.

(d) Incumplimiento de la obligación alimentaria en relación con una hija o un hijo de cualquiera de los cónyuges.

(7) Se ofrece en un procedimiento bajo la Ley de Menores o de custodia de menores relacionado con menor de edad que es hija o hijo de uno o de ambos cónyuges.

(8) Se ofrece en una acción penal por la persona acusada, quien es uno de los cónyuges entre los cuales se hizo la comunicación.

El privilegio persiste aun cuando los cónyuges se hayan divorciado.

Regla 511. Relación religiosa o religioso y creyente

(A) Según usadas en esta Regla, las siguientes expresiones tendrán el significado que a continuación se indica:

(1) Religiosa o Religioso: Sacerdote, pastora, pastor, ministra, ministro, rabino, practicante de una religión, funcionaria o funcionario similar de una iglesia, secta o denominación religiosa o de cualquier organización religiosa.

(2) Creyente: Persona que le hace una comunicación penitencial o confidencial a una religiosa o un religioso.

(3) Comunicación penitencial o confidencial: Aquélla hecha por una persona creyente, en confidencia, sin la presencia de una tercera persona, a una que es religiosa y quien, en el curso de la disciplina o la práctica de su iglesia, secta, denominación u organización religiosa, está autorizada o acostumbrada a oír tales comunicaciones y que bajo tal disciplina tiene el deber de mantenerlas en secreto.

(B) Una religiosa o un religioso, o una persona creyente, sea o no parte en el pleito, tiene el privilegio de rehusar revelar una comunicación penitencial o confidencial o impedir que otra persona la divulgue.

Regla 512. Voto político

Toda persona tiene el privilegio de no divulgar la forma en que votó en una elección política, a menos que se determinare que dicha persona hubiera votado ilegalmente.

Regla 513. Secretos del negocio

La dueña o el dueño de un secreto comercial o de negocio tiene el privilegio -que podrá ser invocado por ella o por él o por la persona que es su agente o empleada- de rehusar divulgarlo y de impedir que otra persona lo divulgue, siempre que ello no tienda a encubrir un fraude o causar una injusticia. Si fuere ordenada su divulgación, el Tribunal deberá tomar aquellas medidas necesarias para proteger los intereses de la dueña o del dueño del secreto comercial, de las partes y de la justicia.

Regla 514. Privilegio sobre información oficial

(A) Según usada en esta Regla, "información oficial" significa aquélla adquirida en confidencia por una persona que es funcionaria o empleada pública en el desempeño de su deber y que no ha sido oficialmente revelada ni está accesible al público hasta el momento en que se invoca el privilegio.

(B) Una persona que es funcionaria o empleada pública tiene el privilegio de no divulgar una materia por razón de que constituye información oficial. No se admitirá evidencia sobre la misma si el Tribunal concluye que la materia es información oficial y su divulgación está prohibida por ley, o que divulgar la información en la acción sería perjudicial a los intereses del gobierno.

Regla 515. Privilegio en cuanto a la identidad de la persona informante

Una entidad pública tiene el privilegio de no revelar la identidad de una persona que ha suministrado información tendente a descubrir la violación de una ley del Estado Libre Asociado de Puerto Rico o de los Estados Unidos de América, si la información es dada en confidencia por la persona informante a una que es funcionaria del orden público, a representante de la agencia encargada de la administración o ejecución de la ley que se alega fue violada o a cualquier persona con el propósito de que la transmitiera a tal persona funcionaria o representante. Evidencia sobre dicha identidad no será admisible a menos que el Tribunal determine que la identidad de la persona que dio la información ya ha sido divulgada en alguna otra forma, o que la información sobre su identidad es esencial para una justa decisión de la controversia, particularmente cuando es esencial a la defensa de la persona acusada.

Regla 516. Privilegio de los procesos de métodos alternos para la solución de conflictos

(A) Se considera privilegiada y confidencial cualquier información ofrecida y los documentos y expedientes de trabajo referentes a un proceso de método alterno para la solución de conflictos, según sea reconocido por ley o reglamento.

(B) Evidencia que sea de otra manera admisible o que esté sujeta a descubrimiento fuera de un proceso de método alterno, no será ni se convertirá en evidencia inadmisible o protegida del descubrimiento únicamente porque se ha presentado o utilizado en dicho proceso.

(C) La renuncia de este privilegio se regirá por las disposiciones que se establezcan por ley o reglamento.

Privilegio Cualificado Del Periodista

La Primera Enmienda de la Constitución federal establece que "[e]l Congreso no aprobará ninguna ley . . . que coarte la libertad de palabra o prensa . . . ".[919] Al tratarse de un derecho fundamental, esta garantía de libertad de palabra y de prensa aplica en Puerto Rico.[920] La protección constitucional que provee nuestra Carta de Derechos es de manera compatible con el reconocimiento ofrecido por el Tribunal Supremo de Estados Unidos bajo la Constitución federal y "no en menor grado de protección".[921]

---

[919] CONST. EE. UU. enm 1.

[920] Balzac v. People of Porto Rico, 258 US 298, 314 (1922). *Véanse además* Pueblo v. García Colón I, 182 DPR 129, 147 (2011).

[921] Pueblo v. García Colón I, 182 DPR en las págs. 147-48.

Le corresponde al tribunal de instancia determinar si, en efecto, la identidad de la fuente periodística era pertinente para evaluar si la información divulgada era de naturaleza difamatoria.[922] De entender que la información fuese pertinente a la causa de acción, el tribunal de instancia debe establecer si se configuraban los requisitos de algún privilegio.[923]

Una vez establecida la pertinencia de la identidad de la fuente periodística o de la información confidencial para la adjudicación de la acción, los tribunales deben evaluar si la parte interesada en descubrir la información solicitada ha presentado prueba alguna a los fines de establecer: (1) que lo publicado es falso y difamatorio; (2) que empleó esfuerzos razonables para descubrir la fuente o la información confidencial por otros medios, y (3) que es necesario conocer la identidad de la fuente o la información confidencial para establecer su causa de acción.[924]

B. Normas de interpretación

Regla 518. Interpretación restrictiva

Las Reglas de privilegios se interpretarán restrictivamente en relación con cualquier determinación sobre la existencia de un privilegio, a excepción de las Reglas 501, 502 y 512 relativas a privilegios de rango constitucional.

C. Renuncia a privilegios

Regla 517. Renuncia a privilegios

(A) Renuncia expresa

Una persona, que de otro modo tendría el privilegio de no divulgar un asunto o materia específico, o de impedir que otra persona los divulgue, no tiene tal privilegio respecto a dicho asunto o materia si el Tribunal determina que (1) esa persona, o cualquier otra mientras era la poseedora del privilegio, se obligó con otra a no invocar el privilegio, o (2) que sin haber sido coaccionada y con conocimiento del privilegio, divulgó cualquier parte del asunto o materia, o permitió tal divulgación por otra persona.

(B) Renuncia implícita

La Jueza o el Juez que preside un caso podrá admitir una comunicación de otra manera privilegiada cuando determine que la conducta de quien posee el privilegio equivale a una renuncia, independientemente de lo dispuesto en el inciso (A) de esta Regla.

(C) Esta Regla no se aplicará a los privilegios establecidos en las Reglas 501, 502 y 512: [sobre los privilegios de la persona acusada, el privilegio a la no autoincriminación y el privilegio sobre el voto político. Es decir, esos derechos no se renuncian implícitamente ni se presumen renunciados.].

---

922 Izquierdo II v. Cruz y otros, 213 DPR 607, 629 (2024).
923 *Id.*
924 *Id.* en la pág. 630.

VI. Evidencia testifical

A. Capacidad y Descalificación de testigos

Regla 601. Capacidad y descalificación de testigos

Toda persona es apta para ser testigo, salvo disposición en contrario en estas Reglas o en la ley. Una persona no podrá servir como testigo cuando, por objeción de parte o a iniciativa propia, el Tribunal determina que ella es incapaz de expresarse en relación con el asunto sobre el cual declararía, en forma tal que pueda ser entendida –bien por sí misma o mediante intérprete– o que ella es incapaz de comprender la obligación de decir la verdad que tiene una persona testigo. Esta determinación se hará conforme a la Regla 109(A).

B. Conocimiento personal

Regla 602. Conocimiento personal del testigo

Salvo lo dispuesto en estas Reglas sobre opiniones de peritos, una persona testigo sólo podrá declarar sobre materia de la cual tenga conocimiento personal. Si una parte formula objeción, tal conocimiento personal deberá ser demostrado antes de que la persona testigo pueda declarar sobre el asunto. El conocimiento personal de la persona testigo sobre la materia o asunto objeto de su declaración podrá ser demostrado por medio de cualquier prueba admisible, incluyendo su propio testimonio. Si la falta de conocimiento personal surge después de presentado el testimonio, a petición de parte, el Tribunal deberá excluirlo e impartir la instrucción correspondiente al jurado.

C. Juramento

Regla 603. Juramento

Antes de declarar, toda persona testigo expresará su propósito de decir la verdad, lo cual hará prestando juramento o de cualquier otro modo solemne, incluyendo afirmación que, a juicio del Tribunal, obliga a la persona testigo a decir la verdad y que entiende que está sujeta a perjurio o desacato sumario por perjurio en caso contrario.

D. Confrontación

Regla 604. Confrontación

Una persona testigo podrá testificar únicamente en presencia de todas las partes en la acción y estará sujeta a ser interrogada por todas ellas, si éstas optan por asistir a la vista e interrogarla.

E. Juez como testigo

Regla 605. Jueza o juez como testigo

La Jueza o el Juez que preside un juicio no podrá declarar en ese juicio como testigo. No será necesario objetar para preservar el planteamiento de error en un proceso apelativo.

F. Jurado como testigo

Regla 606. Jurado como testigo

(A) "Jurado" significa aquí el cuerpo total y "jurado" se refiere a un miembro del cuerpo.

(B) Una persona que haya prestado juramento definitivo como jurado no podrá declarar como testigo en el juicio. Si fuera llamada a declarar, la parte contraria podrá objetar en ausencia del Jurado.

(C) De investigarse la validez de un veredicto, una persona que es jurado no podrá testificar sobre cualquier asunto o declaración que haya ocurrido durante las deliberaciones del Jurado ni sobre aquello que haya influido en su mente o sus emociones, o en las de cualquier otra u otro jurado, para asentir o disentir del veredicto, o en los procesos mentales del jurado al respecto.

Sin embargo, la persona jurado podrá testificar sobre:

> (1) si se trajo indebidamente a su consideración alguna información perjudicial ajena,
>
> (2) si hubo alguna influencia o presión externa para tratar de influir en alguna o algún jurado; o
>
> (3) si hubo un error al anotar el veredicto en el formulario. Tampoco se recibirá ningún affidávit o prueba de alguna declaración hecha por una persona jurado acerca de asuntos sobre los cuales a ésta se le impida testificar.

G. Orden y presentación de la evidencia testifical

Regla 607. Orden y modo de interrogatorio y presentación de la prueba

(A) La Jueza o el Juez que preside un juicio o vista tendrá amplia discreción sobre el modo en que se presenta la prueba e interroga a las personas testigos de manera que:

> (1) La prueba se presente en la forma más efectiva posible para el esclarecimiento de la verdad, velando por la mayor rapidez de los procedimientos evitando dilaciones innecesarias.
>
> (2) Se proteja el derecho de las personas testigos contra preguntas impropias, humillantes o insultantes, o toda conducta ofensiva.
>
> (3) Se proteja también el derecho de éstas a que no se les detenga más tiempo del que exija el interés de la justicia y a que se les examine únicamente sobre materias pertinentes a la cuestión.

(B) Como regla general, el interrogatorio de las personas testigos será efectuado en el siguiente orden:

> (1) Interrogatorio directo: Primer examen de una persona testigo sobre un asunto no comprendido dentro del alcance de un interrogatorio previo de esa persona testigo.
>
> (2) Contrainterrogatorio: Primer examen de una persona testigo por una parte diferente a la que efectuó el interrogatorio directo. El contrainterrogatorio se limitará a la materia objeto del interrogatorio directo y a cuestiones que afecten la credibilidad de testigos. El Tribunal puede, sin embargo, en el ejercicio de su discreción, permitir preguntas sobre otras materias como si fuera un interrogatorio directo.
>
> (3) Interrogatorio redirecto: Examen de una persona testigo que, con posterioridad a su contrainterrogatorio, le hace la parte que le sometió al interrogatorio directo. El interrogatorio redirecto se limitará a la materia objeto del contrainterrogatorio.
>
> (4) Recontrainterrogatorio: Examen de una persona testigo que, con posterioridad al interrogatorio redirecto de dicha testigo, le hace la parte que le sometió al contrainterrogatorio. El recontrainterrogatorio se limitará a la materia objeto del interrogatorio redirecto.

(C) La persona testigo dará contestaciones responsivas a las preguntas que le sean hechas y aquéllas que no sean responsivas serán eliminadas previa moción de cualquiera de las partes. Una contestación responsiva es una respuesta directa y concreta a la pregunta efectuada a la persona testigo.

(D) No se podrá hacer una pregunta sugestiva a una persona testigo durante el interrogatorio directo o el redirecto, excepto cuando sea una pregunta introductoria o una parte llame a una o a un testigo hostil. También será excepción cuando se trate de una parte adversa, de una persona testigo identificada con la parte adversa, de una persona que -por su edad, pobre educación u otra condición- sea mentalmente deficiente o tenga dificultad de expresión, o de una persona que por pudor esté renuente a expresarse libremente. De igual modo, podrá considerarse excepción cuando los intereses de la justicia así lo requieran. Como norma general, podrán hacerse preguntas sugestivas durante el contrainterrogatorio o recontrainterrogatorio. Una pregunta sugestiva es aquélla que sugiere al testigo la contestación que desea la parte que le interroga.

(E) La parte demandante, promovente o el Ministerio Público podrá presentar prueba de refutación luego de finalizada la prueba de la parte demandada, la promovida o la persona acusada para refutar la prueba de cualquiera de éstas. En este turno la parte demandante, promovente o el Ministerio Público no podrá presentar prueba que debió haber sido sometida durante el desfile inicial de su prueba.

Luego de presentada la prueba de refutación, la parte demandada, promovida o la persona acusada podrá presentar prueba de contrarrefutación.

(F) La Jueza o el Juez podrá -a iniciativa propia o a petición de una parte- llamar testigos a declarar, lo cual permitirá a todas las partes contrainterrogar a la persona testigo así llamada. La Jueza o el Juez también podrá, en cualquier caso, interrogar a una o a un testigo, sea ésta o éste llamado a declarar por la propia Jueza o el propio Juez o por la parte. El examen de la Jueza o el Juez debe ir dirigido a aclarar las dudas que tenga o para aclarar el récord. En todo momento, la Jueza o el Juez debe evitar convertirse en abogado o abogada de una de las partes, evitando sugerir a la persona declarante una respuesta en particular.

(G) A petición de parte, la Jueza o el Juez excluirá del salón de sesión a las personas testigos que habrán de declarar, para evitar que éstos escuchen el testimonio de las demás. De igual modo, la Jueza o el Juez, a iniciativa propia, podrá ordenar esta exclusión. Esta Regla, sin embargo, no autoriza la exclusión de las siguientes personas testigos:

(1) Una parte que sea persona natural.

(2) Una persona cuya presencia sea indispensable para la presentación de la prueba de una parte y así se haya demostrado previamente al Tribunal.

(3) Una persona que sea oficial, funcionaria o empleada de una parte que no sea una persona natural y que ha sido designada por la abogada o el abogado de dicha parte como su representante. En procedimientos criminales, el Tribunal exigirá que la persona representante designada por el Ministerio Público testifique antes de permanecer en el salón de sesión, si es que el Ministerio Público se propone utilizarla como testigo. Una vez testifique, no podrá ser llamada a declarar nuevamente, excepto como prueba de refutación. En ningún caso, la representación del Pueblo recaerá en más de una persona y ésta no podrá ser sustituida sin autorización del Tribunal.

Tabla 7. Orden y modo de interrogatorio y presentación de la prueba

Sección	Contenido	Puntos Importantes
(A) Discreción Judicial	La jueza o juez tiene amplia discreción para dirigir la presentación de prueba e interrogatorio.	1. Buscar la forma más efectiva y rápida. 2. Proteger contra preguntas impropias. 3. Evitar detenciones innecesarias y limitar examen a materias pertinentes.
(B) Orden del Interrogatorio	Orden general del interrogatorio de testigos.	1. Interrogatorio directo: Primer examen. 2. Contrainterrogatorio: Hecho por parte contraria, limitado a lo dicho en el directo y credibilidad. 3. Redirecto: Hecho por parte original, limitado al contrainterrogatorio. 4. Recontrainterrogatorio: Hecho por parte contraria, limitado al redirecto.
(C) Contestaciones Responsivas	Las respuestas deben ser directas y concretas.	Las respuestas no responsivas se eliminarán si alguna parte lo solicita.
(D) Preguntas Sugestivas	En qué casos se pueden hacer preguntas que sugieren la respuesta.	No en directo/redirecto, salvo excepciones. Sí en contrainterrogatorio/recontrainterrogatorio. Excepciones en directo: testigo hostil, adversa, deficiencia mental, dificultad de expresión, pudor, interés de la justicia.
(E) Prueba de Refutación y Contrarrefutación	Orden para presentar pruebas adicionales.	- La parte demandante/promovente/MP puede refutar. - No se puede incluir prueba que debió ir en el turno original. - Parte contraria puede contrarrefutar.
(F) Intervención del Tribunal	Facultad de jueza o juez para interrogar o llamar testigos.	- Puede hacerlo motu proprio o a petición de parte. - Puede interrogar, pero sin sugerir respuestas. - Finalidad: aclarar dudas o el récord.
(G) Exclusión de Testigos del Salón	Reglas sobre quién puede permanecer en sala.	El juez puede excluir testigos para evitar que escuchen a otros. No se excluyen: 1. Parte que es persona natural. 2. Persona indispensable (previamente demostrado). 3. Representante designado de parte no natural. En lo criminal: debe declarar antes y solo puede hacerlo una vez.

H. Credibilidad e Impugnación de testigos

Las contradicciones en las declaraciones de un testigo no justifican que se rechace dicha declaración en su totalidad si las contradicciones no son decisivas y si el resto del testimonio es suficiente para establecer la transacción delictiva, superar la presunción de inocencia y establecer la culpabilidad más allá de duda razonable.

Regla 608. Credibilidad e impugnación de testigos

(A) Quién puede impugnar

La credibilidad de una persona testigo puede impugnarse por cualquier parte, incluyendo a la que llama a dicha persona testigo a declarar.

(B) Medios de prueba

La credibilidad de una persona testigo podrá impugnarse o sostenerse mediante cualquier prueba pertinente, incluyendo los aspectos siguientes:

(1) comportamiento de la persona testigo mientras declara y la forma en que lo hace;

(2) naturaleza o carácter del testimonio;

(3) grado de capacidad de la persona testigo para percibir, recordar o comunicar cualquier hecho sobre el cual declara;

(4) declaraciones anteriores de la persona testigo, sujeto a lo dispuesto en la Regla 611;

(5) existencia o inexistencia de cualquier prejuicio, interés u otro motivo de parcialidad por parte de la persona testigo, sujeto a lo dispuesto en la Regla 611;

(6) existencia o inexistencia, falsedad, ambigüedad o imprecisión de un hecho declarado por la persona testigo, sujeto a lo dispuesto en la Regla 403;

(7) carácter o conducta de la persona testigo en cuanto a veracidad o mendacidad, sujeto a lo dispuesto en las Reglas 609 y 610;

(C) Impugnación y autoincriminación

Una persona testigo no renuncia al privilegio contra la autoincriminación cuando se le interroga sobre una materia que afecta únicamente a cuestiones de credibilidad.

Regla 609. Impugnación mediante carácter y conducta específica

(A) Evidencia de carácter en forma de opinión y reputación

La credibilidad de una persona testigo podrá impugnarse o sostenerse mediante evidencia en forma de opinión o reputación de carácter, sujeto a las siguientes limitaciones:

> (1) la evidencia podrá referirse únicamente al carácter veraz o mendaz de la persona testigo, y
>
> (2) la evidencia sobre el carácter veraz sólo será admisible después que el carácter veraz de la persona testigo se haya impugnado mediante evidencia en forma de opinión o reputación o de alguna otra manera.

(B) Actos específicos de conducta

No se permitirá prueba extrínseca de actos específicos de conducta de una persona testigo para impugnar o sostener su carácter veraz. En el contrainterrogatorio, se podrá inquirir sobre actos específicos de veracidad o mendacidad a discreción del Tribunal:

> (1) en cuanto al carácter veraz o mendaz de la persona testigo, o
>
> (2) en cuanto al carácter veraz o mendaz de otra u otro testigo sobre cuyo carácter la persona testigo contrainterrogada ha declarado.

Esta Regla no afectará lo dispuesto en la Regla 610, en cuanto a condenas por delito.

(C) El testimonio ofrecido por la persona acusada o por cualquier otra que sea testigo, no constituye una renuncia al privilegio contra la autoincriminación cuando se interroga a dicha persona sobre asuntos relacionados con veracidad o mendacidad.

Regla 610. Condena por delito

(A) Con el objetivo de impugnar la credibilidad de una persona ya sea ésta testigo o persona acusada, y sujeto a lo dispuesto en la Regla 403, es admisible evidencia de que ha sido condenada por delito que, sin importar su clasificación, conlleve falsedad. Esto puede establecerse por cualquier prueba admisible bajo estas Reglas, lo que incluye el récord público correspondiente y la admisión de la persona testigo cuya credibilidad es impugnada.

(B) No se admitirá evidencia de condena por delito, para impugnar la credibilidad de una persona testigo, si al momento de la presentación han transcurrido diez años desde la fecha de la comisión de los hechos que dieron base a la sentencia.

(C) No será admitida evidencia de condena por delito bajo esta Regla, si la condena ha sido objeto de indulto, perdón, anulación o su equivalente, fundados en una determinación de inocencia o rehabilitación.

(D) Para propósitos de esta Regla, una adjudicación en un Tribunal de menores no será considerada una condena por delito. Sin embargo, en una causa criminal, a discreción del Tribunal, se puede admitir evidencia de una adjudicación de falta en un procedimiento de menores, cuando se ofrece contra una o un testigo que no sea la persona acusada, siempre que una condena por el delito correspondiente hubiera sido admisible para impugnar la credibilidad de una persona adulta, y el Tribunal considera que la admisión es necesaria para una justa determinación en cuanto a la culpabilidad o no culpabilidad de la persona acusada.

(E) Prueba de una condena por delito es admisible bajo el inciso (A) de esta Regla, aunque dicha condena esté pendiente en apelación. Podrá presentarse prueba de la pendencia de dicha apelación.

(F) Antes de que la persona acusada declare o antes del juicio, podrá solicitar del Tribunal que haga una determinación sobre la admisibilidad de determinada condena anterior que pudiera ofrecer el Ministerio Público a fines de impugnar su credibilidad. Si la persona acusada opta por no declarar a la luz de la determinación sobre la admisión de las condenas, puede presentar una oferta de prueba sobre su testimonio en ausencia del Jurado. No obstante, el hecho de que ante la determinación de admisibilidad por el Tribunal la persona acusada opte por no declarar, esto no será impedimento para que en caso de una apelación de la sentencia condenatoria la persona acusada señale como error la determinación de admisibilidad bajo esta Regla.

Regla 611. Impugnación y evidencia extrínseca

(A) No será necesario mostrar o leerle parte alguna de un escrito a una persona testigo al interrogársele para impugnar su credibilidad mediante lo manifestado en tal escrito. De ser solicitado, el Tribunal exigirá que le sean indicados a la persona testigo la fecha y lugar del escrito y la persona a quien fue dirigido. Si así se solicita, el Tribunal ordenará la presentación del escrito para que sea examinado por la abogada o el abogado de la parte contraria.

(B) No se admitirá prueba extrínseca sobre una declaración de una persona testigo, que resulta incongruente con cualquier parte de su testimonio en el juicio o vista, ni sobre prejuicio, interés o parcialidad, con el propósito de impugnar su credibilidad, a menos que se le haya dado la oportunidad de admitir, negar o explicar el alegado fundamento de impugnación. Esto no aplicará, cuando circunstancias especiales o los intereses de la justicia requieran lo contrario. Este inciso no es de aplicación a las admisiones conforme a la Regla 801(B)(2).

Regla 612. Creencias religiosas

No es admisible prueba sobre creencias religiosas, o carencia de ellas, para impugnar o sostener la credibilidad de una persona testigo.

I. Escrito para refrescar memoria

Regla 613. Escritos para refrescar memoria

(A) Sujeto a lo dispuesto en el inciso (C) de esta Regla, si durante su testimonio o con anterioridad al mismo, una persona testigo utilizare un escrito para refrescar su memoria sobre cualquier asunto objeto de su testimonio, será necesario presentar en la vista dicho escrito a solicitud de cualquier parte adversa. De no presentarse el escrito, se ordenará la eliminación del testimonio de la persona testigo sobre dicho asunto.

(B) Si se presenta dicho escrito en la vista, la parte adversa puede inspeccionarlo, contrainterrogar a la persona testigo sobre tal escrito y presentar como prueba cualesquiera de sus partes que sean pertinentes.

(C) Se eximirá la presentación del escrito en el juicio, y el testimonio del testigo no será eliminado, si dicho escrito:

> (1) No está en posesión o bajo control de la persona testigo o de la parte que ofreció su testimonio sobre el particular.
>
> (2) No era razonablemente asequible a dicha parte mediante el uso de las órdenes para la presentación de prueba documental o por cualquier otro medio disponible.
>
> (3) Sólo es utilizado para refrescar la memoria antes de testificar en el juicio, y en su discreción, el Tribunal estima que es innecesario requerir su presentación.

J. Intérpretes

Para actuar como intérprete en un procedimiento judicial no es necesario que una persona sea calificada como perita, basta con que pueda entender o interpretar al testigo.

Regla 614. Intérpretes

Cuando por desconocimiento del idioma español o cualquier incapacidad por parte de una persona testigo, sea necesario el uso de una o un intérprete, ésta o éste cualificará como tal si la Jueza o el Juez determina que puede entender o interpretar las expresiones de la persona testigo. La persona que actúa como intérprete estará sujeta a juramento de que hará una interpretación y traducción fiel y exacta de lo declarado por la persona testigo.

Cuando una persona testigo, que no sea parte en el pleito, padezca de sordera profunda, severa, moderada o leve, o refleje cualquier otra situación de hipoacusia o condición que le impida comunicarse efectivamente, el tribunal presumirá que necesita un intérprete de lenguaje de señas y/o labio lectura, o algún acomodo razonable que garantice la efectividad de la comunicación, y se lo asignará con cargo a la parte que interesa presentar a la persona como testigo. La parte que alegue que la persona testigo no necesita un intérprete, o el acomodo razonable en controversia, tendrá el peso de demostrarlo. Con ese fin el tribunal podrá realizar una vista, si así lo estima necesario.

VII. Prueba Pericial

A. Opiniones de testigos legos (no peritos)

Regla 701. Opiniones o inferencias por testigos no peritos

Si una persona testigo no estuviere declarando como perito, su declaración en forma de opiniones o inferencias se limitará a aquéllas que:

(a) estén racionalmente fundadas en la percepción de la persona testigo,

(b) sean de ayuda para una mejor comprensión de su declaración o para la determinación de un hecho en controversia, y

(c) no estén basadas en conocimiento científico, técnico o cualquier otro conocimiento especializado dentro del ámbito de la Regla 702.

B. Testimonio pericial

Regla 702. Testimonio pericial

Cuando conocimiento científico, técnico o especializado sea de ayuda para la juzgadora o el juzgador poder entender la prueba o determinar un hecho en controversia, una persona testigo capacitada como perita -conforme a la Regla 703- podrá testificar en forma de opiniones o de otra manera.

El valor probatorio del testimonio dependerá, entre otros, de:

(a) si el testimonio está basado en hechos o información suficiente;

(b) si el testimonio es el producto de principios y métodos confiables;

(c) si la persona testigo aplicó los principios y métodos de manera confiable a los hechos del caso;

(d) si el principio subyacente al testimonio ha sido aceptado generalmente en la comunidad científica;

(e) las calificaciones o credenciales de la persona testigo; y

(f) la parcialidad de la persona testigo.

La admisibilidad del testimonio pericial será determinada por el Tribunal de conformidad con los factores enumerados en la Regla 403.

C. Calificación como persona perita

Regla 703. Calificación como persona perita

(A) Toda persona está calificada para declarar como testigo pericial si posee especial conocimiento, destreza, experiencia, adiestramiento o instrucción suficiente para calificarla como experta o perita en el asunto sobre el cual habrá de prestar testimonio. Si hubiere objeción de parte, dicho especial conocimiento, destreza, adiestramiento o instrucción deberá ser probado antes de que la persona testigo pueda declarar como perita.

(B) El especial conocimiento, destreza, experiencia, adiestramiento o instrucción de una persona que es testigo pericial podrá ser probado por cualquier evidencia admisible, incluyendo su propio testimonio.

(C) La estipulación sobre la calificación de una persona perita no es impedimento para que las partes puedan presentar prueba sobre el valor probatorio del testimonio pericial.

D. Fundamentos del testimonio pericial

Regla 704. Fundamentos del testimonio pericial

Las opiniones o inferencias de una persona como testigo pericial pueden estar basadas en hechos o datos percibidos por ella o dentro de su conocimiento personal o informados a ella antes de o durante el juicio o vista. Si se trata de materia de naturaleza tal que las personas expertas en ese campo razonablemente descansan en ella para formar opiniones o hacer inferencias sobre el asunto en cuestión, los hechos o datos no tienen que ser admisibles en evidencia.

La persona proponente de una opinión o inferencia fundamentada en hechos o datos que no sean admisibles de otra manera, no revelará al Jurado esos hechos o datos, a menos que el Tribunal determine que su valor probatorio para asistir al Jurado en la evaluación del testimonio pericial es sustancialmente mayor que su efecto perjudicial.

E. Opinión sobre cuestión última y revelación de la base para la opinión

Regla 705. Opinión sobre cuestión última

No será objetable la opinión o inferencia de una persona perita por el hecho de que se refiera a la cuestión que finalmente ha de ser decidida por la juzgadora o el juzgador de los hechos.

Regla 706. Revelación de la base para la opinión

La persona perita puede declarar sobre sus opiniones o inferencias y expresar las razones que las fundamentan sin haber declarado antes sobre los hechos o datos en que sus opiniones o inferencias están basadas, salvo que el Tribunal lo requiera. En todo caso, se le podrá requerir a la persona perita que revele los hechos o datos en los que basa sus opiniones o inferencias durante el contrainterrogatorio.

F. Contrainterrogatorio de persona perita

Regla 707. Contrainterrogatorio de personas peritas

Además de lo dispuesto en la Regla 607, toda persona testigo que declare en calidad de perita podrá ser contrainterrogada siempre sobre sus calificaciones como perita, el asunto objeto de su opinión pericial y los fundamentos de su opinión.

G. Experimentos

Regla 708. Experimentos

(A) La admisibilidad de prueba del resultado de un experimento será determinada por el Tribunal de conformidad con los factores enumerados en la Regla 403.

(B) Si el experimento tiene como fin demostrar que ciertos hechos ocurrieron de determinada manera, la parte que ofrece la evidencia debe persuadir al Tribunal de que el experimento se realizó bajo circunstancias sustancialmente similares a las que existían al momento de ocurrir dichos hechos.

H. Nombramientos de persona perita por el Tribunal

Regla 709. Nombramiento de persona perita por el tribunal

(A) Nombramiento

El Tribunal podrá, a iniciativa propia o solicitud de parte, nombrar una o más personas como peritas del Tribunal mediante orden escrita, previa oportunidad a las partes de expresarse sobre la necesidad del nombramiento y sugerir candidatas o candidatos y la aceptación de la persona perita. El Tribunal podrá nombrar a cualquier persona como perita estipulada por las partes y a peritas o peritos de su elección. La orden donde se nombre a la persona perita incluirá su encomienda y compensación. La persona nombrada como perita deberá notificar a las partes sus hallazgos, si alguno; podrá ser depuesta por cualquier parte y podrá ser citada para testificar, por el Tribunal o cualquiera de las partes. La persona nombrada perita estará sujeta a contrainterrogatorio por cualquiera de las partes, incluyendo la que le citó.

(B) Compensación

Las personas nombradas como peritas tienen derecho a una compensación razonable por la cantidad que determine el Tribunal. En toda acción criminal o procedimiento de menores, la compensación será pagada con fondos del Estado. En las demás acciones civiles, la compensación será pagada por las partes en la proporción y en el momento en que el Tribunal lo determine, sujeto a que luego sea recobrada como otras costas.

(C) Divulgación de nombramiento

El Tribunal podrá, en el ejercicio de su discreción, previa oportunidad a las partes de expresarse, autorizar la divulgación al Jurado del hecho de que el Tribunal nombró a la persona perita.

(D) Peritas o peritos elegidos por las partes

Esta Regla no limita que cualquier parte presente el testimonio de peritas o peritos de su propia elección.

VIII. Prueba de Referencia

A. Prueba de referencia y la cláusula de confrontación

1. Derecho constitucional a la confrontación

- Tanto la Constitución de Puerto Rico como la federal reconocen el derecho del acusado a carearse con los testigos de cargo.
- Este derecho incluye tres aspectos:
    1. Confrontación cara a cara con el testigo.
    2. Derecho a contrainterrogar.
    3. Exclusión de prueba de referencia no sujeta a confrontación.

2. Limitaciones al derecho de confrontación

- No es un derecho absoluto; puede ceder en algunas circunstancias.
- Se permite prueba de referencia sin violación constitucional si:
    - Se reconcilia con las Reglas de Evidencia.
    - Se justifica por razones como la indisponibilidad del testigo.

3. Testimonios a distancia

- Se permite testimonio por circuito cerrado o videoconferencia en casos especiales (e.g., víctimas menores o de agresión sexual), si se prueba la necesidad.

4. Doctrina de Crawford v. Washington

- Regla fundamental: declaraciones testimoniales no pueden admitirse como prueba de referencia salvo:
    1. El testigo no está disponible.
    2. Hubo oportunidad previa de contrainterrogatorio.

- Se considera testimonial una declaración hecha con el propósito de sustituir testimonio judicial.

5. Prueba de referencia y las Reglas de Evidencia

- La prueba de referencia es una declaración fuera del juicio presentada para probar la veracidad de su contenido.
- Regla general: inadmisible, salvo excepciones específicas.

Regla 806(a) de Evidencia – Excepciones por no disponibilidad

- Permite admisión de prueba de referencia si el testigo no está disponible, por:
    - Fallecimiento.
    - Enfermedad o impedimento físico o mental.

Criterios para determinar no disponibilidad:

- Gravedad y duración de la condición del testigo.
- Importancia del testimonio.
- Probabilidad de recuperación.
- Debe evaluarse cuidadosamente, especialmente si el testigo es de cargo.
- Si hay testimonio previo sujeto a contrainterrogatorio, se elimina el problema de confrontación.

B. Definiciones

Regla 801. Definiciones

Se adoptan las siguientes definiciones relativas a pruebas de referencia:

(a) Declaración: Es (a) una aseveración oral o escrita; o (b) conducta no verbalizada de la persona, si su intención es que se tome como una aseveración.

(b) Declarante: Es la persona que hace una declaración.

(c) Prueba de referencia: Es una declaración que no sea la que la persona declarante hace en el juicio o vista, que se ofrece en evidencia para probar la verdad de lo aseverado.

C. Regla general de exclusión

Regla 804. Regla general de exclusión

Salvo que de otra manera se disponga por ley, no será admisible prueba de referencia, sino de conformidad con lo dispuesto en este capítulo. Esta regla se denominará Regla de prueba de referencia.

D. Excepciones a la regla de exclusión

1. Cuando la persona declarante esté disponible como testigo

Regla 805. Excepciones a la regla de prueba de referencia aunque la persona declarante esté disponible como testigo

Aun cuando la persona declarante esté disponible como testigo, una declaración no estará sujeta a la regla general de exclusión de prueba de referencia en las siguientes circunstancias:

(A) Declaraciones contemporáneas a la percepción: Una declaración que narra, describe o explica un acto, condición o evento percibido por la persona declarante y que haya sido hecha mientras la persona declarante percibía dicho acto, condición o evento, o hecha inmediatamente después.

(B) Declaraciones espontáneas por excitación: Una declaración hecha mientras la persona declarante estaba bajo el estrés de la excitación causada por la percepción de un acto, evento o condición si la declaración se refiere a dicho acto, evento o condición.

(C) Condición mental, física o emocional: Una declaración sobre el entonces existente estado mental, emocional o sensación física de la persona declarante (tales como una declaración sobre intención, plan, motivo, designio, sentimiento mental o emocional, dolor o salud corporal), excepto que se trate de una declaración sobre recuerdo o creencia para probar el hecho recordado o creído, a no ser que ello se relacione con la ejecución, revocación, identificación o términos del testamento de la persona declarante.

(D) Declaraciones para fines de diagnóstico o tratamiento médico: Declaraciones hechas para fines de diagnóstico o tratamiento médico y que describan el historial médico o síntomas, dolor o sensaciones pasadas o presentes, o el origen o la naturaleza general de la causa o fuente externa de éstos, en la medida en que sean razonablemente pertinentes al diagnóstico o al tratamiento.

(E) Escrito de pasada memoria: Un escrito o un récord relativo a algún asunto del cual una persona testigo tuvo conocimiento pleno alguna vez, pero al presente no recuerda lo suficiente para poder testificar sobre ello con cabalidad y precisión, si se ha demostrado que dicho escrito o récord lo hizo o lo adoptó la persona testigo cuando el asunto estaba aún fresco en su memoria y refleja correctamente su conocimiento sobre dicho asunto. Si se admite, el escrito o récord se podrá leer o escuchar como prueba, pero no se recibirá como exhibit a menos que lo ofrezca la parte contraria.

(F) Récords de actividades que se realizan con regularidad: Un escrito, informe, récord, memorando o compilación de datos -en cualquier forma- relativo a actos, sucesos, condiciones, opiniones o diagnósticos que se hayan preparado en o cerca del momento en que éstos surgieron, por una persona que tiene conocimiento de dichos asuntos, o mediante información transmitida por ésta, si dichos récords se efectuaron en el curso de una actividad de negocios realizada con regularidad, y si la preparación de dicho escrito, informe, récord, memorando o compilación de datos se hizo en el curso regular de dicha actividad de negocio, según lo demuestre el testimonio de su custodio o de alguna otra persona testigo cualificada, o según se demuestre mediante una certificación que cumpla con las disposiciones de la Regla 902(K) o con algún estatuto que permita dicha certificación, a menos que la fuente de información, el método o las circunstancias de su preparación inspiren falta de confiabilidad. El término negocio, según se utiliza en este inciso, incluye, además de negocio propiamente, una actividad gubernamental y todo tipo de institución, asociación, profesión, ocupación y vocación, con o sin fines de lucro.

(G) Ausencia de entradas en los récords que se lleven conforme a las disposiciones del inciso (F): Evidencia de que un asunto no se incluyó en los escritos, informes, récords, memorandos o compilaciones de datos en cualquier formato, preparados conforme a las disposiciones del inciso (F), para probar que dicho asunto no ocurrió o no existió, si el asunto es del tipo que requiere que se lleven y conserven regularmente entradas en los escritos, informes, récords, memorandos o compilaciones de datos, a menos que las fuentes de información u otras circunstancias inspiren falta de confiabilidad.

(H) Récords e informes públicos: Cualquier forma de récords, informes, declaraciones o compilaciones de datos de oficinas o agencias gubernamentales que describan (1) las actividades que se realizan en dicha oficina o agencia; (2) los asuntos observados conforme al deber impuesto por ley de informar sobre dichos asuntos, excluyendo, sin embargo, en los casos criminales, cualquier asunto observado por oficiales de policía y otro personal del orden público; o (3) en casos o procedimientos civiles y en casos criminales en contra del gobierno, las determinaciones de hecho que surjan de una investigación realizada conforme a la autoridad que confiere la ley. El informe se excluirá cuando las fuentes de información u otras circunstancias inspiren falta de confiabilidad.

(I) Récord de estadística vital: Un escrito como récord de un nacimiento, muerte fetal, muerte o matrimonio, si la ley requería a quien lo hizo presentarlo en una oficina pública determinada y si fue hecho y presentado según requerido por ley.

(J) Ausencia de récord público: Un escrito hecho por la persona que es custodia oficial de los récords de una oficina pública, en el que se hace constar que se ha buscado diligentemente y no se ha hallado un récord determinado, cuando se ofrece para probar la ausencia de dicho récord en esa oficina.

(K) Récords de organizaciones religiosas: Declaraciones referentes al nacimiento, matrimonio, divorcio, fallecimiento, filiación, ascendencia, raza, parentesco – por consanguinidad o afinidad - u otro hecho similar del historial personal o familiar de una persona, que estén contenidas en un récord, ordinariamente llevado, de una iglesia u otra organización religiosa.

(L) Certificados de matrimonio, bautismo y otros similares: Una declaración de hecho referente al nacimiento, matrimonio, fallecimiento, raza, ascendencia, parentesco –por consanguinidad o afinidad– u otro hecho similar del historial familiar de una persona, si la declaración estuviere contenida en un certificado de quien ofició la ceremonia correspondiente, efectuó un matrimonio o administró un sacramento. Ello, siempre que quien la oficiare fuere una persona autorizada por ley o por los reglamentos de una organización religiosa para celebrar los actos informados en el certificado, y éste fuera expedido por quien lo hizo en el momento y lugar de la ceremonia o sacramento, o dentro de un tiempo razonable después del mismo.

(M) Récords de familia: Declaraciones de hechos sobre historial personal o familiar, anotadas en Biblias familiares, árboles genealógicos, gráficas, o en inscripciones grabadas en anillos, anotaciones en fotos de familia, inscripciones grabadas en urnas, criptas, lápidas u otras similares.

(N) Récords oficiales sobre propiedad: El récord oficial de un documento que afecte un derecho o interés en propiedad, mueble o inmueble, para demostrar el contenido del documento original y su otorgamiento, inclusive la entrega por cada persona que aparece otorgándolo, siempre que el registro fuera un récord oficial de una oficina gubernamental y estuviere autorizado por ley su registro en dicha oficina.

(O) Declaraciones en documentos que afecten intereses en propiedad: Una declaración contenida en un documento cuyo propósito haya sido establecer o afectar un interés en propiedad, si lo declarado es pertinente al propósito del documento, a menos que las transacciones efectuadas en relación con la propiedad desde que se hizo el documento hayan sido inconsistentes con la veracidad de la declaración o el propósito del documento.

(P) Declaraciones en documentos antiguos: Declaraciones contenidas en un documento que tenga veinte años o más y cuya autenticidad se haya establecido.

(Q) Listas comerciales y otras similares: Una declaración – que no sea una opinión – contenida en una tabulación, lista, directorio, registro u otra compilación publicada si se utilizan generalmente en el curso de una actividad de negocios, según se define en el inciso (F) de esta Regla y si se le consideran confiables y precisas.

(R) Tratados: Declaraciones contenidas en un tratado, revista o folleto, u otra publicación similar, sobre un tema histórico, médico, científico, técnico o artístico siempre que se establezca, mediante conocimiento judicial o testimonio pericial, que la publicación constituye una autoridad confiable sobre el asunto. En la medida que se hayan traído a la atención de una persona perita durante el contrainterrogatorio o que el testimonio de la persona perita se haya basado en éstas durante el interrogatorio directo, de ser admitidas, las declaraciones podrán leerse como prueba, pero no se recibirán como exhibits.

(S) Reputación sobre historial personal o familiar: Evidencia de reputación entre los miembros de la familia a la que pertenece una persona – ya sea por consanguinidad, adopción o matrimonio –o entre los asociados de la persona, o en la comunidad, en cuanto a su nacimiento, adopción, matrimonio, divorcio, muerte, legitimidad, o a su parentesco por consanguinidad, adopción o matrimonio, ascendencia, o cualquier otro dato similar del historial personal o familiar de esa persona.

(T) Reputación sobre colindancias o historial general: Evidencia de reputación en la comunidad – que haya surgido antes de la controversia – en cuanto a colindancias de terrenos o a costumbres que afecten los terrenos en la comunidad, y evidencia de reputación en cuanto a hechos históricos generales que sean importantes para la comunidad, el estado o la nación de que se trate.

(U) Reputación sobre carácter: Evidencia de reputación en la comunidad en que reside una persona o entre un grupo con el cual la persona se asocia, sobre el carácter o un rasgo particular del carácter de ésta.

(V) Sentencia por condena previa: Evidencia de una sentencia final, tras un juicio o declaración de culpabilidad, en la que se declara culpable de delito a una persona y que conlleve una pena de reclusión mayor de seis meses, si dicha evidencia es ofrecida para probar cualquier hecho esencial para fundamentar la sentencia. La pendencia de una apelación no afectará la admisibilidad bajo esta Regla, aunque podrá traerse a la consideración del Tribunal el hecho de que la sentencia aún no es firme. Esta Regla no permite al Ministerio Público en una acción criminal ofrecer en evidencia la sentencia por condena previa de una persona que no sea la persona acusada, salvo para fines de impugnación de una o un testigo.

2. Cuando la persona declarante no esté disponible como testigo

Regla 806. No disponibilidad de la persona testigo

(A) Definición: No disponible como testigo incluye situaciones en que la persona declarante:

(1) está exenta de testificar por una determinación del Tribunal por razón de un privilegio reconocido en estas Reglas en relación con el asunto u objeto de su declaración;

(2) insiste en no testificar en relación con el asunto u objeto de su declaración a pesar de una orden del Tribunal para que lo haga;

(3) testifica que no puede recordar sobre el asunto u objeto de su declaración;

> (4) al momento del juicio o vista, ha fallecido o está imposibilitada de comparecer a testificar por razón de enfermedad o impedimento mental o físico; o
>
> (5) está ausente de la vista y quien propone la declaración ha desplegado diligencia para conseguir su comparecencia mediante citación del Tribunal.

No se entenderá que una persona declarante está no disponible como testigo si ello ha sido motivado por la gestión o conducta de quien propone la declaración con el propósito de evitar que la persona declarante comparezca o testifique.

(B) Cuando la persona declarante no está disponible como testigo, es admisible como excepción a la regla general de exclusión de prueba de referencia lo siguiente:

(1) Testimonio anterior

Testimonio dado como testigo en otra vista del mismo u otro procedimiento, en una deposición tomada conforme a Derecho durante el mismo u otro procedimiento. Ello si la parte contra quien se ofrece ahora el testimonio – o un predecesor en interés si se trata de una acción o procedimiento civil – tuvo la oportunidad y motivo similar para desarrollar el testimonio en interrogatorio directo, contrainterrogatorio o en redirecto.

(2) Declaración en peligro de muerte

Una declaración hecha por una persona declarante mientras creía estar en peligro de muerte inminente si la declaración se relaciona con la causa o las circunstancias de lo que creyó era su muerte inminente.

(3) Declaraciones contra interés

Una declaración que al momento de ser hecha era tan contraria al interés pecuniario o propietario de la persona declarante o le sometía a riesgo de responsabilidad civil o criminal, o tendía de tal modo a desvirtuar una reclamación suya contra otra persona, o creaba tal riesgo de convertirla en objeto de odio, ridículo o desgracia social en la comunidad, que una persona razonable en su situación no hubiera hecho la declaración a menos que la creyera cierta.

(4) Declaraciones sobre historial personal o familiar

(i) Una declaración sobre el nacimiento, adopción, matrimonio, divorcio, filiación, parentesco por consanguinidad o afinidad, raza, linaje u otro hecho similar de historial familiar o personal de la misma persona declarante, aunque ésta no tuviera medios de adquirir conocimiento personal del asunto declarado.

(ii) Una declaración sobre la materia señalada en el subinciso (i) y de otra persona incluyendo la muerte de ésta si dicha persona está relacionada con la persona declarante por parentesco de consanguinidad, afinidad o adopción o existe una relación tal entre la persona declarante y la familia de la otra persona que hiciera probable que dicha persona declarante tuviera información precisa referente al asunto declarado.

E. Prueba de referencia múltiple

Regla 807. Prueba de referencia múltiple

La prueba de referencia que contenga otra prueba de referencia no estará sujeta a la regla general de exclusión, si cada parte de las declaraciones combinadas satisface alguna excepción a dicha regla.

F. Declaraciones anteriores

Regla 802. Declaraciones anteriores

No empece a lo dispuesto en la Regla 801, no se considerará prueba de referencia una declaración anterior si la persona declarante testifica en el juicio o vista sujeto a contrainterrogatorio en relación con la declaración anterior y ésta hubiera sido admisible de ser hecha por la persona declarante en el juicio o vista, y:

(a) es inconsistente con el testimonio prestado en el juicio o vista y fue dada bajo juramento y sujeta a perjurio;

(b) es consistente con el testimonio prestado en el juicio o vista y se presenta con el propósito de refutar una alegación expresa o implícita contra la persona declarante sobre fabricación reciente, influencia o motivación indebida; o

(c) identifica a una parte o a otra persona que participó en un delito o en otro suceso, se hizo en el momento en que el delito o suceso estaba fresco en la memoria de la persona testigo y se ofrece luego de que la persona testigo haya testificado haber hecho la identificación y que ésta reflejaba fielmente su opinión en aquel momento.

G. Admisiones

Regla 803. Admisiones

No empece a lo dispuesto en la Regla 801, no se considerará prueba de referencia una admisión si se ofrece contra una parte y es:

(a) una declaración que hace la propia parte, ya sea en su carácter personal o en su capacidad representativa,

(b) una declaración que dicha parte, teniendo conocimiento de su contenido, ha adoptado como suya de forma verbal o por conducta o ha expresado creer en su veracidad,

(c) una declaración hecha por una persona autorizada por dicha parte para hacer expresiones sobre la materia objeto de la declaración,

(d) una declaración por una persona agente o empleada de dicha parte, que esté relacionada con un asunto dentro del ámbito de la agencia o empleo, y que haya sido hecha durante la vigencia de la relación, o

(e) una declaración de persona que actuó como conspiradora de la parte hecha en el transcurso de la conspiración y para lograr su objetivo.

El contenido de la declaración se tomará en consideración, pero no será suficiente por sí solo para establecer la autoridad de la persona declarante bajo el inciso (c), ni la relación de agencia o empleo y su ámbito bajo el inciso (d), ni la existencia de la conspiración y la participación en ésta de la persona declarante y de la parte contra quien se ofrece la declaración bajo el inciso (e).

H. Credibilidad del declarante

Regla 808. Credibilidad de la persona declarante

Cuando se admite una declaración que constituya prueba de referencia bajo las Reglas 805 a 809, la credibilidad de la persona declarante puede ser impugnada -y si es impugnada, puede ser rehabilitada por cualquier evidencia admisible para esos propósitos si la persona declarante hubiera prestado testimonio como testigo. Los requisitos para la impugnación por declaraciones anteriores y parcialidad dispuestos en las Reglas 608(B)(4) y 611 no serán aplicables a la impugnación de la persona declarante bajo esta Regla. Si la parte contra la cual se ha admitido prueba de referencia llama como testigo a la persona declarante de esa prueba, dicha persona declarante queda sujeta a ser examinada por la parte como si estuviera bajo contrainterrogatorio.

I. Cláusula residual

Regla 809. Cláusula residual

Una declaración no expresamente comprendida en las Reglas 805 a 806, pero que contenga garantías circunstanciales de confiabilidad comparables, no estará sujeta a la regla general de exclusión de prueba de referencia si el Tribunal determina que:

(A) la declaración tiene mayor valor probatorio, para el propósito para el cual se ofrece, que cualquier otra prueba que la persona proponente hubiera podido conseguir de haber desplegado diligencia razonable y

(B) la persona proponente notificó con razonable anterioridad a la parte contra quien la ofrece su intención de presentar tal declaración, para informarle sobre las circunstancias particulares de ésta, incluyendo el nombre y la dirección de la persona declarante.

IX. Autenticación e identificación

A. Norma general

Regla 901. Requisito de autenticación o identificación

(A) El requisito de autenticación o identificación como una condición previa a la admisibilidad se satisface con la presentación de evidencia suficiente para sostener una determinación de que la materia en cuestión es lo que la persona proponente sostiene.

B. Ejemplos específicos

Regla 901. Requisito de autenticación o identificación

(A) El requisito de autenticación o identificación como una condición previa a la admisibilidad se satisface con la presentación de evidencia suficiente para sostener una determinación de que la materia en cuestión es lo que la persona proponente sostiene.

(B) De conformidad con los requisitos del inciso (A) de esta Regla y sin que se interprete como una limitación, son ejemplos de autenticación o identificación los siguientes:

(1) Testimonio por testigo con conocimiento

Testimonio de que una cosa es lo que se alega.

(2) Autenticidad mediante evidencia de la letra

Un escrito podrá autenticarse mediante evidencia de que la letra de la autora o del autor es genuina. Una persona testigo no perita podrá expresar su opinión sobre si un escrito es de puño y letra de la persona que es presunta autora a base de su familiaridad con la letra de la persona que es presunta autora, si dicha familiaridad no se adquirió con miras al pleito. La autenticidad podrá demostrarse también mediante la comparación o cotejo que haga la juzgadora o el juzgador o una persona testigo perita del escrito en controversia con otro escrito autenticado.

(3) Identificación de voz

La voz de una persona podrá identificarse, ya sea escuchada directamente o a través de grabación u otro medio mecánico, electrónico o digital, o por opinión formada a base de haberse escuchado dicha voz en alguna ocasión bajo circunstancias que la vinculan con la voz de la referida persona.

(4) Conversaciones telefónicas

Podrán autenticarse o identificarse conversaciones telefónicas mediante evidencia de que se hizo una llamada al número asignado en ese momento por la compañía telefónica a una persona o negocio en particular, cuando:

> (a) En el caso de una persona, las circunstancias, incluyendo autoidentificación, demuestran que la persona que contestó fue a la que se llamó.
>
> (b) En el caso de un negocio, la llamada fue hecha a un establecimiento comercial y la conversación fue en relación con un negocio razonablemente susceptible de ser discutido por teléfono.

(5) Escritos antiguos o compilación de datos

Cuando se determina que un escrito o compilación de datos tiene por lo menos 20 años a la fecha en que se ofrece y que generalmente es tratado y respetado como auténtico por personas interesadas en conocer su autenticidad, y que al ser descubierto se hallaba en un sitio en que probablemente se hallaría de ser auténtico, el escrito o compilación de datos quedará suficientemente autenticado, salvo que esté en condiciones tales que cree serias dudas sobre autenticidad.

(6) Escritos en contestación

Un escrito podrá autenticarse con evidencia de que fue recibido en contestación a una comunicación enviada a la persona que la parte que presenta la evidencia alega es el autor del escrito.

(7) Contenido de escritos

Un escrito podrá autenticarse con evidencia de que se refiere a, o contiene, asuntos que no es probable fueren conocidos por otra persona que no sea la que la parte que presenta la evidencia alega ser el autor del asunto.

(8) Autenticación mediante admisión

Un escrito, u otro material, puede ser autenticado mediante evidencia de que la parte contra quien se ofrece admitió su autenticidad en cualquier momento, o mediante evidencia de que ha sido aceptado como auténtico por la parte contra la cual se ofrece.

(9) Testamento

Un testamento hecho en Puerto Rico se autenticará de acuerdo con lo dispuesto en las leyes aplicables.

(10) Características distintivas

Apariencia, contenido, sustancia, patrones internos, o cualquier otra característica distintiva, considerada en conjunto con las circunstancias.

(11) Cadena de custodia

La evidencia demostrativa real puede ser autenticada mediante su cadena de custodia.

(12) Proceso o sistema

Evidencia que describa el proceso o sistema utilizado para obtener un resultado y que demuestre que el proceso o sistema produce resultados certeros.

(13) Récord electrónico

Un récord electrónico podrá autenticarse mediante evidencia de la integridad del sistema en el cual o por el cual los datos fueron grabados o almacenados. La integridad del sistema se demuestra a través de evidencia que sustente la determinación que en todo momento pertinente el sistema de computadoras o dispositivo similar estaba operando correctamente o en caso contrario, el hecho de que su no operación correcta no afectó la integridad del récord electrónico.

(14) Correo electrónico

Un correo electrónico podrá autenticarse mediante evidencia de la integridad del sistema en el cual o por el cual fue creado, enviado o recibido.

(15) Métodos provistos por ley o reglamento

Cualquier método de autenticación o identificación provisto por legislación especial o reglamentación aplicable.

C. Presunciones de autenticidad (prima facie)

Regla 902. Autenticación prima facie

No se requerirá evidencia extrínseca de autenticación como condición previa a la admisibilidad de:

(A) Documentos reconocidos

Documentos acompañados de un certificado de reconocimiento o de prueba, si el certificado cumple con los requisitos pertinentes en ley relativos a certificaciones, particularmente con las disposiciones sobre derecho notarial.

(B) Documentos públicos bajo sello oficial

Documentos bajo sello si éste aparenta ser el sello oficial de:

(1) el Estado Libre Asociado de Puerto Rico,

(2) los Estados Unidos de América,

(3) un estado, territorio o posesión de los Estados Unidos de América, o

(4) un departamento, agencia pública, corporación pública o funcionario de cualquiera de las entidades enumeradas en los subincisos (1), (2) y (3) anteriores.

Dichos documentos deben estar firmados por la persona que aparenta ser la que los otorga.

(C) Documentos públicos firmados por funcionarios

Documentos -aunque no estén bajo sello- presuntamente firmados en su capacidad oficial por una persona que es funcionaria de cualquiera de las entidades enumeradas en los subincisos (1), (2) y (3) del apartado (B) de esta Regla, siempre que tales documentos sean acompañados por una certificación bajo sello expedida por la persona que en calidad de funcionaria competente da fe de que la firma es genuina y de que es la funcionaria con capacidad oficial para firmar los documentos.

(D) Documentos públicos extranjeros

Documento presuntamente otorgado o firmado en su capacidad oficial por una persona autorizada por las leyes de un país extranjero para su otorgamiento. Éste deberá estar acompañado de una certificación final sobre la autenticidad de la firma y el cargo oficial de (1) la persona que lo otorga o certifica, o (2) cualquier persona funcionaria cuyo certificado de autenticidad y el cargo oficial trata el otorgamiento o certificación. El documento puede también ser parte de una cadena de certificados de autenticidad de la firma y puesto oficial relacionados con el otorgamiento o certificación por autoridad competente en cumplimiento con lo establecido en el Tratado de la Convención de la Haya del 5 de octubre de 1961.

Si le hubiere sido concedida a todas las partes una oportunidad razonable para investigar la autenticidad y exactitud de los documentos oficiales, el Tribunal podrá, si se muestra justa causa, ordenar que sean tratados como presuntamente auténticos sin la certificación final o permitir que sean probados mediante un resumen certificado aunque sin la certificación final.

(E) Copias certificadas de récords y documentos públicos

Copias de un récord oficial, o parte de éste, o de un documento archivado en una oficina pública conforme a disposición de ley o reglamento público, incluyendo compilación de datos en cualquier formato, si están certificadas como correctas por la persona a cargo de su custodia o por la persona autorizada en ley para expedir este tipo de certificación, siempre que la certificación cumpla con los requisitos establecidos en los incisos (B), (C) o (D) de esta Regla, o con cualquier ley o reglamento público pertinente.

(F) Publicaciones oficiales

Libros, folletos u otras publicaciones presuntamente emitidas por autoridad pública.

(G) Periódicos o revistas

Material impreso que presuntamente sean periódicos o revistas.

(H) Etiquetas comerciales

Inscripciones, marbetes, etiquetas, u otros documentos análogos, presuntamente fijados en el curso de los negocios y que indican propiedad, control y origen.

(I) Papeles comerciales y documentos relacionados

Papeles comerciales, las firmas estampadas en éstos y los documentos relacionados, conforme lo dispone el derecho comercial general.

(J) Presunciones según las Leyes del Congreso de los Estados Unidos de América o de la Asamblea Legislativa del Estado Libre Asociado de Puerto Rico

Cualquier firma, documento u otra materia que, mediante una Ley del Congreso o Asamblea Legislativa de Puerto Rico, se declare presuntamente genuino o auténtico prima facie.

(K) Récords certificados de actividades que se realizan con regularidad

El original o un duplicado de un récord de actividades que se realizan con regularidad dentro de la jurisdicción del Estado Libre Asociado de Puerto Rico y los Estados Unidos de América, el cual sería admisible conforme a la Regla 805(F), si se acompaña de una declaración jurada de la persona a cargo de su custodia o de alguna otra persona cualificada, que certifique que dicho récord:

(1) se preparó en o cerca del momento en que ocurrieron los sucesos o las actividades mencionadas por una persona que tiene conocimiento de dichos asuntos, o mediante información transmitida por ésta;

(2) se llevó a cabo en el curso de la actividad realizada con regularidad, y

(3) se preparó como una práctica regular de dicha actividad.

La parte que se proponga someter un récord como evidencia, conforme a lo dispuesto en este inciso, tendrá que notificar por escrito su intención a todas las partes contrarias. Además, tendrá que tener el récord y la declaración jurada disponibles para inspección con suficiente antelación a su presentación como evidencia a fin de brindar a la parte contraria una oportunidad justa para refutarlos.

(L) Récord electrónico

Se presumirá la integridad del récord si:

(1) se establece mediante declaración jurada que fue grabado o almacenado por una parte adversa a la que lo propone, o

(2) se establece mediante declaración jurada que fue grabado o almacenado en el curso usual y ordinario de negocios por una persona que no es parte en los procedimientos y quien no lo ha grabado o almacenado bajo el control de la que lo propone.

Regla 903. Testigos instrumentales

(A) A menos que un estatuto disponga lo contrario, el testimonio de una persona que haya actuado como testigo instrumental no se requerirá para autenticar un escrito.

(B) Si el testimonio de una persona que haya actuado como testigo instrumental se requiere por estatuto para autenticar un escrito y esa persona niega o no recuerda el otorgamiento del escrito, éste puede ser autenticado mediante otra evidencia.

X. Contenido de escritos, fotografías y grabaciones

A. Definiciones

Regla 1001. Definiciones

Para propósitos de este capítulo los siguientes términos tendrán el significado que a continuación se indica:

(A) Escritos o grabaciones: Consiste en letras, palabras, números, sonidos o sus equivalentes, por medio de escritura manual, maquinilla, en computadora, grabación mecánica o electrónica, micrografía, microfilmación, impresión, fotocopia, fotografía o impulso magnético, u otra forma de compilación de datos.

(B) Fotografías: Incluye la reproducción mediante fotografías, películas de rayos X, películas cinematográficas, videomagnetofónicas, digitales u otras técnicas de reproducción de imágenes.

(C) Original: Original de un escrito o grabación es el escrito o grabación mismo o cualquier contraparte de éstos, siempre que la intención de la persona que los ejecuta o emita sea que éstos tengan el mismo efecto que aquellos. El original de una fotografía incluye su negativo o archivo digital, y cualquier ejemplar positivo obtenido de éste. Es también un original, el impreso legible que refleja con precisión la información que haya sido almacenada o acumulada o producida en computadora o artefacto similar.

(D) Duplicado: Copia o imagen producida por la misma impresión que el original, o por la misma matriz o por medio de fotografía, incluyendo ampliaciones y miniaturas, o por regrabaciones mecánicas, electrónicas o digitales o por reproducciones químicas, digitales o por otras técnicas equivalentes que reproduzcan adecuadamente el original.

B. Regla de la mejor evidencia

La regla de la mejor evidencia exige que cuando para probar un hecho se descanse en el contenido de un escrito, este deba ser presentado para efectos de constatar su contenido. Cuando un hecho determinado puede probarse mediante el contenido de un escrito, fotografía o grabación, y mediante cualquier otra prueba, la regla de la mejor evidencia no exige que se pruebe mediante la presentación del escrito (fotografía o grabación) aunque este sea la mejor evidencia o la evidencia primaria. Ahora bien, si el medio de prueba es el escrito, entonces la regla de la mejor evidencia exige su presentación.

Regla 1002. Regla sobre el contenido de un escrito, grabación o fotografía

Para probar el contenido de un escrito, grabación o fotografía se requiere la presentación del original de éstos.

Esta Regla, conocida como la Regla de la Mejor Evidencia, exige que cuando para probar un hecho se descanse en el contenido de un escrito, este debe ser presentado para efectos de constatar su contenido.[925] Sin embargo, es posible probar un hecho a través de otros medios diferentes al escrito.[926]

A pesar de que un documento en que conste un contrato es la mejor prueba de la existencia del mismo, esta no es la única forma.[927] Nuestro ordenamiento probatorio, en o fuera del cuerpo de las Reglas de Evidencia, no exige determinada forma para establecer un hecho.[928]

C. Duplicados

Regla 1003. Duplicados

Un duplicado es tan admisible como el original a no ser que surja una genuina controversia sobre la autenticidad del original o que, bajo las circunstancias del caso, sea injusto admitir el duplicado en lugar del original.

D. Regla de evidencia secundaria

Regla 1004. Regla de evidencia secundaria

Será admisible otra evidencia del contenido de un escrito, grabación o fotografía que no sea el original mismo cuando:

(A) El original y el duplicado, si existiera, se han extraviado o destruido, a menos que quien lo propone los haya perdido o destruido de mala fe.

(B) El original y el duplicado, si existiera, no pudieron obtenerse por ningún procedimiento judicial disponible ni de ninguna otra manera.

---

[925] Pueblo v. Echevarría Rodríguez I, 128 DPR 299, 331 (1991).
[926] Santiago Torres v. Pérez López, 174 DPR 241, 244 (2008).
[927] *Id.* en la pág. 245.
[928] *Id.*

(C) El original está en poder de la parte contra quien se ofrece y ésta no lo produce en la vista a pesar de haber sido previamente advertida de que se necesitaría producirlo en la vista.

(D) El original no está íntimamente relacionado con las controversias esenciales y resultare inconveniente requerir su presentación.

E. Récord y documentos públicos

Regla 1005. Récords y documentos públicos

El contenido de un récord público, u otro documento bajo la custodia de una entidad u oficina pública, o un documento unido al protocolo de una notaria o un notario, puede ser probado mediante copia certificada del original expedida por funcionaria o funcionario autorizado, o mediante copia declarada como correcta o fiel por una persona testigo que la haya comparado con el original. Si ello no es posible, a pesar del ejercicio de diligencias razonables por parte de la persona proponente, otra evidencia secundaria del contenido del original será admisible.

F. Originales voluminosos

Regla 1006. Originales voluminosos

El contenido de escritos, grabaciones o fotografías, que por su gran volumen o tamaño no pueden examinarse convenientemente en el Tribunal, podrá ser presentado mediante esquemas, resúmenes o cómputos, o cualquier otra evidencia similar. Los originales o duplicados, así como los resúmenes o evidencia similar, deben ponerse a la disposición de las otras partes para ser examinados o copiados, en tiempo y lugar razonables. El Tribunal podrá ordenar que se produzcan los originales o duplicados.

G. Testimonio o admisiones de parte

Regla 1007. Testimonio o admisión de parte

El contenido de escritos, grabaciones o fotografías puede probarse por el testimonio o deposición de la parte contra quien se ofrece o por su admisión escrita, sin necesidad de producir el original.

H. Función del Juez, Jueza y Jurado

Regla 1008. Funciones de la jueza o del juez y el jurado

Cuando la admisibilidad de evidencia secundaria del contenido de un escrito, grabación o fotografía dependa de que se satisfaga una condición de hecho, la determinación de si fue satisfecha tal condición la hará el Tribunal bajo la Regla 109(A).

Sin embargo, será la juzgadora o el juzgador de hechos quien resolverá lo relativo a:

(A) si el escrito, grabación o fotografía existió o no, cuando está en controversia su existencia;

(B) si otro escrito, grabación o fotografía producida en el juicio es el original; o

(C) si otra evidencia del contenido refleja correctamente el mismo.

XI. Evidencia demostrativa

A. Objetos perceptibles a los sentidos

Regla 1101. Objetos perceptibles a los sentidos

Siempre que un objeto perceptible a los sentidos resultare pertinente de conformidad a lo dispuesto en la Regla 401, dicho objeto, previa identificación o autenticación, es admisible como prueba, sujeto ello a la discreción del Tribunal de conformidad con los factores o criterios establecidos en la Regla 403.

B. Inspecciones oculares

Regla 1102. Inspecciones oculares

La inspección ocular es un medio de prueba que el Tribunal puede admitir cuando lo permita la ley o conforme a su poder inherente para recibir las pruebas y hacer justicia.

En toda inspección ocular el Tribunal levantará un acta detallada del trámite y los hechos observados que formará parte de los autos con el valor probatorio que corresponda luego de presentada toda la prueba. El Tribunal puede denegar una inspección ocular a base de los factores señalados en la Regla 403.

DERECHO REGISTRAL INMOBILIARIO

I. Principios registrales

ARTÍCULO 1. — Nombre y propósito del Registro. (30 L.P.R.A. § 6001)

Se adopta la "Ley del Registro de la Propiedad Inmobiliaria del Estado Libre Asociado de Puerto Rico" y se crea el Registro Inmobiliario Digital del Estado Libre Asociado de Puerto Rico, el cual tiene por objeto la inscripción por la vía electrónica de los derechos, actos y contratos relativos a los bienes inmuebles.

Contiene un sistema de publicidad de títulos que incluye las adquisiciones, modificaciones y extinciones del dominio y de los demás derechos reales que recaen sobre dichos bienes. El Registro, provee además, para la inscripción o anotación de otros derechos sobre o relacionados a bienes inmuebles, conforme se indica en esta Ley.

Los asientos del Registro, en cuanto se refieren a los derechos inscritos, están bajo la salvaguardia de los Tribunales de Justicia y producen todos los efectos legales que a ellos correspondan, mientras dichos tribunales no hagan declaración en contrario.

El Registro de la Propiedad tiene como base la finca como unidad registral y está organizado en secciones. Cada sección estará a cargo de un Registrador de la Propiedad y en ella se inmatricularán las fincas que radiquen en su demarcación territorial.

ARTÍCULO 2. — Publicidad registral. (30 L.P.R.A. § 6002)

La publicidad del Registro se extenderá única y exclusivamente a la titularidad, los derechos reales sobre bienes inmuebles, a las condiciones suspensivas y resolutorias inscritas en el Registro y a todo acto o contrato que modifique las facultades de dominio sobre bienes inmuebles o las inherentes a dichos derechos reales. En los casos de propiedad horizontal o condominio se extiende a las características físicas de los inmuebles según resulte de los planos archivados en el Registro.

ARTÍCULO 3. — Carácter público del Registro; quiénes pueden consultarlo; horario. (30 L.P.R.A. § 6003)

El Registro es público para quienes tengan interés en conocer el estado jurídico de los bienes inmuebles o derechos reales inscritos. Los registradores pondrán de manifiesto los libros electrónicos o el contenido de los sistemas de información del Registro a las personas que tengan interés en consultarlos, con las precauciones convenientes para asegurar su conservación y evitar la adulteración o pérdida de la información.

A. Inscripción

1. Declarativa

Excepto algunos derechos establecidos por ley, la inscripción en el Registro es solo declarativa y no es fuente de derechos, ni modo de adquirirlos, sino de garantizar los ya existentes legalmente, que no arranca el vicio o error al acto, o contrato que la causó, ni suple al título ni da fuerza a lo que no la tiene, ni vida a lo que nació sin ella.[929]

2. Constitutiva

La inscripción es constitutiva cuando ella es requisito necesario para que la transmisión del dominio de inmuebles o la constitución o transmisión de un derecho real inmobiliario se produzca.[930] La hipoteca, el derecho de superficie y el régimen de propiedad horizontal son ejemplos de derechos reales cuya inscripción es constitutiva.

B. Publicidad formal (Libros del Registro)

1. Libros oficiales

ARTÍCULO 252. — Libros oficiales del Registro; firma del registrador; uso de guarismos; precauciones contra fraude. (30 L.P.R.A. § 6415)

Los libros oficiales del Registro y que dan fe de su contenido son: Diario Electrónico de Operaciones, Libro Electrónico de Inscripciones y Libro Único Electrónico de Embargos. Estos libros podrán ser complementados con cualquier otro que disponga el Secretario de Justicia y podrán ser físicos o electrónicos.

A partir de la vigencia de esta Ley, todos los libros se llevarán de manera electrónica. La firma física o electrónica del Registrador dará fe del contenido de la inscripción.

Podrán usarse los guarismos y abreviaturas que requiera el sistema para facilitar las operaciones registrales.

a. Diario Electrónico de Operaciones

ARTÍCULO 256. — Diario electrónico de operaciones. (30 L.P.R.A. § 6421)

El Registro llevará un sistema de diario electrónico formado por los asientos de presentación, en el cual se hará constar la presentación de los documentos por orden cronológico.

---

929 Goeanaga v. O'neill de Milan, 85 DPR 170, 205 (1962).
930 García Larrinua v. Lichtig, 118 DPR 120, 131 n. 1 (1986).

ARTÍCULO 257. — Contenido del asiento de presentación. (30 L.P.R.A. § 6422)

El Diario contendrá la información sobre los títulos que se presenten en el Registro. El asiento de presentación deberá contener la siguiente información:

1. La fecha y hora exacta de presentación.

2. Número del asiento.

3. Nombre del presentante y del interesado, la dirección electrónica, postal y el número de fax del notario autorizante y del notario presentante, de ser diferentes, o de la parte interesada.

4. Aranceles pagados.

5. Información del documento y sus complementarios.

6. Número de finca y número de catastro.

Cada documento con sus complementarios motivará un sólo asiento de presentación. En ningún caso se admitirán dos documentos en un mismo asiento. En cada asiento se hará constar la acción tomada por el Registrador respecto al documento.

b. Libro Electrónico de Inscripciones

ARTÍCULO 263. — Libro electrónico de inscripción. (30 L.P.R.A. § 6441)

El libro de inscripción se compone de todos los folios electrónicos reales correspondientes a las fincas que pertenecen a una demarcación particular.

ARTÍCULO 264. — Folio real electrónico. (30 L.P.R.A. § 6442)

A cada finca se le asignará un folio real electrónico.

ARTÍCULO 265. — Asiento de inscripción, anotación y notas marginales. (30 L.P.R.A. § 6443)

Los asientos de inscripción correspondientes a una finca se identificarán con números correlativos.

Las anotaciones preventivas se harán en el mismo lugar que corresponde a las inscripciones, pero se identificarán con letras en estricto orden alfabético.

Las notas se harán al margen del asiento principal al que se relacionen. Cuando por haberse hecho otras notas o por cualquier otro motivo esto no sea posible, se harán en el sitio más próximo.

ARTÍCULO 266. — Contenido del asiento de inscripción; aviso de inscripción. (30 L.P.R.A. § 6444)

En los asientos de inscripción se hará un breve extracto del acto o negocio jurídico contenido en el documento . . . .

Por cada documento inscrito, el sistema enviará un aviso electrónico de inscripción en el que se expresará el número de finca, número de inscripción, fecha y nombre del Registrador.

c. Libro Electrónico Único de Embargos

ARTÍCULO 269. — Creación y contenido. (30 L.P.R.A. § 6461)

Se crea el Libro Electrónico Único de Embargos el cual se llevará de forma electrónica. Comprenderá todos los municipios de la Isla de Puerto Rico y las islas municipio de Vieques y Culebra.

El Libro Electrónico Único de Embargos contendrá todas las anotaciones y cancelaciones de los certificados de embargos expedidos a favor de los Estados Unidos de América, el Estado Libre Asociado de Puerto Rico, el Centro de Recaudaciones de Ingresos Municipales, la Corporación del Fondo del Seguro del Estado de Puerto Rico o cualquiera otro que se disponga por ley.

ARTÍCULO 270. — Presentación electrónica. (30 L.P.R.A. § 6462)

La presentación de los certificados de embargo solamente se efectuará por la vía electrónica.

ARTÍCULO 271. — Anotación y cancelaciones. (30 L.P.R.A. § 6463)

A partir de la vigencia de esta Ley, el Registrador firmará electrónicamente las anotaciones y cancelaciones de los certificados de embargos.

A solicitud de parte interesada el Registrador podrá cancelar las anotaciones de las certificaciones de embargo transcurridos los términos dispuestos por la ley aplicable.

ARTÍCULO 272. — Aranceles; excepción. (30 L.P.R.A. § 6464)

El Registro no cobrará aranceles de ninguna clase por anotar o cancelar los certificados de embargos. Queda exceptuado de este Artículo todo lo relacionado con las certificaciones de embargos a favor de los Estados Unidos de América, conforme establecido en la "Ley de Aranceles de Puerto Rico".

2. Libros complementarios

ARTÍCULO 253. — Libros complementarios históricos y electrónicos; conservación. (30 L.P.R.A. § 6416)

Se entenderá por libros complementarios los índices de persona, índices de finca y libro de planos.

Los registradores conservarán estos libros complementarios históricos para asegurar el funcionamiento eficiente del Registro, según se disponga en el reglamento.

El sistema electrónico proveerá los libros complementarios necesarios.

a. Índices de persona y b. Índices de finca

Regla 253.1 — Índices de fincas y de personas; forma de llevarlos

En el Registro se llevará un índice de fincas y un índice de personas a través del sistema de informática registral.

El índice de fincas se entenderá compuesto por los siguientes campos de búsqueda:

1. Demarcación

2. Número de finca

3. Número de catastro

4. Naturaleza de la finca

5. Localización

6. Número del solar

7. Cabida

El índice de personas se compone del campo de búsqueda relativo al nombre y apellidos de la persona natural o jurídica.

c. Libros de planos

Regla 253.2 — Libro de planos

El libro de planos se compone de las imágenes digitales de los planos presentados los cuales podrán ser localizados por número de finca o nombre de proyecto. No será necesario presentar planos o resoluciones de fincas que tengan número de catastro y que se encuentren digitalizados y disponibles a través del portal de la Oficina de Gerencia de Permisos (OGPe) o agencia correspondiente.

C. Publicidad Material (Fe Pública Registral)

ARTÍCULO 35. — No convalidación de actos o contratos nulos; protección de derechos de terceros. (30 L.P.R.A. § 6050)

El asiento de inscripción no convalida los actos o contratos que sean nulos con arreglo a las leyes, ni altera las relaciones jurídicas de quienes intervengan como partes en dichos actos o contratos.

No obstante, el derecho real de un tercero estará protegido por la fe pública registral y será mantenido en su adquisición cuando cumpla con los siguientes requisitos:

1. El derecho es adquirido válidamente y con arreglo a la ley en un negocio intervivos, de buena fe y a título oneroso de persona que en el Registro aparece con facultad para transmitirlo, y que ha sido inscrito.

2. La adquisición se efectúa basado en un Registro inexacto por causas que no resultan clara y expresamente del propio Registro o por existir sobre la

finca acciones o títulos de dominio o de otros derechos reales que no están debidamente inscritos.

Ha de entenderse por Registro los asientos relativos a una finca o derecho, no extinguidos según lo dispuesto en esta Ley, que se refieran a cargas y gravámenes o a derechos que no sean del que transfiere o grava, además del asiento que publica el derecho del transmitente.

La buena fe del tercero se presume siempre que haya actuado con una mínima dosis de diligencia y mientras no se pruebe que al adquirir conocía la falta de exactitud del Registro.

El adquirente a título gratuito sólo gozará de la protección registral que corresponde a sus causantes o transferentes.

Los derechos meramente mencionados o la indebida constancia de obligaciones no afectarán a tercero.

ARTÍCULO 37. — Prescripción; justo título. (30 L.P.R.A. § 6052)

A los efectos de la prescripción adquisitiva a favor del titular inscrito, será justo título la inscripción, y se presumirá que aquél ha poseído el derecho de forma pública, pacífica, ininterrumpidamente y de buena fe durante el tiempo de vigencia del asiento y de los de sus antecesores de quienes traiga causa.

ARTÍCULO 38. — Prescripción; tercero; requisitos y alcance de la protección conferida al tercero por la fe pública registral frente a un usucapiente. (30 L.P.R.A. § 6053)

A. El tercero que adquiere protegido por el Artículo 35 de esta Ley el dominio o cualquier derecho real que implique posesión quedará amparado por la fe pública registral frente a un usucapiente, bien sea por prescripción ordinaria o extraordinaria, si cumple lo siguiente:

> 1. Desconocía la usucapión consumada o en curso a favor de persona distinta de su transmitente.
>
> 2. Dentro de un año luego de la adquisición interpone acción judicial para negar los efectos de la usucapión consumada antes de la adquisición o dentro de dicho plazo.

B. Transcurrido el año luego de la adquisición cesará para el tercero la protección concedida . . . y se juzgará el título y se contará el tiempo con arreglo a la legislación civil.

C. Cuando la posesión sea de una servidumbre negativa que pueda adquirirse por prescripción, el plazo de un año se contará desde que el tercero conoció su existencia o desde que se produjo, estando ya en posesión del predio sirviente, un acto obstativo a su libertad.

D. Los derechos reales limitativos del dominio que no impliquen posesión, adquiridos sobre derecho ajeno por un tercero que reúna los requisitos fijados en el Artículo 35 de esta Ley, no serán afectados por la usucapión extraregistral del derecho sobre el cual recaen.

E. El tercer adquirente de derechos reales tendrá frente a los efectos de la prescripción extintiva, la misma protección que esta Sección provee contra los efectos de usucapión.

F. El que adquiera del tercero tendrá los derechos que este Artículo le concede a su causante, siempre que cumpla con los mismos requisitos y con los establecidos en el Artículo 35 de esta Ley.

ARTÍCULO 39. — Acciones rescisorias y resolutorias; acciones de retracto legal; perjuicio de tercero. (30 L.P.R.A. § 6054)

En virtud de lo dispuesto en el Artículo 35 de esta Ley, las acciones rescisorias y resolutorias que deban su origen a causas que consten inscritas en el Registro perjudicarán a tercero.

Podrán rescindirse las enajenaciones hechas en fraude de acreedores cuando el segundo o posterior adquirente sea cómplice en el fraude o se le haya trasmitido el derecho por título gratuito, siempre que en ambos casos la acción sea ejercitada en el plazo de cuatro (4) años contados desde el día de dicha enajenación.

Perjudicará también a tercero las acciones de retracto legal, en los casos y términos que las leyes establecen.

1. Tercero registral

Nuestro ordenamiento jurídico inmobiliario, acorde con la tradición española, integra el principio de la fe pública registral. De esta manera quedan protegidos los terceros que por negocio jurídico válido adquieran confiando en el contenido del Registro de la Propiedad.[931] La figura del tercero registral tiene un objetivo fundamental: proteger a los acreedores y dueños del capital financiero.[932]

a. Requisitos

Los requisitos del tercero registral son los siguientes: deberá ser un tercero civil que de buena fe y a título oneroso, en un negocio intervivos válido, adquiera un derecho real inmobiliario inscrito de persona que en el Registro de la Propiedad aparezca con facultades para transmitirle, en función de un registro inexacto, sin que consten clara y expresamente las causas de la inexactitud ni concurra alguna de las excepciones a la aplicación de la fe pública registral y que, a su vez, haya inscrito su adquisición.[933]

1. **Tercero civil**: Un tercero es la persona que no es parte en el contrato.[934]

2. **Adquirente**: No basta ser tercero simple, tiene que ser un tercer adquirente, que subentra en virtud de negocio

---

[931] Banco Santander v. Rosario Cirino, 126 DPR 591, 601 (1990).
[932] *Id.* en la pág. 602.
[933] *Id.* en las págs. 603-04.
[934] *Id.* en la pág. 604.

jurídico en el derecho de su autor o transferentes.[935] Tiene que ser una adquisición derivativa y no originaria, por lo que no son terceros adquirentes los que adquieren la propiedad por ocupación, accesión, usucapión, expropiación (salvo convenio inicial, y no en la fijación del importe de la indemnización), confiscación, entre otros.

3. **De un derecho real inmobiliario inscrito**: el tercero hipotecario no es perfecto sinónimo del tercero adquirente civil: "El tercero hipotecario es un tercer adquirente por negocio jurídico de un derecho real inmobiliario inscrito. Adquirir por negocio jurídico es circunstancia común que asimila al tercero hipotecario con el tercer adquirente civil o general, pero aquel solo puede ser un adquirente de derecho real inmobiliario inscrito y, por tanto, relativo a finca inmatriculada en el Registro, mientras que el segundo es indiferente que lo que adquiera sea un derecho real inmobiliario inscrito o no inscrito, o un bien mueble o un derecho personal o de crédito".[936]

4. **De buena fe**: La buena fe exigida aquí no es equivalente al principio de honradez o lealtad consagrado en el Código Civil, sino una buena fe de tipo subjetiva, psicológica e intelectiva: es el desconocimiento, por parte del tercer adquirente, de la inexactitud del Registro.[937] No se pueden desvincular los principios generales del derecho hipotecario de la buena fe en la contratación, pues nuestra jurisprudencia ha incorporado un elemento de diligencia.[938]

5. **A título oneroso**: Este requisito exige que la adquisición se haya realizado mediante un negocio jurídico bilateral a través de contraprestaciones recíprocas.[939] La definición excluye a los donatarios; y la determinación de si el negocio fue oneroso o gratuito deberá hacerse de acuerdo con el derecho civil puro.[940]

---

[935] *Id.* (cita omitida).
[936] *Id.* en la pág. 605 (*citando a* R.M. Roca Sastre, Derecho Hipotecario, 7ma ed., Barcelona, Ed. Bosch, 1979, T. I, pág. 618).
[937] *Id.*
[938] *Id.* en las págs. 605-06.
[939] *Id.* en la pág. 607.
[940] *Id.*

6. **En un negocio intervivos válido**: El negocio de adquisición tiene que ser válido de acuerdo con el Código Civil.[941] Debe cumplir con los requisitos de objeto, consentimiento, causa y capacidad de las partes.[942]

7. **De persona que en el Registro de la Propiedad aparezca con facultades para transmitirle**: Quien alegue ser tercero hipotecario debe haber adquirido del titular registral o de su representante.[943] Esta es la razón por la cual se está dando esta protección excepcional; porque se trata de una persona que confió en esa constancia, adquirió de esa persona y cumplió con todos los demás requisitos, entonces está protegido por el Registro no importa cual fuera la verdadera situación extraregistral.[944]

8. **Adquisición en función de un registro inexacto**: El registro es inexacto cuando está en desacuerdo con la realidad jurídica extraregistral en cuanto a los derechos inscribibles.

9. **En el Registro de la Propiedad no constaban clara y expresamente las causas de la inexactitud registral**: registro son los asientos relativos a una finca o derecho, no extinguidos, [por su cancelación, caducidad o conversión] que se refieran a cargas y gravámenes o a derechos que no sean el que transfiere o grava, además del asiento que publica el derecho del transmitente.[945]

10. **Que no concurra alguna de las excepciones a la aplicación de la fe pública registral**: La propia Ley Hipotecaria, por consideraciones especiales, limita en algunas ocasiones la plena eficacia de la fe pública registral.[946] En ciertos casos le niega al tercero hipotecario definitiva e indefinidamente la protección de la fe pública del Registro de la Propiedad y, en otras ocasiones, la suspende temporeramente.[947]

---

[941] *Id.*
[942] *Id.*
[943] *Id.* en la pág. 608.
[944] *Id.* (*citando a* D. Martínez Irizarry, *Los principios hipotecarios bajo la nueva legislación en Puerto Rico*, 50 REV. JUR. UPR 195, 201 (1981)).
[945] *Id.* en la pág. 609.
[946] *Id.*
[947] *Id.*

b. Excepciones

ARTÍCULO 40. — Actos o contratos en perjuicio de tercero; causas por las que no se anularán ni rescindirán. (30 L.P.R.A. § 6055)

No se anularán ni rescindirán los actos o contratos en perjuicio de tercero por ninguna de las causas siguientes:

1. Por revocación de donaciones en los casos permitidos por la ley, excepto el de no cumplir el donatario condiciones inscritas en el Registro.

2. Por no haberse pagado todo o parte del precio de la cosa vendida o derecho transmitido, si no consta en la inscripción haberse garantizado dicho aplazamiento en la forma que establece el Artículo 26 de esta Ley.[948]

3. Por la doble venta de una misma finca o derecho, cuando alguna de ellas no haya sido inscrita y salvo el caso en que el adquirente inscrito no haya obrado de buena fe.

4. Por causa de lesión en los casos 1ro. y 2do. del Artículo [1258] del Código Civil de Puerto Rico.

5. Por enajenaciones verificadas en fraude de acreedores, exceptuándose las comprendidas en el Artículo 39 de esta Ley.

6. Por efecto de cualesquiera otras acciones que las leyes concedan a determinadas personas para rescindir contratos en virtud de causas que no consten expresamente del Registro.

En todo caso que la acción resolutoria o rescisoria no se pueda dirigir contra tercero, conforme a lo dispuesto en este Artículo, se podrá ejercitar la acción correspondiente para la indemnización de daños y perjuicios por el que los haya causado.

c. Suspensiones

La propia Ley Hipotecaria, por consideraciones especiales, limita en algunas ocasiones la plena eficacia de la fe pública registral.[949] En ciertos casos le niega al tercero hipotecario definitiva e indefinidamente la protección de la fe pública del Registro de la Propiedad y, en otras ocasiones, la suspende temporeramente.

---

[948] **ARTÍCULO 26. — Contratos en que haya mediado precio; contenido. (30 LPRA § 6041)**
En la inscripción de los contratos en que haya mediado precio se hará constar el que resulte del documento.
Se inscribirá en el Registro el precio aplazado únicamente cuando se solicite la inscripción del derecho real que lo garantiza o cuando se dé a la falta de pago el carácter de condición resolutoria expresa.
Si el precio aplazado, de conformidad al párrafo anterior, se refiere a la transmisión de varias fincas, se hará constar el correspondiente a cada una de ellas. Iguales reglas se aplicarán a las permutas o adjudicaciones en pago cuando una de las partes tuviera que abonar a la otra alguna diferencia en dinero o en especie.

[949] *Banco Santander*, 126 DPR en la pág. 609.

La fe pública registral protege al tercero que confía en las constancias del registro si cumple con los requisitos dispuestos en la ley. Sin embargo, los terceros adquirentes de legatarios, que no sean a su vez herederos forzosos, tendrán el beneficio de la fe pública a partir de dos años desde la inscripción del título hereditario de su transmitente.

ARTÍCULO 36. — Terceros adquirentes de herederos y legatarios; protección registral. (30 L.P.R.A. § 6051)

Los herederos y legatarios tendrán la misma protección [registral] que hubiese tenido su causante . . . . Tendrán plena protección los terceros que adquieran de herederos forzosos, aunque sean éstos mejorados o legatarios. Los terceros adquirentes de herederos voluntarios o de legatarios que no sean a su vez herederos forzosos, al igual que sus sucesores en título, tendrán el beneficio de la fe pública a partir de dos años desde la inscripción del título hereditario de su transmitente, aunque hayan adquirido dentro de ese plazo.

ARTÍCULO 193. — Posesión por más de treinta (30) años o menos; limitaciones a la publicidad registral. (30 L.P.R.A. § 6301)

El Estado, sus agencias, corporaciones públicas o municipios podrán inmatricular los bienes de su pertenencia siempre que los hayan poseído por más de treinta (30) años, de conformidad a las constancias de sus archivos. Esta posesión deberá ser en concepto de dueño, quieta, continua, pública y pacíficamente.

También podrán inmatricular bienes poseídos en igual forma durante un tiempo menor, pero sus inscripciones quedarán sujetas a las siguientes limitaciones:

1. Si la posesión es por más de veinte (20) años, la inscripción no gozará de la fe pública y publicidad registral hasta transcurridos dos (2) años;

2. Si la posesión es por más de diez (10) años, la inscripción no gozará de la fe pública y publicidad registral hasta transcurridos cinco (5) años;

3. Si la posesión es por menos de diez (10) años, la inscripción no gozará de la fe pública y publicidad registral hasta transcurridos diez (10) años.

Una vez transcurridos dichos plazos sin interrupción, dichas inscripciones tendrán plena eficacia y gozarán de plena protección registral.

D. Especialidad

El principio de especialidad requiere que los documentos que se presenten en el Registro de la Propiedad sean claros y específicos en cuanto al contenido del derecho, su extensión y titularidad.[950] De esa forma, se evita

[950] Westernbank v. Registradora, 174 DPR 779, 788 (2008). *Véase también* Cabañas v. Registrador, 8 DPR 73 (1905).

cualquier género de incertidumbre en las constancias del Registro. La presunción de igualdad de las porciones correspondientes a los partícipes en una comunidad no opera en el Registro de la Propiedad. Las partes indivisas de las fincas, por ejemplo, deben expresarse en porcentajes o fracciones específicas.

1. Normas relativas a la descripción del derecho

ARTÍCULO 4. — Título; definición; derechos; actos y contratos sujetos a inscripción. (30 L.P.R.A. § 6011)

Se entenderá por título para los efectos de la inscripción, el contenido del documento público en que se funde el derecho de la persona a cuyo favor se practicará la inscripción. El documento dará fe por sí solo o con otros documentos complementarios o mediante el cumplimiento de las formalidades que se requiera por ley.

En el Registro Inmobiliario se inscribirán:

1. Los títulos constitutivos, traslativos, declarativos o extintivos del dominio de los inmuebles o de los derechos reales impuestos sobre los mismos.

2. Los títulos que constituyan, reconozcan, trasmitan, modifiquen o extingan derechos de usufructo, uso, habitación, hipoteca, servidumbres y otros derechos reales.

3. Cualquier acto o contrato de transcendencia real que modifique en alguna forma las facultades del dominio sobre bienes inmuebles o que sea inherente a derechos reales tales como el derecho de superficie, las restricciones privadas voluntarias y las concesiones administrativas o alianzas público-privadas, entre otros.

4. Serán inscribibles además las servidumbres ecológicas, la reparcelación de fincas por parte del Estado y/o Municipios según se disponga por reglamento.

ARTÍCULO 9. — Escrituras o documentos inscribibles; excepción. (30 L.P.R.A. § 6016)

Los documentos que motivan un asiento de inscripción son los siguientes:

1. Escritura pública.

2. Documento auténtico expedido por autoridad judicial o funcionario competente.

3. Actas notariales para tramitar los asuntos y procedimientos contemplados en la Ley de Asuntos no Contenciosos ante Notario.

4. Certificaciones administrativas expedidas por funcionarios competentes de las agencias del Estado Libre Asociado de Puerto Rico, sus corporaciones, cualquiera de sus municipios o de cualquier agencia del gobierno de los Estados Unidos conforme

la facultad conferida por su respectiva ley habilitadora.

5. Cualquier otro documento cuya inscripción sea dispuesta por ley.

La instancia se utilizará para la aclaración de particularidades como complemento a transferencias o acciones sobre bienes inmuebles dispuestas por ley y para solicitar la cancelación de gravámenes prescritos. Una instancia por sí sola no constituye un documento admisible para producir un asiento en el Registro de la Propiedad.

ARTÍCULO 10. — Contenido de los documentos sujetos a inscripción. (30 L.P.R.A. § 6017)

Los documentos relativos a actos o contratos sujetos a inscripción expresarán todas las circunstancias que necesariamente debe contener la primera inscripción relativas a los otorgantes, las fincas y a los derechos objetos de inscripción.

En aquellos casos donde el acto o contrato que se pretende inscribir requiere la existencia de algún documento o documentos complementarios que acrediten las facultades representativas o autoridad del compareciente, el notario relacionará y certificará bajo su fe notarial que los tuvo ante sí y que estos cumplen con todos los requisitos de ley. En este caso, no será necesario que se presenten estos documentos.

Cuando el acto o contrato que se pretende inscribir requiere la existencia de una sentencia o documento emitido por un tribunal de Puerto Rico, y dicha sentencia o documento sea emitido a través del Sistema Unificado de Manejo y Administración de Casos (SUMAC), el Registrador de la Propiedad aceptará el documento según emitido electrónicamente por SUMAC, como copia válida del documento existente en los archivos del tribunal, sin que sea necesario la presentación de copia certificada. En estos casos, el Registrador podrá corroborar la validez y exactitud del documento accediendo a SUMAC.

ARTÍCULO 11. — Sentencias extranjeras. (30 L.P.R.A. § 6018)

Las sentencias extranjeras o dictadas por tribunales de los Estados Unidos de América serán inscribibles siempre que estén contenidas en una resolución del Tribunal de Primera Instancia mediante procedimiento de exequátur. De dicho procedimiento se dará conocimiento al Ministerio Fiscal o al Procurador de Familia, según sea el caso, quien podrá comparecer de estimarlo conveniente en protección del interés público.

Estarán excluidas de este procedimiento las sentencias y resoluciones promulgadas por los tribunales del sistema federal de los Estados Unidos de América.

ARTÍCULO 12. — Documentos otorgados fuera del Estado Libre Asociado de Puerto Rico; requisitos. (30 L.P.R.A. § 6019)

Para que un documento otorgado fuera del Estado Libre Asociado de Puerto Rico pueda ser inscrito, deberá cumplirse con los siguientes requisitos:

1. Que el asunto o materia del acto o contrato sea lícito y permitido por las leyes del Estado Libre Asociado de Puerto Rico.

2. Que los otorgantes tengan la aptitud y capacidad legal necesarias para el acto o contrato con arreglo a las leyes del país de otorgamiento.

3. Cuando se relacionen con bienes de menores de edad y de incapacitados, deberá haberse dado cumplimiento a las disposiciones legales vigentes en el Estado Libre Asociado de Puerto Rico.

4. Que el documento haya sido legalizado por la autoridad competente del país donde fue otorgado y contenga los requisitos necesarios para su autenticación en el Estado Libre Asociado de Puerto Rico.

5. Que el documento haya sido protocolizado por un notario en el Estado Libre Asociado de Puerto Rico, si para su eficacia no se requiere trámite judicial. Si el Registrador lo solicita, deberá acreditarse que en el otorgamiento del documento protocolizado se observaron las formas y solemnidades requeridas por las leyes del lugar en el que se otorgaron los actos o contratos, o en su defecto, las de Puerto Rico.

6. Se consideran documentos auténticos que no requieren protocolización, los títulos de cesiones o traspasos de propiedad inmueble u otros derechos reales llevados a cabo por funcionarios competentes del Gobierno de los Estados Unidos de América, sus agencias, corporaciones o instrumentalidades públicas a favor del Estado Libre Asociado de Puerto Rico, sus agencias, corporaciones o instrumentalidades públicas o sus subdivisiones políticas.

ARTÍCULO 13. — Documentos no redactados en español o inglés; traducción previa necesaria; requisitos. (30 L.P.R.A. § 6020)

Para que documentos no redactados en los idiomas español o inglés se puedan inscribir en el Registro, deberán ser traducidos al español por un notario autorizado en el Estado Libre Asociado de Puerto Rico, quien certificará la fidelidad de la traducción mediante testimonio o affidavit de traducción de documentos al amparo de la Ley Notarial vigente o por un traductor o un funcionario competente del Gobierno del Estado Libre Asociado de Puerto Rico, quienes certificarán bajo juramento la exactitud de ésta. Para todos los efectos del Registro Inmobiliario, la traducción será considerada como el texto prevaleciente. Si un documento se otorga simultáneamente en español y en otro idioma, para todos los fines del Registro prevalecerá la versión en español.

En todo documento otorgado simultáneamente en español e inglés, prevalecerá la versión que las partes vinculadas en el mismo así lo determinen.

ARTÍCULO 14. — Bienes de dominio o uso público. (30 L.P.R.A. § 6021)

Se podrá practicar la inscripción de los bienes de dominio o uso público mientras estén destinados al uso general y público, conforme establecido en el Artículo 193. No obstante, si un inmueble de propiedad privada, o parte del mismo, adquiere la naturaleza de bien público, se hará constar esta circunstancia mediante nota al efecto.

ARTÍCULO 15. — Derechos, actos y contratos no sujetos a inscripción. (30 L.P.R.A. § 6022)

A. No serán objeto de inscripción:

> 1. Las servidumbres impuestas por ley que tienen por objeto la utilidad pública comunal.
>
> 2. La opción de arrendamiento.
>
> 3. Los derechos y obligaciones personales.
>
> 4. Los títulos referentes a la posesión.
>
> 5. La obligación de constituir, transmitir, modificar o extinguir el dominio o un derecho real sobre cualquier inmueble.
>
> 6. La obligación de celebrar en lo futuro cualquiera otras obligaciones o derechos personales, sin perjuicio de que en dichos supuestos se inscriba la garantía real constituida para asegurar su cumplimiento de conformidad con la ley.

No se inscribirán, ni se tomará razón de título o derecho alguno, que no sea inscribible en virtud de esta ley u otra ley que específicamente así lo disponga.

B. Cuando se presente para inscripción en el Registro de Propiedad una Declaración de Financiamiento de Inmuebles por su Destino, conforme a lo dispuesto en las secciones aplicables del Capítulo 9 de la Ley 208-1995, según enmendada, conocida como "Ley de Instrumentos Negociables y Transacciones Bancarias", se tomará razón de la misma en el Registro de la Propiedad mediante nota marginal en la finca correspondiente.

2. Normas relativas a la descripción del titular

Regla 23.4 — Nombre de titulares

Los titulares registrales deberán aparecer de los documentos presentados con el nombre y los apellidos que consten del Registro. No podrán usarse iniciales para designar nombres de personas naturales. La razón social de personas jurídicas se hará constar tal y como aparezcan inscritas.

3. Normas relativas a la descripción de la finca

ARTÍCULO 23. — Contenido de la primera inscripción y subsiguientes. (30 L.P.R.A. § 6038)

A. La primera inscripción de toda finca expresará en la forma más abreviada posible, las siguientes circunstancias:

1. El número de catastro del inmueble, si lo tiene.

2. La naturaleza, situación y linderos de los inmuebles objeto de la inscripción, o a los cuales afecte el derecho que deba inscribirse, y sus medidas superficiales expresadas en el sistema métrico decimal. Podrá incluir el nombre y número si constan del título, consignando además todas aquellas especificaciones que conduzcan a la completa identificación del inmueble.

3. Procedencia de la finca.

4. La naturaleza, extensión, condiciones suspensivas o resolutorias y cargas del derecho que se inscriba.

5. El valor de la transacción objeto de inscripción.

6. El nombre del titular de quien procedan inmediatamente los bienes o derechos que deban inscribirse.

7. El derecho objeto de inscripción.

8. El nombre del titular a cuyo favor se solicita la inscripción.

9. Los datos del documento cuya inscripción se solicita, su naturaleza, su fecha y el tribunal, notario o funcionario que lo autorizó.

10. La fecha, hora y número del asiento de presentación.

11. La fecha de la inscripción y la firma electrónica en el folio real electrónico o a manuscrito, si no se trata de un folio real electrónico, del Registrador.

B. Las inscripciones subsiguientes deberán contener:

1. Las circunstancias contenidas en el inciso (A)(2) de este Artículo cuando haya alguna variación entre la descripción como aparece en el documento presentado y lo que consta inscrito en el Registro.

2. Las circunstancias contenidas en las cláusulas (3), (4), (5), (8), (9) y (10) del inciso (A) de este Artículo.

3. Lo dispuesto en el inciso (A)(6) de este Artículo, excepto cuando el documento a inscribirse comprenda la trasmisión o gravamen del pleno dominio.

4. Lo dispuesto en el inciso (A)(8) de este Artículo, excepto cuando sea una sola persona el titular.

C. Cuando un título comprenda varios inmuebles o derechos reales, deberá expresarse además, el valor correspondiente a cada uno de ellos.

D. Cuando el título comprenda la constitución de una hipoteca sobre varios inmuebles o derechos reales, deberá expresar además, la parte del crédito por el que responde cada una de las fincas o derechos y el valor mínimo que se le haya asignado en caso de subasta.

E. En ningún caso se indicarán en la inscripción los derechos personales que no estén garantizados mediante hipoteca u otra forma de garantía real inscrita, y tampoco las menciones de derechos susceptibles de inscripción separada y especial que no consten inscritos.

E. Prioridad o rango

La máxima "primero en tiempo, primero en derecho" ha sido incorporada a nuestro sistema registral mediante el principio de prioridad.[951] Este principio dispone que los documentos presentados y pendientes de inscripción se califiquen según el estricto orden en que llegaron al Registro.[952]

1. Efectos de la fecha y hora de presentación

La extensión del asiento de presentación, acto estrechamente ligado al principio de prioridad, permite hacer constar el momento preciso en que los documentos fueron presentados en el Registro de la Propiedad.[953] El Registro lleva un libro o sistema de ordenamiento diario donde se hará constar la presentación de los documentos por orden cronológico, fecha, hora exacta, número de presentación y demás particularidades.[954]

El asiento de presentación cumple una función dual.[955] Primero, garantiza a quien presenta el documento en el Registro que, si cumple cabalmente con el proceso de calificación, su derecho constará inscrito a partir de la fecha de presentación.[956] Los títulos inscritos surtirán efecto en cuanto a terceros desde la fecha de su inscripción.[957] Se considerará como fecha de inscripción para todos los efectos que esta deba producir, la fecha de presentación que deberá constar en la inscripción misma.[958]

Segundo, el asiento de presentación advierte a terceros sobre la posibilidad de que la inscripción de los documentos posteriormente presentados sea denegada por contener derechos incompatibles a los de la primera presentación.[959] Los actos registrables que primero ingresen al Registro de la Propiedad gozarán de una preferencia (ya sea excluyente o prelativa) sobre cualquier otro acto presentado con posterioridad, aunque el último acto presentado fuese de fecha anterior (*prior tempore potior iure*).[960]

---

[951] Distribuidores Gas PR v. Registradora, 188 DPR 351, 361 (2013).
[952] *Id.*
[953] *Id.* en la pág. 362.
[954] *Id.*
[955] *Id.*
[956] *Id.*
[957] *Id.*
[958] *Id.*
[959] *Id.*
[960] *Id.* en las págs. 362-63 (*citando a* Gasolinas de Puerto Rico v. Registrador, 155 DPR 652, 675 (2001)).

El efecto de excluyente o preferente que tiene la presentación de un documento lleva a distinguir entre los títulos anticipados y los rezagados.[961] Los títulos anticipados son aquellos que logran acceso al Registro, mientras que los segundos son rezagados por ser opuestos o incompatibles con el ya presentado.[962] El momento de presentación del título en el Registro es el factor decisivo para otorgar esta preferencia excluyente o de superioridad de rango del derecho objeto del título presentado.[963]

Inscrito o anotado previamente en el Registro cualquier documento mediante el cual se constituyan, transmitan, modifiquen o extingan derechos reales sobre un bien inmueble, no podrá inscribirse o anotarse ningún otro de igual o anterior fecha que se le oponga o que sea incompatible, por el cual se transmita o grave dicho inmueble.[964]

Si solo se hubiera extendido el asiento de presentación, tampoco podrá inscribirse o anotarse ningún otro título de la clase antes expresada durante el plazo que dure dicho asiento de presentación; y en todo caso, se estará a lo que se resuelva sobre la situación registral del título que primero se presente.[965]

Aun cuando en la extensión de asientos de presentación existe "un saludable grado de automatismo dictado por la cronología . . .", este proceso se encuentra subordinado "a la prueba depuradora de la calificación en la que se cumplen los principios de legalidad y tracto sucesivo".[966] El principio de prioridad obliga al Registrador a que, de presentarse derechos mutuamente excluyentes, proceda a inscribir el que fue presentado en primer lugar, siempre que el derecho presentado cumpla con los principios de calificación registral.[967]

2. Permuta de rango

Regla 87.1 — Posposición o permuta de rango

Las disposiciones del Artículo 87 serán de aplicación, además, a la permuta de rango.

Regla 87.2 — Posposición de rango; permuta; cómo se harán constar

La posposición se hará constar al margen de la inscripción de la hipoteca pospuesta y en la inscripción de la hipoteca favorecida. La permuta se hará constar al margen de las inscripciones de las hipotecas afectadas.

---

[961] *Id.* en la pág. 363.
[962] *Id.*
[963] *Id.*
[964] *Id.*
[965] *Id.*
[966] *Id.* (*citando a* Ponce Federal Savings v. Registrador, 105 DPR 486, 493 (1976)).
[967] *Id.* en las págs. 363-64.

Regla 87.3 — Escrituras de permuta de rango, posposición, liberación, novación y modificación de hipoteca; personas legitimadas; constancia notarial

Las hipotecas en garantía de instrumentos negociables o de títulos transmisibles por endoso o al portador, estén vencidas o no, pero no prescritas, podrán ser objeto de permutas de rango, posposiciones, liberaciones, novaciones o modificaciones, mediante escritura otorgada por la persona que tenga derecho a exigir el cumplimiento del instrumento.

Cuando el otorgante sea tenedor del instrumento, el notario verificará ese hecho comprobando la forma en que aquél es pagadero originalmente y los endosos que contenga.

Cuando el otorgante sea una persona que no es tenedora del instrumento, pero está en posesión de éste y tiene los derechos de un tenedor, deberá acreditar al notario y el Registrador su derecho sobre el instrumento expresando con particularidad la persona de quien lo obtuvo, indicando bajo su responsabilidad que lo adquirió mediante una cesión voluntaria y la razón por la cual el instrumento no contiene un endoso a su favor o en blanco. El notario y el Registrador estarán facultados para requerir al otorgante que acredite el hecho de la cesión a su satisfacción y el notario relacionará en la escritura los documentos que le han sido mostrados.

3. Posposición de rango

ARTÍCULO 87. — Posposición de rango; requisitos. (30 L.P.R.A. § 6114)

Una hipoteca inscrita podrá posponerse a otra, siempre que el acreedor cuyo crédito se pospone consienta expresamente en escritura pública.

ARTÍCULO 88. — Consentimiento de terceros. (30 L.P.R.A. § 6115)

En todo caso de modificación, novación total o parcial, o posposición, donde aumente la cantidad del principal o interés, se posponga la fecha de vencimiento de la obligación, el rango, o cuando se permuten hipotecas, se requerirá el consentimiento mediante escritura pública de los acreedores posteriores o intermedios que surjan del registro. Deberán consentir también los titulares de gravámenes sobre la hipoteca, modificada o permutada que resulten del registro.

En los casos de modificación de hipoteca, el consentimiento comprende a su vez la posposición de rango a favor de la modificación.

ARTÍCULO 89. — Constancia notarial. (30 L.P.R.A. § 6116)

En la escritura de modificación, novación, permuta, y en todos los casos de instrumentos negociables garantizados por hipoteca, el notario autorizante deberá hacer constar que tuvo ante sí los instrumentos y que tomó razón en ellos de los cambios efectuados.

F. Tracto Sucesivo

El principio del tracto sucesivo exige que "para [poder] inscribir documentos por los que se declaren, transmitan, graven, modifiquen, o extingan el dominio y demás derechos reales sobre bienes inmuebles, deberá constar previamente inscrito el derecho de la persona que otorgue o en cuyo nombre sean otorgados los actos o contratos referidos".[968] Si no se cumple con este requisito, se denegará la inscripción.[969]

Dicho requisito busca que el transferente de hoy sea el adquirente de ayer y que el titular registral actual sea el transferente de mañana, para que el historial jurídico de cada finca inmatriculada, respecto de sus sucesivos titulares registrales, aparezca sin saltos ni lagunas.[970] Este principio "tiene por objeto mantener el enlace o la conexión de las adquisiciones por el orden regular de los titulares registrales sucesivos, para formar una continuidad perfecta de todos los actos adquisitivos inscritos en orden al tiempo".[971]

1. Tracto formal y Tracto material

La serie de títulos inscritos forma una **cadena de asientos** conocida como **tracto sucesivo formal** y la serie de títulos inscritos produce una **genealogía de titulares** denominada **tracto material.**[972]

2. Reanudación del tracto

ARTÍCULO 182. — Concordancia entre el registro y la realidad jurídica; forma de llevarla a cabo; reanudación de tracto. (30 L.P.R.A. § 6281)

La concordancia entre el registro y la realidad jurídica extraregistral podrá lograrse mediante la inmatriculación de las fincas que no estén inscritas a favor de persona alguna; por la reanudación del tracto sucesivo interrumpido; la rectificación de cabida de la finca; y por la cancelación de cargas y gravámenes.

ARTÍCULO 183. — Dueño de finca inscrita que no aparece como titular registral; reanudación de tracto; procedimiento y efectos. (30 L.P.R.A. § 6282)

Cuando el dueño de una finca inscrita o de un derecho real sobre ésta no aparezca como titular registral, deberá instar acción ordinaria contra los que aparecen del Registro como titulares. Si el demandante obtiene sentencia a su favor, una vez esta sea final y firme, podrá solicitar y el Tribunal ordenar la inscripción a su nombre y la cancelación de los asientos registrales que procedan.

---

[968] Art. 17 de la del Registro de la Propiedad Inmobiliaria del Estado Libre Asociado de Puerto Rico, Ley Núm. 210-2015, 30 LPRA § 6032.
[969] *Ex parte* Torres Pérez, 2025 TSPR 5, en la pág. 12 (cita omitida).
[970] *Id.* (citas omitidas).
[971] Rigores v. Registrador, 165 DPR 710, 726-727 (2005).
[972] Pagán Rodríguez v. Registradora, 177 DPR 522, 535 (2009).

En caso de reanudación de tracto, también se harán constar los titulares intermedios y se citarán éstos como lo dispone el inciso 2 del Artículo 185 de esta Ley.[973]

La rectificación de cabida en el Registro no produce un cambio o inscripción de superficie adicional, sino una corrección de un dato descriptivo de la finca.

II. Procedimiento de inscripción

A. Presentación y principio de rogación

Principio de rogación

El principio de rogación es la característica que tiene un sistema registral de exigir que el Registrador actúe solamente a pedido de parte y que, salvo las contadas excepciones dispuestas en la Ley o el Reglamento, no pueda actuar *motu proprio* o de oficio.[974] En otras palabras, la inscripción registral en Puerto Rico es de naturaleza voluntaria, salvo contadas excepciones en la Ley Hipotecaria o en su Reglamento.[975]

1. Presentación de documentos

ARTÍCULO 258. — Presentación de documentos; definición; expedición de recibo; perfeccionamiento; correo electrónico y efecto. (30 L.P.R.A. § 6431)

Presentación es el acto mediante el cual se recibe en el Registro un documento físico o su imagen digital, con el propósito de solicitar su inscripción. Deberá estar acompañado de los aranceles correspondientes y documentos complementarios, si alguno. Los aranceles quedarán

---

[973] **ART. 185. Dominio sin título inscribible; expediente de dominio; formalidades para justificar el dominio; requisitos. (30 LPRA § 6291)**
2. El promovente notificará personalmente o por correo certificado con copia de su escrito a los siguientes:

> a. Alcalde del municipio en que radiquen los bienes.
> b. Secretario de Transportación y Obras Públicas.
> c. Fiscal de Distrito.
> d. Las personas que están en la posesión de las fincas colindantes.

El tribunal ordenará la citación personal de los siguientes:

> a. El inmediato anterior dueño o sus herederos si fueren conocidos en caso de no constar en escritura pública la transmisión. Se entenderá como inmediato anterior dueño, en el caso de que los promoventes sean herederos, aquel de quien el causante adquirió la propiedad.
> b. Los que tengan cualquier derecho real sobre la finca objeto del procedimiento.

El tribunal ordenará la citación mediante edicto de los siguientes:

> a. Las personas ignoradas o desconocidas a quienes pueda perjudicar la inscripción solicitada.
> b. Los que están ausentes pero de no estarlo debían ser citados en persona y cuyo paradero se desconoce al tiempo de hacerse la primera publicación del edicto se les enviará copia de la citación por correo certificado y con acuse de recibo, a su última dirección conocida. Si se ignora su paradero y así queda probado, se les citará exclusivamente mediante el referido edicto.

[974] Santiago v. E.L.A., 163 DPR 149, 171 n.9 (2004).
[975] *Id.*

cancelados al momento de su presentación.

Por cada asiento de presentación se expedirá un recibo cuyo contenido se definirá por reglamento. La presentación quedará perfeccionada al expedirse el recibo de presentación por la vía electrónica.

Es requisito indispensable para poder presentar documentos en el Registro Digital, que el presentante provea por lo menos una dirección de correo electrónico. El recibo de presentación, la notificación de defectos, de inscripción y/o cualquier comunicación con el presentante se hará exclusivamente por la vía electrónica.

Corrección de errores por el Registrador

Los errores cometidos por el registrador al extender un asiento podrán ser corregidos de oficio (por sí) o a solicitud de la parte interesada, siempre que se tenga a la vista el instrumento que motivó la acción y no se afecten los derechos de los titulares posteriores inscritos. El registrador no podrá corregir el error si los títulos fueron entregados a los interesados.

Se necesita una resolución judicial ordenando la corrección del asiento cuando la corrección puede afectar los derechos de titulares posteriores inscritos o haya objeción del Registrador o de una persona interesada en el asiento.

ARTÍCULO 259. — Formas de presentar documentos; horario. (30 L.P.R.A. § 6432)

Los documentos se podrán presentar de forma presencial o digitalmente a través del sistema de informática registral telemática.

La presentación telemática de documentos podrá efectuarse durante las veinticuatro (24) horas los siete (7) días de la semana.

La presentación personal o presencial se deberá efectuar en la sección o demarcación donde radique la finca durante el horario de ocho de la mañana (8:00 AM) a doce del mediodía (12:00 PM) y de una de la tarde (1:00 PM) a cuatro de la tarde (4:00 PM) de lunes a viernes.

ARTÍCULO 260. — Quiénes pueden presentar documentos; certificación del notario. (30 L.P.R.A. § 6433)

1. Están legitimados para presentar documentos en el Registro, las personas que se mencionan a continuación:

   a. La persona que adquiere el derecho o lo transmita o que tenga interés en su inscripción.

   b. El notario que autoriza el documento o el representante o mandatario de alguna de las partes en el negocio jurídico.

   c. La persona que haya sido contratada para hacer la presentación de un documento.

2. La presentación telemática solamente podrá hacerse por un notario o funcionario autorizado.

En estos casos, deberá acompañar además una certificación la cual expresará lo siguiente:

"Certifico: Que la copia certificada de la escritura/documento (número/tipo documento) autorizada por (nombre del notario/funcionario) en (fecha) y que en formato PDF estoy presentando al Registro de la Propiedad, es una copia fiel y exacta de la copia certificada de dicha escritura/documento. En (lugar y fecha), (firmado, signado, sellado y rubricado por el notario)".

ARTÍCULO 261. — Limitación del asiento de presentación. (30 L.P.R.A. § 6434)

El notario o la parte interesada en la inscripción de un documento, podrá solicitar la limitación del asiento de presentación en cuanto a uno o varios negocios jurídicos y/o a una o más de una finca.

ARTÍCULO 262. — Documentos sin derechos correspondientes. (30 L.P.R.A. § 6435)

No se podrán presentar documentos que no estén acompañados de la totalidad de los aranceles correspondientes al negocio jurídico que se interesa inscribir.

2. Efectos del asiento de presentación

ARTÍCULO 238. — Término para la corrección; interrupción y caducidad de la notificación. (30 L.P.R.A. § 6390)

Se extenderá nota de caducidad en el asiento de presentación de no ser subsanado el defecto dentro del término de sesenta (60) días o de no haberse presentado el escrito de recalificación, sin que proceda la devolución o el crédito de aranceles.

3. Retiro de documentos

ARTÍCULO 267. — Retiro y recogido de documentos; carta de crédito. (30 L.P.R.A. § 6451)

A. Retiro de documentos pendientes de inscripción y presentados con anterioridad a la vigencia de esta Ley:

Podrán retirar los documentos, el presentante o su representante, el portador del recibo de presentación, la parte con interés o el notario autorizante o su representante. El retiro del documento se hará constar en el Diario.

Si el retiro de un documento afecta adversamente la inscripción de documentos posteriores será necesario acreditar el consentimiento por escrito de la persona que pueda quedar afectada por el retiro.

B. Retiro de documentos presentados bajo esta Ley:

El retiro de documentos electrónicos se iniciará con la presentación de una Solicitud de Retiro de Documento Electrónico y deberá cumplir además con los requisitos establecidos en el inciso A de este Artículo. El Secretario dispondrá por Reglamento el procedimiento a seguirse por el solicitante.

C. Carta de crédito:

El Registro expedirá carta de crédito por la totalidad de los derechos de inscripción que fueron pagados y cancelados al momento de la presentación cuando un documento es retirado sin que se realice operación registral alguna.

La carta de crédito podrá ser utilizada para satisfacer el pago de aranceles de inscripción del mismo documento o cualquier otro cuya inscripción se solicite.

D. Recogido de documentos inscritos y caducados antes de la vigencia de esta Ley:

Los documentos inscritos o caducados que fueron presentados antes de la vigencia de esta Ley, podrán ser recogidos por las personas mencionadas en el inciso A de este Artículo, o por cualquier persona que a juicio del Registrador tenga interés en el documento.

ARTÍCULO 268. — Disposición de documentos electrónicos inscritos o caducados; excepción. (30 L.P.R.A. § 6452)

Los documentos presentados electrónicamente se borrarán transcurridos treinta (30) días contados a partir de la fecha de inscripción, excepto los documentos constitutivos de servidumbres, condiciones restrictivas y regímenes de propiedad horizontal, los cuales se conservarán electrónicamente.

B. Calificación y principio de legalidad

La calificación es piedra angular del principio de legalidad, fundamental para nuestro sistema inmobiliario registral.[976] La calificación es un proceso que exige del Registrador un juicio de crítica jurídica sobre la validez y eficacia de los negocios jurídicos contenidos en los documentos presentados, a través de la cual se logra que solo tengan acceso al Registro los títulos que cumplan con las exigencias legales.[977]

El Registrador evalúa cautelosamente los documentos que son presentados en el Registro y se asegura de que estos sean válidos y perfectos.[978] Esta función es cónsona con el interés de salvaguardar la certeza del tráfico

---

[976] Distribuidores Gas PR v. Registradora, 188 DPR 351, 361 (2013).

[977] *Id.* (*citando a* Popular Mortgage v. Registrador, 181 DPR 625, 632 (2009); Rigores v. Registrador, 165 DPR 710, 719-720 (2005), Alameda Tower Associates v. Muñoz Román, 129 DPR 698, 706 (1992)).

[978] *Id.*

jurídico de los inmuebles mediante la constancia clara en el Registro.[979]

ARTÍCULO 230. — Propósito de la calificación. (30 L.P.R.A. § 6382)

La calificación del Registrador será a los únicos efectos de extender o denegar la inscripción, anotación, nota o cancelación solicitada, y no impedirá ni prejuzgará el juicio que pueda seguirse en los tribunales sobre la validez de los documentos calificados, debiendo atenerse el Registrador a lo que en aquel se resuelva.

ARTÍCULO 231. — Prohibición de calificar. (30 L.P.R.A. § 6383)

Los Registradores no podrán calificar los documentos en los que ellos, sus cónyuges o parientes dentro del cuarto grado de consanguinidad o segundo de afinidad tengan algún interés.

Tampoco podrán intervenir en la calificación de documentos que se relacionen con transacciones anteriores en las cuales participaron como parte o como notario autorizante.

ARTÍCULO 232. — Autonomía del Registrador; recurso contra la calificación; comparecencia del Registrador en procedimientos. (30 L.P.R.A. § 6384)

El Registrador es autónomo en su facultad calificadora. Contra su calificación solamente procederá el recurso que se establece en esta ley sin que los tribunales u otras autoridades puedan obligar o impedir que los Registradores practiquen cualquier operación registral. De igual forma, no podrán requerir la comparecencia de los Registradores y Registradoras para testificar, sobre la validez o nulidad de los asientos, o sobre la calificación o cualquier otro asunto capaz de ser objeto de certificación registral que se expida según se dispone en esta Ley. A esos efectos se remitirán exclusivamente a las certificaciones registrales que se expidan según se dispone en esta Ley.

La autonomía del Registrador no se extiende a su deber de cumplir con las normas y directrices administrativas emitidas por el Secretario de Justicia y/o el Director Administrativo del Registro.

ARTÍCULO 233. — Delito; notificaciones. (30 L.P.R.A. § 6385)

Cuando una parte interesada alegue ante el Registrador que el documento que ha sido presentado física o digitalmente es producto de un fraude o delito, el registrador deberá dar conocimiento de ello por escrito al Fiscal de Distrito y al Director Administrativo. La alegación deberá estar firmada y jurada por la parte querellante. Si el propio Registrador sospecha que se ha cometido delito, así lo hará constar al referir el asunto ante el Fiscal de Distrito.

En cualquier caso, se notificará al notario y a la parte interesada conforme

---

[979] *Id.*

al procedimiento de notificación de defectos que impiden la inscripción.

1. Término para calificar

ARTÍCULO 234. — Término; interrupción. (30 L.P.R.A. § 6386)

[L]os documentos se calificarán dentro del término de noventa (90) días laborables siguientes a su presentación. Dentro del mismo término se notificarán los defectos respecto a dichos documentos.

El término de noventa (90) días quedará interrumpido con la inscripción o notificación de defectos del documento.

Se exceptúan de esta disposición los documentos que constan pendientes de despacho y calificación al momento de entrar en vigor esta Ley y documentos de nueva presentación cuya inscripción depende de los antes mencionados.

El incumplimiento con el término dispuesto en este Artículo dará lugar a sanciones administrativas según se disponga por reglamento.

Tabla 8. Término para calificar

Elemento	Resumen
Término para calificar documentos	90 días laborables desde su presentación.
Notificación de defectos	También debe hacerse dentro de los mismos 90 días.
Interrupción del término	El término se interrumpe al inscribirse el documento o al notificarse sus defectos.
Excepciones	1. Documentos pendientes al entrar en vigor la Ley. 2. Documentos nuevos cuya inscripción depende de los anteriores.
Sanciones	El incumplimiento del término puede conllevar sanciones administrativas según lo disponga el reglamento.

2. Alcance de la facultad calificadora del Registrador según el tipo de documento presentado (notarial, judicial o administrativo)

La facultad calificadora del Registrador está más restringida en los documentos judiciales. La ley especifica el ámbito de la calificación. Se limita, entre otros asuntos, a la jurisdicción y competencia del tribunal, las formalidades extrínsecas de los documentos presentados, entre otras. No puede calificar las determinaciones judiciales respecto a los hechos y derechos que corresponden a las partes en litigio. Está impedido de calificar los fundamentos de las sentencias o la justicia o la legalidad intrínseca del fallo.

Por otro lado, al calificar documentos notariales, el Registrador puede comprobar la validez del acto jurídico, las formas extrínsecas, la capacidad de los otorgantes. Conforme con ello, el Registrador puede examinar la validez del título y del derecho real que se pretenda inscribir.

ARTÍCULO 229. — Calificación de documentos. (30 L.P.R.A. § 6381)

En cuanto a los documentos expedidos por la autoridad judicial, la calificación se limitará a:

1. La jurisdicción del tribunal, la naturaleza y efectos de la resolución dictada, si ésta se produjo en el juicio correspondiente y si se observaron en él los trámites y preceptos esenciales para su validez;

2. Las formalidades extrínsecas de los documentos presentados, y

3. Los antecedentes del Registro.

Cuando se trate de documentos administrativos la calificación se hará, en lo pertinente, sujeto a lo expresado en el párrafo anterior.

El Registrador podrá requerir se produzcan o acrediten documentos complementarios únicamente cuando sean necesarios para la calificación del documento principal presentado, bien sean éstos notariales, judiciales o administrativos, excepto aquellos documentos que acrediten facultades. En estos casos, bastará que el notario autorizante lo relacione y acredite bajo su firma, sello y fe notarial, que lo tuvo ante sí y que cumple con las formalidades requeridas por ley.

3. Medios para calificar

ARTÍCULO 229. — Calificación de documentos. (30 L.P.R.A. § 6381)

Los registradores calificarán la legalidad de los documentos en cuya virtud se solicite un asiento. La calificación se limitará a las formas extrínsecas de los documentos presentados, la capacidad de los otorgantes y la validez de los actos y contratos contenidos en tales documentos.

La calificación se limitará únicamente a los documentos presentados, los asientos registrales vigentes y las leyes.

Los registradores no están facultados para apreciar la legalidad de las calificaciones efectuadas ni de los asientos extendidos con anterioridad por sus predecesores o por ellos mismos. Los asientos, así como los actos inscritos, deberán considerarse válidos, hasta tanto los tribunales declaren su nulidad.

4. Defectos que impiden la inscripción

ARTÍCULO 235. — Defectos que impiden la inscripción. (30 L.P.R.A. § 6387)

Los defectos que impiden la inscripción son los siguientes:

1. Los que causen la inexistencia, nulidad o anulabilidad del acto, contrato o del documento presentado.

2. Los que se originen de obstáculos del Registro.

3. Los que se originen por disposiciones de ley.

4. No presentar los documentos complementarios necesarios.

5. No acreditarse el cumplimiento de las formalidades exigidas por las leyes.

C. Notificación de la calificación

ARTÍCULO 236. — Notificación de la calificación. (30 L.P.R.A. § 6388)

Cuando el Registrador determine que existe un defecto en el documento que impida su inscripción, notificará su calificación dentro del término de noventa (90) días laborables, a partir de la fecha del asiento de presentación. La notificación se hará por escrito a través del sistema de informática registral, a la dirección de correo electrónico provista al momento de la presentación del documento. La notificación será enviada al notario autorizante, al notario presentante de ser distinto, o a la agencia pertinente, según proceda y de conformidad con lo establecido en el Reglamento.

ARTÍCULO 237. — Contenido de la notificación; constancia en el diario. (30 L.P.R.A. § 6389)

La notificación deberá contener todos los fundamentos legales de la calificación y expresará la fecha de caducidad. La notificación se hará constar mediante nota fechada en el asiento de presentación.

ARTÍCULO 238. — Término para la corrección; interrupción y caducidad de la notificación. (30 L.P.R.A. § 6390)

La corrección de los defectos notificados se efectuará dentro del término de sesenta (60) días contados a partir de la fecha de la notificación. Si se hace más de una notificación, el término de sesenta (60) días comenzará a contar desde la fecha de la última notificación. Dicho término quedará interrumpido cuando se corrija el defecto notificado o se presente ante el Registrador un escrito de recalificación.

La interrupción del plazo llevará consigo la interrupción de los documentos posteriormente presentados que hayan sido notificados por depender su inscripción de los primeros. La interrupción del término se hará constar en el asiento de presentación mediante nota fechada.

Se extenderá nota de caducidad en el asiento de presentación de no ser subsanado el defecto dentro del término de sesenta (60) días o de no haberse presentado el escrito de recalificación, sin que proceda la devolución o el crédito de aranceles.

ARTÍCULO 239. — Renuncia a la notificación. (30 L.P.R.A. § 6391)

El derecho al envío de la notificación de defectos o de inscripción se entiende renunciado cuando no se haya provisto por lo menos una dirección de correo electrónico al momento de la presentación del documento.

ARTÍCULO 240. — Responsabilidad del notario por omisiones o defectos; notificación. (30 L.P.R.A. § 6392)

El notario o funcionario que por su falta cometa alguna omisión que impida inscribir el acto o contrato contenido en el documento presentado, conforme lo dispuesto en la ley, subsanará prontamente y a su costo al ser requerido mediante notificación. De ser necesario y posible, extenderá un nuevo documento.

Todo notario cuyo documento sea notificado en tres ocasiones por los mismos defectos sin que se corrijan los mismos, podrá ser referido por el Registrador vía correo electrónico a la Oficina de Inspección de Notarías para la acción correspondiente. Dicho referido se efectuará simultáneamente con la tercera notificación.

Tabla 9. Proceso de calificación

Tema	Resumen
Notificación de la calificación	Si hay defectos que impiden la inscripción, el Registrador debe notificarlo dentro de 90 días laborables desde el asiento de presentación, por escrito y vía correo electrónico. La notificación va al notario autorizante, presentante (si es distinto), o agencia correspondiente.
Contenido de la notificación y constancia	La notificación debe incluir fundamentos legales y la fecha de caducidad. Se debe anotar en el asiento de presentación con fecha.
Término para corregir defectos, interrupción y caducidad	Hay 60 días desde la notificación (o última si hay varias) para corregir defectos. El término se interrumpe con la corrección o el escrito, afectando también documentos dependientes. Si no se subsana ni recalifica, se extiende nota de caducidad sin derecho a reembolso de aranceles.
Renuncia a la notificación	Se considera renunciado el derecho a notificación si no se provee al menos un correo electrónico al presentar el documento.
Responsabilidad del notario	El notario que cometa omisiones debe corregirlas a su costo al ser notificado. Si un mismo defecto se notifica tres veces sin corrección, el Registrador podrá referirlo a la Oficina de Inspección de Notarías en la tercera notificación.

D. Recursos contra la calificación

1. Escrito de recalificación

ARTÍCULO 241. — Recalificación; plazo de presentación

A partir de la vigencia de esta Ley el notario, funcionario autorizado o el interesado que no esté conforme con la calificación del Registrador podrá, dentro del término improrrogable de veinte (20) días siguientes a la fecha de la notificación, presentar un escrito de recalificación exponiendo sus objeciones a la calificación, los fundamentos legales y una solicitud específica de lo que interesa. Los notarios y funcionarios autorizados únicamente podrán hacerlo por la vía electrónica del sistema de informática registral. El escrito de recalificación deberá ser recibido en la sección del Registro de la Propiedad correspondiente dentro del referido término. Transcurrido el término de veinte (20) días se entenderán consentidos los defectos señalados por el Registrador.

Una vez consentida la calificación, si el interesado corrige los defectos notificados dentro del término restante de los sesenta (60) días establecidos en el Artículo 238 de esta Ley, solamente podrá recurrir gubernativamente de la denegatoria a los únicos efectos de determinar si los defectos notificados fueron corregidos.

La inscripción de cualquier documento que haya sido notificado en tres ocasiones por los mismos defectos y que sea presentado una cuarta vez sin haberse corregido los mismos, será denegada de plano por el Registrador, sin ulterior trámite y de manera final y firme. El Registrador notificará dicha denegatoria al notario o funcionario y podrá dar comienzo a la tramitación de una acción ética en su contra.

ARTÍCULO 242. — Denegación de inscripción; anotación de denegatoria; notificación de denegatoria; corrección de defectos. (30 L.P.R.A. § 6402)

Si el Registrador mantiene su calificación original, denegará la inscripción del documento dentro de un término de sesenta (60) días laborables y extenderá en la finca afectada una anotación, fechada y firmada, haciendo constar el hecho de la denegatoria y sus fundamentos legales, los cuales serán los mismos de la notificación. De no haberse cancelado los aranceles al momento de la presentación del documento, se cancelarán simultáneamente con la extensión de la anotación de denegatoria.

El Registrador notificará la denegatoria al notario, funcionario autorizado o al interesado en esa misma fecha de conformidad a lo establecido en el Reglamento. Esta notificación se hará constar en el asiento de presentación mediante nota fechada, la cual constituirá notificación adecuada de la denegatoria para todos los documentos presentados con posterioridad al documento denegado y cuya inscripción dependa de éste.

El notario, funcionario autorizado o el interesado, tendrá un término de sesenta (60) días a partir de la fecha de la denegatoria para corregir los defectos notificados. De no corregirse los defectos dentro de dicho término o no recurrir oportunamente al Tribunal Supremo de Puerto Rico mediante un recurso gubernativo, quedará caducado el asiento de presentación. El Registrador extenderá nota de caducidad fechada y firmada al margen de la referida anotación.

Luego de caducado el documento si el notario, el interesado o el funcionario autorizado, interesa solicitar nuevamente la inscripción, será necesaria una nueva presentación del documento y el correspondiente pago de aranceles, la cual surtirá sus efectos desde la fecha del nuevo asiento de presentación.

ARTÍCULO 243. — Efectos de anotación de denegatoria de inscripción. (30 L.P.R.A. § 6403)

Una vez extendida la anotación de denegatoria, quedarán en suspenso todos los documentos presentados con posterioridad al documento que la motivó y cuya inscripción dependa de éste, hasta tanto se corrijan los defectos notificados dentro del término correspondiente o el Tribunal Supremo de Puerto Rico revoque la misma.

De corregirse los defectos dentro del término establecido o de ordenarlo así el Tribunal Supremo de Puerto Rico, se procederá a la inscripción del documento y se calificarán los documentos posteriores que habían quedado en suspenso.

2. Recurso gubernativo

ARTÍCULO 244. — Recursos contra la denegatoria; requisito previo. (30 L.P.R.A. § 6404)

El notario, funcionario autorizado o el interesado podrá recurrir ante el Tribunal Supremo de Puerto Rico contra la calificación final del documento, mediante la presentación de un recurso gubernativo. No obstante, no podrá interponer el recurso quien no haya radicado oportunamente el escrito de recalificación.

ARTÍCULO 245. — Plazo de interposición; contenido del recurso; procedimiento. (30 L.P.R.A. § 6405)

El notario, funcionario autorizado o el interesado, podrá radicar recurso gubernativo ante el Tribunal Supremo de Puerto Rico dentro del término improrrogable de veinte (20) días a partir de la notificación de la denegatoria, y simultáneamente notificará al Registrador con copia del escrito.

Si el recurso es radicado por el notario o funcionario autorizado, lo hará por la vía electrónica del sistema de informática registral. Dentro de este mismo término, el notario o funcionario autorizado que radique el recurso está obligado a entregar la copia certificada del documento que fue presentado, en su caso, por la vía electrónica y que es objeto del recurso. De no cumplirse con este requisito, se entenderá que el notario o funcionario autorizado ha desistido y acepta como final la denegatoria de inscripción que le fue notificada. En dicho recurso no podrá incluir objeciones a la calificación del documento que no hubiese incluido al radicar el escrito de recalificación. De no interponerse el recurso dentro del término concedido, quedará consentida la denegatoria para todos los efectos legales.

El Registrador expresará al margen de la anotación de denegatoria, el hecho de la presentación del recurso gubernativo. Dentro del plazo de cinco (5) días a partir del recibo del recurso, el Registrador presentará ante el Tribunal Supremo de Puerto Rico, el escrito de recalificación presentado por el recurrente, el cual acompañará con copias de los siguientes documentos: la copia certificada del documento calificado y presentado por la vía electrónica, copia de la imagen del documento recibida en el registro y certificada por el notario como idéntica a la copia certificada en papel regular, la notificación de defectos y cualquier otro documento que estime pertinente. El Registrador someterá su escrito al Tribunal Supremo de Puerto Rico contestando las alegaciones del recurrente, en un plazo no mayor de veinte (20) días, contado a partir del recibo del recurso.

Luego de transcurridos diez (10) días de notificada la denegatoria sin que se haya retirado el documento y antes de vencer el término que tiene el notario o funcionario para recurrir, el Registrador podrá presentar ante el Tribunal Supremo de Puerto Rico un alegato en apoyo de su calificación, el cual acompañará con copias de los siguientes documentos: la copia certificada del documento calificado y presentado por la vía electrónica, copia de la imagen del documento recibida en el registro y certificada por el Notario como idéntica a la copia certificada en papel regular, la notificación de defectos, el escrito de recalificación y cualquier otro documento que estime pertinente, de todo lo cual notificará al interesado.

El interesado tendrá diez (10) días a partir de la notificación del recurso radicado por el Registrador, para presentar su alegato. En este caso serán de aplicación todas las disposiciones de este capítulo respecto a recursos gubernativos y sus efectos.

Los términos de vigencia del asiento de presentación y de la anotación de denegatoria quedarán suspendidos desde el día en que se interponga el recurso y hasta su resolución definitiva.

ARTÍCULO 246. — Calificación final denegatoria; confirmación o revocación por el Tribunal Supremo. (30 L.P.R.A. § 6406)

El Tribunal Supremo de Puerto Rico resolverá lo que estime conforme a derecho y decidirá si confirma o revoca la calificación del registrador. A esos efectos, también podrá solicitar del Registrador que le remita una certificación de cualquier asiento y documento relacionados con el asunto y que obren en el Registro.

ARTÍCULO 247. — Nueva presentación después de confirmada o consentida la denegatoria; procedimiento. (30 L.P.R.A. § 6407)

El documento objeto de recalificación que sea retirado o haya caducado luego de consentida la denegatoria y que sea presentado nuevamente sin que se hayan corregido los defectos notificados, será denegado por el Registrador sin ulterior trámite. De esta denegatoria será notificado el interesado y se tomará razón en el asiento de presentación.

De igual forma se procederá cuando el documento objeto de un recurso gubernativo es retirado o haya caducado luego de ser firme la resolución del Tribunal Supremo de Puerto Rico confirmando la denegatoria y es presentado nuevamente en el Registro sin que se hayan corregido las faltas confirmadas por el Tribunal Supremo de Puerto Rico.

De estas denegatorias no procederá recalificación alguna y quedarán cancelados todos los aranceles.

III. Finca registral

A. Mecanismos de inmatriculación

1. Expediente de dominio

ARTÍCULO 185. — Dominio sin título inscribible; expediente de dominio; formalidades para justificar el dominio; requisitos. (30 L.P.R.A. § 6291)

Todo propietario que carezca de título inscribible de dominio, podrá inscribirlo si cumple con los siguientes requisitos:

1. Presentará un escrito jurado en la sala del Tribunal de Primera Instancia correspondiente al lugar en que radiquen los bienes, o en la de aquél en que radique la porción de mayor cabida cuando se trate de una finca que radique en varias demarcaciones territoriales. Si se presenta el escrito ante una sala sin competencia, el tribunal de oficio, lo trasladará a la sala correspondiente. El escrito contendrá las siguientes alegaciones:

   a. Nombre y circunstancias personales del promovente y de su cónyuge, si lo tuviera, al momento de adquirir la propiedad y al momento de hacer la solicitud, si hubiera alguna diferencia.

   b. La descripción exacta de la propiedad con sus colindancias y cabida de acuerdo a los títulos presentados. De haberse practicado alguna mensura, deberán contener la cabida y colindancias que hayan resultado de la misma. Si la finca se formó por agrupación, deberán además, describirse individualmente las fincas que la integraron, y si fue por segregación se describirá la finca principal de la cual se separó.

   c. Número de Catastro según aparece en el Centro de Recaudación de Ingresos Municipales.

   d. Expresión de que la finca, así como las fincas constituyentes en caso de tratarse de una agrupación, o la finca de la que proviene si se trata de una segregación, no constan inscritas en el Registro de la Propiedad.

e. Una relación de las cargas que gravan la finca por sí o por su procedencia. En caso de no existir cargas, se expresará que está libre de cargas.

f. Una relación de los anteriores dueños conocidos con expresión de las circunstancias personales del inmediato anterior dueño.

g. El modo en que adquirió del inmediato anterior dueño.

h. El tiempo que el promovente y los dueños anteriores han poseído la propiedad de manera pública, pacífica, continua y a título de dueños.

i. El hecho de que la finca, o en caso de agrupación, las que la componen, mantuvieron la misma cabida y configuración durante los términos que disponen los Artículos 1857 y 1859 del Código Civil de Puerto Rico para que operen los efectos de la prescripción adquisitiva. Si la finca resulta ser una segregación de una finca de mayor cabida que consta inscrita, la segregación tiene que haber sido aprobada por la agencia gubernamental correspondiente mediante plano de inscripción. No constituirá justo título a los efectos de este artículo, un título de dominio sobre una porción pro indivisa en una finca no segregada, ni el título que recae sobre una finca segregada de una finca inscrita en el registro.

j. El valor actual de la finca.

k. Las pruebas legales que se dispone presentar.

l. Las demás alegaciones que en derecho procedan en cada caso.

2. El promovente notificará personalmente o por correo certificado con copia de su escrito a los siguientes:

a. Alcalde del municipio en que radiquen los bienes.

b. Secretario de Transportación y Obras Públicas.

c. Fiscal de Distrito.

d. Las personas que están en la posesión de las fincas colindantes.

El tribunal ordenará la citación personal de los siguientes:

a. El inmediato anterior dueño o sus herederos si fueren conocidos en caso de no constar en escritura pública la transmisión. Se entenderá como inmediato anterior dueño, en el caso de que los promoventes sean herederos, aquel de quien el causante adquirió la propiedad.

b. Los que tengan cualquier derecho real sobre la finca objeto del procedimiento.

El tribunal ordenará la citación mediante edicto de los siguientes:

a. Las personas ignoradas o desconocidas a quienes pueda perjudicar la inscripción solicitada.

b. Los que están ausentes pero de no estarlo debían ser citados en persona y cuyo paradero se desconoce al tiempo de hacerse la primera publicación del edicto se les enviará copia de la citación por correo certificado y con acuse de recibo, a su última dirección conocida. Si se ignora su paradero y así queda probado, se les citará exclusivamente mediante el referido edicto.

3. Forma, plazo y contenido del edicto:

El edicto se publicará en tres (3) ocasiones dentro del término de veinte (20) días en un periódico de circulación general diaria en Puerto Rico, a fin de que comparezcan si quieren alegar su derecho.

Deberá contener la descripción de la finca que será objeto de inmatriculación y de tratarse de una finca agrupada, las descripciones de las fincas que la comprenden.

En el plazo improrrogable de veinte (20) días a contar de la fecha de la última publicación del edicto, los interesados y/o las partes citadas, o en su defecto los organismos públicos afectados, podrán comparecer ante el tribunal, a fin de alegar lo que en derecho proceda.

4. La intervención del Secretario de Transportación y Obras Públicas, o en su defecto, de los organismos públicos afectados, se limitará a mantener la defensa de cualesquiera derechos existentes a favor del Estado. La intervención del alcalde del municipio en que radiquen los bienes, se limitará a mantener la defensa de cualesquiera derechos existentes a favor del municipio que se trate. El Ministerio Fiscal velará, además, por el debido cumplimiento de la ley.

5. Previo al señalamiento de vista en su fondo, el promovente unirá al expediente judicial una certificación negativa acreditativa de que la finca objeto del procedimiento, no aparece inscrita a nombre de persona distinta al promovente.

La fecha de la referida certificación negativa no deberá ser anterior a diez (10) días previos a la presentación de la solicitud de Expediente de Dominio.

Cuando el Registrador no pueda concluir con certeza que la finca o parte de ésta no consta inscrita, denegará la Certificación Registral y así lo hará constar al Tribunal.

ARTÍCULO 186. — Exceso de cabida. (30 L.P.R.A. § 6292)

Cuando el expediente de dominio tenga por objeto hacer constar en el Registro la mayor cabida de una finca inmatriculada, se acreditará, mediante certificación registral al efecto, la descripción registral de la finca y que consta inscrita a favor del promovente.

ARTÍCULO 187. — Vista; declaración del tribunal. (30 L.P.R.A. § 6293)

Transcurrido el término de veinte (20) días después de la publicación del edicto, a petición del promovente, el tribunal celebrará una vista para atender las reclamaciones y pruebas que se presenten.

De no haber oposición, el promovente presentará la prueba que acredite el cumplimiento de todos los requisitos contenidos en el Artículo anterior. El testigo o los testigos presentados testificarán bajo su responsabilidad sobre los hechos que les consten de propio conocimiento.

El tribunal, en vista de lo alegado por el promovente y los demás interesados, y evaluando las pruebas presentadas, declarará sin más trámites si está justificado el dominio sobre los bienes objetos del procedimiento.

ARTÍCULO 188. — Recurso por partes afectadas; inscripción del dominio. (30 L.P.R.A. § 6294)

El promovente, el Fiscal, el Alcalde, el Secretario de Transportación y Obras Públicas o cualquiera otro organismo público afectado, y los demás interesados, podrán recurrir contra la resolución que dicte el tribunal según dispuesto en la Reglas de Procedimiento Civil de Puerto Rico.

Será título suficiente para la inscripción a favor del promovente, la presentación en el Registro de copia certificada de la resolución final y firme dictada por el tribunal en la que se declara justificado el dominio. En su Resolución, el tribunal consignará que los hechos alegados fueron probados y hará relación del cumplimiento con los trámites legales impuestos por el Artículo 185 de esta Ley, sin lo cual no podrá practicarse la inscripción.

Cuando de la Resolución surja que existen derechos o gravámenes sobre la finca a inmatricularse, deberán describirse las circunstancias requeridas para su inscripción conjuntamente con la inmatriculación de la finca.

ARTÍCULO 189. — Finca en comunidad; citación de cotitulares no promoventes. (30 L.P.R.A. § 6295)

Cuando se pretenda inscribir una finca en comunidad y el procedimiento no haya sido promovido por todos los comuneros, será obligatoria la citación personal de los demás cotitulares, en la forma y términos que establece el Artículo 185 de esta Ley.

ARTÍCULO 190. — Dueño inmediato anterior fallecido; designación de herederos en escrito inicial; personas ignoradas. (30 L.P.R.A. § 6296)

Si el inmediato anterior dueño ha fallecido, el promovente expresará en el escrito inicial los nombres de los herederos. De no conocer sus nombres, expresará que son personas ignoradas o desconocidas.

No será preciso justificar documentalmente la cualidad de herederos o causahabientes. De éstos comparecer, deberán informar al tribunal si los conocen, los nombres y domicilios de cualesquiera otros herederos para que el tribunal pueda tomar las medidas que estime convenientes.

ARTÍCULO 191. — Falta de título; conversión del expediente de dominio en contencioso ordinario; propósito del expediente de dominio. (30 L.P.R.A. § 6297)

En el expediente para acreditar el dominio no se podrá exigir al promovente que presente el título de adquisición de la finca cuando éste ha alegado que carece del mismo. En caso de que una de las personas citadas se oponga a la acreditación del título propuesto por el solicitante y alegue que tiene un mejor derecho que el promovente, se entenderá convertido el procedimiento de expediente de dominio en un juicio contencioso ordinario.

El expediente de dominio se utilizará para justificar el dominio y no equivale a una acción declaratoria de usucapión.

2. Juicio ordinario

ARTÍCULO 192. — Juicio ordinario contradictorio; incoación. (30 L.P.R.A. § 6298)

La declaración de estar o no justificado el dominio no impedirá que se pueda presentar posteriormente una acción ordinaria contradictoria de dominio por quien se considere perjudicado, sin perjuicio de lo dispuesto en esta Ley respecto a tercero.

3. Derecho real sobre finca ajena no inscrita

ARTÍCULO 184. — Derecho real sobre finca ajena no inscrita; titular del derecho; procedimiento a seguir para su inscripción. (30 L.P.R.A. § 6283)

El titular de un derecho real impuesto sobre finca ajena no inscrita, deberá instar acción ordinaria contra el dueño de la finca sobre la cual recae su derecho, ante el Tribunal de Primera Instancia en cuya demarcación radique el inmueble. La sentencia final y firme dictada en dicho procedimiento será título bastante para la correspondiente inscripción en el Registro, salvo que la finca deba ser segregada. En estos casos deberá cumplirse además con lo dispuesto en el Artículo 148 de esta Ley.

B. Modificaciones

ARTÍCULO 89. — Constancia notarial. (30 L.P.R.A. § 6116)

En la escritura de modificación, novación, permuta, y en todos los casos de instrumentos negociables garantizados por hipoteca, el notario autorizante deberá hacer constar que tuvo ante sí los instrumentos y que tomó razón en ellos de los cambios efectuados.

Regla 89.1 — Constancia notarial

En los casos establecidos en el Artículo 89 de la Ley, el otorgante exhibirá el instrumento al notario, quien insertará la correspondiente nota de liberación, permuta, posposición, novación o modificación sobre la faz del mismo instrumento. En caso de no haber espacio disponible en el instrumento, se hará la nota correspondiente en un "allonge" adherido permanentemente al instrumento. De todo lo anterior el notario dará fe en la escritura.

IV. Actos, derechos y documentos inscribibles

A. Actos y derechos inscribibles; requisitos para la inscripción

1. Propiedad

ARTÍCULO 4. — Título; definición; derechos; actos y contratos sujetos a inscripción. (30 L.P.R.A. § 6011)

Se entenderá por título para los efectos de la inscripción, el contenido del documento público en que se funde el derecho de la persona a cuyo favor se practicará la inscripción. El documento dará fe por sí solo o con otros documentos complementarios o mediante el cumplimiento de las formalidades que se requiera por ley.

En el Registro Inmobiliario se inscribirán:

1. Los títulos constitutivos, traslativos, declarativos o extintivos del dominio de los inmuebles o de los derechos reales impuestos sobre los mismos.

2. Los títulos que constituyan, reconozcan, trasmitan, modifiquen o extingan derechos de usufructo, uso, habitación, hipoteca, servidumbres y otros derechos reales.

3. Cualquier acto o contrato de transcendencia real que modifique en alguna forma las facultades del dominio sobre bienes inmuebles o que sea inherente a derechos reales tales como el derecho de superficie, las restricciones privadas voluntarias y las concesiones administrativas o alianzas público privadas, entre otros.

4. Serán inscribibles además las servidumbres ecológicas, la reparcelación de fincas por parte del Estado y/o Municipios según se disponga por reglamento.

Regla 4.1 — Inscripción de actos o contratos sobre bienes inmuebles o derechos reales

Además de los actos y contratos de trascendencia real mencionados en el Artículo 4 de la Ley, será inscribible cualquier otro que se disponga por ley.

2. Servidumbres

ARTÍCULO 24. — Derechos reales limitativos; servidumbres. (30 L.P.R.A. § 6039)

Los derechos reales limitativos de dominio, los de garantía y en general cualquier gravamen o limitación del dominio o de los derechos reales, se harán constar mediante asiento de inscripción en la finca o derecho sobre el que recaigan, para que gocen de la publicidad registral.

Las servidumbres reales también deberán hacerse constar mediante nota al margen de la inscripción del predio dominante.

3. Restricciones privadas voluntarias (Restricciones voluntarias sobre fincas)

ARTÍCULO 151. — Constitución de servidumbres de utilidades públicas para desarrollos urbanos. (30 L.P.R.A. § 6225)

Las servidumbres de usos públicos podrán constituirse de la siguiente forma:

1. Mediante certificación emitida o escritura pública otorgada por la agencia pública pertinente.

2. Que la servidumbre esté ilustrada en los planos aprobados y que conste el endoso de la Autoridad de Energía Eléctrica de Puerto Rico, la Autoridad de Acueductos y Alcantarillados de Puerto Rico, el Departamento de Transportación y Obras Públicas, el Departamento de Recursos Naturales y Ambientales, municipio o cualquiera otra y que así surja en la resolución emitida por la agencia o municipio pertinente. En estos casos la falta de presentación de la certificación o escritura mencionadas en el inciso 1, no será impedimento para la segregación e inscripción de los demás solares del desarrollo urbano.

Regla 4.6 — Servidumbres; predios dominantes y sirvientes

En caso de que los predios dominantes y sirvientes pertenezcan al mismo titular, se inscribirá la servidumbre si así ha sido exigida por la autoridad pública concernida.

Regla 4.7 — Servidumbres en equidad (restricciones privadas al uso) y restricciones a la propiedad; naturaleza

Para que las servidumbres en equidad o restricciones privadas al uso de la propiedad queden válidamente constituidas se requiere:

1. Que se hayan establecido en escritura pública por el titular de la finca

2. Que se hayan inscrito en el Registro de la Propiedad

Tales servidumbres serán consideradas para todo efecto legal como cargas reales mientras no se cancelen los asientos donde consten.

Regla 4.8 — Servidumbres ecológicas; definición

Las servidumbres ecológicas son un acuerdo entre dos o más propietarios en el cual de manera voluntaria se limita el uso de una parte o la totalidad de un predio llamado predio sirviente, a favor de cualquier persona natural o jurídica para los fines de conservación y protección de los recursos naturales y la biodiversidad.

Regla 4.9 — Servidumbres ecológicas; requisitos

La inscripción de una servidumbre ecológica deberá constituirse mediante escritura la cual contendrá lo siguiente:

1. La descripción del área y límites sujetos a la servidumbre

2. Identificación del predio sirviente y el predio dominante

3. Valor de la servidumbre

4. Propósito de conservación acordado

5. Término de duración de la servidumbre

La servidumbre podrá ser onerosa o gratuita. Cuando sea gratuita se requiere la Certificación Negativa de Cancelación de Gravamen que emite el Departamento de Hacienda en los casos de donación.

4. Usufructo

Regla 4.4 — Usufructo y nuda propiedad; forma de inscribirla

El título transmitiendo el derecho de usufructo se inscribirá a nombre del usufructuario según lo que se exprese en el contrato. La nuda propiedad quedará inscrita a nombre del transmitente, excepto que otra cosa se disponga. Se hará constar también expresamente el derecho de usufructo a nombre de quien transmita la nuda propiedad, excepto pacto en contrario.

Regla 206.1 — Usufructo y nuda propiedad; cancelación

Cuando el usufructo y la nuda propiedad consten inscritos a favor de distintas personas y se extinga el usufructo, se extenderá, a solicitud de parte interesada, una inscripción de cancelación de este derecho y de consolidación del usufructo con la nuda propiedad.

5. Uso y habitación

ARTÍCULO 10. — Contenido de los documentos sujetos a inscripción. (30 L.P.R.A. § 6017)

Los documentos relativos a actos o contratos sujetos a inscripción expresarán todas las circunstancias que necesariamente debe contener la primera inscripción relativas a los otorgantes, las fincas y a los derechos objetos de inscripción.

6. Derecho de superficie

ARTÍCULO 166. — Definición. (30 L.P.R.A. § 6261)

El derecho de superficie es un derecho real que faculta a una persona, denominada superficiario, a construir sobre el suelo, subsuelo o vuelo de una finca o sobre una edificación existente perteneciente a otra persona, denominado superficiante. El derecho de superficie crea un gravamen sobre la finca principal. Una vez construida la edificación, esta se inscribirá como una finca nueva independiente. En caso de que el derecho se conceda sobre una edificación existente, deberá constar inscrita o solicitarse inscripción en virtud de una declaración de obra nueva.

Se entenderá por construcción, entre otros, lo siguiente:

1. Edificación nueva o existente.

2. Antenas.

3. Placas fotovoltaicas.

4. Molinos de viento.

5. Pizarras electrónicas (Billboards).

6. Siembras y plantaciones.

ARTÍCULO 167. — Término. (30 L.P.R.A. § 6262)

El derecho de superficie podrá ser perpetuo o a término. Si nada se dice en el título se entenderá concedido a perpetuidad.

ARTÍCULO 168. — Constitución. (30 L.P.R.A. § 6263)

El derecho de superficie queda válidamente constituido mediante su otorgamiento en escritura pública y su inscripción en el Registro de la Propiedad.

ARTÍCULO 169. — Quienes pueden constituirlo. (30 L.P.R.A. § 6264)

El derecho de superficie puede ser constituido por el superficiante, con el consentimiento de cualquier arrendatario o usufructuario del inmueble o parte del mismo sobre la cual se vaya a conceder el derecho de superficie. Este consentimiento no será necesario cuando del registro surja que el superficiante se reservó la facultad de conceder el derecho de superficie.

ARTÍCULO 170. — Transmisibilidad. (30 L.P.R.A. § 6265)

El derecho de superficie es transmisible salvo que se condicione o que otra ley disponga lo contrario.

ARTÍCULO 171. — Derecho sobre edificación existente o comenzada. (30 L.P.R.A. § 6266)

Cuando el objeto del derecho de superficie sea una edificación terminada o comenzada, deberá previamente hacerse la declaración de obra nueva.

En este caso se inscribirá el derecho de superficie a favor del superficiario en la finca principal y la obra nueva como finca independiente.

ARTÍCULO 172. — Derecho para edificar; anotación. (30 L.P.R.A. § 6267)

El derecho a construir se concederá por un término no mayor de cinco (5) años y se anotará sobre la finca principal a favor del superficiario hasta que se otorgue la declaración de obra nueva.

Transcurrido dicho término sin que se haya presentado la declaración de obra nueva, caducara dicha anotación.

Terminada la construcción y presentada la declaración de obra nueva mediante acta notarial de edificación con el acuerdo del superficiante y del superficiario, se actuará con arreglo a lo dispuesto en el Artículo 171 de esta Ley.

ARTÍCULO 173. — Servidumbres. (30 L.P.R.A. § 6268)

La concesión de un derecho de superficie requerirá la constitución de una servidumbre de acceso a la vía pública sobre la finca principal a favor del superficiario.

ARTÍCULO 174. — Derecho de superficie sobre el terreno. (30 L.P.R.A. § 6269)

En todo caso en que se conceda el derecho de superficie sobre parte de un terreno, solamente se expresará la porción del área y lugar que ocupará el derecho de superficie. El área se expresará en el sistema métrico decimal. Se entenderá por lugar el municipio y barrio donde ubica el terreno.

ARTÍCULO 175. — Propiedad horizontal sobre derecho de superficie. (30 L.P.R.A. § 6270)

Cuando el derecho de superficie sea concedido a perpetuidad, el superficiario podrá constituir la propiedad superficiaria en régimen de propiedad horizontal y podrá transmitir y gravar como fincas independientes los apartamentos, los locales y los elementos privativos de la propiedad horizontal, sin necesidad del consentimiento del propietario del suelo.

ARTÍCULO 176. — Reserva del superficiante. (30 L.P.R.A. § 6271)

Cuando el superficiante transmita toda o parte de la finca y se reserve el derecho a una edificación ya existente o el derecho a construir, serán de aplicación las normas relativas al derecho de superficie.

ARTÍCULO 177. — Derecho de tanteo y retracto. (30 L.P.R.A. § 6272)

Los derechos de tanteo y retracto podrán ser pactados entre las partes en la escritura de constitución del derecho de superficie.

En ausencia de pacto, en toda enajenación onerosa del derecho de superficie, el superficiante ostentará los derechos de tanteo y de retracto frente a cualquier adquirente. Los plazos y efectos de esta acción serán los previstos por los Artículos 1529 y siguientes del Código Civil de Puerto Rico.

En las enajenaciones onerosas efectuadas por el superficiante a favor de particulares, el superficiario también ostentará los mismos derechos de tanteo y, en su caso, retracto.

En estos casos el Registrador de la Propiedad hará constar el derecho de tanteo y de retracto que tienen tanto el superficiante como el superficiario.

ARTÍCULO 178. — Prohibiciones al superficiario y al superficiante. (30 L.P.R.A. § 6273)

El superficiario no podrá derribar la edificación, ampliarla o elevarla sin el consentimiento escrito del superficiante. Las modificaciones podrán hacerse constar mediante acta notarial de edificación con el acuerdo de ambas partes.

Ni el superficiante, ni el superficiario podrán actuar de manera tal que pongan en peligro la edificación ajena o el buen uso y disfrute de la misma.

ARTÍCULO 179. — Extinción del derecho; causas. (30 L.P.R.A. § 6274)

El derecho de superficie se extingue por las siguientes causas:

1. Renuncia por parte del superficiario.

2. Vencimiento del plazo.

3. Incumplimiento del superficiario de su obligación de construir o plantar.

4. Por la consolidación en una misma persona de las cualidades de superficiante y superficiario.

5. Por cualquier otra causa pactada entre las partes.

ARTÍCULO 180. — Efectos de la extinción; indemnización. (30 L.P.R.A. § 6275)

Cuando el derecho se extinga por el transcurso del plazo, el superficiante adquirirá el dominio de la edificación.

En ausencia de pacto, el superficiante deberá satisfacer al superficiario una indemnización equivalente al valor de la construcción al momento de la transmisión, incluyendo todas sus mejoras.

La extinción del derecho de superficie, provocará la extinción de los derechos reales impuestos por el superficiario. Si el superficiario tuviese derecho a indemnización, los titulares de dichos derechos se subrogarán en lugar del superficiario.

Si por cualquier causa se reunieran en la misma persona los derechos del superficiante y los del superficiario, los derechos reales que recayeran sobre uno y otro continuarán gravándolos separadamente.

ARTÍCULO 181. — Destrucción de propiedad superficiaria. (30 L.P.R.A. § 6276)

La destrucción de la propiedad superficiaria, no extinguirá el derecho de superficie, salvo pacto en contrario. El superficiario podrá reconstruirla cumpliendo los términos originales de su derecho.

7. Arrendamiento

ARTÍCULO 5. — Arrendamiento. (30 L.P.R.A. § 6012)

Los contratos de arrendamiento de bienes inmuebles se podrán inscribir cuando sean por un término de seis (6) años o más, o cuando hubiese convenio de las partes para que se inscriban.

También se podrá inscribir la cesión del arrendamiento siempre y cuando surja del propio contrato.

La opción de compra contenida en un contrato de arrendamiento será inscribible, única y exclusivamente por la duración del arrendamiento sin incluir la prórroga.

Las inscripciones de contratos de arrendamiento, o subarrendamiento, en las cuales conste un pacto o condición de prórroga, no serán canceladas hasta que expire el plazo de dicha prórroga o cuando las partes obligadas así lo acuerden mediante escritura pública.

ARTÍCULO 15. — Derechos, actos y contratos no sujetos a inscripción. (30 L.P.R.A. § 6022)

La opción de arrendamiento no es inscribible.

Regla 5.1 — Subarrendamiento, cesión, prórrogas de arrendamiento

El subarrendamiento, la prórroga y la cesión de arrendamiento serán inscribibles siempre que no resulte una prohibición expresa de así hacerlo.

Regla 5.2 — Plazo de opción de compra contenida en arrendamiento; inscripción

No será inscribible el plazo para ejercer una opción de compra que exceda el término del arrendamiento.

Regla 5.3 — Transferencia de opción contenido en arrendamiento

No se inscribirá la transferencia de la opción de compra contenida en un arrendamiento con independencia del contrato principal o de éste separado de aquélla.

Regla 5.4 — Cancelación de arrendamiento constituido a término sujeto a prórroga; requisito

La inscripción de arrendamiento constituido por término sujeto a prórroga solamente podrá ser cancelada antes de su vencimiento mediante escritura pública con el consentimiento del titular del derecho o mediante determinación judicial. Luego de vencido el plazo de prórroga, podrá cancelarse el asiento a instancia de parte interesada.

8. Opción de compra

ARTÍCULO 6. — Opción de compra. (30 L.P.R.A. § 6013)

Los contratos de opción de compra se podrán inscribir cuando cumplan con los siguientes requisitos:

1. Constar en escritura pública.

2. Indicar el precio estipulado para la adquisición de la finca.

3. Indicar el precio, si alguno, que se convino para conceder la opción.

4. Indicar el plazo para el ejercicio de la opción.

No obstante, la inscripción de la opción caducará transcurrido el plazo para ejercerla, o cinco (5) años después de la fecha en que fue inscrita. Podrá inscribirse otra vez por el término aquí dispuesto, si no ha vencido el término contractual para el ejercicio de la opción.

La opción inscrita tendrá la condición de gravamen y obligará a los subsiguientes adquirentes de acuerdo con sus términos.

Regla 6.1 — Opción de compra

La opción de compra no será inscribible si ya está vencido el término para ejercitarse el derecho aunque esté contenida como estipulación en un contrato inscribible.

Regla 6.2 — Efecto de la inscripción del contrato de opción

Inscrito el contrato de opción, todo comprador posterior de la finca o derecho, quedará obligado de acuerdo a los términos del contrato inscrito.

Regla 6.3 — Transmisión del derecho de opción de compra inscrito

Los títulos en que se transmita el derecho de opción de compra inscrito, bien por convenio o por causa de muerte, serán inscribibles siempre que no esté expresamente prohibida su transmisión y no extienda el término de la opción inscrita.

Regla 6.4 — Traspaso o gravamen de finca sujeta a contrato de opción

La inscripción de un contrato de opción a compra no impedirá la inscripción de títulos en los que se traspase o grave la finca o derecho. De ejercerse la opción inscrita de conformidad con los términos que consten del Registro, el traspaso o gravamen podrán ser cancelados.

Regla 6.5 — Cancelación de asientos posteriores a la inscripción del contrato de opción; procedimiento

La cancelación de asientos posteriores a la inscripción de un contrato de opción de compra se hará mediante orden judicial. Se requerirá la presentación de copia certificada de la orden y la sentencia final y firme. La orden contendrá la descripción registral de la finca, datos de inscripción y expresará con particularidad los asientos a ser cancelados. Esta cancelación se hará libre del pago de aranceles de inscripción.

9. Tanteo y retracto

ARTÍCULO 177. — Derecho de tanteo y retracto. (30 L.P.R.A. § 6272)

Los derechos de tanteo y retracto podrán ser pactados entre las partes en la escritura de constitución del derecho de superficie.

En ausencia de pacto, en toda enajenación onerosa del derecho de superficie, el superficiante ostentará los derechos de tanteo y de retracto frente a cualquier adquirente. Los plazos y efectos de esta acción serán los previstos por los Artículos 1529 y siguientes del Código Civil de Puerto Rico.

En las enajenaciones onerosas efectuadas por el superficiante a favor de particulares, el superficiario también ostentará los mismos derechos de tanteo y, en su caso, retracto.

En estos casos el Registrador de la Propiedad hará constar el derecho de tanteo y de retracto que tienen tanto el superficiante como el superficiario.

Regla 7.1 — Contratos de tanteo y/o retracto

Los contratos de tanteo y/o retracto convencionales no serán inscribibles si ya está vencido el término para ejercitarse el derecho, aunque estén contenidos como estipulación en un contrato inscribible.

Regla 7.2 — Cancelación de asientos posteriores a la inscripción del contrato de tanteo y/o retracto; documentos requeridos y aranceles

La cancelación de asientos posteriores a la inscripción del contrato de tanteo y/o retracto se hará mediante orden judicial. Se requerirá la presentación de copia certificada de la orden y la sentencia final y firme. La orden contendrá la descripción registral de la finca, datos de inscripción y expresará con particularidad los asientos a ser cancelados.

Derecho hereditario

El art. 131 de Ley del Registro de la Propiedad Inmobiliaria del Estado Libre Asociado de Puerto Rico, 30 LPRA § 6186, establece que:

Mientras no se haya realizado la partición y adjudicación de la herencia, aún en aquellos casos en que se trate de un solo bien o aunque la cuota de cada heredero pueda determinarse, solamente podrá inscribirse a favor de cada heredero su derecho hereditario sobre una participación abstracta e indivisa en el caudal relicto.

. . . .

Solo se podrán inscribir enajenaciones o gravámenes sobre cuotas específicas cuando estas hayan sido previamente adjudicadas.

El Tribunal Supremo de Puerto Rico ha resuelto que "la comunidad hereditaria recae sobre la herencia considerada como una *universitas iuris*".[980] "Los interesados tienen sobre el patrimonio del causante la titularidad de una cuota en abstracto, pero no sobre bienes en particular".[981] Durante la comunidad hereditaria cada partícipe puede enajenar su cuota abstracta.[982] En fin, "el objeto de la comunidad hereditaria es la herencia como un todo y no cada bien, derecho u obligación en particular".[983] Lo que cada coheredero obtiene es un derecho sobre la herencia, no sobre los bienes concretos.[984] Por otro lado, nuestro ordenamiento hipotecario clara y tajantemente prohíbe las enajenaciones de cuotas específicas sobre un bien hereditario, si se hace previo a la partición.[985]

---

[980] Kogan v. Registrador, 125 DPR 636, 650 (1990).
[981] *Id.*, pág. 652.
[982] Burgos v. Hernández, 54 DPR 37, 40 (1938)
[983] Soc. de Gananciales v. Registrador, 151 DPR 315, 319 (2000) (Sentencia).
[984] *Id.*
[985] *Soc. de Gananciales v. Registrador*, 151 DPR en la pág. 322.

El derecho hereditario es la situación en la que se encuentra el patrimonio relicto del causante, considerado este como una unidad que pertenece indivisa y sintéticamente a una pluralidad de herederos que han aceptado la herencia. El derecho hereditario tiene acceso al Registro de la Propiedad mediante asiento de inscripción. El derecho hereditario se inscribirá a favor de todos los que resulten herederos mediante la presentación del testamento o la declaratoria de herederos. La inscripción de derechos hereditarios a favor de alguno o de todos los herederos de una persona no será obstáculo para que se inscriba a favor de quienes hubiesen adquirido el dominio de inmuebles o derechos reales directamente del causante, en virtud de título fehaciente otorgado por él mismo o sus legítimos apoderados o representantes.

ARTÍCULO 131. — Inscripción de participaciones específicas; partición y adjudicación de comunidad hereditaria. (30 L.P.R.A. § 6186)

Mientras no se haya realizado la partición y adjudicación de la herencia, aún en aquellos casos en que se trate de un solo bien o aunque la cuota de cada heredero pueda determinarse, solamente podrá inscribirse a favor de cada heredero su derecho hereditario sobre una participación abstracta e indivisa en el caudal relicto. También podrá inscribirse el derecho a la cuota usufructuaria, cuando se determina que hay un cónyuge sobreviviente.

La inscripción de participaciones específicas a favor de cada comunero se practicará en virtud de resolución judicial final y firme o escritura pública con la comparecencia y consentimiento de todos los herederos y legatarios si los hubiera, a la partición y adjudicación de todo o parte del caudal. El consentimiento del cónyuge supérstite es indispensable para la validez de las operaciones particionales mientras no haya habido conversión o liquidación del usufructo viudal.

Cuando se trate de heredero único, el documento de la sucesión equivaldrá a la adjudicación a los efectos de inscribir directamente a favor de dicho heredero los derechos que aparezcan a nombre del causante.

Sólo se podrán inscribir enajenaciones o gravámenes sobre cuotas específicas cuando éstas hayan sido previamente adjudicadas.

La adjudicación no será necesaria en las siguientes circunstancias:

1. Cuando comparecen todos los coherederos o interesados a enajenar o gravar la totalidad de su derecho hereditario a favor de un tercero.

2. Cuando todos los coherederos o interesados venden la totalidad de su derecho hereditario a favor de un comunero soltero o casado bajo el régimen de separación de bienes.

3. Cuando uno o más de los coherederos transfiere su derecho hereditario o participación abstracta e indeterminada en la totalidad de la herencia.

4. Cuando una persona haya adquirido todos los derechos hereditarios.

ARTÍCULO 132. — Legatario; inscripción a su favor. (30 L.P.R.A. § 6187)

El legatario podrá inscribir su título sobre los bienes inmuebles específicamente legados, mediante una escritura de pago de legado en la que comparezcan todos los herederos forzosos y el legatario. En ausencia de herederos forzosos, la escritura de pago de legado deberá ser otorgada por el albacea y el legatario. La copia certificada de la escritura de pago de legado deberá ser presentada en el registro acompañada de los siguientes documentos certificados:

1. Escritura de testamento.

2. Certificación Acreditativa de Testamento expedida por el Registro General de Competencias Notariales de la Oficina de Inspección de Notarías, en la cual se confirme que el mismo no ha sido revocado ni modificado.

3. Certificado de defunción del causante.

4. Certificación del Departamento de Hacienda sobre el relevo de gravamen de contribución sobre herencia o la autorización para realizar la transacción.

ARTÍCULO 133. — Anotación de legado; procedimiento. (30 L.P.R.A. § 6188)

El legatario podrá solicitar la anotación de su legado mediante la presentación de los siguientes documentos certificados:

1. Escritura de testamento.

2. Certificación del Registro de Testamentos acreditativa de que el testamento no ha sido revocado ni modificado.

3. Certificado de defunción del causante.

4. Instancia dirigida al registrador bajo la firma autenticada del legatario aclarando particularidades de conformidad con lo establecido por reglamento.

ARTÍCULO 134. — Tracto. (30 L.P.R.A. § 6189)

Los herederos y legatarios no podrán inscribir a su favor bienes inmuebles o derechos reales sin que hubiesen inscrito previamente o soliciten a la vez la inscripción del título de sus causantes.

No se inscribirá el documento de partición de bienes hereditarios o de transferencia o gravamen del derecho hereditario si antes no aparece previamente inscrito el derecho hereditario a nombre de los herederos.

ARTÍCULO 135. — Contratos previos del causante. (30 L.P.R.A. § 6190)

Cuando los herederos ratifiquen contratos privados permitidos por ley realizados por sus causantes, los bienes inscritos a favor de éstos no necesitarán ser inscritos a nombre de los herederos. Los contratos privados deberán constar por escrito y deberán haber sido firmados por los causantes en su día para poder ser protocolizados. El contrato privado será protocolizado con la misma escritura de ratificación, a la cual deberán comparecer todos los herederos. En todo caso deberá acreditarse el carácter de los herederos.

Las inscripciones de derechos hereditarios, a favor de alguno o de todos los herederos de una persona, no serán obstáculo para que se inscriba a favor de quienes hubiesen adquirido el dominio de inmuebles o derechos reales directamente del causante, en virtud de título fehaciente otorgado por él mismo o sus legítimos apoderados o representantes.

Regla 132.1 — Pago de legado; inscripción previa; excepción

No será necesaria la inscripción previa del derecho hereditario a favor de los herederos en un inmueble específicamente legado para inscribir el inmueble a favor del legatario. En estos casos se actuará de conformidad con el Artículo 132 de la Ley. En la escritura de pago de legado no será necesaria la comparecencia de ningún otro legatario a quien se le haya legado otros bienes del caudal del causante.

Segregación

ARTÍCULO 147. — Segregación de fincas. (30 L.P.R.A. § 6221)

Cuando se segregue parte de una finca para formar una nueva, se inscribirá la porción segregada con número diferente. Se tomará razón de esta circunstancia al margen de la finca matriz, haciendo referencia a la cabida del predio que fue segregado y el número y datos registrales de la finca bajo el cual ha quedado inscrito.

ARTÍCULO 148. — Requisitos para la segregación. (30 L.P.R.A. § 6222)

Para que una escritura de segregación pueda quedar inscrita se deberá cumplir con los siguientes requisitos:

1. Resolución de autorización de la agencia o dependencia gubernamental estatal o municipal designada por ley para autorizar la segregación.

2. Plano de Inscripción aprobado por la agencia o dependencia gubernamental estatal o municipal correspondiente.

3. Escritura pública en la que comparecen todos los titulares y en la que se describa el remanente de la finca principal luego de las segregaciones, si alguno, excepto en los casos dispuestos por reglamento.

ARTÍCULO 149. — Planos; requisitos. (30 L.P.R.A. § 6223)

A partir de la fecha de aprobación de esta Ley, en el Registro solamente se aceptarán planos de inscripción en formato digital o electrónico. Los planos deberán contener la identificación registral de las fincas objeto de segregación o de cualquier operación registral que lo requiera y en caso de ser más de una, la parte de cada una de ellas que resulte afectada.

ARTÍCULO 150. — Desarrollo urbano, segregación y cesión de uso público. (30 L.P.R.A. § 6224)

En los desarrollos urbanos no podrá inscribirse segregación alguna, sin que previamente se segreguen y se dediquen las parcelas destinadas al uso común o público.

Cuando sea requerida por la agencia o municipio pertinente la cesión de las parcelas dedicadas al uso común o público, así se hará constar en la primera inscripción de las parcelas. La falta de presentación del documento de la cesión a la entidad correspondiente no será impedimento para la segregación e inscripción de las referidas parcelas ni de los demás solares del desarrollo urbano.

En estos casos, el titular deberá segregar y dedicar a uso público los predios correspondientes para ser transferidos en su día a la entidad correspondiente.

ARTÍCULO 151. — Constitución de servidumbres de utilidades públicas para desarrollos urbanos. (30 L.P.R.A. § 6225)

Las servidumbres de usos públicos podrán constituirse de la siguiente forma:

1. Mediante certificación emitida o escritura pública otorgada por la agencia pública pertinente.

2. Que la servidumbre esté ilustrada en los planos aprobados y que conste el endoso de la Autoridad de Energía Eléctrica de Puerto Rico, la Autoridad de Acueductos y Alcantarillados de Puerto Rico, el Departamento de Transportación y Obras Públicas, el Departamento de Recursos Naturales y Ambientales, municipio o cualquiera otra y que así surja en la resolución emitida por la agencia o municipio pertinente. En estos casos la falta de presentación de la certificación o escritura mencionadas en el inciso 1, no será impedimento para la segregación e inscripción de los demás solares del desarrollo urbano.

ARTÍCULO 152. — Cargas y gravámenes por su procedencia. (30 L.P.R.A. § 6226)

La finca segregada quedará gravada por su procedencia con las cargas y gravámenes inscritos en la finca matriz de la cual fue segregada. En la primera inscripción de la finca segregada se tomará razón de dichas cargas o gravámenes.

Agrupación

La Ley del Registro establece que "[l]a agrupación consiste de la unión de dos o más fincas inscritas, las cuales en virtud de la agrupación se extinguen para formar una finca nueva que queda inscrita bajo un número de finca diferente".[986] Para agrupar fincas se debe cumplir con todos los requisitos siguientes:

1. Que pertenezcan a un solo titular o a los mismos titulares en caso de que sean varios en común proindiviso.

2. Que sean colindantes entre sí, con las excepciones dispuestas en el Artículo 138 de esta Ley.

3. Que conste en escritura pública.

4. En caso de que las fincas objeto de agrupación estén gravadas con hipotecas, los acreedores registrales deberán consentir mediante su comparecencia en la escritura pública de agrupación, solo si se afecta el rango.[987]

Las fincas que no son colindantes podrán agruparse como una sola finca y bajo un mismo número cuando pertenecen a un solo titular o a los mismos titulares en caso de que sean varios en común proindiviso y siempre que cumplan con los siguientes requisitos:

1. Que sea una explotación agrícola o industrial que forme una unidad orgánica o un cuerpo de bienes unidos o dependientes entre sí; o

2. Que las fincas se unan a un edificio sometido al régimen de propiedad horizontal para que en calidad de elementos comunes y como anejos inseparables presten servicios a los apartamentos o se destinen al mantenimiento del edificio. Los inmuebles así agrupados quedan sometidos al régimen de propiedad horizontal como elementos comunes generales voluntarios, o elementos comunes limitados. Cuando un estacionamiento existe como finca independiente, podrá agruparse a la finca principal o apartamento individualizado que pertenece al mismo titular.[988]

---

[986] Ley del Registro de la Propiedad Inmobiliaria del Estado Libre Asociado de Puerto Rico, Ley 210-2015, Art. 136, 30 LPRA § 6201 ("En la primera inscripción de la finca agrupada se hará constar la descripción de la nueva finca, su cabida superficial en el sistema métrico decimal, sus linderos, su procedencia, su cita registral, cabidas, y las cargas y gravámenes existentes de las fincas objeto de la agrupación".).

[987] *Id.* § 6202.

[988] *Id.* § 6203. Sobre esta disposición el Reglamento establece que "En la primera inscripción de agrupación de fincas no colindantes se relacionarán las fincas objeto de agrupación expresando sus respectivos números de fincas, cabidas, cargas y gravámenes. También expresará el cumplimiento con los requisitos establecidos en el Artículo 138 de la Ley. En todo caso se pondrán las correspondientes notas marginales en las fincas objeto de agrupación". Dpto de Justicia, Reglamento General para la Ejecución de la Ley del Registro de la Propiedad Inmobiliaria del Estado Libre Asociado de Puerto Rico, Núm. 8814, R. 138.1 (31 de agosto de 2016), https://bvirtualogp.pr.gov/ogp/Bvirtual/leyesreferencia/PDF/Registro%20de%20la%20Propiedad/8814.pdf.

El Reglamento para la Ejecución de la Ley del Registro establece que la escritura de agrupación deberá contener lo siguiente:

1. Descripción, datos registrales, cargas y gravámenes de las fincas a ser agrupadas

2. Descripción de la nueva finca

3. Valor de la finca agrupada, el cual no deberá ser menor a la suma de los últimos valores de las respectivas fincas que surjan del registro. Del titular entender que el valor de la finca agrupada es menor al que surge del registro deberá acompañar una tasación realizada por un tasador debidamente licenciado por el Estado Libre Asociado de Puerto Rico. En este caso la tasación se realizará dentro del término de ciento veinte (120) días previo a la presentación de la escritura en el Registro.[989]

Agregación

ARTÍCULO 143. — Agregación de fincas. (30 L.P.R.A. § 6211)

La agregación ocurre cuando a una finca inscrita de mayor cabida se le añade otra finca inscrita de menor cabida o una porción de terreno que ha sido segregado de otra finca inscrita para esos fines. En estos casos, subsiste la finca de mayor cabida.

En la inscripción de la agregación se hará constar la nueva descripción con expresión de su cabida en el sistema métrico decimal, linderos, la procedencia y cabida de la finca o porción agregada, incluyendo su cita registral, además de las cargas y gravámenes existentes, si alguna.

En las fincas extinguidas por motivo de agregación, se hará una nota al margen de la misma haciendo constar su extinción por motivo de agregación y los datos de inscripción de la finca a la cual fue agregada.

En los casos en que se segregue una porción de una finca para ser agregada a otra de mayor cabida, se hará una nota al margen en la finca matriz haciendo constar la cabida segregada y los datos de inscripción de la finca a la cual fue agregada. En estos casos, no será necesario inscribir la porción segregada previo a la agregación, sino que se agregará directamente la porción segregada a la finca de mayor cabida.

ARTÍCULO 144. — Requisitos para la agregación de fincas. (30 L.P.R.A. § 6212)

Para que una o varias fincas puedan ser agregadas a otra se deberá cumplir con los siguientes requisitos:

1. Que las fincas a ser agregadas pertenezcan a un solo titular o a los mismos titulares en caso de que sean varios en común proindiviso.

2. Que las fincas sean colindantes entre sí, con las excepciones dispuestas en el Artículo 145 de esta Ley.

---

[989] *Id.* R. 137.1

3. Que la cabida total de la finca o la porción de terreno a ser agregada no exceda el veinte por ciento (20%) de la cabida de la finca principal a la cual va a ser agregada. En caso de pretender agregar varias fincas o porciones a otra finca cuya suma exceda del veinte por ciento (20%) deberán ser objeto de agrupación de conformidad con el Subtítulo "A" de este Título, correspondiente a las agrupaciones.

4. Que conste en escritura pública.

No se podrán agregar bienes privativos con bienes gananciales.

ARTÍCULO 145. — Fincas o predios no colindantes; prohibición de agregación. (30 L.P.R.A. § 6213)

Una finca o predio de terreno podrá agregarse a otra finca de mayor cabida aun cuando no sean colindantes entre sí siempre que sea una explotación agrícola o industrial que forme una unidad orgánica o un cuerpo de bienes unidos o dependientes entre sí; y que pertenezcan a un solo titular o a los mismos titulares en caso de que sean varios en común proindiviso. No podrán agregarse bienes privativos con bienes gananciales.

ARTÍCULO 146. — Gravámenes por su procedencia. (30 L.P.R.A. § 6214)

Las cargas y gravámenes existentes en las fincas o porciones de terreno que sean agregadas afectarán a la finca principal subsistente.

B. Documentos inscribibles

ARTÍCULO 9. — Escrituras o documentos inscribibles; excepción. (30 L.P.R.A. § 6016)

Los documentos que motivan un asiento de inscripción son los siguientes:

1. Escritura pública.

2. Documento auténtico expedido por autoridad judicial o funcionario competente.

3. Actas notariales para tramitar los asuntos y procedimientos contemplados en la Ley de Asuntos no Contenciosos ante Notario.

4. Certificaciones administrativas expedidas por funcionarios competentes de las agencias del Estado Libre Asociado de Puerto Rico, sus corporaciones, cualquiera de sus municipios o de cualquier agencia del gobierno de los Estados Unidos conforme la facultad conferida por su respectiva ley habilitadora.

5. Cualquier otro documento cuya inscripción sea dispuesta por ley. La instancia se utilizará para la aclaración de particularidades como complemento a transferencias o acciones sobre bienes inmuebles dispuestas por ley y para solicitar la cancelación de gravámenes prescritos. Una instancia por sí sola no constituye un documento admisible para producir un asiento en el Registro de la Propiedad.

Regla 9.1 — Documentos judiciales

Todos los documentos judiciales deberán estar certificados por la Secretaria del tribunal correspondiente para que puedan motivar un asiento registral.

Regla 9.2 — Documentos administrativos

Los documentos administrativos deberán estar certificados y expedidos en la forma y con las solemnidades que prescriben las leyes sobre la materia, y contendrán la información que para los asientos del Registro requieran la "Ley del Registro de la Propiedad Inmobiliaria del Estado Libre Asociado de Puerto Rico" y este Reglamento.

Regla 9.3 — Instancias

Una instancia podrá ser firmada por una parte interesada o un abogado en representación de dicha parte. La instancia firmada por parte interesada deberá estar suscrita ante notario.

V. Asientos registrales

La Ley del Registro de la Propiedad establece que "[l]os títulos inscritos surtirán efecto en cuanto a terceros desde la fecha de su inscripción. [La] fecha de inscripción, para todos los efectos que ésta deba producir, aun para determinar el plazo necesario para la cancelación de asientos, [será] la fecha de la presentación que deberá constar en la inscripción misma".[990] En lo pertinente:

El rango o la preferencia entre dos (2) o más inscripciones relativas a una misma finca, dependerá de la fecha, hora y número del asiento de presentación en el Registro de los títulos respectivos. Un título inscrito podrá posponerse a favor de otro siempre con el consentimiento expreso, mediante escritura pública, de los titulares y/o acreedores cuyo título o crédito se vea afectado, si algunos.[991]

Este artículo recoge la doctrina jurisprudencial conocida "primero en tiempo, primero en derecho" que ha "sido incorporada a nuestro sistema registral mediante el principio de prioridad".[992] Este principio "dispone que los documentos presentados y pendientes de inscripción se califiquen según el estricto orden en que llegaron al Registro".[993]

---

[990] Ley del Registro de la Propiedad Inmobiliaria del Estado Libre Asociado de Puerto Rico, Ley 210-2015, Art. 19, 30 LPRA § 6034

[991] *Id.*

[992] Distribuidores Unidos v. Registradora, 188 DPR 351, 361 (2013).

[993] *Id.*

Para ello, en los libros y sistemas de información del Registro se practican las siguientes clases de asientos: presentación, inscripciones, anotaciones preventivas, cancelaciones y otras.[994] El Registro lleva un sistema de diario electrónico formado por los asientos de presentación en el cual se hará constar la presentación de los documentos por orden cronológico.[995] El diario electrónico de operaciones comprenderá toda la información relativa a los documentos presentados en orden cronológico y tendrá en el inicio un número único de presentación que identifica el año, el número de asiento y sección del Registro a que corresponde.[996]

El contenido del asiento de presentación deberá contener la siguiente información: la fecha y hora exacta de presentación, el número del asiento, entre otros.[997] A esos efectos, el Reglamento establece que "[l]os asientos de inscripción en una finca se identificarán por estricto orden numérico. Esta numeración será siempre en guarismos".[998]

A. Inscripción

Los asientos del Registro de la Propiedad deben ser "lo más completos y claros que sea posible[, pues ello] evita confusión y la comisión de errores".[999] Sin embargo, una vez son objeto de inscripción y por consiguiente merecedores de la fe pública registral, tales asientos así como los actos inscritos deben "estimar[se] válidos hasta tanto los tribunales declaren su nulidad".[1000] Surge con ello una presunción de legitimidad y validez.[1001] Sin embargo, la inscripción que se verifica en el Registro de la Propiedad no convierte en válido lo que en la realidad es nulo.[1002] La inscripción no tiene efectos convalidantes, pues inscrito un acto nulo o anulable, la inscripción no lo convalida, no lo purifica, siguiendo tan nulo o anulable como anteriormente a la misma.[1003]

---

[994] 30 LPRA § 6035
[995] *Id.* § 6421
[996] Dpto de Justicia, Reglamento General para la Ejecución de la Ley del Registro de la Propiedad Inmobiliaria del Estado Libre Asociado de Puerto Rico, Núm. 8814, R.256.1 (31 de agosto de 2016), https://bvirtualogp.pr.gov/ogp/Bvirtual/leyesreferencia/PDF/Registro%20de%20la%20Propiedad/8814.pdf
[997] *Id.* § 6422
[998] Dpto de Justicia, Reglamento General para la Ejecución de la Ley del Registro de la Propiedad Inmobiliaria del Estado Libre Asociado de Puerto Rico, Núm. 8814, R.20.1 (31 de agosto de 2016), https://bvirtualogp.pr.gov/ogp/Bvirtual/leyesreferencia/PDF/Registro%20de%20la%20Propiedad/8814.pdf
[999] Rosado Collazo v. Registrador, 118 DPR 577, 582 (1987).
[1000] Cabassa v. Registrador, 116 DPR 861, 864 (1986).
[1001] *Véase* González Silva v. United Fed. Savings, 107 DPR 119 (1978)
[1002] Consejo de Titulares Cond. Parkside v. MGIC Fin. Corp., 128 DPR 538, 557 (1991).
[1003] *Id.*

B. Cancelación

Mientras que la extinción del derecho inscrito surte efectos entre las partes desde que este derecho muere, para que tenga efectos ante terceros se requiere que se anule o cancele el asiento registral en el que consta tal derecho.[1004] Las inscripciones no se extinguen, en cuanto a tercero, sino por su cancelación o por la inscripción de la transferencia del dominio o derecho real inscrito a favor de otra persona.[1005]

C. Anotación preventiva

Como regla general, la anotación preventiva de demanda requerirá una orden y mandamiento judicial autorizando la anotación en el Registro.[1006] A manera de excepción, puede practicarse tal anotación sin la intervención judicial cuando la acción tenga como base un derecho real inscrito por quien solicita la anotación.[1007] En todos los casos, el anotante debe presentar copia certificada de la demanda.[1008]

ARTÍCULO 41. — Forma; lugar de anotación; contenido. (30 L.P.R.A. § 6061)

Las anotaciones preventivas se practicarán en la misma forma y lugar que las inscripciones. Se señalarán con letras correlativas o sucesivas y contendrán las circunstancias determinadas en general para estos asientos.

ARTÍCULO 42. — Fecha de efectividad. (30 L.P.R.A. § 6062)

Cuando la anotación preventiva de un derecho se convierta en inscripción definitiva, surtirá ésta sus efectos desde la fecha de la anotación.

Las anotaciones preventivas de créditos refaccionarios surtirán plenos efectos desde la fecha de presentación del documento que las produjo.

La anotación preventiva podrá convertirse en inscripción o asiento que corresponda cuando la persona a cuyo favor esté constituida adquiera el derecho anotado o, en su caso, proceda verificar el respectivo asiento conforme a la ley. Esta conversión se practicará según se disponga por Reglamento.

ARTÍCULO 43. — Reglas aplicables. (30 L.P.R.A. § 6063)

Si el bien objeto de la anotación preventiva y/o embargo no está inscrito, los interesados podrán solicitar del tribunal que se requiera al demandado que solicite la inscripción. En caso de negarse a ello, el demandante podrá solicitar inscripción mediante la presentación de los títulos necesarios.

[1004] Distribuidores Gas PR v. Registradora, 188 DPR 351, 366 (2013).
[1005] ESJ Towers, Inc. v. Registrador, 150 DPR 298, 306 (2000).
[1006] Bechara Fagundo v. Registradora, 183 DPR 610, 621 (2011).
[1007] *Id.*
[1008] *Id.*

De no ser posible, se deberá suplir la falta de títulos de conformidad con el Título XII de esta Ley.

Los gastos y costas que se causen por la negativa o abstención del titular embargado para obtener la inscripción serán de su cuenta y responsabilidad.

ARTÍCULO 44. — Quiénes pueden pedir anotación preventiva de derechos. (30 L.P.R.A. § 6064)

Podrán pedir anotación preventiva:

1. El que reclame en juicio la propiedad de bienes inmuebles o la constitución, declaración, modificación o extinción de cualquier derecho inscribible.

2. El que reclame en una acción judicial alguna circunstancia que afecte el título de propiedad inmueble, la validez y eficacia, o invalidez o ineficacia del título o títulos referentes a la adquisición, constitución, declaración, modificación o extinción de cualquier derecho inscribible.

3. El que obtenga a su favor orden de embargo sobre bienes inmuebles del deudor.

4. El que en juicio reclame el cumplimiento de cualquier obligación y obtenga resolución ordenando el secuestro y/o prohibición de enajenar de bienes inmuebles.

5. El legatario de derechos sobre bienes inmuebles determinados, siempre que no lo sea también de parte alícuota del caudal hereditario o heredero.

6. Los Municipios por los gastos y multas relacionadas a un inmueble declarado estorbo público mediante certificación administrativa y conforme a las leyes aplicables.

7. Las agencias gubernamentales del Estado Libre Asociado de Puerto Rico, que emiten Resoluciones adjudicando penalidades por daño ambiental sobre bienes inmuebles.

8. La Agencia de Protección Ambiental (Environmental Protection Agency E.P.A.), para recuperar los fondos utilizados provenientes del Superfondo (Superfund) bajo la Ley Integral de Respuesta, Compensación y Responsabilidad Ambiental (Comprehensive Environmental Response, Compensation, and Liability Act CERCLA), relacionados a la limpieza, medidas correctivas y de remoción causadas por contaminación ambiental.

9. El acreedor refaccionario mientras duren las obras que sean objeto de refacción.

10. El que en cualquier otro caso tuviese derecho a exigir anotación preventiva conforme a lo dispuesto en ésta o en otra Ley.

Regla 41.1 — Forma de la anotación preventiva

La anotación preventiva contendrá las circunstancias establecidas en los Artículos 23 y 41 de la Ley y este Reglamento.

Regla 41.2 — Identificación de las anotaciones

Cuando se agoten las letras del alfabeto se volverá a empezar por la primera duplicada, siguiendo en esta forma todas las demás.

Regla 41.3 — Documento o determinación judicial de anotación

Todo documento o determinación judicial mediante el cual se solicite u ordene hacer una anotación preventiva, deberá expresar las circunstancias que establece la Regla 41.1 anterior.

Regla 42.1 — Fecha de efectividad de las anotaciones preventivas

Las anotaciones preventivas surtirán efecto a partir de la fecha de su anotación.

Regla 42.2 — Cuándo procede la conversión en asiento de inscripción; documento requerido

Únicamente podrán convertirse en asientos de inscripción aquellas anotaciones preventivas en que se haya publicado registralmente el mismo e idéntico derecho o acto que deba ser objeto de inscripción.

La conversión en asiento definitivo procederá mediante la presentación del documento público de quien adquiera el derecho anotado.

También podrá convertirse mediante sentencia final y firme recaída en el pleito que dio origen a la anotación.

Regla 42.3 — Conversión de anotación en general

Toda conversión se verificará haciendo una inscripción de referencia a la anotación objeto de conversión, en la cual se exprese:

1. La letra y folio correspondiente a la anotación

2. La manifestación de que la anotación se convierte en inscripción

3. La causa de la conversión

4. El documento en virtud del cual se verifique la conversión

5. Referencia al asiento de presentación del documento que motiva la conversión

6. Fecha y firma del Registrador

7. Aranceles cobrados.

1. Demanda

ARTÍCULO 45. — Reclamaciones judiciales; requisitos. (30 L.P.R.A. § 6065)

En el caso de los incisos 1 y 2 del Artículo 44, no podrá hacerse la anotación preventiva sino cuando se ordene por el tribunal correspondiente.

Cuando la acción tenga un derecho real inscrito como base para su ejercicio, será suficiente para su anotación preventiva en el Registro la presentación de copia certificada de la demanda.

ARTÍCULO 46. — Sentencia firme; inscripciones y cancelaciones procedentes. (30 L.P.R.A. § 6066)

Cuando por sentencia firme se resuelva en sentido favorable la reclamación a que se refieren los incisos 1 y 2 del Artículo 44, el Registrador practicará los asientos de inscripción y cancelación procedentes. La orden y mandamiento judicial serán título suficiente para efectuar la inscripción que corresponda y también lo será la escritura de venta judicial en los casos de ejecución mediante subasta pública.

Asimismo, "[e]n los casos de anotación preventiva comprendida en los incisos uno, dos, tres y cuatro del Artículo 44 de la Ley, se notificará al afectado por la anotación de conformidad con las Reglas de Procedimiento Civil".[1009] A esos efectos, la Regla 56.2 de Procedimiento Civil establece que, como norma, un tribunal no concederá, modificará, ni anulará un remedio provisional sin antes notificar a la parte afectada y sin celebrar una vista.[1010] No obstante, a petición de parte, podrá expedirse una orden de embargo o de prohibición de enajenar sin previa notificación y vista, si "la parte reclamante dem[ostrare] tener un previo interés propietario sobre la cosa embargada, o la existencia de circunstancias extraordinarias o la probabilidad de prevalecer mediante prueba documental fehaciente que demuestre que la deuda es líquida, vencida y exigible".[1011]

[1009] Dpto de Justicia, Reglamento General para la Ejecución de la Ley del Registro de la Propiedad Inmobiliaria del Estado Libre Asociado de Puerto Rico, Núm. 8814, R. 45.1 (31 de agosto de 2016), https://bvirtualogp.pr.gov/ogp/Bvirtual/leyesreferencia/PDF/Registro%20de%20la%20Propiedad/8814.pdf.

[1010] R.P. CIV. 56.2, 32 LPRA Ap. V, R. 56.2.

[1011] *Id.* R. 56.4; *Véase* Rivera Rodríguez & Co. v. Lee Stowell, etc., 133 DPR 881, 902 (1993).

2. Embargo

La Reglas de Procedimiento Civil establecen que "[u]n remedio provisional sin la prestación de fianza podrá concederse en cualquiera de los casos siguientes: (a) si aparece de documentos públicos o privados, según definidos por ley y firmados ante una persona autorizada para administrar juramento que la obligación es legalmente exigible".[1012] Asimismo, sobre el embargo o prohibición de enajenar:

Si se cumple con los requisitos de la Regla 56.3, el tribunal deberá expedir, a moción de la parte reclamante, una orden de embargo o de prohibición de enajenar. No se podrá expedir una orden de embargo o prohibición de enajenar sin previa notificación y vista, excepto que la parte reclamante demuestre tener un previo interés propietario sobre la cosa embargada, la existencia de circunstancias extraordinarias o la probabilidad de prevalecer mediante prueba documental fehaciente que demuestre que la deuda es líquida, vencida y exigible.

. . . .

En el caso de bienes inmuebles, tanto el embargo como la prohibición de enajenar se efectuarán anotándolos en el registro de la propiedad y notificándolos a la parte demandada.[1013]

Además:

El tribunal ante el cual se encuentra pendiente la acción tendrá la facultad para ordenar la cancelación de la anotación preventiva de embargo, previa la celebración de una vista y la prestación de una fianza en la cuantía que estime razonable, tomando en cuenta la probabilidad de prevalecer la parte actora, el valor de la propiedad o derecho concernido y las demás circunstancias del caso.[1014]

El Tribunal Supremo resumió su interpretación de estas reglas de la siguiente manera: las Reglas 56.4 y 56.7 de Procedimiento Civil se refieren a mecanismos procesales que cumplen cometidos distintos que tienen acceso a través del mismo artículo 44 del Registro;[1015] la anotación preventiva de demanda tiene acceso al Registro cuando se reclaman derechos que tengan que ver directamente con el título inscrito y de algún modo puede afectarlo.[1016]

[1012] R.P. CIV. 56.3, 32 LPRA Ap. V, R. 56.3.

[1013] *Id.* R. 56.4

[1014] *Id.* R. 56.7.

[1015] "Podrán pedir anotación preventiva:

1. El que reclame en juicio la propiedad de bienes inmuebles o la constitución, declaración, modificación o extinción de cualquier derecho inscribible.

2. El que reclame en una acción judicial alguna circunstancia que afecte el título de propiedad inmueble, la validez y eficacia, o invalidez o ineficacia del título o títulos referentes a la adquisición, constitución, declaración, modificación o extinción de cualquier derecho inscribible.

3. El que obtenga a su favor orden de embargo sobre bienes inmuebles del deudor."

[1016] Pérez Mercado v. Martínez, 130 DPR 134, 151 (1992) ("Esta anotación puede llevarse a cabo exclusivamente por mandamiento judicial, o en el caso de que se fundamente en un derecho real inscrito, por medio de copia certificada de la demanda".)

Asimismo, "[e]n los casos de anotación preventiva comprendida en los incisos uno, dos, tres y cuatro del Artículo 44 de la Ley, se notificará al afectado por la anotación de conformidad con las Reglas de Procedimiento Civil".[1017] A esos efectos, la Regla 56.2 de Procedimiento Civil establece que, como norma, un tribunal no concederá, modificará, ni anulará un remedio provisional sin antes notificar a la parte afectada y sin celebrar una vista.[1018] No obstante, a petición de parte, podrá expedirse una orden de embargo o de prohibición de enajenar sin previa notificación y vista, si "la parte reclamante dem[ostrare] tener un previo interés propietario sobre la cosa embargada, o la existencia de circunstancias extraordinarias o la probabilidad de prevalecer mediante prueba documental fehaciente que demuestre que la deuda es líquida, vencida y exigible".[1019]

El embargo es uno de los remedios provisionales que puede dictar un tribunal antes o después de dictarse la sentencia, a solicitud del reclamante, para asegurar la efectividad de una sentencia. Como norma general, es necesario notificar a la parte adversa y celebrar una vista previa. Ello con el propósito de salvaguardar el debido proceso de ley. Por excepción, un tribunal podrá emitir una orden de embargo sin celebrar vista cuando, entre otros, el demandante ha demostrado la probabilidad de prevalecer mediante prueba documental fehaciente, la cual revele que la deuda es líquida, vencida y exigible.

Como regla general, se requiere la prestación de una fianza por la persona que solicita un embargo. Ello para responder por los daños y perjuicios que se puedan ocasionar como consecuencia del aseguramiento de sentencia. Por excepción, podrá concederse un embargo sin la prestación de fianza si, entre otros, aparece de documentos públicos o privados, según definidos por ley y firmados ante una persona autorizada para administrar juramento, que la obligación es legalmente exigible.

La anotación preventiva de embargo es el medio a través del cual el embargo tiene acceso al Registro de la Propiedad. La anotación preventiva de embargo podrá practicarse, entre otros, sobre bienes inmuebles inscritos. La orden autorizando la anotación de embargo debe estar debidamente certificada y contener la descripción de la finca, la cantidad que se ordena asegurar, la fijación de la fianza o las razones legales para su dispensa y las normas o providencias especiales aplicables.

Una anotación de embargo no crea ni declara derecho alguno a favor del anotante. No impide la inscripción de derechos contenidos en títulos presentados posteriormente y no afecta los títulos anteriores a la anotación aunque se hayan inscrito con posterioridad a esta.

3. Prohibición de enajenar

[1017] Dpto de Justicia, Reglamento General para la Ejecución de la Ley del Registro de la Propiedad Inmobiliaria del Estado Libre Asociado de Puerto Rico, Núm. 8814, R. 45.1 (31 de agosto de 2016), https://bvirtualogp.pr.gov/ogp/Bvirtual/leyesreferencia/PDF/Registro%20de%20la%20Propiedad/8814.pdf

[1018] R.P. CIV. 56.2, 32 LPRA Ap. V, R. 56.2.

[1019] *Id.* R. 56.4; *Véase* Rivera Rodríguez & Co. v. Lee Stowell, etc., 133 DPR 881, 902 (1993).

El artículo 25 de la Ley del Registro de la Propiedad dispone que "[l]as prohibiciones de disponer o enajenar constarán y producirán efecto con arreglo a las siguientes normas: . . . Las que deban su origen inmediato a alguna resolución judicial o administrativa serán objeto de anotación".[1020] Cuando la anotación preventiva de un derecho se convierte en inscripción definitiva, surte efectos desde la fecha de la anotación.[1021]

Puede pedir la anotación preventiva "[e]l que en juicio reclame el cumplimiento de cualquier obligación y obtenga resolución ordenando el secuestro y/o prohibición de enajenar bienes inmuebles".[1022]

En los dos casos antes mencionados, no se puede hacer la anotación preventiva sino cuando lo ordena el tribunal correspondiente.[1023] En esos dos casos de anotación preventiva, además, serán defectuosas las anotaciones preventivas y no podrán ser objeto de subsanación, "si no se presenta la orden y el mandamiento conforme lo dispuesto en el Artículo 45 de esta Ley".[1024] Los que inscriben sus derechos con posterioridad a la anotación de demanda, se entienden notificados de la existencia del pleito.[1025]

Sin embargo, "[c]uando la acción interpuesta tenga como base un derecho real inscrito no será necesario presentar orden judicial. En este caso será suficiente para su anotación en el Registro la presentación de copia certificada de la demanda radicada, en la cual deberá identificarse con claridad el derecho real inscrito sobre el cual basa su acción y la descripción de la finca afectada".[1026]

La orden que autoriza la prohibición de enajenar deberá "estar certificada y contendrá la descripción de la finca, la cantidad que se ordena asegurar, la fijación de la fianza o las razones legales para su dispensa y las normas o providencias especiales dictadas por las leyes o por el tribunal para el caso".[1027] El Reglamento para la Ejecución de la Ley del Registro reitera que "[e]n todos los casos de anotaciones de demandas sobre propiedad inmueble, excepto las que tengan como base para su ejercicio un derecho real inscrito, la orden deberá contener, además de las circunstancias antes expresadas, la previstas en el Artículo 23 de la Ley".[1028]

[1020] Ley del Registro de la Propiedad Inmobiliaria del Estado Libre Asociado de Puerto Rico, Ley 210-2015, Art. 25, 30 LPRA § 6040.
[1021] *Id.* § 6062
[1022] *Id.* § 6064 (4)
[1023] *Id.* § 6065
[1024] *Id.* § 6070
[1025] *Id.* § 6071.
[1026] Dpto de Justicia, Reglamento General para la Ejecución de la Ley del Registro de la Propiedad Inmobiliaria del Estado Libre Asociado de Puerto Rico, Núm. 8814, R. 45.3 (31 de agosto de 2016), https://bvirtualogp.pr.gov/ogp/Bvirtual/leyesreferencia/PDF/Registro%20de%20la%20Propiedad/8814.pdf.
[1027] *Id.* R 45.5.
[1028] *Id.*

Además, la Ley del Registro de la Propiedad establece que cuando el Registrador determina que existe un defecto en el documento que impida su inscripción, dicha notificación deberá ser enviada al notario autorizante o al notario presentante de ser distinto.[1029]

4. Legado

ARTÍCULO 132. — Legatario; inscripción a su favor. (30 L.P.R.A. § 6187)

El legatario podrá inscribir su título sobre los bienes inmuebles específicamente legados, mediante una escritura de pago de legado en la que comparezcan todos los herederos forzosos y el legatario. En ausencia de herederos forzosos, la escritura de pago de legado deberá ser otorgada por el albacea y el legatario. La copia certificada de la escritura de pago de legado deberá ser presentada en el registro acompañada de los siguientes documentos certificados:

1. Escritura de testamento.

2. Certificación Acreditativa de Testamento expedida por el Registro General de Competencias Notariales de la Oficina de Inspección de Notarías, en la cual se confirme que el mismo no ha sido revocado ni modificado.

3. Certificado de defunción del causante.

4. Certificación del Departamento de Hacienda sobre el relevo de gravamen de contribución sobre herencia o la autorización para realizar la transacción.

ARTÍCULO 133. — Anotación de legado; procedimiento. (30 L.P.R.A. § 6188)

El legatario podrá solicitar la anotación de su legado mediante la presentación de los siguientes documentos certificados:

1. Escritura de testamento.

2. Certificación del Registro de Testamentos acreditativa de que el testamento no ha sido revocado ni modificado.

3. Certificado de defunción del causante.

4. Instancia dirigida al registrador bajo la firma autenticada del legatario aclarando particularidades de conformidad con lo establecido por reglamento.

[1029] Ley del Registro de la Propiedad Inmobiliaria del Estado Libre Asociado de Puerto Rico, Ley 210-2015, Art. 236, 30 LPRA § 6388.

VI. Hipoteca

La hipoteca inmobiliaria es un derecho real de realización de valor que faculta a su titular a exigir la enajenación de la cosa y satisfacer la deuda. El acreedor hipotecario no puede apropiarse de los bienes dados en hipoteca y está prohibido todo pacto en contrario (pacto comisorio).

En el supuesto de dominio compartido, la hipoteca de la finca requerirá la unanimidad de los comuneros. Sin embargo, todo condueño tiene la plena propiedad sobre su cuota pudiendo gravarla con una hipoteca.

A. Características de la hipoteca

ARTÍCULO 54. — Efecto; naturaleza; voluntaria o legal. (30 L.P.R.A. § 6081)

La hipoteca sujeta directa e inmediatamente los bienes y derechos sobre los cuales se impone, cualquiera que sea su poseedor o titular, al cumplimiento de la obligación para cuya seguridad fue constituida.

Las hipotecas inscritas son cargas reales. Podrán ejecutarse los créditos hipotecarios no obstante cualquier derecho posterior adquirido sobre los mismos bienes o derechos.

ARTÍCULO 58. — Garantía de obligaciones; limitación de responsabilidad a bienes hipotecados. (30 L.P.R.A. § 6085)

La hipoteca podrá constituirse en garantía de toda clase de obligaciones y no alterará la responsabilidad personal del deudor que se establece en el Artículo 1811 del Código Civil de Puerto Rico, según enmendado.

No obstante lo dispuesto en el párrafo anterior, se podrá pactar válidamente en la escritura de constitución de la hipoteca voluntaria que la obligación garantizada se haga solamente efectiva sobre los bienes hipotecados.

En tal caso, la responsabilidad del deudor y la acción del acreedor, quedarán limitadas al importe de los bienes hipotecados, y no alcanzarán a los demás bienes del patrimonio del deudor.

B. Clases de hipoteca: voluntaria y legal

Las hipotecas son voluntarias y en todos los casos que se disponga por ley, se podrá constituir hipoteca legal.

ARTÍCULO 55. — Hipoteca legal tácita—definición, carácter; titulares; preferencia. (30 L.P.R.A. § 6082)

La hipoteca legal es la que se constituye a favor del Centro de Recaudación de Ingresos Municipales de Puerto Rico y los municipios, sobre los bienes inmuebles de los contribuyentes por el importe de las contribuciones territoriales de las cinco (5) últimas anualidades y las corrientes no pagadas de los impuestos que graviten sobre ellos y por el importe de las multas y deudas de mitigación por concepto de estorbos públicos con el mismo término de tiempo o más o contra cuyo adeudo el Municipio haya obtenido una sentencia.

Esta hipoteca legal tiene carácter de tácita y determina una preferencia a beneficio de sus titulares sobre todo otro acreedor, y sobre el tercer adquirente, aunque haya inscrito sus derechos.

Estarán en el mismo rango preferencial propuesto, las hipotecas tacitas a favor de los municipios, del Gobierno Federal y del Gobierno de Puerto Rico, incluyendo a todas las agencias, organismos, departamentos, así como a las instrumentalidades y corporaciones públicas del Gobierno de Puerto Rico por concepto de multas y mitigación por estorbo público a cualquier hipoteca, gravamen o condiciones restrictivas, sobre los bienes inmuebles de los contribuyentes.

ARTÍCULO 56. — Hipoteca legal—planes de pago de deudas a favor del Estado Libre Asociado de Puerto Rico en exceso de diez mil dólares ($10,000.00). (30 L.P.R.A. § 6083)

Se constituye hipoteca legal a favor del Estado Libre Asociado de Puerto Rico sobre los bienes inmuebles del contribuyente en los casos en que se haya concedido un plan de pago de deuda por concepto de contribuciones sobre ingresos sobre dichos inmuebles. El término de esta hipoteca será por el periodo de duración del plan de pago establecido y su rango o preferencia dependerá de la fecha de presentación en el Registro de la Propiedad del documento que la acredite.

ARTÍCULO 57. — Hipoteca voluntaria-definición; requisitos. (30 L.P.R.A. § 6084)

Las hipotecas voluntarias son las convenidas entre partes o impuestas por disposición del dueño de los bienes o derechos sobre los que se constituyen. Para que las hipotecas voluntarias queden válidamente constituidas se requiere:

1. Que se hayan acordado en escritura pública.

2. Que la escritura se haya inscrito en el Registro de la Propiedad.

C. Bienes y derechos hipotecables

ARTÍCULO 59. — Bienes y derechos hipotecables. (30 L.P.R.A. § 6086)

Podrán ser hipotecados:

1. Los bienes inmuebles susceptibles de inscripción.

2. Los derechos inscribibles y enajenables impuestos sobre los mismos bienes.

3. El derecho de usufructo, pero quedando extinguida la hipoteca, cuando concluya el mismo usufructo por un hecho ajeno a la voluntad del usufructuario. Si concluye por su voluntad, subsistirá la hipoteca hasta que se cumpla la obligación asegurada, o hasta que venza el tiempo en que el usufructo habría naturalmente concluido a no mediar el hecho que le puso fin.

4. La nuda propiedad. Si el usufructo se consolida con ella en la persona del propietario, no sólo subsistirá la hipoteca, sino que también se extenderá al mismo usufructo, como no se haya pactado lo contrario.

5. Los bienes o derechos anteriormente hipotecados, aunque lo estén con el pacto de no volverlos a hipotecar.

6. El derecho de superficie.

7. El derecho de arrendamiento inscrito, siempre y cuando el arrendatario esté facultado para enajenar, ceder, subarrendar o hipotecar su derecho. La hipoteca que se constituya sobre el arrendamiento quedará sujeta a la resolución del arrendamiento por causas ajenas a la voluntad del arrendatario. Si la resolución se debe a causas atribuibles a la voluntad del arrendatario, el titular de la hipoteca podrá subrogarse en el lugar y grado del mismo en calidad de cesionario, bien por convenio entre los interesados o por decisión de un tribunal, quien podrá así acordarlo como medida provisional de cautela o en forma definitiva, dentro de los términos del contrato inscrito. En todo caso, el tribunal determinará las alteraciones o modificaciones en la deuda original de acuerdo con la equidad del caso.

8. Las concesiones administrativas y aquellos derechos comprendidos en contratos de alianzas público-privadas susceptibles a inscribirse en el Registro, cuando se haya autorizado a gravarse con hipoteca. La hipoteca estará sujeta a los mismos términos y al plazo de duración de la concesión administrativa o de los derechos comprendidos en el contrato de alianza, entendiéndose que la hipoteca no afectará a los terrenos o bienes sobre los que radique la concesión o los derechos comprendidos en el contrato de alianza.

9. En caso de bienes vendidos con pacto de retro. Si el vendedor ejerce su derecho de retracto y el crédito hipotecario es mayor que la cantidad que el comprador deba recibir, la hipoteca quedará reducida a dicha cantidad. Se dará conocimiento del contrato de hipoteca al vendedor, a fin de que si se retraen los bienes antes de cancelarse la hipoteca, no devuelva el precio sin consentimiento del acreedor, a no mediar para ello disposición judicial.

10. El derecho de retracto convencional, si bien el acreedor hipotecario no podrá repetir contra los bienes afectados sin retraerlos previamente en nombre del deudor en el tiempo en que éste tenga derecho y anticipando la cantidad que para ello sea necesario. Si el vendedor ejercita el derecho de retracto, la misma hipoteca recaerá directamente sobre los bienes retraídos.

11. Los bienes litigiosos, si la demanda original del pleito se ha anotado, o si se hace constar en la inscripción que el acreedor tenía conocimiento del litigio, pero en cualquiera de los dos casos la hipoteca quedará pendiente de la resolución del pleito.

12. Los bienes sujetos a condiciones resolutorias que consten expresamente del Registro, quedando extinguida la hipoteca al resolverse el derecho del hipotecante.

13. El edificio u obra construida en suelo ajeno pero sin perjuicio del derecho del propietario del terreno, y entendiéndose sujeto a tal gravamen solamente el derecho que el mismo que edificó tenga sobre lo edificado.

14. Los apartamientos integrantes de un edificio declarado en propiedad horizontal o condominio, sujetándose la hipoteca constituida a las disposiciones de la legislación vigente sobre propiedad horizontal.

15. Las unidades de vivienda integrantes de un inmueble sometido al régimen de vivienda cooperativa de titulares, sujetándose dicha hipoteca a las disposiciones de la legislación vigente sobre dicho régimen.

16. El usufructo legal del cónyuge viudo concedido por el Código Civil de Puerto Rico, según enmendado.

ARTÍCULO 60. — Bienes y derechos no hipotecables. (30 L.P.R.A. § 6087)

No son hipotecables:

1. Las servidumbres prediales, a menos que se hipotequen juntamente con el predio dominante.

2. Los usufructos legales, excepto el concedido al cónyuge viudo por el Código Civil de Puerto Rico, según enmendado.

3. El uso y la habitación.

4. Los bienes y derechos que no estén incluidos en el Artículo 59 de esta Ley.

D. Requisitos para su constitución

ARTÍCULO 57. — Hipoteca voluntaria-definición; requisitos. (30 L.P.R.A. § 6084)

Las hipotecas voluntarias son las convenidas entre partes o impuestas por disposición del dueño de los bienes o derechos sobre los que se constituyen.

Para que las hipotecas voluntarias queden válidamente constituidas se requiere:

1. Que se hayan acordado en escritura pública.

2. Que la escritura se haya inscrito en el Registro de la Propiedad

Regla 57.1 — Quiénes pueden constituir hipoteca voluntaria

Las hipotecas voluntarias únicamente podrán ser establecidas por quienes tengan la libre disposición de los bienes o derechos sobre que se constituyan o, en caso de no tenerla, se hallen autorizados para establecerlas con arreglo a las leyes.

E. Extensión de la hipoteca

ARTÍCULO 61. — Extensión. (30 L.P.R.A. § 6088)

La hipoteca se extiende a las accesiones naturales, a las mejoras y al importe de las indemnizaciones concedidas o debidas al propietario por los aseguradores de los bienes hipotecados o en virtud de expropiación forzosa. Se extiende además al exceso de cabida de la finca hipotecada, aunque la misma se haya hecho constar en el Registro con posterioridad a la inscripción de aquélla.

ARTÍCULO 62. — Bienes hipotecados junto con la finca. (30 L.P.R.A. § 6089)

Se entenderán hipotecados juntamente con la finca, aunque no se mencionen en el contrato, siempre que corresponda al propietario:

1. Las mejoras que consistan en nuevas plantaciones, obras de riego o desagüe, obras de reparación, seguridad, transformación, comodidad, adorno, elevación de edificios, o cualquiera otras semejantes, y la agregación de terrenos por accesión natural.

2. Las indemnizaciones concedidas o debidas al propietario de los inmuebles hipotecados, bien por el aseguramiento de éstos siempre que haya tenido lugar el siniestro después de constituida la hipoteca, o bien por la expropiación forzosa.

Si quien ha de pagar la indemnización ha sido notificado de la hipoteca o conoce su existencia, las siguientes reglas serán de aplicación:

(a) Si la indemnización debe pagarse antes del vencimiento de la obligación garantizada por la hipoteca, se depositará su importe en la forma que convengan los interesados o, a falta de tal convenio, en la que disponga el tribunal.

(b) Si la indemnización debe pagarse después de vencida dicha obligación, corresponderá ésta al acreedor hasta donde alcance el monto de su crédito hipotecario y el sobrante, si lo hay, quedará a disposición del propietario.

ARTÍCULO 63. — Bienes y derechos no comprendidos. (30 L.P.R.A. § 6090)

Salvo pacto expreso o disposición legal en contrario, la hipoteca no comprenderá:

1. Los objetos muebles que se hallen colocados permanentemente en la finca hipotecada, bien para su adorno, comodidad o explotación, o bien para el servicio de alguna industria, a no ser que no puedan separarse sin quebranto de la materia o deterioro del objeto.

2. Los frutos, cualquiera que sea la situación en que se encuentren.

3. Las rentas vencidas y no satisfechas al tiempo de exigirse el cumplimiento de la obligación garantizada.

4. Las nuevas edificaciones donde antes no las hubiera.

F. Extinción y cancelación

ARTÍCULO 118. — Extinción de las hipotecas. (30 L.P.R.A. § 6161)

La hipoteca quedará extinguida en los siguientes casos:

1. Por el pago y saldo del crédito.

2. Por la extinción del derecho hipotecado.

3. Por confusión de derechos entre el titular del inmueble y acreedor y/o derecho hipotecado.

4. Por prescripción.

No obstante lo dispuesto en este Artículo, la readquisición y posterior negociación o transferencia de un instrumento negociable garantizado por hipoteca, no afectará la validez del instrumento ni de la hipoteca.

ARTÍCULO 119. — Prescripción. (30 L.P.R.A. § 6162)

La acción hipotecaria prescribe a los veinte (20) años, contados desde que pueda ser ejercitada con arreglo al título inscrito.

ARTÍCULO 120. — Hipotecas con más de veinte (20) años de vencidas o constituidas. (30 L.P.R.A. § 6163)

A petición de parte, autenticada ante notario, los registradores cancelarán las hipotecas que tengan más de veinte (20) años de vencidas o, si no tienen término de vencimiento, de constituidas, siempre que concurran las circunstancias siguientes:

1. Que del Registro no conste la interposición de demanda o procedimiento alguno en cobro o ejecución del gravamen hipotecario.

2. Que del Registro tampoco conste que a pesar del tiempo transcurrido, dicho gravamen se mantiene subsistente en virtud de cualquier reclamación, acto o reconocimiento que signifique la subsistencia de la hipoteca, por suspensión o interrupción de la prescripción liberatoria, u otra causa cualquiera.

Subtítulo D — Cancelación de hipotecas

ARTÍCULO 121. — Cancelación de hipoteca en garantía de instrumentos negociables o títulos transferibles por endoso; procedimiento; escrituras de cancelación. (30 L.P.R.A. § 6171)

Las inscripciones de hipoteca constituidas para garantizar obligaciones representadas por instrumentos negociables o títulos transferibles por endoso o pagaderos al portador, se cancelarán total o parcialmente mediante escritura otorgada por la persona con derecho a exigir el cumplimiento del instrumento de los títulos expresados.

Solamente en los casos de prescripción de hipoteca no será necesaria la cancelación del instrumento conforme lo antes indicado.

Aun cuando se haya extinguido el crédito hipotecario y salvo el caso dispuesto en el Artículo 120 de esta Ley,[1030] los registradores no cancelarán la inscripción de la hipoteca sino en virtud de escritura pública según establecido en este Artículo.

En las escrituras de cancelación de instrumentos negociables pagaderos a la orden o títulos transferibles por endoso será obligación del notario hacer constar que el compareciente es una persona con derecho a exigir el cumplimiento del instrumento. En todo caso deberá hacerse constar en la escritura la identificación de los instrumentos y su inutilización o reducción parcial en el acto del otorgamiento.

[1030] **ARTÍCULO 120. — Hipotecas con más de veinte (20) años de vencidas o constituidas. (30 L.P.R.A. § 6163)**
A petición de parte, autenticada ante notario, los registradores cancelarán las hipotecas que tengan más de veinte (20) años de vencidas o, si no tienen término de vencimiento, de constituidas, siempre que concurran las circunstancias siguientes: 1. Que del Registro no conste la interposición de demanda o procedimiento alguno en cobro o ejecución del gravamen hipotecario. 2. Que del Registro tampoco conste que a pesar del tiempo transcurrido, dicho gravamen se mantiene subsistente en virtud de cualquier reclamación, acto o reconocimiento que signifique la subsistencia de la hipoteca, por suspensión o interrupción de la prescripción liberatoria, u otra causa cualquiera.

ARTÍCULO 122. — Cancelación de hipoteca con instrumento extraviado. (30 L.P.R.A. § 6172)

Si todos o algunos de los instrumentos negociables se extraviaron o fueron destruidos, únicamente podrán cancelarse dichas inscripciones mediante la presentación de la sentencia final y firme debidamente certificada en la que se declaren extinguidas las obligaciones representadas por los referidos instrumentos.

ARTÍCULO 123. — Cancelación de hipoteca sobre bienes gananciales; procedimiento. (30 L.P.R.A. § 6173)

Bastará el consentimiento de cualquiera de los cónyuges para cancelar un gravamen hipotecario sobre finca perteneciente a la sociedad de gananciales, en caso de resultar el instrumento negociable endosado restrictivamente para su cancelación.

ARTÍCULO 124. — Cancelación de hipoteca sobre bienes litigiosos. (30 L.P.R.A. § 6174)

Las inscripciones de hipotecas constituidas sobre bienes litigiosos, se cancelarán con la presentación de la sentencia final y firme emitida por el tribunal debidamente certificada.

ARTÍCULO 125. — Dación en pago de hipoteca; cancelación. (30 L.P.R.A. § 6175)

La dación en pago de la obligación garantizada con hipoteca conlleva la cancelación de la hipoteca objeto de dación. El notario deberá certificar haber cancelado e inutilizado el pagaré garantizado por la hipoteca. En este caso se pagarán aranceles por el valor de la dación o la hipoteca, lo que sea mayor.

G. Efectos de la venta de la cosa hipotecada

ARTÍCULO 64. — Venta de finca hipotecada; efectos. (30 L.P.R.A. § 6091)

En caso de venta de la finca hipotecada, el deudor obligacional no será relevado de su responsabilidad hasta tanto el acreedor preste su consentimiento expreso. Una cláusula de retención del precio por el comprador para pagar el importe de una hipoteca no libera al vendedor y deudor hipotecario original de su responsabilidad, en ausencia de consentimiento expreso del acreedor.

Si no se ha pactado la transmisión de la obligación, pero el comprador descuenta su importe del precio de venta, o lo retiene, aunque no se exprese en la escritura, y al vencimiento de la obligación ésta es satisfecha por el deudor que vendió la finca, quedará subrogado éste en el lugar y grado del acreedor hasta tanto el comprador le reintegre el total adeudado.

ARTÍCULO 65. — Accesiones o mejoras no hipotecadas; derechos del dueño. (30 L.P.R.A. § 6092)

El dueño de las accesiones o mejoras que no se entiendan hipotecadas, según el Artículo 62 de esta Ley,[1031] podrá exigir su importe en todo caso o bien retener los objetos en que consistan, si esto último pudiera hacerse sin menoscabo del valor del resto de la finca.

Si exige su importe no podrá detener el cumplimiento de la obligación principal bajo el pretexto de hacer efectivo su derecho, sino que habrá de cobrar lo que le corresponda con el precio de la misma finca cuando se enajene para pagar el crédito.

Si las accesiones o mejoras no pueden separarse sin menoscabo de la finca, el dueño de las mismas cobrará su importe, aunque la cantidad restante no alcance para cubrir el crédito hipotecario; m[a]s si pueden ser separadas sin dicho menoscabo y aquél [ha] optado, sin embargo, por no llevárselas, se enajenarán con separación del predio, y su precio, tan sólo, quedará a disposición de dicho dueño.

ARTÍCULO 66. — Crédito que devengue interés; intereses asegurados. (30 L.P.R.A. § 6093)

Salvo pacto en contrario, la hipoteca constituida a favor de un crédito que devengue interés sólo asegurará, con perjuicio a tercero, además del capital, los intereses de los dos (2) últimos años transcurridos y la parte vencida de la anualidad corriente.

En ningún caso podrá estipularse que la hipoteca asegure intereses por un plazo superior a cinco (5) años. Cuando se fije en la escritura una cantidad global para responder del pago de intereses no podrá el mismo exceder del importe correspondiente a los intereses de cinco anualidades.

El interés se considerará asegurado con la hipoteca únicamente cuando la estipulación y cuantía de dicho interés resulten de la escritura de constitución de hipoteca.

[1031] **ARTÍCULO 62. — Bienes hipotecados junto con la finca. (30 L.P.R.A. § 6089)**
Se entenderán hipotecados juntamente con la finca, aunque no se mencionen en el contrato, siempre que corresponda al propietario:
1. Las mejoras que consistan en nuevas plantaciones, obras de riego o desagüe, obras de reparación, seguridad, transformación, comodidad, adorno, elevación de edificios, o cualquiera otras semejantes, y la agregación de terrenos por accesión natural.
2. Las indemnizaciones concedidas o debidas al propietario de los inmuebles hipotecados, bien por el aseguramiento de éstos siempre que haya tenido lugar el siniestro después de constituida la hipoteca, o bien por la expropiación forzosa.
Si quien ha de pagar la indemnización ha sido notificado de la hipoteca o conoce su existencia, las siguientes reglas serán de aplicación:

> (a) Si la indemnización debe pagarse antes del vencimiento de la obligación garantizada por la hipoteca, se depositará su importe en la forma que convengan los interesados o, a falta de tal convenio, en la que disponga el tribunal.
> (b) Si la indemnización debe pagarse después de vencida dicha obligación, corresponderá ésta al acreedor hasta donde alcance el monto de su crédito hipotecario y el sobrante, si lo hay, quedará a disposición del propietario.

ARTÍCULO 67. — Intereses vencidos; aseguramiento; ampliación de la hipoteca. (30 L.P.R.A. § 6094)

Para asegurar los intereses vencidos y no satisfechos que no estén garantizados conforme el Artículo anterior, el acreedor, podrá exigir del deudor ampliación de la hipoteca sobre los mismos bienes hipotecados. Esta ampliación no perjudicará en ningún caso los derechos reales inscritos con anterioridad a ella.

Si la finca hipotecada no pertenece al deudor, no podrá el acreedor exigir que se constituya sobre ella la referida ampliación, pero podrá ejercitar igual derecho respecto a cualesquiera otros bienes inmuebles o derechos del deudor que puedan ser hipotecados.

ARTÍCULO 68. — Intereses asegurados; reclamación contra tercero. (30 L.P.R.A. § 6095)

El acreedor hipotecario podrá repetir contra los bienes hipotecados para el pago de los intereses vencidos, al momento de verificarse el pago del capital. En el caso de que hubiese un tercero interesado en dichos bienes, a quien pueda perjudicar la repetición, no podrá extender la cantidad reclamada de la garantizada con arreglo a lo aquí establecido.

ARTÍCULO 69. — Intereses; acción personal para reclamarlos. (30 L.P.R.A. § 6096)

La parte de intereses que el acreedor no pueda exigir por la acción real hipotecaria, podrá reclamarla del obligado por la persona, salvo en el caso previsto en el Artículo 58 de esta Ley.

ARTÍCULO 70. — Deterioro de finca hipotecada; procedimiento para evitarlo o remediarlo. (30 L.P.R.A. § 6097)

Cuando por causa o culpa del dueño la finca hipotecada se deteriorase disminuyendo sustancialmente de valor, el acreedor podrá solicitar del Tribunal que ordene al propietario hacer lo que proceda para remediar el daño. Si a pesar de dicha orden insiste el propietario en el abuso, el tribunal podrá decretar la administración judicial del inmueble.

ARTÍCULO 71. — Hipoteca sobre varias fincas; especificación de la responsabilidad de cada una; excepciones. (30 L.P.R.A. § 6098)

Cuando se hipotequen varias fincas a la vez por un solo crédito, se determinará la cantidad o parte del gravamen de que cada una deba responder, incluyendo créditos accesorios y valor de tasación.

Se exceptuarán de lo anteriormente dispuesto, las hipotecas que se constituyan en garantías de préstamos por agricultores para fines agrícolas, amortizables mediante pagos parciales anuales en un período de no menos de diez (10) años e interés no mayor del tipo de interés máximo permisible, conforme a lo establecido por la legislación vigente. En este caso el deudor hipotecario así lo reconocerá y expresará en la escritura de hipoteca o en cualquier otra forma fehaciente.

ARTÍCULO 72. — Derecho a repetir limitado a responsabilidad fijada. (30 L.P.R.A. § 6099)

Fijada en la inscripción la parte del crédito de que deba responder cada uno de los bienes o derechos hipotecados, no se podrá repetir contra ellos con perjuicio de tercero sino por la cantidad a que respectivamente estén afectados y la que a la misma corresponda por razón de intereses, con arreglo a lo prescrito en los anteriores Artículos.

ARTÍCULO 73. — Hipoteca que no cubre totalidad del crédito; derecho a repetir contra otros bienes. (30 L.P.R.A. § 6100)

Lo dispuesto en el Artículo 71, se entenderá sin perjuicio de que, si la hipoteca no alcanza a cubrir la totalidad del crédito, el acreedor podrá repetir por la diferencia contra las demás fincas hipotecadas que conserve el deudor en su poder. No obstante, no podrá reclamar prelación en cuanto a dicha diferencia, sobre los que después de inscrita la hipoteca hayan adquirido algún derecho real en las mismas fincas.

ARTÍCULO 74. — Reducción de la obligación; subsistencia de la hipoteca. (30 L.P.R.A. § 6101)

La hipoteca subsistirá íntegra, mientras no se cancele, sobre la totalidad de los bienes hipotecados aunque se reduzca la obligación garantizada. Subsistirá también sobre cualquier parte de los mismos bienes que se conserven, aunque la restante haya desaparecido, pero sin perjuicio de lo que se dispone en el Artículo 75.

ARTÍCULO 75. — División de la finca hipotecada; efectos. (30 L.P.R.A. § 6102)

Si una finca hipotecada se divide en dos (2) o más, no se distribuirá entre ellas el crédito hipotecario sino cuando voluntariamente lo acuerden el deudor y el acreedor. De no hacerse esta distribución, el acreedor podrá repetir por la totalidad de la suma garantizada contra cualquiera de las nuevas fincas en que se haya dividido la primera o contra todas a la vez.

H. Ejecución

ARTÍCULO 94. — Procedimiento para la ejecución de hipotecas, disposiciones aplicables; costas y honorarios de abogado. (30 L.P.R.A. § 6131)

Una hipoteca vencida en todo o en parte, o sus intereses, podrá ser ejecutada por la vía judicial conforme a las disposiciones de este Título.

Los bienes hipotecados no responden de las costas y honorarios de abogados que se ocasionen por la reclamación judicial salvo que la cantidad convenida para este propósito surja de la escritura de constitución de hipoteca.

El titular de dos (2) o más créditos hipotecarios vencidos, constituidos por el mismo deudor sobre una o más de sus fincas podrá acumular la ejecución y cobro de ellos en un solo procedimiento.

ARTÍCULO 95. — Jurisdicción y competencia; circunstancias para su determinación. (30 L.P.R.A. § 6132)

El tribunal de primera instancia, en cuya circunscripción territorial radiquen todos los bienes hipotecados tendrá jurisdicción y competencia exclusiva para conocer del procedimiento de ejecución del crédito hipotecario, cualquiera que sea la cuantía de la obligación, sin que se admita, en forma alguna, sumisión en contrario.

Si la finca gravada radica en territorio de más de una sala o cuando son varios los bienes hipotecados y radiquen en territorios correspondientes a diferentes salas del tribunal de primera instancia, cualquiera de ellas tendrá jurisdicción y competencia para atender el procedimiento de ejecución.

En los casos cubiertos por el párrafo anterior, en la escritura de constitución de la hipoteca, las partes podrán hacer constar la sala ante la cual acuerdan presentar de manera exclusiva el procedimiento de ejecución.

ARTÍCULO 96. — Titular inscrito; demanda. (30 L.P.R.A. § 6133)

En todo caso de procedimiento de ejecución de hipoteca se demandará al titular inscrito.

En los casos de ejecución de hipotecas que garantizan instrumentos negociables, deberá darse cumplimiento a las disposiciones de la legislación mercantil vigente relativas al cobro de tales instrumentos.

ARTÍCULO 97. — Documentos que se presentarán con la demanda en caso de fallecimiento del acreedor o del deudor. (30 L.P.R.A. § 6134)

En caso de fallecimiento del deudor o del acreedor ejecutante, se deberá acreditar la autorización de sustitución de partes mediante Resolución emitida por el tribunal de primera instancia, durante el procedimiento judicial, según disponen para estos casos las Reglas de Procedimiento Civil vigentes.

ARTÍCULO 98. — Acreedores hipotecarios y titulares de derechos por sentencia posteriores; moción sobre cuantía que se les adeuda; necesidad; cuestiones que no paralizan el procedimiento. (30 L.P.R.A. § 6135)

Los acreedores hipotecarios posteriores y los titulares de derechos reconocidos en sentencias finales y firmes debidamente anotados o asegurados mediante embargo al crédito que se ejecuta, podrán radicar dentro del procedimiento de ejecución una moción juramentada estableciendo la cuantía del crédito que se les adeuda. Este trámite será indispensable para poder hacer uso del derecho que les concede el Artículo 106 de esta Ley.

Sin que se afecte el derecho concedido a determinados acreedores posteriores por el Artículo 106 de esta Ley, el derecho del deudor, tercer poseedor, o sus herederos a cuestionar la cuantía del crédito posterior no paralizará el procedimiento de ejecución, promovido por el acreedor del gravamen preferente. Cualquier incidente a estos efectos se resolverá en acción ordinaria independiente ante tribunal competente.

ARTÍCULO 99. — Sentencia; subasta; edicto . (30 L.P.R.A. § 6136)

Una vez se declare con lugar la demanda y advenga final y firme la sentencia dictada en el procedimiento de ejecución de hipoteca, el tribunal ordenará, a instancia del ejecutante, la expedición del correspondiente mandamiento, para que el alguacil proceda a la subasta de los bienes hipotecados. Previo a la subasta se publicará un edicto anunciando la misma de conformidad con lo establecido en las Reglas de Procedimiento Civil vigentes.

ARTÍCULO 100. — Citación del titular o tercer poseedor. (30 L.P.R.A. § 6137)

El titular demandado que haya comparecido a juicio, así como el tercer poseedor que haya procedido con arreglo al Artículo 49 de esta Ley, será citado para la subasta conforme exigen las Reglas de Procedimiento Civil.

ARTÍCULO 101. — Citación de acreedores posteriores a crédito ejecutado y anteriores a la anotación de demanda. (30 L.P.R.A. § 6138)

Los que hayan inscrito o anotado su derecho con posterioridad a la hipoteca objeto de ejecución y con anterioridad a la anotación de demanda, serán citados para la subasta conforme exigen las Reglas de Procedimiento Civil.

ARTÍCULO 102. — Edicto de subasta; contenido y advertencias. (30 L.P.R.A. § 6139)

El alguacil expresará en el edicto de subasta lo siguiente:

1. Que los autos y todos los documentos correspondientes al procedimiento incoado estarán de manifiesto en la secretaría del tribunal durante las horas laborables.

2. Que se entenderá que todo licitador acepta como bastante la titularidad y que las cargas y gravámenes anteriores y los preferentes, si los hubiere, al crédito del ejecutante continuarán subsistentes. Se entenderá, que el rematante los acepta y queda subrogado en la responsabilidad de los mismos, sin destinarse a su extinción el precio del remate.

3. La suma de cada carga anterior o preferente, el nombre o nombres de sus titulares y fecha o fechas de vencimiento.

4. La descripción de los bienes o derechos reales objeto de subasta, el precio mínimo del remate y los restantes detalles complementarios sobre la subasta, tales como el día, hora y sitio en que se efectuará el remate.

5. Todos los nombres de los acreedores que tengan inscritos o anotados sus derechos sobre los bienes hipotecados con posterioridad a la inscripción del crédito del ejecutante, o de los acreedores de cargas o derechos reales que los hubiesen pospuesto a la hipoteca ejecutada y las personas interesadas en, o con derecho a exigir el cumplimiento de instrumentos negociables garantizados hipotecariamente con posterioridad al crédito ejecutado, para que puedan concurrir a la subasta si les convenga o satisfacer antes del remate el importe del crédito, de sus intereses, costas y honorarios de abogados asegurados, quedando entonces subrogados en los derechos del acreedor ejecutante.

6. Se expresará que la propiedad a ser ejecutada se adquirirá libre de cargas y gravámenes posteriores.

ARTÍCULO 103. — Normas y condiciones en la orden o edicto de subasta; personas afectadas. (30 L.P.R.A. § 6140)

Las normas, requisitos, condiciones y términos referentes a la subasta, expresados en la orden de subasta o en el edicto, obligarán y afectarán categóricamente a todas las partes en el procedimiento hipotecario, incluyendo acreedores posteriores, licitadores, interventores, adjudicatarios, compradores, adquirentes y rematantes en la subasta y sus sucesores o causahabientes.

ARTÍCULO 104. — Día, hora y sitio de la subasta; tipos para la primera y siguientes subastas. (30 L.P.R.A. § 6141)

La subasta se celebrará el día, hora y sitio indicado en el edicto, ante el alguacil que actúe en la sala del tribunal de primera instancia que atienda el procedimiento, sin que le sea lícito a este funcionario desviarse de los términos y condiciones de subasta señalados por el tribunal en su orden de venta.

Servirá de tipo para la subasta en este procedimiento el precio de la finca acordado entre los contratantes en la escritura de constitución de hipoteca y no se admitirá oferta alguna inferior a dicho tipo. **(La Ley exige que la tasación haya sido expresada en una cantidad monetaria exacta, no contingente).**

Si no se produce remate ni adjudicación en la primera subasta, el tipo mínimo para la segunda será las dos terceras (2/3) partes del precio pactado. Si tampoco se produce remate ni adjudicación en la segunda subasta, regirá como tipo de la tercera subasta la mitad del precio pactado.

Cuando se declare desierta la tercera subasta se adjudicará la finca a favor del acreedor por la totalidad de la cantidad adeudada si ésta es igual o menor que el monto del tipo de la tercera subasta, si el tribunal lo estima conveniente. Se abonará dicho monto a la cantidad adeudada si ésta es mayor. Todas las subastas deberán ser acordadas y celebradas según lo ordenado por el tribunal.

ARTÍCULO 105. — Reglas adicionales para la subasta. (30 L.P.R.A. § 6142)

La celebración de la subasta, además de lo antes señalado, tiene que cumplir con las siguientes reglas:

Primera: El alguacil dará comienzo al acto de subasta a la hora, fecha y sitio indicados en el edicto de subasta. Dará lectura íntegra y en alta voz a dicho edicto e invitará a las personas presentes a hacer ofertas por los bienes objeto de remate y a base del precio mínimo correspondiente.

Segunda: La venta de los bienes se hará al mejor postor, y será deber del alguacil tratar siempre de que se obtenga el precio más elevado por cada finca o derecho a subastarse.

Tercera: La subasta se celebrará en días laborables del tribunal y no antes de las ocho de la mañana (8:00 AM) ni después de las cinco de la tarde (5:00 PM).

Cuarta: El precio ofrecido se pagará de contado y en moneda de curso legal o por cheque del gerente librado a favor del alguacil en el mismo acto de subasta y tan pronto se conceda la buena pro al postor agraciado.

Quinta: Cuando sean varias las fincas hipotecadas, deberán venderse separadamente, en el orden que indique el deudor o el tercer poseedor si se encuentran presentes en la subasta.

Sexta: Una vez que se hayan vendido bienes suficientes para el completo pago de las sumas reclamadas, no se continuará con la venta, quedando entonces los bienes no subastados liberados de la hipoteca objeto de ejecución.

Séptima: Si un postor a quien se le haya adjudicado la buena pro en la subasta se niega a pagar el importe de su oferta, no surtirá efecto jurídico alguno dicha adjudicación de buena pro. El alguacil, en el mismo acto de subasta, podrá subastar de nuevo la propiedad.

Terminada la subasta, el alguacil levantará un acta en la que, con claridad, hará constar la fecha, hora, sitio y forma en que se celebró la subasta, los licitadores que en ella intervinieron, ofertas que se hicieron hasta llegar a la venta o adjudicación de los bienes, enumerando y relacionando éstos de tal modo que queden suficiente y claramente identificados. Hará constar cualquier otro particular que a su juicio debe figurar en el acta de subasta. De esta acta, el alguacil entregará una copia al acreedor ejecutante y otra al deudor o tercer poseedor.

El acreedor ejecutante, el deudor, el tercer poseedor o cualquier postor podrá objetar por escrito el procedimiento de subasta.

ARTÍCULO 106. — Postores; quiénes pueden y quiénes no pueden serlo; procedimientos. (30 L.P.R.A. § 6143)

El acreedor ejecutante podrá concurrir como postor a todas las subastas. Si obtiene la buena pro, se abonará total o parcialmente el importe de su crédito al precio ofrecido por él.

También podrán concurrir como postores a todas las subastas los titulares de créditos hipotecarios vigentes y posteriores a la hipoteca que se cobra y ejecuta, que figuren como tales en la certificación registral.

En tal caso, podrán utilizar el montante de sus créditos o parte de alguno en sus ofertas. Si la oferta aceptada es por cantidad mayor a la suma del crédito o créditos preferentes al suyo, al obtener la buena pro en el remate, deberá satisfacer en el mismo acto, en efectivo o en cheque del gerente, la totalidad del crédito hipotecario que se ejecuta y la de cualesquiera otros créditos posteriores al que se ejecuta pero preferente al suyo. El exceso constituirá abono total o parcial a su propio crédito.

Ni el alguacil que celebre la subasta, ni su auxiliar, ni las demás personas que no pueden adquirir por compra conforme lo dispone el Artículo 1348 del Código Civil de Puerto Rico podrán ser postores ni interesarse en ninguna forma en dicha subasta.

ARTÍCULO 107. — Subasta; procedimientos posteriores; confirmación de la adjudicación; no confirmación y efecto. (30 L.P.R.A. § 6144)

Celebrada la subasta, el alguacil devolverá a la Secretaría del Tribunal el mandamiento y el acta junto con el edicto y demás documentos relativos a la subasta, incluyendo cualquier objeción al procedimiento hecho durante el mismo. El secretario pasará inmediatamente al tribunal todo el expediente del procedimiento y éste dentro de un término que no excederá de diez (10) días lo examinará cuidadosamente para cerciorarse de que en todos los trámites del procedimiento se cumplieron debidamente los requisitos señalados en este Subtítulo, y así lo determinará. A petición de parte, el tribunal dictará una orden confirmando la adjudicación o venta de los bienes hipotecados, sin la cual no será inscribible en el Registro de la Propiedad la adjudicación o venta.

No obstante lo anterior, si se debe a la demora del tribunal en emitir la orden confirmando la adjudicación o venta de los bienes hipotecados, la ausencia de dicha orden no podrá ser notificada como defecto que impida la inscripción de la adjudicación o venta judicial. En la medida en que la ausencia de dicha orden sea el único impedimento para proceder a la inscripción de la adjudicación o venta judicial, el término del asiento de presentación correspondiente continuará vigente hasta el día en que se presente en el Registro de la Propiedad una copia de dicha orden.

En la alternativa, en caso de que el Registrador notifique como defecto el que el tribunal haya emitido una orden anulando la adjudicación o venta de los bienes hipotecados, la vigencia de la fecha de presentación se regirá conforme al Artículo 238 de esta Ley.

Si el tribunal concluye que no se han cumplido, en todo o en parte, los requisitos dispuestos en este Subtítulo, expondrá las razones en que se funda, y ordenará se corrijan los errores, faltas o defectos que haya observado, y que se practiquen debidamente las diligencias o actuaciones incorrectas que surjan del expediente. Podrá ordenar además al deudor o tercer poseedor que no pague cualquier cuantía que se le haya requerido pagar en exceso de las debidas o que no esté cubierta por la garantía hipotecaria. Una vez corregidos o subsanados esos errores, faltas o defectos en la forma ordenada, el tribunal confirmará la adjudicación o venta. El acreedor hipotecario podrá tramitar un nuevo procedimiento de ejecución con arreglo a lo dispuesto en este Subtítulo cuando la venta no sea confirmada por error en el procedimiento o cualquiera otra razón determinada por el tribunal.

Si el tribunal finalmente no confirma la adjudicación o venta, quedará la misma sin efecto ni valor jurídico alguno, devolviéndose el precio pagado al comprador.

ARTÍCULO 108. — Confirmación de la venta; disposición precio de venta. (30 L.P.R.A. § 6145)

Si se confirma la venta, el precio de venta se destinará, sin dilación, al pago del crédito hipotecario del acreedor. El sobrante lo depositará el alguacil en la secretaría del tribunal para que este disponga lo que proceda respecto a los acreedores posteriores siguiendo el orden o rango que cada uno tenga en relación con el crédito ejecutado. Si no existe crédito o responsabilidad posterior alguno o existiendo, queden los mismos atendidos, se entregará el remanente, si alguno, al deudor o al tercer poseedor.

ARTÍCULO 109. — Finca que pasa a tercero; procedimiento. (30 L.P.R.A. § 6146)

Si antes de que el acreedor haga efectivo su derecho sobre la finca hipotecada, esta pasa a manos de un tercer poseedor, éste acreditando la inscripción de su título, podrá pedir que se le exhiban los autos en la secretaría. El tribunal lo acordará sin paralizar el curso del procedimiento, entendiéndose el tercero como subrogado en el lugar del deudor.

ARTÍCULO 110. — Falta de pago de plazos; procedimiento de ejecución a seguir. (30 L.P.R.A. § 6147)

El procedimiento de ejecución regulado en este Subtítulo será igualmente aplicable al caso en que deje de pagarse una parte del capital o de los intereses, cuyo pago debe hacerse en plazos diferentes, si vence alguno de ellos, sin cumplir el deudor su obligación y siempre que tal estipulación conste inscrita. Si para el pago de algunos de los plazos del capital o de los intereses es necesario enajenar la finca hipotecada, y aún quedan por vencer otros plazos de la obligación, la venta se llevará a cabo y se transferirá la finca o derecho al comprador con la hipoteca correspondiente a la parte del crédito que no estuviera satisfecha.

ARTÍCULO 111. — Acreedores posteriores no notificados; procedimiento. (30 L.P.R.A. § 6148)

En caso de que alguno de los acreedores posteriores no haya sido notificado de la subasta, el acreedor ejecutante o el adjudicatario le notificará con posterioridad a la misma, a los efectos de que solicite, si así lo estima conveniente, la celebración de una nueva subasta, o pague el importe de la postura que obtuvo la buena pro. Si transcurren veinte (20) días desde la notificación sin que hiciese ninguna de las dos cosas mencionadas, el tribunal ordenará la cancelación de sus gravámenes.

ARTÍCULO 112. — Escritura de traspaso; otorgamiento por el alguacil; cancelación de pagaré; posesión al nuevo dueño. (30 L.P.R.A. § 6149)

Vendida o adjudicada la finca o derecho hipotecado y consignado el precio correspondiente, en esa misma fecha o fecha posterior, el alguacil que celebró la subasta procederá a otorgar la correspondiente escritura pública de traspaso en representación del dueño o titular de los bienes hipotecados, ante el notario que elija el adjudicatario o comprador, quien deberá abonar el importe de tal escritura. La orden que confirma la adjudicación o venta de los bienes hipotecados dispuesta en el Artículo 107 de la presente Ley, no será requisito previo para la otorgación de la escritura pública de traspaso por el alguacil de los bienes hipotecados al adjudicatario o comprador, aunque sí para que pueda quedar inscrita. El abogado que haya comparecido en el proceso legal en representación de la parte demandante, del adjudicatario o comprador, o haya comparecido como oficial autorizado de estos últimos en el proceso de pública subasta, estará impedido de autorizar dicho instrumento público en su capacidad de notario. En dicha escritura el notario dará fe de haber inutilizado y cancelado el pagaré garantizado con la hipoteca objeto de ejecución. El alguacil pondrá en posesión judicial al nuevo dueño, si así se lo solicita dentro del término de veinte (20) días a partir de la venta o adjudicación. Si transcurren los referidos veinte (20) días, el tribunal podrá ordenar, sin necesidad de ulterior procedimiento, que se lleve a efecto el desalojo o lanzamiento del ocupante u ocupantes de la finca o de todos los que por orden o tolerancia del deudor la ocupen.

ARTÍCULO 113. — Cancelación de asientos. (30 L.P.R.A. § 6150)

A petición del postor agraciado, una vez otorgada la escritura de venta judicial, el tribunal, ordenará que se practiquen en el Registro de la Propiedad las cancelaciones de los asientos que procedan. Esta cancelación incluirá los asientos practicados a favor de la persona que haya inscrito su derecho con posterioridad a la fecha de la anotación del procedimiento.

ARTÍCULO 114. — Cancelación de créditos posteriores al crédito ejecutado y anteriores a la anotación de demanda. (30 L.P.R.A. § 6151)

El tribunal no podrá ordenar la cancelación de los créditos inscritos o anotados con posterioridad a la hipoteca objeto de ejecución y con anterioridad a la anotación de demanda, si sus acreedores no fueron citados para la subasta conforme a lo dispuesto en el Artículo 101 de esta Ley.

ARTÍCULO 115. — Cancelación de créditos posteriores a la anotación de demanda. (30 L.P.R.A. § 6152)

Los que inscriban sus derechos con posterioridad a la anotación de demanda se entenderán notificados de la existencia del pleito para todos los efectos legales y que han consentido la cancelación de sus asientos en caso de que sea vendida judicialmente la finca aunque sus títulos tengan fecha anterior a la anotación.

ARTÍCULO 116. — Cancelación de asientos posteriores a crédito ejecutado; cancelaciones libre de derechos; excepción; gravámenes preferentes. (30 L.P.R.A. § 6153)

La cancelación de los asientos posteriores al crédito ejecutado, se hará a instancia del que resulte dueño de la finca o derecho, presentando orden y mandamiento emitidos por el tribunal correspondiente. Dicha orden expresará con particularidad los asientos a ser cancelados. Esta cancelación será libre de derechos.

Las hipotecas y demás gravámenes preferentes al crédito del ejecutante, continuarán subsistentes y sin cancelar.

ARTÍCULO 117. — Administración interina de los bienes; cuándo procede. (30 L.P.R.A. § 6154)

Cuando se haya pactado en la escritura de constitución de hipoteca, o si se estima necesario durante el procedimiento de ejecución, a petición jurada de cualquier interesado con derecho inscrito y oídas debidamente las partes, el tribunal podrá decretar la administración interina de los bienes hipotecados, bajo los términos y condiciones que estime pertinentes.